綱鑑易知録

第二册

漢紀附王莽東漢紀　後漢紀附魏吳

晋紀

卷十五至

卷二十九

漢孝武帝征和三年（公元前九〇年）起

晋武帝太康元年（公元二八〇年）止

中華書局

田千秋訟太子冤

綱鑑易知錄卷十五

漢紀

孝武皇帝

綱　辛卯，三年，（前九〇）秋，以田千秋爲大鴻臚。鴻，聲也。臚，傳也。所以傳聲讚導賓客。族滅江充家。

目　吏民以巫蠱相告言者，案驗多不實。上頗知太子皇恐無他意，會高寢郎田千秋上急變訟太子冤，曰：「子弄父兵罪當笞。天子之子過誤殺人，當何罪哉？臣嘗夢見一白頭翁教臣言。」上乃大感寤，召見千秋，謂曰：「父子之閒，人所難言也，公獨明其不然。此高廟神靈使公教我，公當遂爲吾輔佐！」立拜千秋爲大鴻臚，而族滅江充家，焚蘇文於橫橋上。（橫橋，在今陝西咸陽市東。）上憐太子無辜，乃作思子宮，爲歸來望思之臺於湖，（湖見卷十四征和二年「據敗走湖」注。）天下聞而悲之。

綱　壬辰，四年，（前八九）春正月，帝如東萊。（東萊郡治掖縣，即今山東掖縣。）

目　上欲浮海求神仙，羣臣諫，弗聽；會大風晦冥，海水沸涌，留十餘日乃還。

綱　雍縣無雲如雷者三，（雍縣，在今陝西鳳翔縣南。）隕石二，黑如鷖。鷖，音衣，小黑子。

悉罷諸方士候神人者

田千秋相封富民侯

趙過爲搜粟都尉

武帝下詔陳既往之悔

綱　三月，帝耕于鉅定。（在今山東廣饒縣北。）還，至泰山，罷方士候神人者。

目　上耕于鉅定。還，幸泰山，脩封禪，祀明堂。見羣臣，乃言曰：「朕即位以來，所爲狂悖，使天下愁苦，不可追悔。自今事有傷害百姓縻費天下者，悉罷之！」田千秋曰：「方士言神仙者甚衆，而無顯功，請皆罷斥遣之！」上曰：「大鴻臚言是也。」於是悉罷諸方士候神人者。是後，上每對羣臣自歎：「曏時愚惑，爲方士所欺。天下豈有仙人？盡妖妄耳！節食服藥，差可少病而已。」

綱　夏六月，還宮。

綱　以田千秋爲丞相，封富民侯。以趙過爲搜粟都尉。

目　千秋無他材能術學，又無閥閱功勞，古者人臣功有五品，明其等曰閥，積日曰閱。特以一言寤意，訟太子冤也。數月取宰相，封侯，世未嘗有也。然爲人敦厚有智，居位自稱，踰於前後數公。

先是，桑弘羊言：「輪臺東有溉田五千頃以上，輪臺，西域地名，在車師國西北千里。（今新疆輪臺縣。）溉田，灌溉之田。百畝爲頃。可遣屯田卒，置校尉，募民壯健敢徙者詣田所，墾田，築亭，亭，望敵之所。以威西國。」上乃下詔，深陳既往之悔，曰：「前有司奏欲益民賦三十，常賦之外，每口增三十錢。助邊用，是重困老弱孤獨也。今又請遣卒田輪臺，輪臺西於車師千餘里，前擊車師，雖降其王，以遼遠乏食，道死者尚數千人，況益西乎！匈奴常言：『漢極大，然不耐飢渴，失

代田

殺鉤弋夫人

畫周公圖賜霍光

一狼，走千羊。』匈奴以狼自比，以羊喻漢。乃者，貳師敗，李廣利號貳師將軍，先年敗降匈奴。軍士死略離散，死亡、被虜略及自離散者。悲痛常在朕心。今又請遠田輪臺，欲起亭隧，隧者，依深險處開通行道也。是擾勞天下，非所以優民也，朕不忍聞！當今務在禁苛暴，止擅賦，擅賦，非常賦也。力本農，脩馬復令，復，除也。馬復者，因養馬以除免徭賦也。以補缺、毋乏武備而已。」自是不復出軍，而封田千秋爲富民侯，以明休息，思富養民也。又以趙過爲搜粟都尉。過教民爲代田。一畮三甽，畮同畝，甽同畎。田中溝廣尺深尺曰畎。歲代處，代，易也，歲易其處。故曰代田。每耨輒附根，以土附著苗根。根深能風旱。能同耐。其耕耘田器皆有便巧，用力少而得穀多，民皆便之。

綱　癸巳，後元元年，（前八八）秋七月，地震。

綱　殺鉤弋夫人趙氏。

目　燕王旦自以次第當爲太子，（燕國都薊縣，在今北京市德勝門外，一名薊丘。旦，武帝子，元狩六年立爲燕王。）上書求入宿衞。上怒曰：「生子當置齊、魯禮義之鄉；乃置之燕，果有爭心。」乃斬其使。是歲鉤弋夫人之子弗陵年七歲，形體壯大，多知，上奇愛之，心欲立焉。以其年稺，母少，猶與久之。與同豫。欲以大臣輔之，察羣臣，唯奉車都尉、光祿大夫霍光，忠厚可任大事，上乃使黃門畫周公負成王朝諸侯以賜光。（周公負成王事，見卷三周成王元年綱。）光，去病之弟也。後數日，帝譴責鉤弋夫人；夫人脫簪珥，簪，笄也。珥，璫也，充耳之珠。叩頭。帝曰：「引持去，送掖庭獄！」宮中獄名，即永巷也。夫人還顧，帝曰：「趣行，汝不得活！」卒賜死。頃之，帝

立子去母

閑居，問左右曰：「外人言云何？」左右對曰：「人言且立其子，何去其母乎？」帝曰：「然，是非兒曹愚人之所知也。曹，輩也。往古國家所以亂，由主少、母壯也。女主獨居驕蹇，淫亂自恣，莫能禁也。汝不聞呂后邪？故不得不先去之也！」

綱　甲午，二年，（前八七）春二月，帝如五柞宮，以宮有五柞樹，故名。（在今陝西盩厔縣東南。盩厔音周質。）立弗陵爲皇太子，以霍光爲大司馬、大將軍，金日磾爲車騎將軍，上官桀爲左將軍，受遺詔輔少主。帝崩。

目　二月，上幸五柞宮，病篤，霍光涕泣問曰：「如有不諱，死者人之所諱，故云不諱。誰當嗣者？」上曰：「君未諭前畫意邪？立少子，君行周公之事！」光頓首讓曰：「臣不如金日磾。」日磾亦曰：「臣外國人，不如光；且使匈奴輕漢！」乃立弗陵爲皇太子。明日，命光、日磾及上官桀受遺詔，輔少主，與御史大夫桑弘羊皆拜臥內牀下。光出入禁闥二十餘年，出則奉車，入侍左右，小心謹慎，未嘗有過。爲人沉靜詳審，每出入下殿門，進止有常處，郎、僕射竊識視之，郎、僕射，皆官名。（郎、僕射，皆郎中令屬官，掌宮廷事。）不失尺寸。日磾在上左右，目不忤視者數十年；賜出宮女，不敢近；上欲納其女後宮，不肯；其篤慎如此。日磾長子爲帝弄兒，弄，戲也。其後壯大，自殿下與宮人戲，日磾適見，遂殺之。上怒，日磾具言所以。上爲之泣，而心敬日磾。桀，始以材力得幸，爲未央廄令。未央，宮名。上嘗體不安，及愈，見馬，馬多瘦，上大怒曰：「令以我不復見馬邪！」桀頓首曰：「臣聞聖體不安，日夜憂懼，意誠不在

追尊鉤弋夫人爲皇太后起雲陵

馬。」言未卒，泣數行下。上以爲愛己，由是親近。又明日，帝崩。

【綱】太子弗陵卽位。姊鄂邑長公主共養省中，（鄂邑，今湖北武漢市。）省中卽禁中。光、日磾、桀共領尙書事。

【目】光輔幼主，政自己出，天下想聞其風采。殿中嘗有怪，一夜，羣臣相驚，光召尙符璽郎，尙，主也。（符璽郎，主璽及兵符者。）欲收取璽。郎不肯授，光欲奪之。郎按劍曰：「臣頭可得，璽不可得也！」光甚誼之。明日，詔增此郎秩二等。衆庶莫不多光。

【綱】三月，葬茂陵。（武帝茂陵，故址在今陝西興平縣東北。）

【綱】秋七月，有星孛於東方。

【綱】追尊鉤弋夫人爲皇太后，起雲陵。（在今陝西三原縣東北淳化鎭北。）

孝昭皇帝

名弗陵，武帝少子，在位十三年，壽二十二歲而崩。謚法：「聖聞周達曰昭。」以童稚之年，辨霍光之忠，何天資之明也！享國不永，惜哉！

【綱】乙未，孝昭皇帝始元元年，（前八六）秋七月，大雨，至于十月。

【綱】燕王旦謀反，赦弗治；黨與皆伏誅。

【綱】以雋不疑爲京兆尹。（在今陝西西安市西北。）

【目】不疑爲京兆尹，吏民敬其威信。每行縣，行，巡察也。錄囚徒還，其母輒問不疑：「有所平反，謂平其不平，而反罪人辭，使從輕也。活幾何人？」卽多所平反，母喜笑異他時；或無所出，母怒，爲不食。故不疑爲吏，嚴而不殘。

綱 九月，車騎將軍秺侯金日磾卒。秺音妒，（秺縣，在今山東成武縣西北。）

目 初，武帝以日磾捕反者馬何羅功，後元元年，武帝幸林光宮，侍中僕射馬何羅謀逆，日磾抱何羅投殿下，禽縛之。遺詔封爲秺侯。日磾以帝少，不受封；及病困，光白封之，臥受印、綬；一日薨，謚曰敬。日磾兩子賞、建，俱侍中，與上臥起。賞奉車，建駙馬都尉。

問民疾苦

綱 閏月，遣使行郡國，舉賢良，問民疾苦。

綱 冬，無冰。

綱 丙申，二年，（前八五）春正月，封大將軍光爲博陸侯。（漢無博陸縣，或謂鄉聚名。或謂博大也，陸平也，取以爲侯號。）

振貸貧民
除民田租

綱 三月，遣使振貸貧民種食。秋，詔所貸勿收責，除今年田租。

綱 丁酉，三年，（前八四）冬十月，遣祠鳳皇于東海。（東海郡治郯，在今山東郯城縣西。）

立上官氏
爲后

綱 戊戌，四年，（前八三）春三月，立倢伃上官氏爲皇后，赦。時帝年十二，而后方五歲，立后之幼，未有甚於此者。

目 霍光女爲上官桀子安妻，生女，年甫五歲，安欲因光內之宮中；光以爲尚幼，不聽。蓋長公主私近子客丁外人，蓋長公主，帝姊，蓋侯妻，故稱。（蓋侯王充尙長公主。蓋縣，在今山東沂水縣西北。）客，人之嘉稱。安說外人曰：「安子容貌端正，誠因長主時得入爲后，以臣父子在朝而有椒房之重。椒房，皇后所居，以椒和泥塗壁，取其溫煖而香，辟除惡氣也，故后家稱「椒房」。漢家故事，常以列侯尚主，足下何憂不封侯乎！」外人言於長主，以爲然，召安女入爲倢伃，遂立爲后。

綱 秋，令民勿出馬。

綱 以上官安爲車騎將軍。

綱 己亥，五年，(前八二)春正月，男子成方遂詣闕，詐稱衞太子，武帝太子據，衞皇后所生，故稱。伏誅。

目 有男子乘黃犢車詣北闕，自稱衞太子。詔公卿、將軍、中二千石雜識視，中二千石，中，滿也，月百八十斛。至者並莫敢發言。京兆尹雋不疑後到，叱從吏收縛，曰：「昔蒯聵違命出奔，輒拒而不納，春秋是之。春秋哀公二年：「晉趙鞅帥師納衞世子蒯聵于戚。」三年：「齊國夏、衞石曼姑帥師圍戚。」蒯聵，衞靈公之世子也，出奔於宋。靈公卒，蒯聵之子輒遂自立以拒蒯聵。衞太子得罪先帝，亡不卽死，今來自詣，此罪人也！」遂送詔獄。上與大將軍光聞而嘉之，曰：「公卿大臣，當用有經術、明於大誼者。」由是不疑名重朝廷。廷尉驗治，本夏陽人，(夏陽，在今陝西韓城縣南。)姓成名方遂，居湖。有故太子舍人謂曰：「子狀貌甚似衞太子。」方遂利其言，冀以得富貴。坐誣罔不道，要斬。要同腰。

綱 庚子，六年，(前八一)春，詔問賢良、文學，民所疾苦。

目 諫大夫杜延年言：「年歲比不登，流民未盡還。宜脩孝文時政，示以儉約寬和，順

鹽鐵議起

蘇武還自匈奴

李陵說蘇武

天心，說民意，年歲宜應。」光納其言，詔有司問郡國所舉賢良、文學，民所疾苦，教化之要。皆對：「願罷鹽鐵、酒榷、均輸，官毋與天下爭利，示以節儉，然後教化可興。」桑弘羊難，以爲「此國家大業，所以制四夷，安邊足用之本，不可廢也。」於是鹽鐵之議起焉。

綱 蘇武還自匈奴，以爲典屬國。主外國來附者。

目 初，蘇武既徙北海上，杖漢節牧羊，杖，持也。臥起操持，節旄盡落。單于使李陵至海上，爲武置酒設樂，謂曰：「足下兄弟皆坐事自殺，太夫人已不幸，（不幸，謂死也。）婦亦更嫁矣，獨有女弟、男、女，存亡不可知。人生如朝露，何自苦如此！且陛下春秋高，法令無常，人臣無罪夷滅者數十家，安危不可知，子卿尙復誰爲乎！」子卿，蘇武字。武曰：「臣事君，猶子事父也。子爲父死，無所恨。王必欲降武，請畢今日之驩，効死於前！」陵喟然歎曰：「嗟乎！義士！陵與衞律之罪上通於天矣！」及是，匈奴國內乖離，常恐漢兵襲之，於是與漢和親，漢使至，求武等，匈奴詭言武死。常惠私敎使者謂單于，言：「天子射上林中，得鴈，足有繫帛書，言武等在某澤中。」使者如惠語以讓單于，單于驚謝。乃歸武及馬宏等。宏前使西域，爲匈奴所遮，亦不肯降。故匈奴歸此二人，欲以通善意。於是陵置酒賀武曰：「足下揚名匈奴，功顯漢室，雖古竹帛所載，古未有紙，書用竹簡或用帛。丹青所畫，何以過子卿！陵雖駑怯，令漢貰陵罪。貰，恕也。全其老母，使得奮大辱之積志，庶幾乎曹柯之盟，（曹柯之盟，見卷四周釐王元年「魯侯會齊侯盟于柯」紀。）此陵宿昔之所不忘也。收族陵家，（收族陵家，見卷十四天漢四年綱。）爲世大戮，陵尙復何顧乎！已矣，令子卿知吾心耳！」

陵泣下數行，因與武決。決同訣。官屬隨武還者九人。既至京師，詔武奉一太牢，謁武帝園廟，拜爲典屬國，秩中二千石，賜錢二百萬，公田二頃，百畝爲頃。宅一區。武留匈奴凡十九歲，始以強壯出，及還鬚髮盡白。

綱 秋七月，罷榷酤官。（榷酤，見卷十四天漢三年「初榷酒酤」注。）

目 罷榷酤，從賢良、文學之議也。武帝之末，海內虛耗，戶口減半。霍光知時務之要，輕徭薄賦，與民休息。至是，匈奴和親，百姓充實，稍復文、景之業焉。

綱 辛丑，元鳳元年，（前八〇）秋七月晦，日食既。

綱 八月，鄂邑長公主、燕王旦、上官桀、安等謀反，皆伏誅。

目 上官桀父子爲丁外人求封侯，霍光不許。長主以是怨光，長主，鄂邑長公主，即蓋長公主。而桀、安亦慚。燕王旦自以帝兄不得立，常懷怨望。桑弘羊欲爲子弟得官，亦怨恨光。於是蓋主、桀、安、弘羊皆與旦通謀，詐令人爲燕王上書，言「光出，都肄郎、羽林，都，大也。肄音異，習也。郎官、羽林，騎宿衞之士也。道上稱蹕，天子出則稱蹕，示戒肅也。擅調益幕府校尉，古者出征，以幕帳爲府署，故稱幕府。（幕府，大將軍府也。）專權自恣，疑有非常。」候光出沐日奏之。沐，休沐也。漢律，吏五日得一休沐，言休息以洗沐也。桀欲從中下其事，弘羊當與諸大臣共執退光。書奏，帝不肯下。明旦，光聞之，止畫室中不入。室中有周公負成王之畫圖。上問：「大將軍安在？」桀對曰：「以燕王告其罪，故不敢入。」有詔：「召大將軍。」光入，免冠，頓首謝。上曰：「將軍冠！朕知

昭帝辨上官桀之詐

是書詐也，將軍無罪。」光曰：「陛下何以知之？」上曰：「將軍之廣明都郎，之，往也。廣明，長安東門。都郎，都肄郎也。屬耳；屬，近也，言是近日事。調校尉以來，未能十日，燕王何以得知之！且將軍爲非，不須校尉。」是時帝年十四，尚書、左右皆驚。而上書者果亡，捕之甚急。桀等懼，白上：「小事不足遂。」遂，窮竟也。上不聽。後桀黨與有譖光者，上輒怒曰：「大將軍忠臣，先帝所屬以輔朕身，敢有毀者坐之！」自是桀等不敢復言。

桀等謀令長公主置酒請光，伏兵格殺之，因廢帝而立燕王。驛書往來，外連郡國豪傑以千數。旦以語相平，燕王旦之相，名平。平曰：「左將軍素輕易，左將軍，上官桀。車騎少而驕，上官安爲車騎將軍。臣恐其不能成，又恐既成反大王也。」反，背也。旦不聽。安果謀誘燕王至而誅之，因廢帝而立桀。會蓋主舍人父燕倉知其謀，以告大司農楊敞。敞素謹，畏事，乃移病臥，移文稱病。以告杜延年；延年以聞。九月，詔捕桀、安、弘羊、外人等，幷宗族悉誅之；蓋主、燕王皆自殺。

綱　冬，以韓延壽爲諫大夫。

目　文學魏相對策，以爲：「日者燕王爲無道，韓義出身發諫，爲王所殺。義無比干之親而蹈比干之節，宜顯賞其子以示天下，明爲人臣之義。」乃擢義子延壽爲諫大夫。

綱　以張安世爲右將軍，杜延年爲太僕。

目　大將軍光以朝無舊臣，安世自先帝時爲尚書令，志行純篤，乃白用安世爲右將軍

王訢相

誘殺樓蘭王

更名樓蘭爲鄯善

兼光祿勳以自副焉。白用，告白於天子而任用之。又以延年有忠節，擢爲太僕右曹給事中。光持刑罰嚴，延年輔之以寬。安世，湯之子；延年，周之子也。

【綱】癸卯，三年，（前七八）春正月，泰山石立；（泰山，在今山東泰安市東北。）上林僵柳復起生。

【目】泰山有大石自起立；上林有僵柳自起生，有蟲食柳葉曰：「公孫病已立。」宣帝名病已。符節令眭弘上書，言：「大石自立，僵柳復起，當有匹庶爲天子。當求賢人，禪帝位，以順天命。」坐設妖言惑衆，伏誅。

【綱】甲辰，四年，（前七七）春正月，帝冠。

【綱】丞相千秋卒。（田千秋。）二月，以王訢爲丞相。

【綱】夏五月，孝文廟正殿火，帝素服，遣使作治。六日成。

【綱】遣使誘樓蘭王安歸殺之。

【目】樓蘭王安歸數遮殺漢使；駿馬監傅介子使大宛，詔因令責樓蘭王，王謝服。介子還，謂大將軍光曰：「樓蘭數反覆，而不誅，無所懲艾。願往刺之，以威示諸國。」大將軍白遣之。介子齎金幣，揚言以賜外國爲名。至樓蘭，王貪漢物，來見。介子與坐，飲醉，謂曰：「天子使我私報王。」王起，隨介子入帳中，壯士二人從後刺之。遂斬其首，馳傳詣闕，傳，驛遞也。縣北闕下。縣同懸。立其弟在漢者尉屠耆爲王，尉屠耆，名。屠音除。更名其國爲鄯善。封介子爲義陽侯。（平氏縣有義陽鄉，昭帝以封傅介子，在今河南桐柏縣東。）

楊敞相

霍光立昌邑王

【綱】乙巳，五年，（前七六）夏，大旱。

【綱】冬，大雷。

【綱】丞相訢卒。

【綱】丙午，六年，（前七五）冬十一月，以楊敞爲丞相。

【綱】丁未，元平元年，（前七四）春二月，有流星大如月，衆星皆隨西行。

【綱】夏四月，帝崩。大將軍光承皇后詔，迎昌邑王賀詣長安。六月，入卽位，尊皇后曰皇太后。

【目】帝崩，無嗣，時武帝子獨有廣陵王胥，（廣陵國都廣陵縣，在今江蘇揚州市境內。）羣臣欲立之。胥本以行失道，先帝所不用；大將軍光不自安。郎有上書言：（郎，郎官。）「周太王廢太伯立王季，（太伯，王季兄。）文王舍伯邑考立武王，（伯邑考，文王長子。）唯在所宜，雖廢長立少可也。廣陵王不可以承宗廟。」光卽日承皇后詔，迎昌邑王賀詣長安邸。

賀，昌邑哀王髆之子，（昌邑王髆，見卷十四天漢四年「立子髆爲昌邑王」注。）素狂縱，動作無節。武帝之喪，游獵不止。中尉王吉諫曰：「大王不好書術而樂逸游，非所以全壽命之宗也，又非所以進仁義之隆也。夫廣廈之下，細旃之上，明師居前，勸誦在後，上論唐、虞之際，下及殷、周之盛，休則俯仰屈伸以利形，專意積精以適神，則心有堯、舜之志，體有喬、松（喬、松，王喬、赤松子，皆仙人。）之壽，福祿臻而社稷安矣。且諸侯骨肉，莫親大王，於屬則子，於位則臣，

霍光廢昌邑王

一身而二任之責加焉。恩愛行義，孅介有不具者，（孅同纖。）於以上聞，非享國之福也。」王賜吉酒脯，而放縱自若。郎中令龔遂，忠厚剛毅，有大節，見王游戲無度，涕泣厀行，（厀同膝。）叩頭曰：「臣數言危亡之戒，大王不說。夫國之存亡，豈在臣言哉！願王內自揆度。大王誦詩三百五篇，人事浹，王道備。王之所行，中詩一篇何等也！」王終不改。及徵書至，發書馳赴，王吉戒王曰：「大王以喪徵，宜日夜哭泣悲哀而已，慎無有所發！大將軍仁愛、勇智、忠信之德，天下莫不聞，願大王事之、敬之。」王到霸上，（在今陝西西安市東。）使遂參乘，至廣明東都門，遂曰：「禮，奔喪望見國都哭。此長安東郭門也。」王曰：「我嗌痛，（嗌音抑，咽喉也。）不能哭。」至城門，遂復言，王曰：「城門與郭門等耳。」且至未央宮東闕，（未央宮，故址在今陝西西安市西北。）遂曰：「昌邑帳在是，大王宜下車，鄉闕西面伏哭，盡哀止。」王曰：「諾。」到，哭如儀。

六月，受璽、綬，襲尊號。

綱 葬平陵。（昭帝陵，在今陝西咸陽市西北。）

綱 昌邑王有罪，大將軍光率羣臣奏太后廢之。

目 昌邑王淫戲無度，大將軍光憂懣，懣音滿。（煩悶也。）以問故吏大司農田延年。延年曰：「將軍爲國柱石，審此人不可，何不建白太后，更選賢而立之？」光曰：「今欲如是，於古嘗有此不？」延年曰：「伊尹相殷，廢太甲以安宗廟，後世稱其忠。將軍若能行此，亦漢之伊尹也。」光乃引延年給事中，陰與張安世圖計。王出遊，光祿大夫夏侯勝當乘輿前諫曰：「天

田延年責霍光

久陰而不雨，臣下有謀上者。陛下出，欲何之？」王怒，縛勝屬吏。光讓安世，以爲泄語，安世實不言。乃召問勝，勝對言「在鴻範傳。」鴻同洪。（洪範，見卷二周武王十三年「箕子陳洪範」注。）謂之傳者，非正經也。其傳曰：「皇之不極，厥罰常陰，時則下人有伐上者。」皇，君也。中立而爲四方之所取正者，謂之極。光、安世大驚，以此益重經術士。

既定議，召丞相、御史、將軍、列侯、中二千石、大夫、博士會議未央宮。光曰：「昌邑王行昏亂，恐危社稷，如何？」羣臣皆驚愕失色，莫敢發言。延年離席按劍曰：「先帝屬將軍以幼孤，寄將軍以天下，以將軍忠賢，能安劉氏也。今羣下鼎沸，社稷將傾；且漢之傳謚常爲『孝』者，以長有天下，令宗廟血食也。如漢家絕祀，將軍雖死，何面目見先帝於地下乎？今日之議，不得旋踵，羣臣後應者，臣請劍斬之！」光謝曰：「九卿責光是也！」漢以太常、光祿勳、衞尉、太僕、廷尉、大鴻臚、宗正、司農、少府爲九卿。於是議者皆叩頭曰：「唯大將軍令！」光即與羣臣俱見，白太后，太后乃幸未央承明殿，盛服坐武帳中，武帳，帳織爲武士之象也。召昌邑王伏前聽詔。光令王起，拜受詔；脫其璽組，組，璽綬也。奉上太后；扶王下殿，送至邸。詔歸賀昌邑，賜湯沐邑二千戶；國除，爲山陽郡。（治昌邑縣，即昌邑王都，在今山東金鄉縣之西。）

昌邑羣臣，坐在國時不舉奏王罪過，令漢朝不聞知，又不能輔道，陷王大惡，皆下獄，誅殺二百餘人，唯中尉吉、郎中令遂得減死。師王式繫獄，當死，使者責曰：「師何以無諫書？」式對曰：「臣以詩三百五篇朝夕授王，至於忠臣、孝子之篇，未嘗不爲王反復誦之也；

至於危亡失道之君，未嘗不流涕爲王深陳之也。臣以三百五篇諫，是以無諫書。」亦得減死論。

光以太后省政，宜知經術，白令夏侯勝用尚書授太后，遷勝長信少府。長信，皇后宮名。少府，職掌長信宮官。

霍光立宣帝

綱 秋七月，迎武帝曾孫病已入即位，尊皇太后曰太皇太后。

丙吉護養宣帝

目 初，衞太子納史良娣，太子妃有三等：曰妃，曰良娣，曰孺子。生子進，號史皇孫。以外家姓稱之。皇孫納王夫人，生子病已，已，止也。夙遭屯難，而多病苦，故名病已，欲速瘥也。後改名詢。號「皇曾孫」。生數月，遭巫蠱事，太子男、女、妻、妾皆遇害，獨皇曾孫在，亦坐收繫獄。故廷尉監丙吉受詔治獄，心知太子無事實，重哀皇曾孫無辜，擇謹厚女徒胡組、郭徵卿令乳養，日再省視。望氣者言長安獄中有天子氣，武帝詔獄繫者，無輕重，一切皆殺之。使者夜至獄，吉閉門不納，曰：「他人無辜死者猶不可，況親曾孫乎！」使者不得入，還，以聞。武帝亦寤，曰：「天使之也！」因赦天下。

張賀奉養宣帝

吉聞史良娣有母貞君及兄恭，乃載皇曾孫付之。後有詔掖庭養視。時掖庭令張賀嘗事衞太子，掖庭，宮旁舍。（即永巷。）掖庭令，職掌後宮貴人、采女事。思顧舊恩，哀曾孫，奉養甚謹，欲以女孫妻之。賀弟安世爲右將軍，輔政，怒曰：「曾孫乃衞太子後也，勿復言予女事！」時暴室嗇夫許廣漢有女，暴室，（屬掖庭令）主宮中婦人疾病者，其皇后、貴人有罪亦就此室，故亦云暴室獄。其屬官有嗇

宣帝依倚許史

丙吉奏記霍光

嚴延年劾奏霍光

蔡義相

立許氏爲皇后

霍光請歸政

夫一人，以閹宦爲之。賀以家財聘之，曾孫因依倚廣漢兄弟及史氏，受詩於東海澓中翁，澓音服，中音仲。姓澓，名中翁。高材好學，然亦喜游俠，鬬雞、走馬，上下諸陵，周徧三輔，武帝立京兆尹、左馮翊、右扶風爲三輔。以是具知閭里姦邪，吏治得失。

及是，吉奏記光曰：「今社稷、宗廟、羣生之命，在將軍之一舉。而武帝曾孫名病已在掖庭、外家者，今十八九矣，通經術，有美材，行安而節和，願將軍決定大策。」七月，光會丞相以下議定所立，遂上奏曰：「孝武皇帝曾孫病已，年十八，師授詩、論語、孝經，躬行節儉，慈仁愛人，可以嗣孝昭皇帝後。」皇太后詔曰：「可。」光迎曾孫入未央宮，見太后，卽皇帝位。侍御史嚴延年劾奏：「大將軍光擅廢立主，無人臣禮，不道。」奏雖寢，然朝廷肅然敬憚之。

綱　丞相敞卒，楊敞。以蔡義爲丞相。

綱　冬十一月，立皇后許氏。

目　公卿議立皇后，皆心擬霍將軍女，亦未有言。上乃詔求微時故劍。大臣知指，白立許倢伃爲皇后。霍光以后父廣漢刑人，不宜君國；歲餘，乃封爲昌成君。

中宗孝宣皇帝

初名病已，更名詢，武帝曾孫也。霍光廢昌邑王迎曾孫立之，在位二十五年，壽四十二歲而崩。諡法：「聖善周聞曰宣。」帝信賞必罰，吏稱民安，可謂中興，侔德商、周。然刑名繩下，德教不純，漢家之元氣索矣。

綱　戊申，中宗孝宣皇帝本始元年，（前七三）春，大將軍光請歸政，不受。

勿收田租賦

追謚戾太子

黃霸爲廷尉正

目 詔有司論定策安宗廟功，大將軍光等皆益封。光稽首歸政，上謙讓不受；諸事皆先關白光，然後奏御。自昭帝時，光子禹及兄孫雲皆爲中郎將，山奉車都尉、侍中，（山，雲弟。）領胡、越兵，兩女壻爲東、西宮衞尉，昆弟諸壻外孫皆奉朝請，（不爲官，無員，唯奉朝請而已。春曰朝，秋曰請。）爲諸曹、大夫、騎都尉、給事中，黨親連體，根據於朝廷。及昌邑王廢，光之權益重，每朝見，上虛己斂容，禮下之已甚。

綱 夏四月，地震。

綱 鳳凰集膠東，（膠東國都卽墨，卽今山東卽墨縣。）赦，勿收田租賦。

綱 追謚戾太子、戾夫人、悼考、悼后，置園邑。

目 詔曰：「故皇太子在湖，未有號謚，歲時祠；其議謚，置園邑。」有司奏：「禮，爲人後者，爲之子也。故降其父母，不得祭，尊祖之義也。陛下爲孝昭皇帝後，承祖宗之祀，親謚宜曰悼，母曰悼后；故皇太子謚曰戾，史良娣曰戾夫人。」皆改葬焉。

綱 召黃霸爲廷尉正。

目 霍光旣誅上官桀，遂以刑法痛繩羣下，由是俗吏皆尚嚴酷，而河南丞黃霸獨用寬和爲名。（河南郡治雒陽縣，卽今河南洛陽市。）上在民閒時，知百姓苦吏急迫，聞霸持法平，乃召以爲廷尉正；數決疑獄，庭中稱平。

綱 己酉，二年，（前七二）春，大司農田延年有罪，自殺。

目　昭帝之喪，大司農僦民車，僦音酒，去聲，賃也。延年詐增僦直，盜取錢三千萬，爲怨家所告。御史大夫田廣明謂杜延年曰：「春秋之義，以功覆過。當廢昌邑王時，非田子賓之言，子賓，田延年字。大事不成。今縣官出三千萬自乞之，乞，與也。何哉？願以愚言白大將軍！」延年言之，光曰：「誠然，實勇士也！當發大議時，震動朝廷。」因自撫心曰：「使我至今病悸。悸音忌，心動也。謝田大夫曉大司農，通往就獄，得公議之。」廣明使人語延年，延年曰：「幸寬我耳，何面目入牢獄！」遂自刎死。

綱　夏，尊孝武皇帝廟爲世宗，所幸郡國皆立廟。

目　詔曰：「孝武皇帝躬仁義，厲威武，功德茂盛，而廟樂未稱，稱，舉也。朕甚悼焉。其與列侯、二千石、博士議。」於是羣臣皆曰：「宜如詔書。」夏侯勝獨曰：「武帝雖有攘四夷、廣土境之功，然多殺士衆，竭民財力，奢泰無度，無德澤於民，不宜爲立廟樂。」公卿共難勝曰：「此詔書也。」勝曰：「詔書不可用也。」於是丞相、御史劾奏勝非議詔書，毀先帝，不道；及丞相長史黃霸阿縱勝，不舉劾；俱下獄。有司遂請尊武帝廟爲世宗廟，奏盛德、文始、五行之舞。盛德舞采韶德。文始舞本舜韶舞，高祖更名文始。五行舞本周舞，秦更名五行。巡狩所幸郡國皆立廟。

黃霸從夏侯勝受尚書

勝、霸既久繫，霸欲從勝受尚書，勝辭以罪死。霸曰：「朝聞道，夕死可矣。」勝賢其言，遂授之。繫再更冬，講論不怠。

霍光妻弒許皇后

綱　庚戌，三年，（前七一）春正月，大將軍光妻顯弒皇后許氏。

韋賢相
趙廣漢

立霍光女爲皇后

【目】時霍光夫人顯欲貴其小女成君，道無從。會許后當娠，娠音震，懷孕也。病，女醫淳于衍者，霍氏所愛，嘗入宮侍疾。顯謂衍曰：「將軍素愛成君，欲奇貴之。今皇后當免身，免同娩。若投毒藥去之，成君卽爲皇后矣。事成，富貴共之。」衍卽擣附子，齎入長定宮。皇后免身後，衍取附子幷合太醫大丸以飲皇后，有頃，曰：「我頭岑岑也，藥中得無有毒？」對曰：「無有。」遂加煩懣，崩。後有人上書告諸醫侍疾無狀者，皆收繫詔獄。顯恐急，卽具語光曰：「既失計爲之，無令吏急衍！」光大驚，欲自發擧，不忍。奏上，獄吏奏上。光署「衍勿論」，顯因勸光內其女入宮。

【綱】葬恭哀皇后於杜陵南園。（杜陵，宣帝陵，在今陝西西安市東南。）

【綱】夏六月，丞相義卒。蔡義。以韋賢爲丞相，魏相爲御史大夫。

【綱】以趙廣漢爲京兆尹。

【目】初，廣漢爲潁川太守。（潁川郡治陽翟縣，卽今河南禹縣。）潁川俗，豪傑相朋黨。廣漢爲缿筩，缿音項，如瓶，長頸，小孔。筩音同，斷竹也。亦爲此制，皆可入不可出。受吏民投書，使相告訐，於是更相咎怨，姦黨散落，盜賊不得發。由是入爲京兆尹。廣漢尤善爲鉤距以得事情，倒刺曰距。鉤距，如釣鉤之有距，呑之則順，吐之則逆，使人入其術中而不能出。閭里銖兩之姦皆知之，其發姦擿伏如神，擿音惕，挑也。伏，隱也。京兆政清。長老傳以爲自漢興，治京兆者莫能及。

【綱】辛亥，四年，（前七〇）春三月，立大將軍光女爲皇后，赦。

夏四月，地震，山崩二郡，壞祖宗廟。帝素服避殿，詔問經學及舉賢良、方正之士。

釋用夏侯勝黃霸

綱 以夏侯勝爲諫大夫，黃霸爲揚州刺史。

目 上以地震，釋勝、霸而用之。勝爲人質樸守正，簡易無威儀，或時謂上爲君，誤相字於前，（君前臣名，不得相呼字於君前也。）上亦以是親信之。嘗見，出道上語，（朝見出外，以上語道與人。）上聞而讓勝，（讓，責也。）勝曰：「陛下所言善，臣故揚之。堯言布於天下，至今見誦。臣以爲可傳，故傳耳。」朝廷每有大議，上謂曰：「先生建正言，無懲前事！」復爲長信少府，遷太子太傅。年九十卒，太后素服五日，（太后，昭帝后上官氏。）以報師傅之恩。

綱 五月，鳳凰集北海。（北海郡治營陵縣，在今山東昌樂縣西北。）

綱 壬子，地節元年，（前六九）春，有星孛于西方。

綱 冬十二月晦，日食。

于定國爲廷尉

綱 以于定國爲廷尉。

目 定國爲廷尉，乃迎師學春秋，備弟子禮。爲人謙恭，雖卑賤皆與鈞禮。其決獄平法，務在哀鰥寡，罪疑從輕，加審愼之心。朝廷稱之曰：「張釋之爲廷尉，天下無冤民。（見卷十一文帝三年「以張釋之爲廷尉」目。）于定國爲廷尉，民自以不冤。」

霍光卒

綱 癸丑，二年，（前六八）春三月，以霍禹爲右將軍。大司馬、大將軍、博陸侯霍光卒。

張安世爲大司馬車騎將軍

魏相給事中

魏相諫寵霍氏

目　大將軍光病，車駕自臨問，爲之涕泣。光上書謝恩，願分國邑封兄孫山爲列侯。即日拜光子禹爲右將軍。光薨，謚曰宣成。賜葬具如乘輿制度；置園邑三百家，長丞奉守；復其後世，除其賦役爲復。疇其爵邑，家世相傳爲疇。世世無有所與。與同預。復除其賦役，世世無所干預。

綱　夏四月，以張安世爲大司馬、車騎將軍，領尚書事。

目　魏相上封事，密奏皁囊封版，故曰封事。曰：「聖王褒有德以懷萬方，顯有功以勸百寮，是以朝廷尊榮。今新失大將軍，宜顯明功臣以鎭藩國，毋空大位，以塞爭權。車騎將軍安世，忠信謹厚，國家重臣也，宜尊其位。」上乃拜安世大司馬、車騎將軍，領尚書事。

綱　鳳凰集魯，（魯國都魯縣，在今山東泗水縣西。）大赦。

綱　以霍山爲奉車都尉，領尚書事。御史大夫魏相給事中。

目　上思報大將軍德，乃封光兄孫山爲樂平侯，使以奉車都尉領尚書事。魏相因許廣漢奏封事，言：「春秋譏世卿，春秋隱公三年：「尹氏卒。」公羊傳：「尹氏者何？天子之大夫也。其稱尹氏何？貶。曷爲貶？譏世卿。世卿，非禮也。」注：「世卿者，世世尹氏也。秉政久，必奪君之威權。」惡宋三世爲大夫。（春秋僖公二十五年：「宋殺其大夫。」公羊傳：「何以不名？宋三世無大夫，三世內娶也。」注：「禮不臣妻之父母；國內皆臣，無娶道。宋三世內娶，故公族以弱，妃黨益強，卒生篡弒，故君子惡之。」）今光死，子復爲右將軍，兄子秉樞機，昆弟、諸壻據權勢，任兵官，夫人顯及諸女皆通籍長信宮，籍，名籍也。長信宮，皇后宮。驕奢放縱，恐寖不制，宜有以損奪其權，破散陰謀，以固萬世之基，全功臣之世。」又故事：諸上書者皆爲二封，署其一曰「副」，領尚書者先發副封，所言不善，屏去不奏。相復因許伯白去副封以防壅蔽。許伯即許廣漢。帝善之，詔相給事中，皆從其議。

帝興於閭閻，知民事之艱難。霍光既薨，始親政事，厲精爲治，五日一聽事。自丞相以下各奉職奏事，敷奏其言，敷陳也。考試功能。侍中、尚書功勞當遷，及有異善，厚加賞賜，至於子孫，賞賜及其子孫。終不改易。及拜刺史、守、相，十三部刺史、郡守、國相。輒親見問，觀其所由，退而考察所行，以質其言，有名實不相應，必知其所以然。常稱曰：「庶民所以安其田里，而亡歎息愁恨之心者，政平訟理也。與我共此者，其惟良二千石乎！」以爲「太守，吏民之本，數變易則下不安；民知其將久，不可欺罔，乃服從其教化。」故二千石有治理效，輒以璽書勉厲，增秩、賜金，或爵至關內侯；公卿缺，則選諸所表，選用嘗蒙增秩、賜金、進爵所旌表者。以次用之。是故漢世良吏，於是爲盛，稱中興焉。

綱鑑易知録卷十六

漢紀

孝宣皇帝

賜王成爵

綱 甲寅，三年，（前六七）春三月，賜膠東相王成爵關內侯。（膠東國都卽墨，卽今山東卽墨縣。）

目 詔曰：「膠東相王成，勞來不怠，流民自占八萬餘口，占，隱度也。自隱度戶口之數，而著名籍也。治有異等之效。其賜成爵關內侯，但賜爵，非實封。秩中二千石。」後詔問郡、國上計長史、守丞以政令得失，上計者，奉上戶口錢穀之數也。國使長史，郡使守丞。或對言：「前膠東相成，僞自增加，以蒙顯賞。」是後俗吏多爲虛名云。

綱 夏四月，立子奭爲皇太子。

目 霍顯聞立太子，怒不食，曰：「此乃民閒時子，安得立！卽后有子，反爲王邪？」復教后毒太子。數召賜食，保阿輒先嘗之；保阿，保護阿倚太子之人。后挾毒不得行。

韋賢致仕

綱 五月，丞相賢致仕。韋賢。

目 賢以老病乞骸骨；賜黃金、安車、駟馬，罷就第。丞相致仕，自賢始。

魏相相

綱 六月，以魏相爲丞相，丙吉爲御史大夫。

疏廣爲太子太傅

綱　以疏廣爲太子太傅，兄子受爲少傅。

目　太子外祖父平恩侯許伯，（平恩縣，在今河北大名縣西北。）許伯，許廣漢。以爲太子少，白使其弟中郎將舜監護太子家。上以問廣，廣對曰：「太子，國儲副君，師友必於天下英俊，不宜獨親外家。且太子官屬已備，復使舜護太子家，示陋，示天下以淺陋。非所以廣太子德於天下也。」上善其言，以語魏相，相免冠謝曰：「此非臣等所能及。」廣由是見器重。

蕭望之

綱　大雨雹。以蕭望之爲謁者。

目　京師大雨雹，大行丞蕭望之上疏言：「陛下思政求賢，堯、舜之用心也；然而善祥未臻，陰陽不和，是大臣任政，一姓專權之所致也。附枝大者賊木心，私家盛者公室危。惟陛下躬萬機，選同姓，舉賢才，以爲腹心，與參政謀，明陳其職，以考功能，則庶事理矣。」上素聞望之名，拜爲謁者。

綱　秋九月，地震。詔求直言；省京師屯兵；罷郡國宮館，假貸貧民。

張安世爲衞將軍

綱　以張安世爲衞將軍，諸軍皆屬。以霍禹爲大司馬，罷其屯兵。

目　霍氏驕侈縱橫，上頗聞霍氏毒殺許后，而未察，乃徙光女壻未央衞尉范明友、中郎將羽林監任勝、長樂衞尉鄧廣漢爲他官，更以張安世爲衞將軍，兩宮衞尉、城門、北軍兵屬焉。以霍禹爲大司馬，罷其屯兵官屬，諸領胡、越騎、羽林及兩宮衞尉屯兵，悉易以所親信許、史子弟代之。

置廷尉平

綱　冬十二月，置廷尉平。平其不平曰平。

路溫舒上書

目　初，孝武之世，使張湯、趙禹之屬，條定法令，（見卷十三武帝元光五年「詔張湯、趙禹定律令」目。）作見知故縱、監臨部主之法，人有犯法，或見、或知而不舉告，爲故縱；而所監臨部主，并連坐。緩深故之罪，吏深害及故入人罪者，皆寬緩之。急縱出之誅。其後姦猾巧法，轉相比況，比，列也。況，譬擬也。郡國承用者，或罪同而論異，論，議罪也。姦吏因緣爲市，所欲活則傅生議，所欲陷則予死比，與死例相比況也。議者咸寃傷之。廷尉史路溫舒上書曰：「臣聞秦有十失，其一尚存，治獄之吏是也。夫獄者，天下之大命也，死者不可復生，絶者不可復屬。屬，續也。書曰：『與其殺不辜，寧失不經。』此虞書大禹謨篇辭。辜，罪也。經，常也。謂法可以殺，可以無殺，殺之則恐陷於非辜，不殺之恐失於輕縱；然與其殺之而害彼之生，寧姑全之而自受失刑之責。今治獄吏則不然，上下相敺，以刻爲明，深者獲公名，平者多後患。故治獄之吏皆欲人死，非憎人也，自安之道，在人之死。夫人情，安則樂生，痛則思死，捶楚之下，何求而不得！故俗語曰：『畫地爲獄，議不入；議，擬也。刻木爲吏，期不對。』期，必也。此皆疾吏之風，悲痛之辭也。唯陛下省法制，寬刑罰，則太平之風可興於世。」上善其言，詔以「廷史任輕祿薄，置廷尉平，秩六百石，員四人，每季秋後請讞。」讞，平議也。

鄭昌請删定律令

涿郡太守鄭昌上疏言：（涿郡治涿縣，在今河北涿縣北。）「明主躬垂明聽，雖不置廷平，獄將自正；若開後嗣，不若删定律令。律令一定，愚民知所忌，姦吏無所弄矣。今不正其本，而置

霍氏謀反伏誅

徐福請抑制霍氏

廷平以理其末，政衰聽怠，則廷平將招權而爲亂首矣！」

綱 乙卯，四年，（前六六）夏五月，山陽、濟陰雨雹殺人。（山陽郡治昌邑縣，在今山東金鄉縣西北。濟陰郡治定陶縣，在今山東菏澤縣東南。）

綱 秋七月，霍氏謀反，伏誅，夷其族。皇后霍氏廢。

目 霍顯及禹、山、雲自見日侵削，數相對啼泣自怨。謀令太后爲博平君置酒，太后，昭帝后。博平君，宣帝外祖母王媼。召丞相、平恩侯以下，丞相，魏相。平恩侯，許廣漢。使范明友、鄧廣漢承太后制引斬之，因廢天子而立禹。事覺，七月，雲、山、明友自殺，禹要斬，要同腰。顯及諸女昆弟皆棄市；與霍氏相連坐誅滅者數十家。皇后霍氏廢，處昭臺宮。封告者皆爲列侯。

初，霍氏奢侈，茂陵徐生上疏言：（茂陵，在今陝西興平縣東北。）「霍氏泰盛，陛下卽愛厚之，宜以時抑制，無使至亡！」書三上，輒報聞。報聞，謂不見施行。至是，人爲徐生上書曰：「臣聞客有過主人者，見其竈直突，突音通，入聲。突，竈囪也。旁有積薪，客謂主人：『更爲曲突，遠徙其薪，不者且有火患！』主人不應。俄而失火，鄰里共救之，幸而得息。於是殺牛置酒，謝其鄰人，灼爛者坐於上行，灼爛，救火被燒灸者。餘各以功次坐，而不錄言曲突者。人謂主人曰：『鄉使聽客之言，不費牛酒，終無火患。今論功而請賓，曲突徙薪無恩澤，燋頭爛額爲上客邪？』主人乃寤而請之。今茂陵徐福，數上書言霍氏且有變，宜防絕之。鄉使福說得行，則國無裂土出爵之費，臣無逆亂誅滅之敗。往事既已，而福獨不蒙其功，唯陛下察之。」上乃賜

以朱邑爲大司農

以龔遂爲水衡都尉

龔遂治渤海

福帛十四，以爲郎。

帝初立，謁見太廟，大將軍光驂乘，乘車之法，尊者居左，御者居中，又一人處其右，以備傾側，謂之驂乘。上嚴憚之，若有芒刺在背。後張安世代光驂乘，上從容肆體，甚安近焉。故俗傳霍氏之禍，始於驂乘。

綱 九月，以朱邑爲大司農。

目 邑少爲桐鄉嗇夫，（卽古桐國，在今安徽桐城縣北。）嗇夫，掌聽訟。廉平不苛，以愛利爲行，愛利，愛人利物。未嘗笞辱人，存問孤老，吏民愛敬之。遷北海太守，（北海郡治營陵縣，在今山東昌樂縣西北。）以治行第一，入爲大司農，惇厚篤於故舊，公正不可交以私。身爲列卿，居處儉節，祿賜以共族黨，家無餘財。及卒，天子下詔稱揚，賜其子金百斤以奉祀。

綱 以龔遂爲水衡都尉。主都水及上林苑。

目 先是，渤海歲饑，（渤海郡治浮陽縣，在今河北滄縣東南。）盜賊並起。上選能治者，丞相、御史舉龔遂，拜渤海太守。召見，問：「何以治盜賊？」對曰：「海瀕遐遠，不霑聖化，其民困於飢寒而吏不恤，故使陛下赤子盜弄陛下之兵於潢池中耳。言如小兒戲弄兵器於潢汙行潦之水池中，平之不難也。今欲使臣勝之邪，將安之也？」上曰：「選用賢良，固欲安之也。」遂曰：「臣聞治亂民，猶治亂繩，不可急也；惟緩之，然後可治。臣願丞相、御史且無拘臣以文法，得一切便宜從事。」上許焉，加賜黃金贈遣。乘傳至渤海界，傳，驛車也。郡發兵以迎，遂皆遣還。移書敕屬縣：「罷逐捕吏，諸持田器者皆爲良民，吏無得問；持兵者乃爲賊。」遂單車至府。盜賊聞遂教令，卽時解散，棄其兵弩而持鉤、鉏，鉤，刈鐮也。於是悉平，民安土樂業。遂乃開倉廩假貧民，選用良吏尉安牧養焉。齊俗奢侈，好末技，不田作。遂躬率以儉約，勸民務農桑。民有帶持刀劍者，使賣劍買牛，賣刀買犢，曰：「何爲帶牛佩犢！」勞來循行，郡中皆有畜積，訟獄止息。至是入爲水衡都尉。

綱　丙辰，元康元年，（前六五）春正月，初作杜陵。（見卷十五宣帝本始三年「葬恭哀皇后於杜陵南園」注。）

追尊悼考爲皇考

綱　夏五月，追尊悼考爲皇考，（本始元年，追謚宣帝父爲悼考。）立寢廟。

目　有司復言悼園宜稱尊號曰「皇考」，於是立廟。

殺京兆尹趙廣漢

綱　殺京兆尹趙廣漢。

目　趙廣漢好用世吏子孫，新進年少者，見事風生，無所回避，率多果敢之計，莫爲持難。以私怨論殺男子榮畜，人上書言之，事下丞相、御史按驗。廣漢疑丞相夫人殺侍婢，欲以脅丞相。乃將吏卒入丞相府，召其夫人跪庭下受辭，收奴婢十餘人去。丞相上書自陳，事下廷尉治，不如廣漢言。上惡之，下廣漢廷尉。吏民守闕號泣者數萬人，竟坐要斬。廣漢廉明，威制豪強，小民得職，百姓追思歌之。

綱　以蕭望之爲平原太守，（平原郡治平原縣，在今山東平原縣南。）復徵入守少府。徵，召也。少府，掌山澤陂池之稅，以給私養。（少府，九卿之一。）

目 上選博士、諫官通政事者補郡、國守、相，郡守、國相。以諫大夫蕭望之爲平原太守。望之上疏曰：「陛下哀愍百姓，出諫官以補郡吏。然朝無諍臣，則不知過，所謂憂其末而忘其本者也。」上乃徵望之入守少府。

以尹翁歸爲右扶風

綱 以尹翁歸爲右扶風。

目 翁歸爲人，公廉明察。爲東海太守，（東海郡治郯縣，在今山東郯城縣西。）過辭廷尉于定國，定國家在東海。定國欲託邑子與翁歸，邑子，同邑之人。語終日，不敢見。曰：退謂邑子云。「此賢將，指翁歸，太守兼武事，故稱。汝不任事也，又不可干以私。」郡中吏民賢不肖及姦邪罪名，盡知之。縣各有記籍，披籍取人，以一警百，吏民皆服，改行自新。以治郡高第，入爲右扶風，選用廉平，以爲右職。右職，高職也。接待以禮，好惡同之。其負翁歸，罰亦必行。緩於小弱，急於豪彊，課常爲三輔最。武帝立京兆尹、左馮翊、右扶風爲三輔。其在公卿間，清潔自守，語不及私，然溫良謙退，不以行能驕人，故尤得名譽。

馮奉世破莎車

綱 莎車叛，莎車，本西域城名，匈奴別種呼屠萬年據其城，自立爲王，因以莎車名國，去長安二千八百里。（即今新疆莎車縣舊城。）衞候馮奉世矯發諸國兵擊破之；衞候，官名。以奉世爲光祿大夫。

目 上令羣臣舉可使西域者，前將軍韓增舉馮奉世，以衞候使持節送諸國客。會莎車王弟呼屠徵，與旁國共殺其王萬年及漢使者自立，歃血叛漢。奉世以節諭告諸國，發其兵，

詔鄭吉還屯渠犂

進擊莎車，攻拔其城。莎車王自殺，傳首長安。傳，驛遞也。帝召見韓增曰：「賀將軍所舉得其人。」議封奉世，蕭望之以爲「奉世擅矯制發兵，雖有功效，不可以爲後法。即封奉世，開後奉使者利要功萬里之外，要同邀。爲國家生事於夷狄，漸不可長。」乃以爲光祿大夫。

綱　丁巳，二年，（前六四）春二月，立倢伃王氏爲皇后。

目　上欲立皇后，懲艾霍氏欲害皇太子，乃選後宮無子而謹慎者，立長陵王倢伃爲皇后，令母養太子。

綱　夏五月，詔二千石察其官屬治獄不平者。郡國被疾疫者，毋出今年租。

綱　匈奴擾車師田者，車師，西域國。詔鄭吉還屯渠犂。地節三年，侍郎鄭吉將免刑罪人田渠犂，發諸國兵與所將田士擊車師，破之，車師王奔烏孫，其餘民東徙，而吉使吏卒往田車師地以實之。渠犂即支渠犂，西域國，在輪臺東。

目　匈奴大臣皆以爲「車師地肥美，使漢得之，多田積穀，必害人國，不可不爭」，數遣兵擊車師田者。鄭吉將渠犂田卒救之，爲匈奴所圍。吉上言「願益田卒」。上與趙充國等議，欲因匈奴衰弱，擊其右地，使不敢復擾西域。魏相諫曰：「臣聞救亂誅暴，謂之義兵，兵義者王。敵加於己，不得已而起者，謂之應兵，兵應者勝。爭恨小故，不忍憤怒者，謂之忿兵，兵忿者敗。利人土地貨寶者，謂之貪兵，兵貪者破。恃國家之大，矜民人之衆，欲見威於敵者，謂之驕兵，兵驕者滅。間者，匈奴未有犯於邊境，雖爭屯田車師，不足致意中。今聞諸

以蕭望之爲左馮翊

將軍欲興兵入其地，臣愚不知此兵何名者也！按今年計子弟殺父兄、妻殺夫者，凡二百一十八人，臣愚以爲此非小變也。今左右不憂此，乃欲報纖介之忿於遠夷，殆孔子所謂『吾恐季孫之憂不在顓臾而在蕭牆之內也』。」上乃遣常惠將騎往車師迎鄭吉吏士還渠犂。

相好觀漢故事，數條漢興已來國家便宜行事，及賈誼、鼂錯、董仲舒等所言，奏請施行之。敕掾史按事郡國，掾吏，丞相屬官。及休告，請假也。還府，輒白四方異聞。或有逆賊、災變，郡不上，相輒奏言之。與丙吉同心輔政。

綱 以蕭望之爲左馮翊。

目 帝以蕭望之經明持重，論議有餘，材任宰相，欲詳試其政事，復以爲左馮翊。望之從少府出爲左遷，卽移病。移文稱病。上使侍中諭意曰：「所用皆更治民以考功。君前爲平原太守日淺，故復試之於三輔，非有所聞也。」望之卽起視事。

綱 戊午，三年，(前六三)春三月，封故昌邑王賀爲海昏侯。(海昏縣，卽今江西修水縣。)

綱 封丙吉等爲列侯，故人阿保賜物有差。

目 丙吉爲人深厚，不伐善，自曾孫遭遇，初宣帝號皇曾孫。遭遇，謂自免難後，至爲天子。絕口不道前恩。會掖庭宮婢自陳嘗有阿保之功，阿保，阿依保護。辭引使者丙吉知狀。上親見問，然後知吉有舊恩而終不言，大賢之。

初，張賀嘗爲弟安世稱皇曾孫之材美及徵怪，徵兆、怪異。安世輒絕止，以爲少主在上，少主，昭帝。不宜稱述曾孫。及帝即位而賀已死，上謂安世曰：「掖庭令平生稱我，（張賀時爲掖庭令。）將軍止之，是也。」詔曰：「朕微眇時，丙吉、史曾、許舜皆有舊恩，張賀輔導朕躬，脩文學經術，恩惠卓異，厥功茂焉。詩不云乎：『無德不報。』詩大雅抑之篇曰：「無言不讎，無德不報。」封賀子彭祖及吉、曾、舜皆爲列侯。」故人嘗有阿保之功者，皆受官祿、田宅、財物，各以恩深淺報之。吉臨當封，病，上憂其不起。夏侯勝曰：「有陰德者，必享其祿。今吉未獲報，非死疾也。」果癒。張安世自以父子封侯，在位太盛，乃辭祿。安世謹愼周密，每定大政，已決，輒移病出。聞有詔令，乃驚，使吏之丞相府問焉。自朝廷大臣，莫知其與議也。嘗有所薦，其人來謝，安世大恨，以爲「舉賢達能，豈有私謝邪！」絕弗復爲通。有郎功高不調，自言，安世曰：「君之功高，明主所知，人臣執事何短長，而自言乎！」絕不許。已而郎果遷。

綱　夏六月，立子欽爲淮陽王。（淮陽國都陳，即今河南淮陽縣。）

綱　疏廣、疏受請老，賜金遣歸。

目　皇太子年十二，通論語、孝經，太傅疏廣謂少傅受曰：「吾聞『知足不辱，知止不殆。』老子下篇之辭。今宦成名立如此，不去，懼有後悔。」即日俱移病，上疏乞骸骨。上皆許之，加賜黃金二十斤，皇太子贈以五十斤。公卿、故人設祖道，祭道神曰祖。祖道，謂餞行也。供張東都門外，供張，供具、張設也。送者車數百兩。兩，一車也。一車兩輪，故謂之兩。道路觀者皆曰：「賢哉二大夫！」或歎息爲之下泣。廣、受歸鄉里，（廣、受皆東海蘭陵人，在今山東嶧縣東。）日令其家賣金供具，請族人、故舊、賓客，與相娛樂。或勸以爲子孫立產業者，廣曰：「吾豈老誖不念子孫哉！顧自有舊田廬，令子孫勤力其中，足以共衣食，（共音恭。）與凡人齊。今復增益之，以爲贏餘，但教子孫怠惰耳。賢而多財則損其志，愚而多財則益其過。且夫富者，衆之怨也。吾既無以教化子孫，不欲益其過而生怨。又此金者，聖主所以惠養老臣也，故樂與鄉黨、宗族共饗其賜，以盡吾餘日，不亦可乎！」於是族人悅服。

【綱】以潁川太守黃霸守京兆尹，（潁川郡治陽翟，即今河南禹縣。）尋罷歸故官。

【目】黃霸爲潁川太守，力行教化而後誅罰，務在成就全安長吏。許丞老，病聾，督郵白欲逐之。（督郵，主糾察郡吏，郡錄事也。）霸曰：「許丞廉吏，雖老，尚能拜起送迎，重聽何傷？」或問其故，霸曰：「數易長吏，送故迎新之費，及姦吏因緣，絕簿書，盜財物，（姦吏因交代之際，棄匿簿書，盜去官物。）公私費耗甚多，皆出於民。所易新吏，又未必賢，或不如其故，徒相益爲亂。凡治道，去其泰甚者耳。」霸以外寬內明，得吏民心，戶口歲增，治爲天下第一。徵守京兆尹，尋坐法，（尋，不久也。）貶秩，詔復歸潁川爲太守。

【綱】己未，四年，（前六二）春正月，右扶風尹翁歸卒。

【綱】大司馬、衞將軍、富平侯張安世卒。（富平，在今山東無棣縣東南桑落墅。）安世謚曰敬。

【綱】以韋玄成爲河南太守。（河南郡治雒陽縣，今河南洛陽市。）

【目】初，扶陽節侯韋賢薨，（扶陽，在今安徽蕭縣南。）長子弘有罪繫獄，家人矯賢令，以次子玄成爲後。玄成深知其非賢雅意，即佯狂不應召。大鴻臚奏狀，章下丞相、御史案驗。玄成友人侍郎章奕上疏言：「聖王貴以禮讓爲國，宜優養玄成，勿枉其志，使得自安衡門之下。」衡門，橫木爲門，言淺陋也。詩陳風（衡門）：「衡門之下，可以棲遲。」而丞相、御史遂以玄成實不病，劾奏之。有詔勿劾，引拜；玄成不得已受爵。帝高其節，以爲河南太守。

求金馬碧雞之神

綱　庚申，神爵元年，（前六一）前年神爵集長樂宮，今故改元神爵。春正月，帝如甘泉，郊泰畤；（見卷十四武帝元鼎五年「立泰乙及五帝祠壇於甘泉」目。）三月，如河東祠后土。（后土祠在河東郡汾陰縣，見卷十四武帝元鼎四年「立后土祠於汾陰脽上」注。）遣諫大夫王褒求金馬、碧雞之神。

目　上頗脩武帝故事，謹齋祀之禮。以方士言，增置神祠。聞益州有金馬、碧雞之神，（益州刺史轄今四川、雲南、貴州等省地。金馬、碧雞，在越嶲郡青蛉縣禺同山，即今雲南大姚縣治金碧鎮。）金馬，金形如馬。碧雞，碧形似雞。遣褒持節求之。

王褒聖主得賢臣頌

初，上聞褒有俊才，召見，使爲聖主得賢臣頌，其辭曰：「夫賢者，國家之器用也，故君人者，勤於求賢，而逸於得人。昔賢者之未遭遇也，圖事揆策，則君不用其謀；陳見悃誠，則上不然其信。及其遇明君也，運籌合上意，諫諍即見聽，進退得關其忠，任職得行其術。故世必有聖知之君，而後有賢明之臣。故虎嘯而風烈，龍興而致雲，易乾卦：「雲從龍，風從虎。」蟋蟀俟秋唫，蜉蝤出以陰。蝤同蝣。蜉蝤，似蛣蜣，其出有時，故曰出以陰。明明在朝，穆穆布列，聚精會神，相得益彰。故聖主必待賢臣而弘功業，俊士必俟明主以顯其德。上下俱欲，驩然交欣，翼乎如鴻毛遇順風，沛乎如巨魚縱大壑，休徵自至，壽考無疆，何必偃仰屈伸若彭祖，（姓籛，名鏗，堯、舜時人，至殷已七百餘歲。）呴嘘呼吸如喬、松哉！」（呴，嘘，並音吁，口出氣也。喬、松，王喬、赤松子，皆仙人。）上頗好神仙，故褒對及之。後京兆尹張敞亦勸上斥遠方士，游心帝王之術，由是悉罷尚方待詔。

諫大夫王吉謝病歸

【綱】諫大夫王吉謝病歸。

【目】上頗脩飾宮室、車服，外戚許、史、王氏貴寵。諫大夫王吉上疏曰：「陛下惟思世務，將興太平，詔書每下，民欣然若更生。臣伏思之，可謂至恩，未可謂本務也。臣聞宣德流化，必自近始。故宜謹選左右，審擇所使。左右所以正身，所使所以宣德，此其本也。安上治民，莫善於禮。願陛下述舊禮，明王制，敺一世之民，躋之仁壽之域，則俗何以不若成、康，（周成、康節儉，天下安寧，刑措四十餘年。）壽何以不若高宗！（殷武丁中興，號爲高宗，在位五十九年。）古者衣服、車馬，貴賤有章；今上下僭差，是以貪財誅利，不畏死亡。外家及故人，可厚以財，不宜居位。」上以其言爲迂闊，吉遂謝病歸。

趙充國擊先零

【綱】先零羌楊玉叛，（先零，西羌種名。）夏四月，遣後將軍趙充國將兵擊之。

【目】先零羌侯楊玉背畔，攻城邑，殺長吏。趙充國年七十餘，上老之，使丙吉問「誰可將者？」對曰：「無踰於老臣者矣！」上問「度當用幾人？」充國曰：「百聞不如一見。兵難隃度，（隃同遥。）臣願馳至金城，（金城郡治允吾縣，在今甘肅蘭州市西北。）圖上方略。羌戎小夷，逆

趙充國屯田湟中

天背畔，滅亡不久，願陛下以屬老臣，勿以爲憂！」上笑曰：「諾。」大發兵，遣充國將之，以擊西羌。

綱　六月，有星孛于東方。

綱　秋七月，充國引兵擊叛羌，叛羌多降。詔復遣將軍辛武賢等將兵擊之。尋詔罷兵，留充國屯田湟中。（今甘肅、青海黃河西岸之地通謂之湟中。）

目　六月，趙充國至金城，常以遠斥候爲務，行必爲戰備，止必堅營壁，尤能持重，愛士卒，先計而後戰。西至部都尉府，（西部都尉治西門障，在今甘肅玉門市西南。）日饗軍士，士皆欲爲用。虜數挑戰，充國堅守，欲以威信招降罕、幵及劫略者，（幵音牽。罕、幵二姓，皆西羌種。）解散虜謀，徼其疲劇，（徼同邀。劇，極也。）乃擊之。酒泉太守辛武賢奏言：（酒泉郡治福祿縣，即今甘肅酒泉市。）「以七月分兵出擊罕、幵，冬復擊之，虜必震壞。」天子下其書。充國以爲「先零首爲畔逆，當捐罕、幵闇昧之過，先行先零之誅，以震動之，宜悔過反善，此全師保勝安邊之策。」天子下其書。議者咸以爲「先零兵盛，而負罕、幵之助，不先破罕、幵，則先零未可圖也。」上乃拜許延壽強弩將軍，武賢破羌將軍，詔充國引兵並進擊罕、幵。充國上書，以爲「先誅先零，則罕、幵之屬不煩兵而服；不服，涉正月擊之。」七月，璽書報從充國計，後罕、幵竟不煩兵而下。

上詔武賢等以十二月與充國合擊先零。時羌降者萬餘人矣，充國度其必壞，欲罷騎

趙充國上屯田奏

留田便宜十二事

以張敞爲京兆尹

兵，屯田以待其敝。作奏未上，會得進兵璽書，遂上屯田奏曰：「羌易以計破，難用兵碎也，故臣愚以爲擊之不便！計度臨羌東至浩亹，臨羌、浩亹，漢縣，俱屬金城。浩音誥，亹音門。（臨羌，即今青海西寧市。浩亹，在今青海樂都縣東。）羌虜故田及公田，民所未墾，可二千頃以上。百畝爲頃。臣願罷騎兵，留步兵分屯要害處，在我爲要，在彼爲害，故曰要害。浚溝渠，治湟陿，（湟陿，今名峽口山，在青海西寧市東。）人二十畮，畮同畝。益積畜，省大費。謹上田處及器用簿。」上報曰：「卽如將軍之計，虜當何時伏誅？兵當何時得決？孰計其便，復奏！」充國上狀曰：「臣聞帝王之兵，以全取勝，是以貴謀而賤戰。百戰而百勝，非善之善者，故先爲不可勝，以待敵之可勝。臣謹條不出兵留田便宜十二事，一，屯田致穀；二，據其肥饒；三，民不失業；四，罷兵省費；五，河湟漕穀；六，繕治郵亭；七，坐得必勝；八，無經阻遠；九，不損威武，虜難乘閒；十，無驚罕、幵，使生他變；十一，治湟陿橋，以制西域；十二，豫息徭役，以戒不虞。留屯田得十二便，出兵失十二利，唯明詔采擇！」

充國奏每上，輒下公卿議。魏相曰：「臣愚不習兵事利害。後將軍數畫軍策，其言常是，臣任其計可必用也。」上於是詔罷兵，獨充國留屯田。

綱 以張敞爲京兆尹。

目 初，敞爲山陽太守，時膠東盜賊起，敞自請治之。拜膠東相，明設購賞，傳相斬捕，國中遂平。時長安多盜，上以問敞。敞以爲可禁，乃以爲京兆尹，敞求得偷盜酋長數人，召見責問，令致諸偷以自贖，一日得數百人，由是市無偷盜。敞賞罰分明，而時時越法，有所縱舍；本治春秋，以經術自輔，不純用誅罰，以此能自全。朝廷有大議，引古今處便宜，公卿皆服。

綱　辛酉，二年，（前六〇）春二月，鳳皇、甘露降集京師，赦。

趙充國還

綱　夏五月，趙充國振旅而還。振，止也。旅，衆也。言戰罷而止其衆以入也。春秋傳（公羊莊八年傳）曰：「出曰治兵，入曰振旅。」秋，羌斬楊玉以降，置金城屬國以處之。

目　趙充國奏言：「羌本可五萬人，除斬、降、溺、飢死，定計遺脫，算定其所遺得脫者。不過四千人。羌靡忘等自詭必得，靡忘，羌豪名。詭，責也。自相責，以爲此四千人必得歸漢。請罷屯兵！」奏可。充國振旅而還。秋，羌若零等共斬楊玉首，帥四千餘人降；初置金城屬國以處降羌。

蓋寬饒自到北闕下

綱　秋九月，司隸校尉蓋寬饒自剄北闕下。司隸校尉，職掌徒隸，督奸猾。

目　司隸校尉蓋寬饒剛直公清，數犯上意。時方用刑法，任中書官，作任中書宦官。寬饒奏封事曰：「方今聖道浸微，儒術不行，以刑餘爲周、召，刑餘，謂宦官，刀鋸之餘也。以法律爲詩、書。」又引易傳言：非正經者謂之傳。「五帝官天下，三王家天下。家以傳子孫，官以傳賢聖。」書奏，上以爲寬饒怨謗，下其書。執金吾議，應劭曰：「吾，禦也。掌執金革，以禦非常。」顏師古曰：「金吾，鳥名，主辟不祥。天子出行，職主先導，故執此鳥之象，因以名官。」以爲「寬饒旨意欲求禪，大逆不道！」諫大

鄭昌訟寬饒

夫鄭昌上書訟寬饒曰：「臣聞山有猛獸，藜藿爲之不采；國有忠臣，姦邪爲之不起。寬饒進

有憂國之心，退有死節之義，上無許、史之屬，（許廣漢、史高。）下無金、張之託；（金日磾、張安世。）直道而行，多仇少與。上書陳事，有司劾以大辟。臣幸得從大夫之後，官以諫爲名，不敢不言。」上竟下寬饒吏；寬饒引佩刀自剄北闕下，衆庶莫不憐之。

始置都護

綱　以鄭吉爲西域都護。

目　匈奴日逐王先賢撣，（日逐王，即如休屠王、渾邪王之稱。撣音纏。先賢撣，日逐王名。）與握衍朐鞮單于有隙，（握衍朐鞮，單于之號。）率其衆降漢，使人至渠犂與鄭吉相聞。吉發諸國五萬人迎之，將詣京師。吉威振西域，遂并護車師以西北道，故號都護。都護之置自吉始。於是中西域而立幕府，治烏壘城，（在今新疆輪臺縣東。）去陽關二千七百餘里，（陽關，在今甘肅敦煌縣南。）督察烏孫、康居等三十六國，漢之號令班西域矣。

綱　壬戌，三年，（前五九）春三月，丞相高平侯魏相卒。（魏相所封之高平，在今安徽泗縣北。）相諡曰憲。

丙吉相

綱　夏四月，以丙吉爲丞相。

目　吉尚寬大，好禮讓，掾吏有罪，輒與長休告，（休告，歸假也。）務掩過揚善，終無所案。曰：「以公府而有案吏之名，吾竊陋焉！」後人因以爲故事。嘗出，逢羣鬭死傷，不問；逢牛喘，使問「逐牛行幾里矣？」或譏吉失問，吉曰：「民鬭，京兆所當禁；宰相不親小事，非所當問也。方春，未可熱，恐牛近行，用暑故喘，（用，因也。）此時氣失節；三公調陰陽，職當憂。」時人以爲知大體。

綱 秋七月，以蕭望之爲御史大夫。

益小吏俸

綱 八月，益小吏俸。

目 詔曰：「吏不廉平，則治道衰。今小吏皆勤事，而俸祿薄，欲無侵漁百姓，難矣！其益吏百石已下俸十五。」

以韓延壽爲左馮翊

綱 以韓延壽爲左馮翊。

目 始延壽爲潁川太守，承趙廣漢之後，俗多怨讎，延壽教以禮讓。黃霸代之，因其迹而大治。延壽接待下吏，恩施甚厚而約誓明。或欺負之者，延壽痛自刻責，吏聞者自傷悔，或自刺死。爲東郡太守三歲，（東郡，在今河南濮陽縣南。）令行禁止，斷獄大減，由是入爲馮翊。行縣至高陵，（在今陝西三原縣東南。）民有昆弟訟田，延壽大傷之，曰：「幸得備位爲郡表率，不能宣明教化，至令民有骨肉爭訟，咎在馮翊！」是日移病，入臥傳舍，（傳舍，猶今館驛。）閉閤思過。

閉閤思過

於是訟者自悔，願以田相移，終死不敢爭。郡中歙然，（歙同翕。）傳相敕厲。恩信周徧二十四縣，莫敢以辭訟自言者，推其至誠，吏民不忍欺紿。

綱 癸亥，四年，（前五八）夏四月，賜潁川太守黃霸爵關內侯。

目 霸在郡八年，政事愈治。是時鳳皇、神爵數集郡國，潁川尤多，於是賜爵關內侯。後數月，徵霸爲太子太傅。

綱　冬十月，鳳皇集杜陵。

綱　河南太守嚴延年棄市。

目　延年陰鷙酷烈，（鷙音至，擊也。凡鳥之勇，獸之猛，皆曰鷙。）冬月傳屬縣囚，會論府上，流血數里，河南號曰「屠伯」。延年素輕黃霸，見其以鳳皇被褒賞，心內不服。郡界有蝗，府丞義出行蝗，（丞名義，失其姓。行蝗，巡行捕蝗也。）延年曰：「此蝗豈鳳皇食邪？」義恐見中傷，乃上書言延年罪，因自殺以明不欺。事下按驗，得其怨望、誹謗數事，坐不道，棄市。初，延年母從東海來，（嚴延年東海下邳人。下邳，在今江蘇邳縣東。）適見報囚，（論囚曰報。）大驚，謂延年曰：「天道神明，人不可獨殺。我不意當老見壯子被刑戮也！行矣，去汝東歸，掃除墓地耳！」後歲餘果敗，東海莫不賢智其母。

綱　甲子，五鳳元年，（前五七）冬十二月朔，日食。

綱　殺左馮翊韓延壽。

目　韓延壽代蕭望之爲左馮翊。望之聞延壽在東郡時，放散官錢千餘萬，使御史案之。延壽卽部吏案較望之在馮翊時稟犧官錢，（稟同廩，主藏穀。犧，主養牲，所以供祭祀。）放散百餘萬。望之自奏：「職在總領天下，（時望之爲御史大夫。）聞事不敢不問，而爲延壽所拘持。」上由是不直延壽，各令窮竟。望之卒無事實，而延壽以車服、侍衞奢僭逾制等數事，竟坐棄市，百姓莫不流涕。

綱 乙丑，二年，（前五六）秋八月，左遷蕭望之爲太子太傅。

綱 免光祿勳、平通侯楊惲爲庶人。惲，敞之子。（平通侯楊惲，食邑汝南博陽縣，在今河南商水縣東北。）

目 楊惲廉潔無私，然伐其行能，又性刻害，好發人陰伏，由是多怨。與太僕戴長樂相失，長樂上書告惲以主上爲戲，語尤悖逆；詔免爲庶人。

丙吉卒

綱 丙寅，三年，（前五五）春正月，丞相博陽侯丙吉卒。（博陽屬汝南郡，在今河南商水縣東北。免楊惲後以封吉。）

目 吉病，上臨，問以「誰可以自代者？」吉薦杜延年、于定國、陳萬年。薨，謚曰定。後三人居位皆稱職，上稱吉爲知人。

黃霸相

綱 二月，以黃霸爲丞相。

黃霸薦史高

目 霸材長於治民，及爲丞相，功名損於治郡。時京兆尹張敞舍鶡雀飛集丞相府，鶡本作鳻，音分。鶡雀大而色青，出羌中，俗謂鶡雞。霸以爲神雀，議欲以聞。後知從敞舍來，乃止。敞奏「挾詐僞以奸名譽者，必先受戮，以正明好惡。」霸甚慚。時史高以外戚貴重，霸薦高可太尉。太尉，掌兵。漢初兩省，曰丞相，曰太尉。天子使尚書召問霸：「太尉官罷久矣。（武帝建元二年罷太尉官，不復置。）夫宣明敎化，通達幽隱，使獄無冤刑，邑無盜賊，君之職也。將相之官，朕之任焉。高帷幄近臣，朕所自親，君何越職而舉之？」霸免冠謝罪，數日，乃決，自是後不敢復有

匈奴單于稱臣
置常平倉
楊惲報孫會宗書

所請。然自漢興言治民吏，以霸爲首。

綱 丁卯，四年，(前五四)春，匈奴呼韓邪單于稱臣，遣弟入侍。減戍卒什二。

綱 糴三輔近郡穀供京師，初置常平倉。

目 自元康以來，元康，宣帝年號。比年豐稔，比，連也。稔音任，上聲。穀石五錢，大司農中丞耿壽昌奏言："歲豐穀賤，農人少利。故事：歲漕關東穀四百萬斛，漕，水運也。用卒六萬人。宜糴三輔、弘農、河東、上黨、太原郡穀供京師，(弘農郡治弘農縣，在今河南靈寶縣南。河東郡治安邑縣，即今山西運城縣東北安邑鎮。上黨郡治長子縣，在今山西長治市西。太原郡治晉陽縣，即今山西太原市。)可省漕卒過半。"又白："令邊郡皆築倉，以穀賤增其價而糴，以利農，穀貴時減價而糶，名曰常平倉。"民便之，詔賜壽昌爵關內侯。

綱 夏四月朔，日食。

綱 殺故平通侯楊惲。

目 惲既失爵位，家居治產業，以財自娛。其友人孫會宗與惲書，爲言"大臣廢退，當闔門惶懼，爲可憐之意；不當治產業，通賓客，有稱譽。"惲，宰相子，父敞爲丞相。有材能，少顯朝廷，一朝以晻昧語言見廢，內懷不服，報書曰："竊自思念，過已大矣，行已虧矣，當爲農夫以沒世矣。田家作苦，歲時伏臘，烹羊、炰羔，炰同庖。斗酒自勞，酒後耳熱，仰天拊缶而呼烏烏，缶，瓦器，秦人擊之以節歌。李斯諫逐客書："擊甕扣缶，而歌呼烏烏，快耳目者，眞秦聲也。"惲秦人，故云。其

南山種豆歌

詩曰：『田彼南山，蕪穢不治；喻朝廷荒亂。種一頃豆，落而爲萁。喻賢人放棄。萁，豆莖。人生行樂耳，須富貴何時！』是日也，拂衣而喜，奮褎低昂，褎同袖。頓足起舞，誠淫荒無度，不知其不可也。」又惲兄子譚謂惲曰：「侯罪薄，又有功，且復用。」惲曰：「有功何益？縣官不足爲盡力！」不敢指斥天子，故稱縣官。譚曰：「縣官實然。」蓋司隸、韓馮翊皆盡力吏也，（蓋司隸，蓋寬饒，事見上神爵元年。韓馮翊，韓延壽，事見上五鳳元年。）俱坐事誅。」或上書告「惲驕奢，不悔過，日食之咎，此人所致。」章下，廷尉當惲大逆無道，腰斬。

綱　匈奴郅支單于攻呼韓邪單于走之，遂都單于庭。

綱　戊辰，甘露元年，（前五三）春，免京兆尹張敞官，復以爲冀州刺史。

目　楊惲之誅，公卿奏敞惲之黨友，不宜處位。上惜敞材，獨寢其奏，不下。敞使掾絮舜案事，掾，官屬。舜私歸其家曰：「五日京兆耳，安能復案事。」敞聞，即收舜繫獄驗治，竟致其死事。會立春，行冤獄使者出，行，察視也。舜家載尸自言，使者奏敞賊殺不辜；上欲令敞得自便，即先下前奏，免爲庶人。敞詣闕上印綬，便從闕下亡命。命，名也，脫其名籍而逃亡。數月，京師吏民解弛，解同懈。枹鼓數起，枹，擊鼓杖也。擊鼓所以警衆，數起者，言偷盜之多也。而冀州部中有大賊，（冀州刺史治鄗，在今河北内丘縣柏鄉鎮北。）天子使使者即家召敞，妻子皆泣，敞獨笑曰：「吾身亡命爲民，郡吏當就捕。今使者來，此天子欲用我也。」裝隨使者詣公車。（見卷十一文帝三年「拜公車令」注。）上引見，拜冀州刺史，到部，盜賊屏息。

以韋玄成為淮陽中尉

綱 以韋玄成為淮陽中尉。

目 皇太子柔仁好儒，見上所用多文法吏，以刑繩下，嘗侍燕，從容言：「陛下持刑太深，宜用儒生。」帝作色曰：「漢家自有制度，本以霸、王道雜之；奈何純任德教用周政乎！且俗儒不達時宜，好是古非今，使人眩於名實，不知所守，何足委任！」乃歎曰：「亂我家者太子也！」上由是疏太子，而愛次子淮陽憲王欽，常欲立之，然因太子起於微細，微時許后所生。上少依許氏，后父許廣漢家。及即位而許后以弒死，故弗忍也。久之，上拜韋玄成為淮陽中尉，以玄成嘗讓爵於兄，欲以感喻憲王，由是太子遂安。

綱 匈奴兩單于，呼韓邪、郅支。皆遣子入侍。

綱 夏四月，黃龍見。

綱 己巳，二年，（前五二）夏四月，營平侯趙充國卒。（營平侯食邑濟南，即今山東濟南市。）

綱 匈奴款塞請朝。

目 匈奴呼韓邪單于款五原塞，款，叩也。（五原塞即榆柳塞，在今內蒙古五原縣境內。）願奉國珍，奉，獻也。國珍，國中所產珍寶。朝三年正月。會明年正旦朝賀。詔有司議其儀，丞相、御史曰：「聖王之制，先京師而後諸夏，先諸夏而後夷狄。單于朝賀，宜如諸侯王，位次在下。」蕭望之以為「單于非正朔所加，故稱敵國，宜待以不臣之禮，位在諸侯王上。」天子采之，詔令單于位在諸侯王上，贊謁稱臣而不名。

綱鑑易知錄卷十七

漢紀

孝宣皇帝

匈奴單于來朝

綱　庚午，三年，（前五一）春正月，匈奴呼韓邪單于來朝，還居幕南塞下。幕同漠。北方流沙曰漠。幕南，沙漠之南，匈奴南界。

目　上幸甘泉，郊泰畤。匈奴呼韓邪單于來朝，上還，單于就邸長安，置酒建章宮饗賜之。二月，遣歸國。單于請居光祿塞下，（光祿塞又名光祿城，光祿徐自爲築，在今內蒙古五原縣北茂明安旗。）自是烏孫以西至安息諸國近匈奴者，咸尊漢矣。

畫功臣於麒麟閣

綱　畫功臣於麒麟閣。蕭何所造，以藏祕書者。

目　上以戎狄賓服，思股肱之美，乃圖畫其人於麒麟閣，署其官爵姓名；惟霍光不名，曰「大司馬、大將軍、博陸侯，姓霍氏」，其次張安世、韓增、趙充國、魏相、丙吉、杜延年、劉德、梁丘賀、蕭望之、蘇武，凡十一人，皆有功德，知名當世。

綱　鳳皇集新蔡。（卽今河南新蔡縣。）

于定國相

綱　丞相霸卒，以于定國爲丞相。

詔諸儒講五經異同

立三經博士

皇孫驁生

王政君

綱 詔諸儒講五經異同於石渠閣。施讎論易，周堪、孔霸論書，薛廣德論詩，戴聖論禮，公羊則嚴彭祖，穀梁則尹更始。異同者，謂與經旨合否也。石渠閣，蕭何所造，在未央殿北，以藏祕書。其下礱石爲渠，以導水，若今之御溝，因以名閣。

目 詔諸儒論五經異同，蕭望之等平奏，平，謂無所可否。上親稱制臨決。立梁丘易、夏侯尚書、穀梁春秋博士。梁丘，複姓，名賀，從京房受易。夏侯，複姓，大夏侯名勝，其先夏侯都尉，從濟南伏生受尙書，以傳族子始昌，始昌傳勝；小夏侯名建，勝之從父子也。勝以書授建，建又事歐陽高，由是尙書有大、小夏侯之學。穀梁，複姓，名淑，一名赤。孔子以春秋之說口授子夏，子夏授穀梁，穀梁爲經作傳。博士秦官名，掌通古今。

綱 皇孫驁生。

目 皇太子所幸司馬良娣，太子妃有三等：曰妃，曰良娣，曰孺子。病死，太子忽忽不樂。帝令皇后擇後宮家人子，家人子，宮中名號，有上家人子，中家人子。得元城王政君，（元城縣，在今河北大名縣東。）送太子宮。政君，故繡衣御史賀之孫女也，（繡衣御史，見卷十四武帝天漢二年「遣繡衣直指使者」注。王賀亦爲繡衣御史。）是歲生成帝於甲館畫堂，館同觀。甲者，甲乙之次。畫堂，彩畫之堂。爲世適皇孫。適同嫡。帝愛之，自名曰驁，字太孫，常置左右。

綱 壬申，黃龍元年，（前四九）春三月，有星孛于王良、閣道，入紫微宮。王良五星，在奎北河中，天子奉御宮也。閣道六星，在王良北，飛閣之道，天子欲遊別宮之道。占：一星不見則輦路不通；動搖，則宮掖之內兵起。紫微，中宮天極星，其一明者太乙常居也。

綱　帝寢疾，以史高爲大司馬、車騎將軍，蕭望之爲前將軍、光祿勳，周堪爲光祿大夫，受遺詔輔政，領尚書事。　冬十二月，帝崩。

綱　太子奭卽位，尊皇太后曰太皇太后，皇后曰皇太后。太皇太后，昭后上官氏也。宣帝卽位嘗尊爲太皇太后矣，元帝視之則曾祖母也，於是復稱皇太后，而書「尊曰太皇太后」者，豈太皇太后之上無以稱之，故云爾歟？

孝元皇帝 名奭，宣帝太子，在位十六年，壽四十三歲而崩。謚法：「行義悅民曰元。」帝牽制文義，優游不斷，孝宣之業衰矣。

綱　癸酉，孝元皇帝初元元年，（前四八）春正月，葬杜陵。（見卷十五宣帝本始三年「葬恭哀皇后於杜陵南園」注。）

綱　三月，立倢伃王氏爲皇后。

立王氏爲皇后

綱　以公田及苑振業貧民，賦貸種食。

綱　夏六月，大疫，詔損膳，減樂府員，省苑馬，以振困乏。

綱　秋九月，關東大水，饑。

綱　以貢禹爲諫大夫。　罷宮館希幸者，減穀食馬、肉食獸。

目　上素聞王吉、貢禹皆明經潔行，遣使者徵之。徵，召也。吉道病卒。禹至，拜爲諫大夫。問以政事，禹言：「古者人君節儉，什一而稅，亡他賦役，故家給人足。惟陛下深察古

置戊己校尉

劉更生明經有行

蕭望之請罷中書宦官

道，從其儉者。天生聖人，蓋爲萬民，非獨使自娛樂而已也。」天子善其言，下詔令諸宮館希御幸者，勿繕治；太僕減穀食馬，太僕，掌廐牧。水衡省肉食獸。水衡，掌上林。

綱 置戊、己校尉，屯田車師故地。甲、乙、丙、丁、庚、辛、壬、癸，皆有正位，惟戊、己寄治耳，今所置校尉亦無常居，故取戊、己爲名。（屯田車師，見卷十一宣帝元康二年「匈奴擾車師田者」注。）

綱 甲戌，二年，（前四七）春正月，下蕭望之、周堪及宗正劉更生獄，劉更生，即劉向。皆免爲庶人。

目 史高以外屬領尚書事，蕭望之、周堪爲之副。望之、堪皆以師傅舊恩，天子任之，數言治亂，陳王事。選白宗室明經有行諫大夫更生給事中，與侍中金敞並拾遺左右。四人同心謀議，史高充位而已，由是與望之有隙。

中書令弘恭、僕射石顯，恭、顯俱宦官。自宣帝時久典樞機；帝即位多疾，以顯中人，無外黨，遂委以政，事無大小，因顯白決，貴幸傾朝。顯爲人巧慧習事，能深得人主微指，內深賊，持詭辯，以中傷人，與高爲表裏。

望之等患苦許、史放縱，許、史俱外戚。又疾恭、顯擅權，建白以爲：「中書政本，國家樞機，宜以通明公正處之。武帝遊宴後庭，故用宦者，非古制也。宜罷中書宦官，應古不近刑人之義。」曲禮：「刑人不在君側。」議久不定，出更生爲宗正。恭、顯奏：「望之、堪、更生朋黨，相稱譽，數譖訴大臣，毀離親戚，欲以專擅權勢。爲臣不忠，誣上不道，請謁者召致廷尉。」時上初即位，不省召致廷尉爲下獄，乃可其奏。後上召堪、更生，曰「繫獄」。上大驚曰：「非但廷尉問邪？」以責恭、顯，皆叩頭謝。上曰：「令出視事。」恭、顯使高言：「上新即位，未以德化聞於天下，而先驗師傅。既下獄，宜因決免。」於是赦望之罪，收印綬，及堪、更生皆免爲庶人。

綱　隴西地震。（隴西郡治狄道縣，在今甘肅臨洮縣西南。）

綱　罷黃門狗馬，以禁囿假貧民，舉直言極諫之士。

綱　夏四月，立子驁爲皇太子。

綱　賜蕭望之爵關內侯，給事中，朝朔望。

綱　關東饑。秋七月，地復震。

綱　以周堪、劉更生爲中郎，尋繫獄，免。冬十二月，蕭望之自殺，以宦者石顯爲中書令。

目　上復徵周堪、劉更生，欲以爲諫大夫；恭、顯白以爲中郎。上器重蕭望之不已，欲倚以爲相；恭、顯、許、史皆側目。更生乃使其外親上變事，言「地震殆爲恭等，宜退恭、顯以章蔽善之罰，進望之等以通賢者之路。」恭、顯疑其更生所爲，白請考姦詐，辭服，遂逮繫獄，免爲庶人。會望之子伋亦上書訟望之前事，事下有司，復奏：「望之教子上書，失大臣體，不敬，請逮捕。」恭、顯等知望之素高節，不詘辱，建白：「望之前幸不坐，復賜爵邑，不悔

罷珠厓郡

以子南君為承休侯

過服罪，深懷怨望，自以託師傅，終必不坐，非頗屈望之於牢獄，塞其怏怏心，則聖朝無以施恩厚！」上曰：「太傅素剛，安肯就吏！」顯等曰：「人命至重，望之所坐，語言薄罪，必無所憂。」上乃可其奏。顯等令謁者召望之，望之以問門下生朱雲，雲好節士，勸望之自裁。望之仰天歎曰：「吾嘗備位將相，年踰六十矣，老入牢獄，苟求生活，不亦鄙乎！」飲鴆自殺。天子聞之驚，拊手曰：「曩固疑其不就牢獄，果然殺吾賢傅！」卻食涕泣，哀動左右。召顯等責問，以議不詳，皆免冠謝，良久然後已。是歲恭死，遂以顯為中書令。

綱　乙亥，三年，（前四六）春，罷珠厓郡。厓亦作崖。（珠崖郡，見卷十四武帝元鼎六年「珠崖、儋耳郡」注。）

目　珠厓、儋耳郡，在海中洲上，率數年一反，殺吏；漢輒發兵擊定之。至是，諸縣叛，上謀於羣臣，欲大發軍。待詔賈捐之曰：賈捐之，誼之曾孫。「臣聞堯、舜、禹三聖之德，地方不過數千里，東漸于海，西被于流沙，朔南暨聲教。東漸三句，夏書禹貢篇辭。漸，漬也。被，覆也。流沙，其沙隨風流行，故曰流沙。朔南，朔北與極南之地也。暨，及也。聲謂風聲，教謂教化。言欲與聲教則治之，不欲與者不彊治也。臣願遂棄珠厓，專用恤關東為憂！」上從之。

綱　夏，以周堪為光祿勳。張猛為光祿大夫，給事中。

綱　丁丑，五年，（前四四）春正月，以周子南君為周承休侯。（周承休縣屬潁川郡，在今河南臨汝縣東。武帝元鼎四年，封周後姬嘉為子南君。）

劉更生上書

綱 夏六月，以貢禹爲御史大夫。禹尋卒。罷鹽鐵官、常平倉及博士弟子員數。

綱 匈奴郅支單于殺漢使者，谷吉。西走康居。

綱 戊寅，永光元年，(前四三)春，郊泰畤。

目 上郊泰畤，禮畢，因留射獵。御史大夫薛廣德曰：「關東困極，人民流離；陛下日撞亡秦之鐘，聽鄭、衞之樂，臣誠悼之。今士卒暴露，從官勞倦，陛下亟反宮，思與百姓同憂樂，天下幸甚！」上卽日還。

綱 詔舉質樸、敦厚、遜讓、有行者。

綱 三月，雨雪，隕霜，殺桑。

綱 秋，上酎祭宗廟。(酎，見卷十四武帝元鼎五年「嘗酎」注。)

目 上出便門，(長安城南面西頭第一門，門外有渭橋。)欲御樓船。薛廣德當乘輿車，免冠頓首曰：「宜從橋。」詔曰：「大夫冠。」廣德曰：「陛下不聽臣，臣自刎，以血汙車輪，陛下不得入廟矣！」上不悅。先驅張猛進曰：「臣聞主聖臣直。乘船危，乘橋安；聖主不乘危。御史大夫言可聽。」上曰：「曉人不當如是邪！」遂從橋。

綱 大饑。丞相定國、御史大夫廣德罷。以連年災害故也。

綱 城門校尉諸葛豐有罪，免；左遷周堪爲河東太守，張猛爲槐里令。

目 石顯憚堪、猛等，數譖毀之。劉更生懼其傾危，上書曰：「臣聞舜命九官，(見卷一帝舜元年「命九官」紀。）濟濟相讓，和之至也。衆賢和於朝，則萬物和於野，故簫韶九成，而鳳皇來儀。（見卷一帝舜五年「鳳皇來儀」注。）至周幽、厲之際，朝廷不和，轉相非怨，則日月薄食，水泉沸騰，山谷易處，霜降失節。由此觀之，和氣致祥，乖氣致異，祥多者其國安，異衆者其國危，天地之常經，古今之通義也。正臣進者，治之表也；正臣陷者，亂之機也。夫執狐疑之心者，來讒賊之口；持不斷之意者，開羣枉之門。讒邪進則衆賢退，羣枉盛則正士消。今以陛下明知，誠深思天地之心，考祥應之福，災異之禍，杜閉羣枉之門，廣開衆正之路，使是非炳然可知，則百異消滅而衆祥並至，太平之基，萬世之利也。」

是歲，夏寒，日青，顯及許、史皆言堪、猛用事之咎。上內重堪，又患衆口之浸潤，無所取信。時長安令楊興以材能幸，常稱譽堪，上欲以爲助，乃問興：「朝臣斷斷不可光祿勳，斷音銀。斷斷，爭辯也。光祿勳，周堪。何邪？」興傾巧，謂上疑堪，因順指曰：「堪非獨不可於朝廷，自州里亦不可也。臣見衆人前以堪爲當誅，故言堪不可誅傷，爲國養恩也。」上曰：「然，今宜奈何？」興曰：「臣愚以爲可賜爵食邑，勿令典事。明主不失師傅之恩，此最策之得也。」上於是疑之。城門校尉諸葛豐以剛直著名，上書告堪、猛罪。上不直豐，乃詔御史：「豐前數稱言堪、猛之美，今怨堪、猛。告按無證之辭，暴揚難驗之罪，毀譽恣意，不顧前言，其免爲庶人！豐言堪、猛貞信不立，朕閔而不治，又惜其材能未有所効，其左遷堪爲河東太守，（河東郡治安邑，即今山西運城東北安邑鎮。）猛槐里令。」（槐里即廢丘，在今陝西興平縣東南。）

綱　待詔賈捐之棄市。

目　賈捐之與楊興善。捐之數短石顯，以故不得官，希復進見。興新以材能得幸，捐之謂曰：「使我得見，言君蘭，君蘭，興字。京兆尹可立得。」興曰：「君房下筆，君房，捐之字。言語妙天下。使君房爲尙書令，勝五鹿充宗遠甚。」五鹿充宗，石顯黨友。捐之曰：「令我得代充宗，君蘭爲京兆，京兆郡國首，尙書百官本，天下眞大治，士則不隔矣！」謂賢士路開也。捐之復短顯，興曰：「顯方信用；今欲進，且與合意，卽得入矣。」卽共爲薦顯奏，稱譽其美，又共爲薦興奏，以爲可試守京兆尹。顯聞，白之上，乃下興、捐之獄，令顯治之。捐之竟坐罔上不道，棄市；王制：「刑人於市，與衆棄之。」興髡鉗爲城旦。髡，剃髮。鉗，以鐵束頸。城旦，輕刑之名，晝日伺寇虜，夜暮築長城，故曰城旦。

韋玄成相

綱　己卯，二年，（前四二）春二月，赦。

綱　以韋玄成爲丞相。

綱　三月朔，日食。

綱　夏六月，赦。

綱　以匡衡爲光祿大夫。

匡衡地震日食疏

目　上問給事中匡衡以地震日食之變，衡上疏曰：「臣竊見大赦之後，姦邪不爲衰止，今日大赦，明日犯法，相隨入獄，此殆導之未得其務也。夫朝廷者，天下之楨幹也。幹同榦。

馮奉世請討叛羌

復鹽鐵官

築牆版，兩頭曰楨，兩旁曰榦。周書費誓「峙乃楨榦。」公卿相與循禮恭讓，則民不爭；好仁樂施，則下不暴；上義高節，則民興行；寬柔和惠，則衆相愛。此四者，明主之所以不嚴而成化也。教化之流，非家至而人說之也；朝廷崇禮，百僚敬讓，道德之行，由內及外，自近者始，然後民知所法，遷善日進而不自知也。臣聞天人之際，事作乎下者，象動乎上，陰變則靜者動，陽蔽則明者晻。陛下祇畏天戒，哀閔元元，元，善也。民類皆善，故謂之元元。近中正，遠巧佞，然後大化可成，禮讓可興也。」上說，遷衡爲光祿大夫。

綱 秋七月，隴西羌反，遣右將軍馮奉世將兵擊之；冬十一月，大破之。

目 隴西羌反，右將軍馮奉世曰：「羌虜近在境內背叛，不以時誅，無以威制遠蠻，臣願帥師討之！」上問用兵之數，對曰：「今反虜無慮三萬人，無慮，言不用計慮，可知其數也。法當倍用六萬人。」於是遣奉世到隴西，上爲發六萬餘人。十一月，羌虜大破，斬首數千級，餘皆走出塞。詔罷吏士，頗留屯田備要處，賜奉世爵關內侯。

綱 庚辰，三年，（前四二）春三月，立子康爲濟陽王。康，傅昭儀所生。（濟陽國即濟川國，在今河南蘭考縣東北；後康徙定陶王，在今山東曹縣北。）

綱 冬十一月，地震，雨水。

綱 復鹽鐵官。置博士弟子員千人。

綱 辛巳，四年，（前四〇）夏六月晦，日食。以周堪爲光祿大夫；張猛爲大中大夫。猛自殺。

目　上以日食，召諸前言日變在周堪、張猛者責問，皆稽首謝；因下詔稱堪之美，徵拜光祿大夫，領尚書事；猛復爲大中大夫、給事中。石顯筦尚書，筦同管。尚書五人皆其黨，堪希得見，常因顯白事，事決顯口。會堪疾瘖，瘖音因。不能言而卒。顯誣譖猛，令自殺於公車。

綱　冬十月，罷祖宗廟在郡國者。

綱　作初陵，不置邑徙民。

綱　壬午，五年，（前三九）秋，潁川大水。（潁川郡治陽翟，即今河南禹縣。）

綱　冬十二月，以匡衡爲太子少傅。

匡衡上疏

目　上好儒術、文辭，頗改宣帝之政，言事者多進見，人人自以爲得上意。又傅昭儀及濟陽王康，昭儀，婦官名，漢元帝置。（傅昭儀，康母。）愛幸踰於皇后、太子。衡上疏曰：「臣聞治亂安危之機，在乎審所用心。傳曰：『審好惡，理性情，而王道畢矣。』治性之道，必審己之所有餘，而彊其所不足，蓋聰明疏通者戒於太察，寡聞少見者戒於壅蔽，勇猛剛彊者戒於太暴，仁愛溫良者戒於無斷，湛靜安舒者戒於後時，湛音暫。廣心浩大者戒於遺亡。必審己之所當戒，而齊之以義，然後中和之化應，而巧僞之徒不敢比周而望進。臣又聞室家之道脩，則天下之理得，故詩始國風，禮本冠、婚，所以原情性而明人倫，正基兆而防未然也，故聖王必愼后妃之際，別適長之位。卑不踰尊，新不先故，所以統人情而理陰氣也；如當親者疏，當尊者卑，則巧佞之姦因時而動，以亂國家。故聖人慎防其端，禁於未然，不以私恩害公義。傳曰：『正家而天下定矣！』」

河決

綱 河決。

目 初，武帝既塞宣房，房一作防。（宣防，見卷十四武帝元封二年「臨塞決河」目及注。）後河復北決於館陶，（在今山東冠縣西北。）分爲屯氏河，（卽今河北交河縣南漫河。）東北入海，廣深與大河等，故因其自然，不隄塞也。是歲，河決清河靈鳴犢口，（清河郡治清陽縣，在今河北南宮縣東南。靈縣屬清河郡，在今山東高唐縣西南。鳴犢，河名，在今河北吳橋、山東高唐間。）而屯氏河絕。

綱 癸未，建昭元年，（前三八）春正月，隕石于梁。（梁國都睢陽，在今河南商丘市南。）

殺京房

綱 甲申，二年，（前三七）秋，殺魏郡太守京房。（魏郡治鄴縣，在今河北磁縣東。）

目 房學易於焦延壽。延壽常曰：「得我道以亡身者，京生也。」其說長於災變，分六十卦，更直日用事，以風雨寒溫爲候，各有占驗。以孝廉爲郎，屢言災異有驗，天子說之，數召見問。房對曰：「古帝王以功擧賢，則萬化成，瑞應著；末世以毀譽取人，故功業廢而致災異。宜令百官各試其功，災異可息。」詔使房作其事，房奏考功課吏法，上意鄉之。時石顯顓權，五鹿充宗爲尚書令，用事。房嘗宴見，問上曰：「幽、厲之君何以危，所任者何人也？」上曰：「君不明，而所任者巧佞。」房曰：「齊桓公、秦二世亦嘗聞此君而非笑之，然則任豎刁、趙高，（豎刁，見卷四周襄王七年「管仲卒」紀及注。趙高，見卷八秦始皇帝三十七年「至沙丘崩」目。）政治日亂，謂桓公。盜賊滿山，謂二世。何不以幽、厲卜之而覺寤乎？」上曰：「唯有道者能以往知來耳。」房因免冠頓首曰：「陛下視今爲治邪，亂邪？」上曰：「亦極亂耳；今爲亂者誰哉？」房曰：「明主宜自知之。」上曰：「不知也；如知，何故用之！」房曰：「上最所信任，與圖事帷幄之中，進退天下之士者是矣。」房指謂石顯，上亦知之，謂房曰：「已諭。」房罷出，後上亦不能退顯也。顯、充宗疾房，欲遠之，建言以房爲魏郡太守，得以考功法治郡。房去月餘，竟徵下獄。顯告房與妻父張博爲淮陽憲王作求朝奏草，（淮陽獻王欽，宣帝少子，元帝弟。）誹謗天子，詿誤諸侯王，詿音卦，亦誤也。皆徵下獄，棄市。

綱　下御史中丞陳咸獄，髡爲城旦。

目　陳咸數毁石顯，久之，坐與槐里令朱雲善，漏泄省中語，與雲皆下獄，髡爲城旦。顯威權日盛，與中書僕射牢梁、少府五鹿充宗結爲黨友，諸附倚者皆得寵位。民歌之曰：「牢邪，石邪，五鹿客邪！印何纍纍，綬若若邪！」纍纍，不絶也。綬，印組。若若，長貌。顯聞衆人匈匈，言己殺蕭望之，恐天下學士訕己，以貢禹明經著節，乃使人致意，深自結納，因薦禹歷位九卿，禮事之甚備。議者於是或稱顯，以爲不妒譖望之矣。顯之設變詐以自解免，取信人主者，皆此類也。

綱　閏八月，太皇太后上官氏崩。

匡衡相

陳湯斬郅支

綱　冬，齊、楚地震，大雨雪。

綱　乙酉，三年，（前三六）夏六月，丞相玄成卒。秋七月，以匡衡爲丞相。

綱　冬，西域副校尉陳湯矯制發兵，與都護甘延壽襲擊匈奴郅支單于於康居，斬之。

目　漢遣使三輩至康居求谷吉等死，郅支困辱使者，不奉詔。陳湯爲人沉勇，有大慮；與甘延壽謀襲擊郅支。延壽欲奏請，湯曰：「國家與公卿議，大策非凡所見，事必不從。」會延壽病，湯獨矯制發諸國兵及屯田吏士合四萬餘人，進薄康居城下，薄，逼也。四面圍城。發薪燒木城，四面火起，吏士大呼乘之，鉦鼓聲動地，鉦音征，鐃也，似鈴。康居引兵却；漢兵四面並入，郅支被創死，創，傷也。斬其首。

綱　丙戌，四年，（前三五）春正月，傳首至京師，傳，驛遞。縣槀街十日。槀街，在長安城南門內，舊有蠻夷邸，若今鴻臚館。（鴻臚館，猶客舍。）

綱　藍田地震，（藍田，在今陝西藍田縣西。）山崩，壅霸水。（在今陝西西安市東。）安陵岸崩，安陵，惠帝陵邑。（安陵縣，在今陝西咸陽市東。）壅涇，水逆流。（涇水出今甘肅固原縣南笄頭山，入陝西境，至高陵縣東南入渭。）

綱　丁亥，五年，（前三四）秋七月，徙濟陽王康爲山陽王。（山陽國都昌邑縣，在今山東金鄉縣西北。）

綱　戊子，竟寧元年，（前三三）春正月，匈奴單于來朝。

王昭君

侯應十策

目 匈奴呼韓邪單于聞郅支既誅，且喜且懼；入朝，自言願壻漢氏以自親。帝以後宮良家子王嬙字昭君賜之。良家者，非醫、巫、商賈、百工也。單于上書：「願保塞，請罷邊備塞吏卒，以休天子人民。」議者皆以爲便。郎中侯應習邊事，以爲不可許，上十策論之。一，言邊長老言：「匈奴失陰山之後，過之未嘗不哭！」如罷備塞戍卒，示夷狄之大利；二，言前已罷外城，省亭隧，安不忘危，不可復罷；三，言中國有禮義、刑罰，民猶尚犯禁，況單于豈能必其衆不犯約；四，言中國建關梁，設塞徼，置屯戍，非獨爲匈奴，亦爲諸屬國降民思舊逃亡；五，言近西羌保塞，漢吏民貪利侵盜，以此怨恨，起而背畔，今罷乘塞，則生慢易分爭之漸；六，言往者從軍多沒不還者，子孫亡出從之；七，言邊人奴婢愁苦，聞匈奴中樂，欲亡者多；八，言盜賊亡走北出；九，言起塞以來，百有餘年，議者不深慮其終始，卒有他變，當更繕治，累世之功，不可卒復；十，言單于自以保塞守禦，請求無已，小失其意，則不可測。對奏，天子使車騎將軍嘉諭單于，嘉名也，姓許。單于稱謝，歸。號昭君爲寧胡閼氏。閼氏，猶漢言皇后。

綱 三月，以張譚爲御史大夫。

目 初，石顯見馮奉世父子爲公卿著名，女又爲昭儀，心欲附之，薦「昭儀兄逡脩敕，宜侍帷幄。」天子召見，逡因言顯顓權，上怒，罷逡。及御史大夫缺，在位多擧逡兄大鴻臚野王。上以問顯，顯曰：「九卿無出野王者；然親昭儀兄，臣恐後世必以陛下度越衆賢，私後宮親以爲三公。」上曰：「善，吾不見是！」因詔曰：「剛彊堅固，確然無欲，大鴻臚野王是也。心辨善辭，可使四方，少府五鹿充宗是也。廉潔節儉，太子少傅張譚是也。其以少傅爲御史大夫。」

綱 以召信臣爲少府。

目 信臣先爲南陽太守，（南陽郡治宛縣，即今河南南陽市。）後遷河南，（河南郡治雒陽縣，即今河南洛陽市。）治行常第一。視民如子，好爲民興利，躬勸耕稼，開通溝瀆，戶口增倍。吏民親愛，號曰「召父」。徵爲少府，請諸離宮希幸者勿復治，省樂府諸戲及太官不時非法之物，歲省費數十萬。

封甘延壽爵陳湯

綱 夏，封甘延壽爲義成侯，賜陳湯爵關內侯。

目 甘延壽、陳湯既至，論功，石顯、匡衡以爲「延壽、湯擅興師矯制，幸得不誅；如復加爵土，則後奉使者爭欲乘危徼幸，生事於蠻夷，爲國招難。」帝內嘉延壽、湯功，而重違衡、顯之議，久之不決。劉向上疏曰：（劉向舊名更生。）「論大功者不錄小過，舉大美者不疵小瑕。貳師將軍李廣利捐五萬之師，靡億萬之費，（靡，散也。）經四年之勞，而僅獲駿馬三十匹，雖斬宛王毋寡之首，其私罪惡甚多，孝武以爲萬里征伐，不錄其過，遂封拜爲侯。今康居之國彊於大宛，郅支之號重於宛王，殺使者罪甚於留馬，而延壽、湯不煩漢士，不費斗糧，比於貳師，功德百之。」於是詔赦延壽、湯罪，令公卿議封焉。封延壽爲義成侯，（義成縣屬沛郡，在今安徽懷遠縣東北。）賜湯爵關內侯。

綱 五月，帝崩。六月，太子驁卽位，尊皇太后曰太皇太后，皇后曰皇太后。

綱　以元舅王鳳爲大司馬、大將軍，領尙書事。

綱　秋七月，葬渭陵。（在今陝西咸陽市東北。）

孝成皇帝 名驁，元帝太子，在位二十六年，壽四十五歲而崩。諡法：「安民立政曰成。」帝耽於酒色，委政外家；哀、平短祚，莽遂篡位，蓋其威福所由來者漸矣。

綱　己丑，孝成皇帝建始元年，（前三二）春正月，石顯以罪免歸故郡，道死。

綱　有星孛于營室。

綱　封舅王崇爲安成侯，（安成縣，在今河南汝南縣東南。）賜譚、商、立、根、逢時爵關內侯。

綱　夏四月，黃霧四塞。

目　詔博問公卿、大夫無有所諱。諫大夫楊興等對，皆以爲「陰盛侵陽之氣也。高祖之約，非功臣不侯；今太后諸弟皆以無功爲侯，外戚未曾有也。」大將軍鳳懼，上書辭職，優詔不許。

綱　秋八月，有兩月相承，晨見東方。

綱　庚寅，二年，（前三一）春三月，立皇后許氏。

目　后，車騎將軍嘉之女也。元帝傷母恭哀后居位日淺，恭哀后，許后。（許廣漢女。）而遭霍氏之辜，（見卷十五宣帝本始三年「大將軍光妻顯弒皇后許氏」目。）故選嘉女以配太子。

綱　辛卯，三年，（前三〇）秋，大雨，京師民訛言大水至。

石顯死

罷中書宦官

王商柏

目 關內大雨四十餘日。京師民相驚，言大水至，犇走相蹂躪，老弱號呼，長安中大亂。大將軍鳳以爲：「太后與上及後宮可御船，令吏民上城避水。」羣臣皆從鳳議。左將軍王商獨曰：王商，樂昌侯武之子。「自古無道之國，水猶不冒城郭；今何因當有大水一日暴至，此必訛言！不宜令上城，重驚百姓。」上乃止。有頃，稍定，問之，果訛言。上於是美壯商之固守，數稱其議，而鳳大慚恨。

綱 冬十二月朔，日食。夜，地震未央宮殿中。詔舉直言極諫之士。

綱 越巂山崩。（越巂郡治邛都，在今四川西昌縣東南。）

綱 丞相樂安侯匡衡有罪，（匡衡封臨淮郡僮縣樂安鄉，在今安徽泗縣東北。）免爲庶人。

目 坐多取封邑四百頃，監臨盜所主守直十金以上，免爲庶人。

綱 壬辰，四年（前二九），春正月，隕石于亳四，質實云：「未詳沿革，或疑卽亳邑。」于肥纍二。（肥纍縣屬眞定國，在今河北藁城縣西。）

綱 罷中書宦官；初置尙書員五人。

綱 以王商爲丞相。

綱 夏四月，雨雪。復召直言極諫之士，詣白虎殿對策。白虎殿，在未央宮內。

目 時上委政王鳳，議者多歸咎焉。谷永知鳳方柄用，陰欲自託，乃曰：「方今四夷賓服，皆爲臣妾。骨肉大臣有申伯之忠，骨肉大臣指王鳳。申伯，周宣王之元舅。申，國名，以其忠於王室，使為侯伯，故稱申伯。無重合、安陽、博陸之亂。重合侯馬通，武帝時謀反者馬何羅之弟。安陽侯上官桀，昭帝時謀反，族誅。博陸侯霍光，宣帝時卒，後霍氏謀反族誅。竊恐陛下聽晻昧之瞽說，歸咎無辜，重失天心，不可之大者也。陛下誠深察愚言，解偏駁之愛，駁，雜也。謂後宮愛幸，固不可偏，亦不可駁也。平天覆之施，使列妾得人人更進。益納宜子婦人，毋擇好醜，毋避嘗字，謂已曾字乳者，不必避忌也。蓋王鳳上小妻弟以納後宮，已曾字乳，故谷永言及，為鳳洗過也。以慰釋皇太后之憂慍，解謝上帝之譴怒，則繼嗣蕃滋，災異訖息矣。」杜欽亦倣此意。上皆以其書示後宮。以永為光祿大夫。

【綱】秋，桃、李實。

【綱】河決。

【目】時大雨水十餘日，河大決東郡金隄，（東郡治濮陽縣，在今河南濮陽縣南。金隄一名千里隄，在今河南濬縣西南及滑縣東。）凡灌四郡三十二縣。

【綱】以王尊為京兆尹。

【綱】大將軍鳳奏以陳湯為從事中郎。

【目】上即位之初，丞相匡衡復奏：「陳湯奉使顓命，盜所收康居財物。」湯坐免。後以言事不實，下獄，當死。谷永上疏訟湯曰：「『君子聞鼓鼙之聲，鼙音皮，騎上鼓。則思將帥之臣。』二句出禮樂記。湯前斬郅支，威震百蠻；今坐言事非是，幽囚久繫，欲致之大辟。夫犬馬有勞於人，尚加帷蓋之報，禮檀弓：「仲尼之畜狗死，使子貢埋之，曰：『吾聞之也，敝帷不棄，為埋馬也，敝蓋不棄，為埋狗也。』」況國之忠臣者哉！竊恐陛下忽於鼓鼙之聲，而忘帷蓋之施，非所以勵死難之臣也！」書奏，詔出湯，奪爵爲士伍。會西域都護段會宗爲烏孫所圍，驛騎上書，願發城郭、敦煌兵以自救。（敦煌，即今甘肅敦煌縣。）大將軍鳳言：「湯多籌策，習外國事，可問。」上召湯，示以會宗奏。湯對曰：「臣以爲此必無可憂也。」上曰：「度何時解？」湯知烏孫瓦合，不能久攻，屈指計其日曰：「不出五日，當有吉語聞。」居四日，軍書到，言已解。大將軍鳳奏以爲從事中郎，幕府事壹決於湯。

王延世塞決河

綱 癸巳，河平元年，（前二八）春，以王延世爲河隄使者，塞河決。

目 杜欽薦王延世爲河隄使者。延世以竹落長四丈，落同絡。以竹篾爲籠絡。大九圍，盛以小石，兩船夾載而下之。三十六日，隄成。賜延世爵關內侯。

綱 甲午，二年，（前二七）春正月，沛郡鐵官冶鐵飛。（沛郡治相縣，在今安徽宿縣西北。）

綱 夏，徙山陽王康爲定陶王。（定陶王都定陶縣，在今山東菏澤縣東南。）

王氏五侯

綱 悉封諸舅爲列侯。

目 王譚爲平阿侯，（平阿縣屬沛郡，在今安徽懷遠縣西南平阿集。）商爲成都侯，（山陽郡有城都縣，侯國，在今山東范縣西南。）立爲紅陽侯，（紅陽縣屬南陽郡，在今河南舞陽縣西北紅山南。）根爲曲陽侯，（曲陽縣，在今安徽鳳臺縣東北。）逢時爲高平侯。（見卷十六宣帝神爵三年「丞相高平侯魏相卒」注。）五人同日封，故世謂之「五侯」。

湖三老訟王尊

【綱】免京兆尹王尊官，復以爲徐州刺史。

【目】御史大夫張忠奏京兆尹王尊罪，尊坐免官，吏民多稱惜之。湖三老公乘興等上書訟：（湖，在今河南盧氏縣北舊閿鄉縣東。三老，見卷九漢王二年「新城三老」注）。姓公乘，名興。「尊治京兆，盡節勞心，夙夜思職，撥劇整亂，誅暴禁邪，皆前所稀有。昨以京師賊亂，選用爲卿；賊亂既除，即以佞巧廢黜。一尊之身，三期之間，乍賢乍佞，豈不甚哉！」於是復以尊爲徐州刺史。

【綱】乙未，三年，（前二六）春二月，犍爲地震，山崩，（犍爲郡治僰道縣，即今四川宜賓市。）壅江，水逆流。

【綱】秋八月晦，日食。

求遺書

【綱】求遺書。

洪範五行傳論

【目】上以中祕書頗散亡，使謁者陳農求遺書於天下。詔光祿大夫劉向較之。向以王氏權位太盛，而上方嚮詩、書古文，乃因尚書洪範，集合上古以至秦、漢符瑞、災異之記，推迹行事，連傳禍福，著其占驗，比類相從，各有條目，凡十一篇，號曰洪範五行傳論，奏之。天子心知向忠精，故爲鳳兄弟起此論也，然終不能奪王氏權。

匈奴單于來朝

【綱】丙申，四年，（前二五）春正月，匈奴單于來朝。

【目】丞相王商多質，言少文飾。有威重，容貌絕人。單于來朝，拜謁商，仰視，大畏之，遷延却退。上聞而歎曰：「眞漢相矣。」

張禹相

王章劾王鳳

綱 二月朔，日食。

綱 夏四月，詔收丞相樂昌侯商印、綬，（樂昌，在今河南南樂縣西北。）商以憂卒。

目 琅邪太守楊肜與王鳳連昏，（琅邪郡治東武縣，即今山東諸城縣。）其郡有災害，商按問之。鳳以爲請，商不聽，竟奏免肜。奏寢不下，鳳以是怨商，陰求其短，使人告商淫亂事。天子以爲暗昧之過，不足以傷大臣。鳳固爭之，詔收商丞相印、綬。商免相三日，發病歐血薨。有司奏請除國邑；詔子安嗣侯。

綱 以張禹爲丞相。

綱 罽賓遣使來獻。罽賓，西域國。

綱 山陽火生石中。詔改明年元曰陽朔。

綱 丁酉，陽朔元年，（前二四）春二月晦，日食。

綱 冬，下京兆尹王章獄，殺之。

目 時大將軍鳳用事，上謙讓無所顓。左右嘗薦劉向少子歆，召見，說之，欲以爲中常侍；召取衣冠，臨當拜，左右皆曰：「未曉大將軍。」上曰：「此小事，何須關大將軍！」關，白也。左右叩頭爭之，上於是語鳳，鳳以爲不可，乃止。

京兆尹王章素剛直敢言，雖爲鳳所舉，非鳳專權，不親附鳳，乃奏封事，密奏皁囊封版，故曰封事。言：「日食之咎，皆鳳專權蔽主之過。」上召見謂章曰：「君試爲朕求可以自輔者。」於是

王章薦馮野王

章薦琅邪太守馮野王忠信質直。上自爲天子時，數聞野王名，方倚欲以代鳳。鳳聞之，稱病，上疏乞骸骨。上優詔報鳳，彊起之。上使尚書劾章罪，下章吏。廷尉致其大逆，章竟死獄中。自是公卿見鳳，側目而視。

綱　以薛宣爲左馮翊。

目　宣爲郡，所至有聲迹。宣子惠爲彭城令，（彭城卽今江蘇徐州市。）宣嘗過其縣，心知惠不能，不問以吏事。或問宣「何不教戒惠以吏職？」宣笑曰：「吏道以法令爲師，可問而知；及能與不能，自有資材，何可學也！」宣爲馮翊，屬令有楊湛、謝游，皆貪猾不遜，皆解印、綬去。又頻陽多盜，（頻陽，在今陝西銅川市東北。）令薛恭本孝者，職不辦；粟邑僻小，（粟邑，在今陝西蒲城縣北，接黃陵縣界。）易治，令尹賞久用事吏。宣卽奏二人換縣，數月兩縣皆治。宣得吏民罪名，卽告其縣長吏，使自行罰，曰：「不欲代縣治，奪賢令長名也。」

綱　戊戌，二年，（前二三）夏四月，以王音爲御史大夫。

劉向極諫

目　於是王氏愈盛，郡國守相、刺史皆出其門。五侯羣弟爭爲奢侈，賂遺珍寶，四面而至。音通敏人事，好士養賢，傾財施予以相高尚；賓客競爲之聲譽。劉向上封事極諫曰：「王氏與劉氏勢不並立，如下有泰山之安，則上有累卵之危。陛下爲人子孫，守持宗廟，而令國祚移於外親，降爲皁隸，縱不爲身，奈宗廟何！婦人內夫家而外父母家，此亦非皇太后之福也。」書奏，天子召見向，歎息悲傷其意，曰：「君且休矣，吾將思之！」然終不能用其言。

王鳳卒王音爲大司馬

帝始爲微行

綱　秋，關東大水。

綱　定陶王康卒。謚曰恭。

綱　己亥，三年，（前二二）春，隕石東郡八。

綱　秋八月，大司馬、大將軍鳳卒。九月，以王音爲大司馬、車騎將軍。詔王譚位特進，領城門兵。特進者，諸侯功德優盛，朝廷所敬異者，賜位特進，位在車騎上，三公下。後光武以鄧禹等列侯就第，加位特進，奉朝請，是特進引見之稱，無官定體。

目　鳳病疾，上臨問之，執手涕泣曰：「將軍病，如有不可言，平阿侯譚次將軍矣！」鳳頓首泣曰：「譚等雖至親，行皆奢僭，不如御史大夫音謹敕，臣敢以死保之！」初，譚倨，不肯事鳳，而音敬鳳，卑恭如子，故鳳薦之。鳳薨，上以音代鳳，而詔譚領城門兵；由是譚、音相與不平。

綱　庚子，四年（前二一），夏四月，雨雪。

綱　以王駿爲京兆尹。

目　先是京兆有趙廣漢、張敞、王尊、王章，至駿，皆有能名，故京師稱曰：「前有趙、張，後有三王。」

綱　辛丑，鴻嘉元年，（前二〇）春正月，以薛宣爲御史大夫。

綱　二月，帝始爲微行。

薛宣相

目　上始爲微行，出入市里郊野，遠至旁縣，鬭雞、走馬，常自稱富平侯家人。（富平，在今山東無棣縣東南。）富平侯者，侍中張放也，寵幸無比，故假稱之。

綱　三月，丞相禹罷。夏四月，以薛宣爲丞相。

綱　壬寅，二年，（前一九）春三月，飛雉集未央宮承明殿。

綱　夏五月，隕石于杜郵三。（杜郵在今陝西咸陽市東。）

綱　癸卯，三年，（前一八）夏，大旱。

綱　冬十一月，廢皇后許氏。

目　初，許皇后與班倢伃皆有寵。上嘗遊後庭，欲與倢伃同輦，辭曰：「觀古圖畫，聖賢之君皆有名臣在側，三代末主乃有嬖妾；今欲同輦，得無近似之乎！」上善其言而止。太后聞之，喜曰：「古有樊姬，樊姬，楚莊王夫人。王好獵，姬數諫不聽，乃不食禽獸肉；王感之而勤政事。今有班倢伃！」後上微行過陽阿主家，悅歌舞者趙飛燕，召入宮，大幸；有女弟，復召入，姿性尤醲粹。有宣帝時披香博士淖方成在帝後，披香，殿名。淖，姓也。（披香博士，後宮女官。）唾曰：「此禍水也，滅火必矣！」漢以火德王，故云。姊、弟俱爲倢伃，貴傾後宮。於是譖告許皇后、班倢伃祝詛主上。許后廢處昭臺宮。考問班倢伃，對曰：「妾聞『死生有命，富貴在天。』脩正尚未蒙福，爲邪欲以何望！使鬼神有知，不受不臣之愬；如其無知，愬之何益！故不爲也。」上善其對，赦之。倢伃恐久見危，乃求共養太后於長信宮，上許焉。

綱 甲辰，四年，（前一七）秋，河水溢。

綱 冬，王譚卒，詔王商位特進，領城門兵。

綱 乙巳，永始元年，（前一六）夏四月，封趙臨爲成陽侯。（成陽侯食邑汝南郡新息縣，在今河南息縣東。）下諫大夫劉輔獄，爲鬼薪論。論，議法也。鬼薪，取薪於山以給宗廟，謂之鬼薪，三歲刑。

目 上欲立趙倢伃爲皇后，皇太后嫌其所出微，甚難之，乃先封倢伃父臨爲成陽侯。諫大夫劉輔上言：「臣聞天之所興，必先賜以符瑞；天之所違，必先降以災變，此自然之占驗也。昔武王、周公，承順天地，以饗魚、烏之瑞，然猶君臣祗懼，動色相戒。況於季世，不蒙繼嗣之福，屢受威怒之異者乎！雖夙夜自責，改過易行，畏天命，念祖業，妙選有德之世，考卜窈窕之女，以承宗廟，順神祇心，塞天下望，子孫之祥，猶恐晚暮！今乃觸情縱欲，傾於卑賤之女，欲以母天下，惑莫大焉！」書奏，詔收縛，繫掖庭祕獄。於是將軍辛慶忌、廉褒、光祿勳師丹、大中大夫谷永俱上書救援，乃徙繫輔共工獄，共工，少府屬官，亦有詔獄。減死一等，論爲鬼薪。

封王莽新都侯

綱 五月，封太后弟子莽爲新都侯。（據漢書王莽傳，以南陽新野之都鄉爲新都侯國，在今河南新野縣南。）

王莽折節爲恭儉

目 太后兄弟八人，獨弟曼早死不侯，子莽幼孤。五侯子乘時侈靡，以輿馬聲色佚游相高。莽因折節爲恭儉，勤身博學，外交英俊，內事諸父，曲有禮意。大將軍鳳病，莽侍病，親嘗藥。鳳且死，以託太后及帝，拜黄門郎。久之，成都侯商又請分戶邑封莽，當世名士戴崇、金涉、陳湯亦咸爲莽言，由是封爲新都侯，遷騎都尉、光祿大夫、侍中。宿衞謹敕，爵位益尊，節操愈謙，振施賓客，家無所餘，虛譽隆洽，傾其諸父矣。敢爲激發之行，處之不慚恧。恧音肉，亦慚也。嘗私買侍婢，昆弟怪之，莽因曰：「後將軍朱子元無子，莽聞此兒種宜子，爲買之。」即日以婢奉博，朱子元名博。其匿情求名如此。

綱 六月，立倢伃趙氏爲皇后。

目 后既立，寵少衰，而其女弟絕幸，皇后女弟名合德。爲昭儀，居昭陽宮，皆以黄金、白玉、明珠、翠羽飾之，自後宮未嘗有焉。后居別館，多通侍郎、宮奴多子者，然卒無子。光祿大夫劉向以爲「王教由內及外，自近者始」，於是採取詩、書所載賢妃、貞婦，興國顯家及孽嬖爲亂亡者，序次爲列女傳，及採傳記行事，著新序、說苑，奏之。數上疏言得失，陳法戒，上雖不能盡用，然內嘉其言，常嗟歎之。

列女傳新序說苑

綱 秋八月，太皇太后王氏崩。

綱 九月，黑龍見東萊。（東萊郡治掖縣，即今山東掖縣。）

綱 是月晦，日食。

綱 丙午，二年，（前一五）春正月，大司馬、車騎將軍音卒。

目 王氏唯音爲脩整，數諫正，有忠直節。

王音卒

綱　二月，星隕如雨。是月晦，日食。

綱　三月，以王商爲大司馬、衛將軍。

綱　侍中張放，以罪左遷北地都尉。（北地都尉治北地郡富平縣神泉障，在今寧夏回族自治州靈武縣西南。）

班伯諫飲酒

目　上嘗與張放等宴飲禁中，時乘輿幄坐屏風，畫紂醉踞妲己，作長夜之樂。侍中班伯久疾新起，上顧指畫而問曰：「紂爲無道，至於是乎？」對曰：「書云『乃用婦人之言』，周書牧誓篇云：「今商王受惟婦言是用。」何有踞肆於朝？所謂衆惡歸之，不如是之甚者也！」上曰：「苟不若此，此圖何戒？」對曰：「『沉湎于酒』，微子所以告去也。沉，溺也。湎，飲酒變色也。書作「酗」，醉怒也。尚書微子篇云：「我用沉酗于酒，用亂敗厥德于下。」此微子告箕子、比干而去紂之辭；言我者，不忍斥言紂也。『式號式謼』，謼，詩作呼。大雅所以流連也。詩大雅蕩之篇云：「式號式呼，俾晝作夜。」此刺厲王之詩，而託爲文王歎紂之辭；言紂沉湎于酒，而言語讙譁，不知有晝夜之節也。詩、書淫亂之戒，其原皆在於酒。」上乃喟然歎曰：「吾久不見班生，今日復聞讜言！」讜音黨。（讜言，善言也。）放等因罷出。後上諸舅風丞相、御史奏放罪惡，上不得已，左遷放爲北地都尉。後詔歸侍母疾，復出爲河東都尉。

翟方進相

綱　冬十一月，策免丞相宣及御史大夫翟方進；復以方進爲丞相，孔光爲御史大夫。

目　方進以經術進，其爲吏，用法刻深，任勢立威，峻文深詆，中傷甚多。孔光領尚書，孔光，孔子十三世孫霸之子。典樞機十餘年，守法度，脩政事，上有所問，據經法，以心所安而對，不希旨苟合；如或不從，不敢彊爭，以是久而安。時有所言，輒削草槀，以爲彰主之過以奸忠直，人臣大罪也。有所薦舉，惟恐其人之聞知。沐日歸休，洗沐之日，歸家休息也。漢律，吏五日得一休沐。兄弟妻子燕語，終不及朝省政事。或問光：「溫室省中樹，溫室，殿名，在長樂宮中。一曰省之後堂。皆何木也？」光默不應，更答以他語，其不泄如是。

梅福上書

綱鑑易知錄卷十八

漢紀

孝成皇帝

綱 丁未，三年，（前一四）春正月晦，日食。

綱 冬十一月，故南昌尉梅福上書，（南昌，即今江西南昌市。）不報。

目 福數因縣道上變事，輒報罷。至是復上書曰：「昔高祖納善若不及，從諫如轉圜，故天下之士雲合歸漢，此高祖所以無敵於天下也。孝文皇帝循高祖之法，加以恭儉，天下治平。孝武皇帝好忠諫，説至言，天下布衣各厲志竭精以赴闕廷，漢家得賢，於此爲盛。士者國之重器，得士則重，失士則輕。臣數上書求見，輒復報罷。臣聞齊桓之時，有以九九見者，桓公不逆，欲以致大也。九九卽九章算術也。桓公時有以九九見者，公不納，其人曰：「九九，小術，而君不納之，況大於九九者乎？」公見之。今臣所言，非特九九也。陛下距臣者三矣，此天下士所以不至也；今欲致天下之士，有上書言可采取者，秩以升斗之祿，賜以一束之帛，則嘉謀日聞於上矣。故爵祿者，天下之砥石，高祖所以厲世摩鈍也。厲同礪，摩同磨。今陛下既不納天下之言，又加戮焉。天下以言爲戒，最國家之大患也。方今君命犯而主威奪，外戚之權日以益隆，陛下不見其形，願察其景！景同影。建始以來，建始，成帝即位年號。日食、地震，以率言之，三倍春秋，春秋二百四十二年之閒，日食三十六，地震五，山陵崩弛二；今三倍此數也。水災亡與比數，陰盛陽微，金鐵爲飛，此何景也？漢興以來，社稷三危，呂、霍、上官，皆母后之家也。自霍光之賢，不能爲子孫慮，故權臣易世則危。勢陵於君，權隆於主，然後防之，亦無及已！」上不納。

綱　戊申，四年，（前一三）夏，大旱。

綱　秋七月晦，日食。

綱　以何武爲京兆尹。

目　武爲吏，守法盡公，進善退惡，其所居無赫赫名，去後常見思。

綱　己酉，元延元年，（前一二）春正月朔，日食。

綱　夏四月，無雲而雷，有流星東南行，四面如雨。

綱　秋七月，有星孛于東井。

目　上以災變，博謀羣臣。谷永對曰：「建始以來，羣災大異，多於春秋所書。下有其萌，然後變見於上。願陛下正君臣之義，無復與羣小媟黷燕飲；指與張放等宴飲禁中。俯後宮之政，抑遠驕妒之寵；指飛燕、合德。朝覲法駕而後出，陳兵清道而後行，無復輕身獨出，飲食臣妾之家。指數爲微行。三者既除，內亂之路塞矣。比年郡國傷於水旱，而有司奏請加賦，市怨趨禍之道也。願陛下勿許其奏，益減奢泰，振贍困乏，諸夏之亂，庶幾可息！」

谷永災變之對

劉向災變之對

劉向上書曰：「秦、漢之易世，惠、昭之無後，（惠帝、昭帝俱無嗣。）昌邑之不終，孝宣之紹起，（昌邑王在位二月，霍光廢之立宣帝。）皆有變異著於漢紀。天之去就，（就，不去也。）豈不昭昭然哉！天文難以相曉，願賜清燕之閒，（閒同閑。）指圖陳狀。」上輒入之，（召之入也。）然終不能用也。

綱　冬十二月，大司馬、衛將軍商卒，以王根爲大司馬、驃騎將軍。

朱雲言事得罪

綱　故槐里令朱雲言事得罪，既而釋之。

張禹論災變

目　安昌侯張禹，（安昌，在今河南確山縣西南。）以天子師，每有大政，必與定議。時吏民多上書言災異王氏專政所致，上至禹第，辟左右，親以吏民所言示禹。禹自見年老，子孫弱，恐爲王氏所怨，謂上曰：「春秋日食、地震，或爲諸侯相殺，夷狄侵中國。災變之意，深遠難見，故聖人罕言命，不語怪神，性與天道，自子貢之屬不得聞，何況淺見鄙儒之所言。陛下宜脩政事以善應之，此經義意也。新學小生，亂道誤人，宜無信用。」上雅信愛禹，由此不疑王氏。

朱雲折檻

故槐里令朱雲上書求見，（槐里，在今陝西興平縣東南。）公卿在前，雲曰：「今朝廷大臣，上不能匡主，下無以益民，皆尸位素餐，（尸位，如祭祀之尸，居其位而不爲其事，但飲食而已。素餐，空食也。詩魏風（伐檀）：「彼君子兮，不素餐兮。」）孔子所謂『鄙夫不可與事君，苟患失之，無所不至』者也。臣願賜尚方斬馬劍，斷佞臣一人頭，以厲其餘！」上問：「誰也？」對曰：「安昌侯張禹。」上大怒曰：「小臣居下訕上，廷辱師傅，罪死不赦！」御史將雲下，雲攀殿檻，檻折。雲呼曰：「臣得下從龍逢、比干遊於地下，足矣！未知聖朝何如耳！」於是左將軍辛慶忌免冠，叩頭殿下曰：「此臣素著狂直，使其言是，不可誅；其言非，固當容之。臣敢以死爭！」慶忌叩頭流血，上意解，然後得已。及後當治檻，上曰：「勿易，因而輯之，以旌直臣！」

綱　辛亥，三年，（前一〇）春正月，岷山崩，（岷山在今四川松潘縣西北，岷江所出。）壅江三日，（岷江，出今四川松潘縣北岷山羊膊嶺，經茂汶羌族自治縣至灌縣出爲沱江。）江水竭。

目　劉向曰：「昔周岐山崩，三川竭，（周幽王三年岐山崩，涇、渭、洛三川竭。）而幽王亡。岐山者，周所興也。漢家本起於蜀、漢，（楚義帝元年，項羽封高祖爲漢王，都漢中，故云起於蜀、漢。）今所起之地山崩、川竭，星孛又及攝提、大角，前年有星孛于東井，故此云又及。攝提，斗柄所指，以建時節。大角，天王帝廷也。從參至辰，參，宿名，益州分野，蜀、漢之地。辰，辰星，北方水，太陰之精。殆必亡矣！」

綱　壬子，四年，（前九）春正月，中山王興、（中山國都盧奴縣，即今河北定縣。）興，成帝弟。定陶王欣來朝。定陶王欣，定陶共王康子。帝賢定陶王，爲加元服而遣之，時年十七。

綱　隕石于關東二。

綱　大司農谷永免。

目　王根薦谷永，徵爲大司農。永前後所上四十餘事，略相反覆，專攻上身與後宮而已；黨於王氏，上亦知之，不甚親信也。歲餘，以病免，數月卒。

綱　癸丑，綏和元年，（前八）春二月，立定陶王欣爲皇太子。

封孔子後　建三公官　王莽爲大司馬　罷刺史置州牧

綱 封孔吉爲殷紹嘉侯。吉，孔子十三世孫。三月，與周承休侯皆進爵爲公。

目 初，詔求殷後，分散爲十餘姓，推求其嫡，不能得。匡衡、梅福皆以爲宜封孔子世爲湯後，上從之。

綱 夏，建三公官。大司馬根去將軍號，改御史大夫何武爲大司空。大司馬、大司空與丞相爲三公。

綱 秋八月，中山王興卒。謚曰孝。

綱 冬十一月，立楚孝王孫景爲定陶王。以奉共王後。

綱 衛尉淳于長有罪，下獄死；廢后許氏自殺。以王莽爲大司馬。

目 衛尉、侍中淳于長有寵，貴傾公卿，許后賂遺長，欲求復爲倢伃。長受，詐許爲白上，立以爲左皇后。王莽心害長寵，白之，下長獄，死獄中。廢后自殺。上以莽首發大姦，稱其忠直，王根因薦莽自代；遂以莽爲大司馬，時年二十八。莽既拔出同列，繼四父而輔政，四父，鳳、音、商、根。欲令名譽過前人，遂克己不倦，聘諸賢良以爲掾史，賞賜、邑錢悉以享士。愈爲儉約，母病，公卿列侯遣夫人問疾，莽妻迎之，衣不曳地，布蔽膝，見之者以爲僮使，問知其夫人，皆驚。其飾名如此。

綱 罷刺史，置州牧。

綱 詔立辟雍，雍同廱。辟廱，天子之學，大射行禮之處，四面旋遶以水，以節觀者。蓋辟，璧也；廱，澤也；

水周圜如璧，故曰辟廱。王制「天子曰辟雍。」張子曰：「辟雍，古無此名，蓋始於周。周有天下，遂以名天子之學。」未作而罷。

目　犍爲郡於水濱得古磬十六枚，（犍爲郡治僰道縣，即今四川宜賓市。）議者以爲善祥。劉向因是說上：「宜興辟雍，設庠序，陳禮樂，以風化天下。或曰：不能具禮。禮以養人爲本，如有過差，是過而養人也。刑罰之過，或至死傷，今之刑非臯陶之法也，而有司請定法，削則削，筆則筆。至於禮樂，則曰不敢，是敢於殺人，不敢於養人也。夫教化之比於刑法，刑法輕，是舍所重而急所輕也。教化，所恃以爲治也；刑法，所以助治也；今廢所恃而獨立其所助，非所以致太平也。」帝以向言下公卿議，丞相、大司空奏請立辟雍，未作而罷。

時又有言：「孔子布衣，養徒三千人，今天子太學弟子少。」於是增弟子員三千人，歲餘復如故。

向常顯訟宗室，譏刺王氏，其言痛切，發於至誠。上數欲用向，輒下爲王氏及丞相、御史所持，故終不遷，居列大夫前後三十餘年而卒。後十三歲而王氏代漢。

綱　甲寅，二年，（前七）春二月，丞相方進卒。翟方進。

目　時熒惑守心，熒惑，南方火星，出則有勃亂、殘賊、疾喪、饑兵。居其宿曰守。心爲明堂大星，天王前後星，子屬。郎賁麗善爲星，郎，官；姓賁，名麗。賁音肥。言大臣宜當之。上乃召見方進，賜册責讓，使尚書令賜上尊酒十石，稻米二斗得酒一斗爲上尊，黍米爲中尊，粟米爲下尊。養牛一。牢養之牛，肥牛也。

方進卽日自殺。上祕之，遣九卿册贈印、綬，賜乘輿祕器，親臨弔者數至，禮賜異於他相故事。

綱　三月，帝崩。

目　帝素彊，無疾病。時楚王、梁王來朝，明旦當辭去；又欲拜孔光爲丞相，已刻侯印，書贊。昏夜平善，鄉晨欲起，不能言而崩。民閒讙譁，咸歸罪趙昭儀。皇太后詔大司馬莽雜治，問皇帝起居發病狀，趙昭儀自殺。

孔光相

綱　以孔光爲丞相。

綱　夏四月，太子欣卽位，尊皇太后曰太皇太后，皇后曰皇太后。

綱　葬延陵。（在今陝西咸陽市東。）

綱　追尊定陶共王爲定陶共皇。

綱　五月，立皇后傅氏。傅太后從弟晏之女也。

綱　尊定陶太后傅氏曰定陶共皇太后，丁姬曰定陶共皇后。封丁明、傅晏皆爲列侯。丁明，丁后兄。

詔劉秀典領五經

綱　六月，詔劉秀典領五經。秀，劉向之子。

目　王莽薦劉歆爲侍中，貴幸，更名秀。上復令典領五經，卒父前業。劉向先受成帝詔領較祕書經傳，向死，故云。秀於是總羣書而奏其七略，有輯略、六藝略、諸子略、詩賦略、兵書略、

七略

術數略、方技略。輯略，詩、書之總要。六藝，六經也。術數，占卜之書。方技，醫藥之書。其敍諸子，分爲九流：曰儒，曰道，曰陰陽，曰法，曰名，曰墨，曰縱横，曰雜，曰農。以爲「九家皆起於王道既微，諸侯力政，時君世主，好惡殊方，是以九家之術，蠭出並作，各引一端，崇其所善，雖有蔽短，合其要歸，亦六經之支流餘裔；其於六經如水之下流，衣之末裔。裔，衣末也。使其人遭明王聖主，得其所折中，皆股肱之材已。仲尼有言：『禮失而求諸野。』方今去聖久遠，道術缺廢，無所更索，彼九家者，不猶愈於野乎！若能脩六藝之術，而觀此九家之言，舍短取長，則可以通萬方之略矣。」

九流

綱　詔限民名田，不果行。

目　初，董仲舒説武帝，以「秦除井田，（見卷五周顯王十九年「廢井田」注。）民得賣買，富者田連阡陌，（見卷五周顯王十九年「開阡陌」注。）貧者無立錐之地，小民安得不困？古井田法雖難卒行，宜少近古。限民名田以贍不足，塞并兼之路；去奴婢，除專殺之威；薄賦斂，省傜役，以寬民力，然後可善治也！」至是，師丹復建言：「今累世承平，豪富吏民，貲數鉅萬，而貧弱愈困，宜略爲限。」天子下其議，丞相、大司空奏請：「自諸侯王、列侯、公主名田各有限；關內侯、吏、民名田皆毋過三十頃；奴婢毋過三十人，期盡三年；犯者沒入官。」時田宅、奴婢賈爲減賤，貴戚近習皆不便也，詔書且須後，遂寢不行。

師丹請限民名田

綱　秋七月，罷大司馬莽就第，以師丹爲大司馬。

王莽罷就第

賈讓治河三策

目　初，太皇太后詔大司馬莽就第，避帝外家；莽即上疏乞骸骨，罷就第，乃以師丹爲大司馬。

綱　九月，地震。

目　自京師至北邊，郡國三十餘處地震。

綱　求能浚川疏河者。

目　騎都尉平當使領河隄，奏：「按經義，治水有決河深川，而無隄防壅塞之文。宜博求能浚川疏河者。」上從之。待詔賈讓奏言：「治河有上、中、下策。夫土之有川，猶人之有口也，治土而防其川，猶止兒啼而塞其口，豈不遽止，然其死可立而待也。故曰：『善爲川者決之使道，（道同導。）善爲民者宣之使言。』（二句召公諫弭謗語，見卷三周厲王三十三年。）今徙冀州之民當水衝者，（冀州治未詳，後漢治鄗，在今河北內丘縣柏梁鎮北。）決黎陽遮害亭，（黎陽，在今河南濬縣東北。又遮害亭，在今濬縣東南，古黃河所經。）放河使北入海，此上策也。多穿漕渠於冀州地，使民得以溉田，分殺水勢，此中策也。若乃繕完故隄，增卑倍薄，勞費無已，數逢其害，此下策也。」

綱　冬十月，策免大司空武，（何武。）遣就國，以師丹爲大司空。

孝哀皇帝

（名欣，定陶共王康之子，元帝庶孫也。成帝無嗣，立爲太子。在位六年，壽二十五歲而崩。諡法：「恭仁短折曰哀。」帝欲收攬威柄，然制於傅太后，過寵於董賢，主德不匡，漢祚遂微。）

綱　乙卯，孝哀皇帝建平元年，（前六）春正月，隕石于北地十六。（北地郡治馬嶺縣，在今甘肅

師丹定陶之議

寧縣西北。)

綱 以傅喜爲大司馬。喜，傅太后從弟。

綱 秋九月，隕石于虞二。(虞，在今河南虞城縣西南。)

綱 策免大司空、高樂侯丹爲庶人，(高樂縣，即今河北交河縣東南董村。)復賜爵關內侯。

目 冷褒、段猶等奏言：「定陶共皇太后、共皇后，皆不宜復引定陶藩國之言，以冠大號；車馬、衣服宜皆稱皇之意，稱副皇字意義。又宜爲共皇立廟京師。」上下其議，羣下多順指，言：「母以子貴，宜立尊號以厚孝道。」惟丞相光、大司馬喜、大司空丹以爲不可。丹曰：「聖王制禮，取法於天地。尊卑之禮明，則人倫之序正。尊卑者，所以正天地之位，不可亂也。今定陶共皇太后、共皇后車服與太皇太后並，非所以明『尊無二上』之義也。禮坊記：「天無二日，上無二王，家無二主，尊無二上，示民有君臣之別也。」定陶共皇號謚已前定，義不得復改。『爲人後者爲之子』，故爲所後服斬衰三年，而降其父母朞，明尊本祖而重正統也。孝成皇帝爲共皇立後，奉承祭祀，令共皇長爲一國太祖，萬世不毀。陛下既繼體先帝，義不可復奉定陶共皇祭。今欲立廟於京師，而使臣下祭之，是無主也。又親盡當毀，空去一國太祖不墮之祀，而就無主當毀不正之禮，非所以尊厚共皇也。」丹由是寖不合上意。又使吏書奏，吏私寫其草；丁、傅子弟聞之，丁，丁姬；傅，傅太后。使人上書告「丹上封事，行道人偏持其書。」事下廷尉，劾丹大不敬；遂策免丹，詔丹上大司空、高樂侯印綬，罷歸。尚書令唐林上疏曰：「丹親傳聖躬，位在三公，所坐者微，免爵太重，惟陛下裁之！」詔賜丹爵關內侯。

綱　冬十月，以朱博爲大司空。

綱　中山王太后馮氏及其弟宜鄉侯參皆自殺。

目　中山王箕子，孝王興之子，即平帝。幼有眚病，妖病曰眚，音生。祖母馮太后自養視，數禱祠解。數禱祠以求病除也。上遣中郎謁者張由將醫治之。由素有狂易病，病狂而變易其常也。病發西歸，因誣馮太后祝詛上及傅太后。初，傅太后與馮太后並事元帝爲倢伃，嘗從幸虎圈，熊逸出攀檻，傅倢伃等皆驚走，馮倢伃直前當熊而立。上問之，對曰：「猛獸得人而止。妾恐熊至御坐，故以身當之。」帝嗟歎，倍敬重焉。傅倢伃慚，由是有隙，常追怨之。因是遣中謁者令史立治之，中謁者令，中宮謁者令。立受傅太后指，誣奏云：「祝詛，謀殺上立中山王。」責問馮太后，無服辭。立曰：「熊之上殿何其勇，今何怯也！」太后還謂左右：「此乃中語，宮中之語。前世事，元帝時事。吏何用知之？欲陷我故也！」乃飲藥自殺。弟宜鄉侯參，召詣廷尉，亦自殺。

綱　丙辰，二年，（前五）春正月，有星孛于牽牛。

綱　策免大司馬喜。罷三公官，復以朱博爲御史大夫，丁明爲大司馬、衞將軍。

綱　夏，遣高武侯傅喜就國。（高武縣，在今河南南陽市西南。）

綱　策免丞相、博山侯光爲庶人，（博山縣，在今河南淅川縣東。）以朱博爲丞相。

目　孔光自議繼嗣持異，成帝召大臣入議：「中山、定陶王誰宜爲嗣者？」皆以爲「定陶王欣，昆弟之子，宜爲嗣。」孔光獨以爲「中山王與帝親弟，宜爲嗣。」又重忤傅太后指，帝即位，傅太后欲至未央宮，孔光恐其與政事，議以爲宜改築宮。帝議立傅太后、丁姬尊號，惟孔光、傅喜、師丹以爲不可。策免爲庶人。以朱博爲丞相，臨延登受策，有大聲如鐘鳴殿中。以問黄門侍郎揚雄及李尋。尋對曰：「此洪範所謂鼓妖者也。洪範（五行）傳曰：「君嚴猛而閉下，臣戰栗而塞耳，則妄聞之氣發於音聲，故有鼓妖。」人君不聰，爲衆所惑，空名得進，則有聲無形，不知所從生。宜退丞相以應天變。」雄亦以爲「聽失之象」，且曰：「博爲人彊毅多權謀，宜將不宜相，恐有凶惡亟疾之怒。」上不聽。

綱　詔共皇去定陶之號，立廟京師。尊共皇太后傅氏爲帝太太后，共皇后丁氏爲帝太后。四太后各置少府、太僕。

綱　免關內侯師丹爲庶人。遣新都侯王莽就國。

遣王莽就國

綱　罷州牧，復置刺史。

罷州牧

綱　六月，太后丁氏崩。

綱　秋八月，丞相博有罪，自殺。

綱　冬十月，以平當爲丞相。

平當相

綱　丁巳，三年，（前四）春三月，丞相當卒。

目　上召欲封當，當病篤，不應召。或謂當：「不可彊起受印，爲子孫邪？」當曰：「吾居大位，已負素餐；受印還死，死有餘罪。不起，所以爲子孫也！」乞骸骨，不許。至是薨。

綱 有星孛于河鼓。河鼓三星，在牽牛北。

綱 夏四月，以王嘉爲丞相。

綱 嘉上疏曰：「孝文時吏居官者，或長子孫，以官爲氏，倉氏、庫氏，則倉庫吏之後也；其二千石長吏亦安官樂職，然後上下相望，莫有苟且之意。其後稍稍變易，公卿以下轉相促急，舉劾苛細，發揚陰私，送故迎新，交錯道路。二千石益輕賤，吏民慢易之。唯陛下留神於擇賢，記善忘過，容忍臣子，令盡力者有所勸，此方今急務也。」

綱 冬十一月，無鹽危山土起，瓠山石立。（無鹽縣，在今山東東平縣東。危山、瓠山，均在無鹽縣。）東平王雲坐祠祭祝詛自殺；以孫寵爲南陽太守，息夫躬爲光祿大夫。息夫，複姓。

目 無鹽危山土自起覆草，如馳道狀；又瓠山石轉立。東平王雲及后謁，自之石所祭祀之。息夫躬、孫寵相與謀曰：「此取封侯之計也！」乃因中常侍宋弘上變事，告焉。謂以非常之事上告也。時上被疾，多所惡，逮謁驗治。雲自殺，謁棄市。擢寵爲南陽太守，（南陽郡治宛縣，即今河南南陽市。）弘、躬皆光祿大夫。

綱 戊午，四年，（前三）春正月，大旱。

綱 關東民訛言行籌。

目 關東民無故驚走，持稾或掫一枚，稾，禾稈。掫，同䕸，音鄒，麻幹。傳相付與，曰「行西王毋籌。」

綱　封傅商爲汝昌侯。傅商，太后從弟。（汝昌侯國於東郡須昌之陽穀，在今山東東平縣西北。）

綱　二月，下尚書僕射鄭崇獄，殺之。免司隸孫寶爲庶人。

鄭崇諫寵董賢

目　侍中董賢爲人，美麗自喜，性和柔便辟，得幸於上，貴震朝廷。常與上臥起，妻得通籍殿中。女弟爲昭儀，父恭爲少府。詔將作大匠爲賢起大第北闕下，將作大匠，官名，掌脩作宗廟、殿寢、宮室、陵園土木之工。窮極技巧。又爲賢起冢塋義陵旁，（義陵，哀帝壽陵，在今陝西咸陽市西北。）周垣數里。鄭崇諫上，由是數以職事見責。尚書令趙昌因奏「崇與宗族通，疑有奸。」上責崇曰：「君門如市人，何以欲禁切主上？」崇對曰：「臣門如市，臣心如水。願得考覆！」上怒，下崇獄。

孫寶上疏

司隸孫寶上書曰：「崇獄覆治，搒掠將死，卒無一辭，道路稱冤。疑昌與崇內有纖芥，言有細微怨恨。浸潤相陷。臣請治昌以解衆心！」詔曰：「司隸寶附下罔上，國之賊也！免爲庶人。」崇死獄中。

綱　夏六月，尊帝太太后傅氏爲皇太太后。

綱　秋八月，封董賢爲高安侯，（高安侯國於南陽郡杜衍縣，杜衍，在今河南南陽市西南。）孫寵爲方陽侯，（方陽，在今安徽懷遠縣西北龍亢集。）息夫躬爲宜陵侯。（宜陵侯國亦在南陽郡杜衍縣。）

毋將隆諫發武庫兵

綱　左遷執金吾毋將隆爲沛郡都尉。毋將，複姓。（沛郡在今安徽宿縣西北。）

目　上發武庫兵送董賢及上乳母王阿舍。武庫，在未央宮，蕭何造以藏兵器。執金吾毋將隆

諫大夫鮑宣上書

奏言：「古者方伯專征，乃賜斧鉞，漢家邊吏距寇，賜武庫兵。春秋之誼，家不藏甲，公羊傳定公十二年：「家不藏甲，邑無百雉之城。」所以抑臣威，損私力也。今便辟弄臣，弄，戲也。私恩微妾，而以天下公用，給其私門，契國威器，契音挈，缺也。共其家備，共同供。建立非宜，以廣驕僭，非所以示四方也。臣請收還武庫。」上不悅。以其前有安國之言，成帝末隆嘗奏言宜徵定陶王居國邸。左遷爲沛郡都尉。

綱 諫大夫鮑宣上書。

目 曰：「竊見孝成皇帝時，外親持權，濁亂天下，奢泰無度，窮困百姓，是以日蝕且十，彗星四起。危亡之徵，陛下所親見也，今奈何反覆劇於前乎！劇，甚也。朝臣亡有大儒骨鯁之士，論議通古今，憂國如飢渴者。敦外親、小僮、幸臣董賢等，敦，厚待之意。在省戶下，省戶，禁闥也。陛下欲與此共承天地，安海內，甚難！官爵，非陛下之官爵，乃天下之官爵也。陛下官非其人，而望天說、民服，豈不難哉！孫寵、息夫躬，奸人之雄，惑世尤劇，宜以時罷退；及外親幼童，未通經術者，皆宜令休，就外傳。急徵傅喜，使領外親；何武、師丹、孔光、彭宣、龔勝，可大委任。陛下尚能容亡功德者甚衆，曾不能忍武等邪！治天下者，當用天下之心爲心，不得自專快意而已也。」宣語雖刻切，上以宣名儒，優容之。

綱 匈奴單于上書請朝。匈奴烏珠留若鞮單于。

目 匈奴單于請朝五年，五年，明年也。上問公卿，以爲「虛費府帑，帑音倘。（帑，藏金帛處。）可

揚雄諫辭單于來朝

且勿許。」單于使辭去，未發，揚雄上書曰：「臣聞六經之治，貴於未亂，兵家之勝，貴於未戰。今單于來朝，國家辭之，臣愚以爲漢與匈奴從此隙矣。匈奴本五帝所不能臣，三王所不能制。以秦始皇之彊，然不敢窺西河。乃築長城以限之。西河，匈奴南界。以高祖之威靈，三十萬衆困於平城。（見卷十高帝七年「被圍平城」目及注。）高皇后時，匈奴悖慢；（見卷十一惠帝三年「與匈奴和親」目。）及孝文時，候騎至雍甘泉。（見卷十一文帝六年「匈奴寇上郡、雲中」目及注。）孝武設馬邑之權，欲誘匈奴，（見卷十三武帝元光二年「遣閒誘匈奴單于入塞」目。）徒費財勞師，一虜不可得見，況單于之面乎！其後深惟社稷之計，規恢萬載之策，乃大興師數十萬，前後十餘年，衞青、霍去病擊匈奴。窮極其地，追犇逐北。（一至祁連山而還，一封狼居胥山而還，見卷十四武帝元狩二年「以霍去病爲驃騎將軍」目，又四年「遣衞青、霍去病擊匈奴」目。）自是之後，匈奴震怖，益求和親，然而未肯稱臣也。夫前世豈樂傾無量之費，役無罪之人，快心於狼望之北哉？狼望，匈奴中地。以爲不一勞者不久佚，不暫費者不永寧，是以忍百萬之師，以摧餓虎之喙，喙音誨，獸口。運府庫之財，填盧山之壑，盧山，匈奴中山。而不悔也。逮至元康、神爵之閒，元康、神爵，俱宣帝年號。大化神明，鴻恩博洽，匈奴內亂爭立，五單于爭立。呼韓邪歸化稱臣，（見卷十六宣帝五鳳四年「匈奴呼韓邪單于稱臣」目。）然尚羈縻之計，羈縻，猶言維繫也。馬絡頭曰羈，牛靷曰縻。欲朝不距，不欲不彊。宣帝甘露二年，匈奴呼韓邪單于款塞請朝。今單于歸義懷誠，國家雖費，不得已者也，奈何距之以開將來之隙乎！夫百年勞之，一日失之，費十而愛一，臣竊爲國不安也！唯陛下少留意於未亂、未戰，以遏邊萌之禍。」書奏，天

王嘉諫益封董賢

子寤焉，召還匈奴使者，更報書而許之。單于未發，會病，復遣使願朝明年；上許之。

綱 己未，元壽元年，（前二）春正月朔，以傅晏爲大司馬、衛將軍，丁明爲大司馬、驃騎將軍。是日，日食。尋罷晏，就第。

綱 皇太太后傅氏崩，合葬渭陵，（元帝陵，在今陝西咸陽市東北。）號孝元傅皇后。

綱 孫寵、息夫躬以罪免，就國。以鮑宣爲司隸。

綱 下丞相新甫侯王嘉獄，（新甫，在今河南新野縣南。）殺之。

目 上託傅太后遺詔，益封董賢二千戶。王嘉封還詔書，諫曰：「臣聞爵祿、土地，天之有也。書曰：『天命有德，五服五章哉！』書，虞書皋陶謨也。五服，五等之服，自九章以至一章是也。章，顯也，言天命有德之人，則五等之服以彰顯之。王者代天爵人，尤宜慎之；不得其宜，則衆庶不服，感動陰陽，其害疾自深。高安侯賢，佞幸之臣，陛下傾爵位以貴之，單貨財以富之，單，竭也。損至尊以寵之，流聞四方，皆同怨疾。里諺曰：『千人所指，無病而死。』臣常爲之寒心！臣驕侵罔，陰陽失節，氣感相動，害及身體。陛下寢疾久不平，繼嗣未立，宜思正萬事，順天人之心，以求福祐，奈何輕身肆意，不念高祖之勤苦，垂立制度，欲傳之於無窮哉！」

初，廷尉梁相治東平王雲獄，心疑雲冤，欲更覆治。尚書令鞫譚等以爲可許。上以爲顧望兩心，幸雲踰冬，無討賊意，免相等皆爲庶人。後數月，大赦，嘉薦「相等皆有材行，臣竊爲朝廷惜之。」書奏，上不能平。

及封還董賢事，上乃發怒，召嘉詣尙書責問以相等事。孔光等劾嘉「迷國罔上，不道。」詔召丞相詣廷尉詔獄。嘉喟然仰天歎曰：「幸得充備宰相，不能進賢、退不肖，以是負國，死有餘責！」吏問賢、不肖主名，嘉曰：「賢孔光、何武不能進，惡董賢父子不能退。罪當死，死無所恨！」遂不食，嘔血而死。元始中追謚曰忠，（元始，平帝年號。）紹其封。

孔光相

綱　秋七月，以孔光爲丞相。八月，以何武爲前將軍，彭宣爲御史大夫。

目　上覽王嘉之對，思其言，故有是命。光復故爵。

綱　下司隸鮑宣獄，髡鉗之。

目　丞相光行園陵，（行，巡視也。帝王所葬曰陵，其栽植草木處曰園。）官屬以令行馳道中。（馳道，天子所行道也。）宣出逢之，使吏鉤止，沒入其車馬，摧辱宰相。事下御史中丞。侍御史欲捕從事，宣閉門不納，遂以距閉使者，大不敬不道，下獄。諸生舉幡太學下，曰：「欲救鮑司隸者會此。」會者千人，遮丞相自言，又守闕上書；上竟抵宣罪。

綱　冬十二月，以董賢爲大司馬、衞將軍。

孔光敬禮董賢

目　上故令賢私過孔光。光聞賢來，警戒衣冠，出門待望，見賢車，却入，賢至中門，光入閤，既下車，乃出拜謁，送迎甚謹，不敢以賓客鈞敵之禮。（以，用也。）上喜，立拜光兩兄子爲諫大夫、常侍。賢由是權與人主侔矣。

欲法堯禪舜

後置酒麒麟殿，上從容視賢笑曰：「吾欲法堯禪舜，何如？」中常侍王閎進曰：（閎，平阿侯譚之子。）「陛下承宗廟，當傳子孫於無窮。統業至重，天子

王閎諫貴董賢

無戲言！」上默然，左右遣閎出。閎遂上書曰：「昔文帝幸鄧通不過中大夫，武帝幸韓嫣賞賜而已，皆不在大位。今董賢無功封侯，列備鼎足，（鼎足譬三公。）諠譁道路，不當天心。」上不從，亦不罪也。

正三公分職

綱 庚申，二年，（前一）夏四月晦，日食。

綱 五月，正三公分職。董賢爲大司馬，孔光爲大司徒，彭宣爲大司空。

綱 六月，帝崩。

目 帝睹孝成之世祿去王室，及卽位，屢誅大臣，欲彊主威以則武、宣，（法武帝、宣帝。）然以寵信讒諂，憎疾忠直，漢業由是遂衰。

綱 董賢以罪罷，卽日自殺。

太后遣使者馳召莽

目 太皇太后聞帝崩，（太皇太后，元帝后王政君也。）卽日駕之未央宮，收取璽、綬。召大司馬賢，問以喪事調度；賢憂懼，不能對。太后曰：「新都侯莽前奉送先帝大行，（天子新崩，未有定謚，故總其名曰大行皇帝。大行者，不反之辭也。）曉習故事，吾令莽佐君。」賢頓首：「幸甚！」太后遣使者馳召莽。莽以太后指，使尚書劾賢不親醫藥，禁止不得入宮殿。賢詣闕免冠徒跣謝，莽以太后詔，卽闕下册收賢印、綬，罷歸第。卽日與妻皆自殺，家惶恐，夜葬。莽疑其詐死，發其棺至獄診視，（診，驗也。）因埋獄中。收沒入家財四十三萬萬，父恭與家屬徙合浦。（在今廣東合浦縣東北。）

王莽爲大司馬　孔光舉王莽

綱　太皇太后以王莽爲大司馬，領尚書事。

目　太皇太后詔公卿舉可大司馬者，孔光以下皆舉莽，獨前將軍何武、左將軍公孫祿以爲「惠、昭之世，外戚持權，幾危社稷。（惠帝無嗣，外戚諸呂欲爲亂。昭帝幼主，外戚上官桀謀反。）今比世無嗣，（成帝、哀帝，兩世無嗣。）方當選立近親幼主，不宜令外戚持權。」於是武舉祿，而祿亦舉武。太皇太后自用莽爲大司馬，領尚書事。

綱　秋七月，迎中山王箕子爲嗣。

目　太皇太后與莽議，遣車騎將軍王舜使持節迎之。

綱　貶皇太后爲孝成皇后，徙孝哀皇后於桂宮，追貶傅太后爲定陶共王母，丁太后爲丁姬。

王莽盛尊事孔光

綱　以甄邯爲侍中。策免將軍何武、公孫祿。遣紅陽侯王立就國。

目　莽以孔光名儒，相三主，太后所敬，天下信之，於是盛尊事光，引光女壻甄邯爲侍中。劾奏何武、公孫祿，互相稱舉，免官就國。紅陽侯立雖不居位，（紅陽縣在今河南舞陽縣西北紅山南。）莽畏立，令光奏立罪惡，請遣就國。於是附順者拔擢，忤恨者誅滅。以王舜、王邑爲腹心，甄豐、甄邯主擊斷，平晏領機事，劉秀典文章，孫建爲爪牙。莽色厲而言方，欲有所爲，微見風采，黨與承其指意而顯奏之；莽稽首涕泣，固推讓，上以惑太后，下用示信於衆庶焉。

王莽秉政

王莽號安漢公

綱 八月，廢孝成、孝哀皇后就其園，皆自殺。

綱 策免大司空宣，遣就國。

目 彭宣以王莽專權，乃上印、綬，乞骸骨歸鄉里。莽白太后，策免宣，使就國，數年薨。班固（漢書彭宣傳贊）曰：「彭宣見險而止，異乎苟患失之者矣！」

綱 以王崇爲大司空。

綱 九月，中山王箕子卽位。年九歲。

綱 太皇太后臨朝，大司馬莽秉政，百官總己以聽。

綱 以孔光爲帝太傅，馬宮爲大司徒。

綱 冬十月，葬義陵。

孝平皇帝 初名箕子，更名衎，中山王興之子，元帝庶孫也。哀帝無嗣，王莽迎立之。在位五年，莽弒之。壽十四歲。諡法：「布綱治紀曰平。」

綱 辛酉，孝平皇帝元始元年，(一)春正月，益州塞外蠻夷獻白雉。（益州刺史治未詳，後漢治雒，卽今四川廣漢縣。）二月以孔光爲太師，王舜爲太保，甄豐爲少傅。王莽爲太傅，號安漢公。襃賞宗室、羣臣。

目 莽風益州，令塞外蠻夷自稱越裳氏，重譯獻白雉。（周成王六年，越裳氏來朝獻白雉，見卷三。）莽白太后，以薦宗廟。於是羣臣盛陳莽功德：「宜賜號曰安漢公，益戶，疇爵邑。」家世相傅爲疇。太后詔尚書具其事。莽上書言：「臣與孔光、王舜、甄豐、甄邯共定策；今願獨條光等功，寢置臣莽。」固讓數四，稱疾不起，太后乃詔光爲太師，舜爲太保，豐爲少傅，邯封承陽侯。（承陽，在今湖南衡陽縣北。）莽尚未起，羣臣復上言：「宜以時加賞元功。」太后乃以莽爲太傅，幹四輔之事，（幹，管也。四輔，太師、太保、太傅、少傅。）號曰安漢公，益封二萬八千戶。於是莽爲惶恐，不得已，起受太傅、安漢公號，讓還益封事，復建言褒賞宗室、羣臣，下至庶民鰥寡，恩澤之政，無所不施。又風公卿奏言：「太后春秋高，不宜親省小事。」令太后詔曰：「自今以來，唯封爵乃以聞，他事安漢公平決。」於是莽權與人主侔矣。

綱　夏五月，拜帝母衞姬爲中山孝王后。（中山孝王興，平帝父。衞姬，平帝母。）

目　王莽恐帝外家衞氏奪其權，白太后：「前哀帝立，背恩義，自貴外家，幾危社稷。今帝以幼年復奉大宗，宜明一統之義，以戒前事，爲後代法。」乃遣使即拜帝母衞姬爲中山孝王后，賜帝舅寶、玄爵關內侯，皆留中山，不得至京師。

綱　封公子寬爲褒魯侯，孔均爲褒成侯。公子寬，魯頃公之後；孔均，孔子十六世孫；以奉周公、孔子之祠。

綱　壬戌，二年，(二)春，黃支國獻犀牛。

目　黃支在南海中，去京師三萬里。王莽欲耀威德，故厚遺其王，令遣使貢獻。

綱　越巂郡上黃龍游江中。（越巂郡治邛都，在今四川西昌縣東南。）

王莽功德比周公

孫寶詰孔光

目　太師光等咸稱「莽功德比周公，宜告祠宗廟。」大司農孫寶曰：「周公上聖，召公大賢，尚猶有不相悅，著於經典，（周書君奭。）兩不相損。今風雨未時，百姓不足，每有一事，羣臣同聲，得無非其美者？」時大臣皆失色。會寶遣吏迎母，母道病，留弟家，獨遣妻子。司直陳崇劾奏寶，坐免，終於家。

綱　帝更名衎。（衎音侃。）

綱　大司空崇免，（王崇。）以甄豐爲大司空。

綱　大旱、蝗。

綱　隕石于鉅鹿二。（鉅鹿郡治鉅鹿縣，在今河北鉅鹿縣西南。）

綱　大大龔勝、邴漢罷歸。

目　光祿大夫楚國龔勝、大中大夫琅邪邴漢，（楚國都彭城縣，卽今江蘇徐州市。琅邪郡治東武縣，卽今山東諸城縣。）以王莽專政，皆乞骸骨。莽令太后策詔之曰：「朕愍以官職之事煩大夫，大夫其脩身守道，以終高年。」皆加優禮而遣之。梅福亦知莽必篡漢，一朝棄妻子去，不知所之。人傳以爲仙，其後人有見福於會稽者，（會稽郡治吳縣，卽今江蘇蘇州市。）變姓名爲吳市門卒云。（吳市卽會稽郡治吳縣。）

綱　秋九月晦，日食。

綱　癸亥，三年，（三）春，聘安漢公莽女爲皇后。

綱　夏，安漢公莽殺其子宇，滅中山孝王后家，殺敬武公主及氾鄉侯何武、故司隸鮑宣等數百人。氾音凡。（氾鄉，在今河南魯山縣東。）

目　莽長子宇非莽隔絕衛氏，私與衛寶通書，教衛后上書求至京師。莽不聽，宇與師吳章及婦兄呂寬議，章以爲莽好鬼神，可爲變怪以驚懼之，因推類說令歸政衛氏。推類，推原其類。宇卽使寬夜持血灑莽第門，吏發覺之，莽執宇送獄，飲藥死。盡滅衛氏支屬，唯衛后在。吳章要斬。

初，章爲當世名儒，教授千餘人。莽以爲惡人黨，皆當禁錮，不得仕宦，門人盡更名他師。平陵云敞時爲大司徒掾，（平陵縣，漢昭帝陵所在，在今陝西咸陽市西北。）掾，官屬。自劾吳章弟子，收抱章尸歸，棺斂葬之。莽因是獄，窮治黨與，連引素所惡者悉誅之。元帝女弟敬武長公主，素非議莽；紅陽侯立，莽尊屬；平阿侯仁，（平阿縣屬沛郡，在今安徽懷遠縣西南平阿集。）素剛直；皆以太皇太后詔，迫令自殺。郡國豪傑，及漢忠直臣不附莽者，何武、鮑宣及王商、辛慶忌諸子，皆坐死，凡數百人，海內震焉。北海逢萌謂友人曰：（北海郡治營陵縣，在今山東昌樂縣西北。）逢音旁。「三綱絕矣，不去，禍將及人！」卽解冠挂東都城門，歸，將家屬浮海，客於遼東。（遼東郡治襄平縣，在今遼寧遼陽市北。）

綱　甲子，四年，（四）春二月，加安漢公莽號「宰衡」。周公爲周太宰，伊尹爲商阿衡，故采以尊之。

綱　起明堂、辟雍、靈臺，立樂經，徵天下通經異能之士。

王莽號宰衡

綱 乙丑，五年，(五)夏四月，太師光卒，光，孔光。以馬宮爲太師。

王莽加九錫

綱 五月，加安漢公莽九錫。九錫：一，輿馬；二，衣服；三，樂則；四，朱戶；五，納陛；六，虎賁；七，弓矢；八，鈇鉞；九，秬鬯。輿馬，謂大輅戎輅者一，玄馬二也；衣服，謂玄袞也；樂則，謂軒縣之樂也；朱戶，謂所居之室朱其戶也；納陛，謂從中階而升也；虎賁，謂三百人也；弓矢，彤旅之弓矢也；鈇鉞，謂大柯斧，賜之專殺也；秬鬯，秬，黑黍；鬯，香草，和以釀酒，謂之秬鬯；謂秬鬯之酒，賜以祭祀也。

王莽弒平帝

綱 冬十二月，安漢公莽弒帝。

目 帝益壯，以衞后故，怨不悅。莽因臘日，臘者，歲終之大祭，漢以冬至後第三戌日爲臘。臘，獵也，謂以田獵所得禽祭也。上椒酒，置毒酒中；帝有疾。莽作策請命於泰畤，願以身代，藏策金縢，置於前殿，敕諸公勿敢言。帝崩，葬康陵。(在今陝西咸陽市西。)

綱 以平晏爲大司徒。

王莽居攝踐阼

綱 太皇太后詔徵宣帝玄孫，又詔安漢公莽居攝踐阼。

目 太后與羣臣議立嗣。時元帝世絕，而宣帝曾孫莽皆惡其長大，曰：「兄弟不得相爲後。」乃悉徵宣帝玄孫，選立之。

初，泉陵侯劉慶上書，(泉陵，在今湖南零陵縣北。)言：「皇帝富於春秋，宜令安漢公攝行天子事，如成王、周公故事。」至是前輝光謝囂奏，王莽分京師置前輝光、後承烈二郡。浚井得白石，有丹書，文曰「告安漢公莽爲皇帝」。太后曰：「此誣罔天下，不可施行！」太保舜謂太后：舜，王舜。「莽非敢有他，但欲稱攝以重其權，鎭服天下耳。」太后力不能制，乃下詔曰：「已徵孝宣皇帝玄孫二十三人，差度宜者，差，較也。度，量也。以嗣孝平皇帝之後。玄孫年在襁褓，襁褓，負衣兒。不得至德君子，孰能安之！其令安漢公居攝踐阼，如周公故事，具禮儀奏！」於是羣臣奏言：「請安漢公踐阼，如天子之制，祭贊曰『假皇帝』，民臣謂之『攝皇帝』，自稱曰『予』。平決朝事，常以皇帝之詔稱『制』，其朝見太皇太后、皇帝、皇后皆服臣節。」詔曰：「可。」

假皇帝
攝皇帝

右西漢十二帝，共二百十四年，幷王莽篡位合二百三十年。

綱鑑易知錄卷十九

漢紀附王莽

孺子嬰 宣帝玄孫，廣戚侯勳之孫，顯之子也。年二歲，平帝無嗣，王莽利其年幼，迎而立之。在位三年，莽篡位，廢爲定安公。莽，孝元皇后之姪曼之子也。初封新都侯，弒平帝，廢孺子嬰，篡漢，建國號新，僭位十八年，漢兵殺之。

綱 丙寅，孺子嬰居攝元年，（六）春三月，立宣帝玄孫嬰爲皇太子，號曰「孺子」。

劉崇起兵

綱 夏四月，安衆侯劉崇起兵討莽，（安衆，在今河南鎭平縣東南。）不克，死之。

目 安衆侯劉崇與相張紹謀曰：「莽必危劉氏，天下非之，莫敢先舉，此乃宗室之恥也。吾帥宗族爲先，海內必和。」從者百餘人，遂進攻宛，（宛，南陽郡治，卽今河南南陽市。）不得入而敗。

假皇帝

綱 五月，太皇太后詔莽朝見稱「假皇帝」。以羣臣復白：「劉崇等謀逆者，以莽權輕故也。」

綱 冬十月朔，日食。

翟義起兵

綱 丁卯，二年，（七）秋九月，東郡太守翟義起兵討莽，（東郡治濮陽縣，在今河南濮陽縣南。）翟義，翟方進子。立劉信爲天子，三輔豪傑起兵應之。三輔，京兆尹、左馮翊，右扶風。莽遣兵拒擊，義戰不克，死之，信亡走。

目　東郡太守翟義與姊子陳豐謀，舉兵西誅不當攝者，立宗室嚴鄉侯劉信爲天子。義自號大司馬、柱天大將軍，移檄郡國，檄者，陳彼之惡，說此之德，曉慰百姓之書。衆十餘萬。莽聞之，惶懼不能食，乃拜孫建等爲將軍，擊義。三輔豪傑趙朋、霍鴻等聞義兵起，自稱將軍，衆至十餘萬。莽復拜王級爲將軍，擊朋等。日抱孺子禱郊廟，會羣臣而稱曰：「昔周公攝政而管、蔡挾祿父以畔。祿父，紂之子，即武庚。今翟義亦挾劉信而作亂。自古大聖猶懼此，況臣莽之斗筲！」羣臣皆曰：「不遭此變，不章聖德。」莽依周書作大誥，（周公相成王，三監及淮夷叛，周公作大誥。王莽自比周公，亦作大誥。）諭天下以當反位孺子之意。諸將東至陳留，（在今河南開封市東南。）與翟義會戰，義敗死；竟不得信。

王莽作大誥

綱　戊辰，初始元年，（八）春，地震。

綱　三輔兵皆破滅。

目　王級等擊趙朋、霍鴻，皆殄滅，諸縣悉平。莽乃置酒白虎殿，自謂威德日盛，大獲天人之助，遂謀卽眞之事矣。

綱　冬十一月，太皇太后詔莽號令、奏事毋言攝。以居攝三年爲初始元年。

綱　十二月，哀章作銅匱以獻莽。莽自稱新皇帝，更號太皇太后爲新室文母太皇太后。

王莽稱新皇帝

廢孺子爲定安公

劉快起兵

目 梓潼哀章，（梓潼，即今四川梓潼縣。）學問長安，素無行，作銅匱爲兩簡，署其一曰「天帝行璽金匱圖」，其一署曰「赤帝璽邦傳予皇帝金策書」，蓋謂天帝與高帝傳禪於莽也。日昏時，持至高廟，僕射以聞。莽至高廟，拜受金匱神禪，還坐未央宮前殿，即眞天子位，建有天下之號曰新。以十二月朔爲始建國元年正月之朔。莽請璽，太后不肯授。莽使王舜諭指，太后怒罵之曰：「而屬父子宗族，（而，汝也。）蒙漢家力，富貴累世，既無以報，受人孤寄，乘便利時奪取其國，不復顧恩義。人如此者，狗猪不食其餘，天下豈有而兄弟邪！且若自以金匱符命爲新皇帝，（若，汝也。）變更正朔，亦當自更作璽，傳之萬世，何用此亡國不祥璽爲！我漢家老寡婦，旦暮且死，欲以此璽俱葬，終不可得！」因涕泣。舜言：「莽必欲得璽，太后寧能終不與邪！」太后聞舜語切，恐莽欲脅之，乃出璽投之地曰：「我老已死，如而兄弟今族滅也！」於是張永獻符命，言太皇太后當爲新室文母太皇太后，莽從之。

綱 己巳，新莽始建國元年，（九）春正月，莽廢孺子爲定安公，孝平皇后爲定安太后。

綱 夏四月，徐鄉侯劉快起兵討莽，（徐鄉，在今山東蓬萊縣西南。）不克，死之。

綱 莽禁不得買賣田及奴婢。

目 莽更名天下田曰「王田」，奴婢曰「私屬」，皆不得買賣。其男口不盈八，而田過一井者，分餘田予九族鄉里。敢有非井田聖制，無法惑衆者，投諸四裔，以禦魑魅。

綱 冬，雷，桐華，大雨雹。

嚴尤諫王莽擊匈奴

綱 庚午，二年，（一〇）春二月，莽廢漢諸侯王為民。

綱 冬十二月，雷。

綱 莽改匈奴單于為「降奴服于」，遣其將軍孫建等擊之。

目 莽恃府庫之富，欲立威匈奴，乃遣孫建等率十二將分道並出。

綱 辛未，三年，（一一）匈奴諸部分道入塞，殺守尉，略吏民，州郡兵起。

目 單于怒曰：「先單于受漢宣帝恩，不可負也。今天子非宣帝子孫，何以得立！」遣兵入雲中塞，（雲中郡治雲中縣，即今內蒙古托克托縣。）大殺吏民。歷告左右部諸邊王入塞，殺太守都尉，略吏民畜產，不可勝數。是時諸將在邊，以大眾未集，未敢出擊。嚴尤諫曰：「臣聞匈奴為害，所從來久矣，未聞上世有必征之者也。後世三家周、秦、漢征之，然皆未有得上策者也。周得中策，漢得下策，秦無策焉。周宣王時玁狁內侵，周曰玁狁，秦、漢曰匈奴。至于涇陽；命將征之，盡境而還。周宣王命尹吉甫帥師伐玁狁，詩人作六月之詩以美之，其四章曰：「侵鎬及方，至于涇陽。」六章曰：「薄伐玁狁，至于太原。」其視玁狁之侵，譬猶蟁蝱，敺之而已，故天下稱明，是為中策。漢武帝選將練兵，深入遠戍，兵連禍結，二十餘年，中國罷敝，匈奴亦創艾，艾音藝。創，傷也。艾，息也。而天下稱武，是為下策。秦始皇築長城之固，延袤萬里，袤音茂，長也。轉輸之行，轉輸，運糧也。起於負海，疆境既完，中國內竭，以喪社稷，是為無策。今天下比年饑饉，西北邊尤甚，大用民力，功不可必立，臣伏憂之。」莽不聽，轉兵穀如故。吏民屯邊者，所在放縱，而

龔勝不食而卒

薛方謝王莽

內郡愁於徵發，民棄城郭，始流亡爲盜賊。北邊自宣帝以來，數世不見煙火之警，人民熾盛，牛馬滿野；及莽擾亂匈奴，與之構難，邊民死亡繫獲，數年之閒，北邊虛空，野有暴骨矣。

綱 莽太師王舜死。

綱 莽迎龔勝爲太子師友祭酒；（龔勝，見卷十八平帝元始二年「大夫龔勝罷歸」目。）勝不食而卒。

目 莽遣使者奉璽書、印綬迎龔勝，即拜爲太子師友祭酒。勝稱病篤，使者以印綬就加勝身，勝輒推不受，謂兩子及門人高暉曰：「吾受漢家厚恩，無以報；今年老矣，旦暮入地，誼豈以一身事二姓，下見故主哉！」語畢，遂不復飲食，積十四日死。

是時清名之士，又有琅邪紀逡、齊薛方、沛唐林、唐尊，（琅邪郡治東武縣，即今山東諸城縣。齊郡治臨淄縣，在今山東益都縣西北。沛郡治相縣，在今安徽宿縣西北。）皆以明經飭行顯名。逡、兩唐皆仕莽。莽以安車迎方，方因使者辭謝曰：「堯、舜在上，下有巢、由。（高士傳：「許由聞堯致天下而讓焉，乃遁於潁水之陽，箕山之下。堯又召爲九州長，由不欲聞之，洗耳於潁濱。時有巢父牽犢欲飲之，見由洗耳而問其故。由對曰：『堯欲召我，我惡其聲，是故洗耳。』巢父曰：『子若處高崖深谷，誰能見子？子故浮游欲聞，求其名譽。汚吾犢口！』遂牽犢上流飲之。」）今明主方隆唐、虞之德，小臣欲守箕山之節。」（箕山，一名許由山，在今河南登封縣東南。）莽說其言，不彊致。隃麋郭欽爲南郡太守，（隃麋，在今陝西隴縣東南。南郡治江陵縣，即今湖北江陵縣。）杜陵蔣詡爲兗州刺史，（杜陵，在今陝西西安市東南。兗州刺史治未詳，後漢治昌邑，在今山東金鄉縣西北。）

亦以廉直爲名。莽居攝，欽、詡皆以病免官，歸鄉里，臥不出戶，卒於家。沛國陳咸，以律令爲尙書，見何武、鮑宣死，（莽殺何武、鮑宣，見卷十八平帝元始三年。）歎曰：「易說『見幾而作，不俟終日。』易繫辭下傳之辭。吾可以逝矣！」卽乞骸骨去職。莽篡位，召咸爲掌寇大夫，咸謝病不肯應。三子參、豐、欽皆在位，咸悉令解官歸鄉里，閉門不出入，猶用漢家祖臘。祖，祭道神也。臘，歲終之大祭。王者各以其行盛日爲祖，墓日爲臘。漢以火德王，火盛於午，墓於戌，故午祖戌臘。人問其故，咸曰：「我先人豈知王氏臘乎！」悉收斂其家律令、書文，壁藏之。又齊栗融，北海禽慶、蘇章，山陽曹竟，（北海郡治營陵縣，在今山東昌樂縣西北。）皆儒生，去官，不仕於莽。

綱　壬申，四年，（一二）春，令民得賣田。

目　莽性躁擾，不能無爲，每有所興造，動欲慕古，不度時宜，制度又不定；吏緣爲姦，天下謷謷，陷刑者衆。莽知民愁怨，乃令民食王田者，皆得賣之。

綱　癸酉，五年，（一三）春二月，太皇太后王氏崩。

目　莽既改號太后爲新室文母，絕之於漢，乃隳壞孝元廟，隳音灰。更爲太后起廟，獨置孝元廟故殿，以爲文母篹食堂，篹同饌，具食也。名曰長壽宮；置酒，請太后。既至，見廟廢徹塗地，驚泣曰：「此漢家宗廟，皆有神靈，與何治而壞之！與音預。與何治，猶言干何事。且使鬼神無知，又何用廟爲！如令有知，我乃人之妃妾，豈宜辱帝之堂以陳饋食哉！」私謂左右曰：「此人慢神多矣，能久得祐乎！」飮酒不樂而罷。莽更漢家黑貂著黃貂；又改漢正朔、伏臘日。太后令其官屬黑貂；至漢家正臘日，獨與其左右相對飲食。至是崩，年八十四。葬渭陵。（在今陝西咸陽市東北。）

綱 十一月，彗星出。

綱 甲戌，天鳳元年，（一四）春三月晦，日食。

綱 夏四月，隕霜殺草木。

綱 六月，黃霧四塞。

綱 乙亥，二年，（一五）春，民訛言黃龍死。

綠林兵起

綱 丁丑，四年，（一七）秋，臨淮、琅邪及荊州綠林兵起。（綠林山，在今湖北當陽縣東北。）

目 莽法令煩苛，民搖手觸禁，不得耕桑，於是並起爲盜賊。臨淮瓜田儀等，（臨淮郡治徐縣，在今安徽泗縣東北。）瓜田儀，姓瓜田，名儀。依阻會稽長洲，（會稽郡治吳縣，即今江蘇蘇州市。長洲，在蘇州市境內。）琅邪呂母聚黨數千人，殺海曲長，（海曲，在今山東日照縣西。）入海中爲盜，其衆浸多，至萬數；荊州饑饉，（荊州刺史治未詳，後漢荊州治漢壽，在今湖南常德縣東。）更相侵奪，新市人王匡、王鳳推爲渠帥，（新市，地名，即後漢新市縣，在今湖北京山縣東北。）衆數百人，諸亡命者馬武、王常、成丹等皆往從之，藏於綠林山中，數月閒至七八千人。

揚雄死

綱 戊寅，五年，（一八）春，莽大夫揚雄死。

目 成帝之世，雄以奏賦爲郎，給事黃門，與莽及劉秀並列；（秀即劉歆。）哀帝之初，又與

揚雄作太玄法言

董賢同官。莽、賢爲三公，權傾人主，所薦莫不拔擢，而雄三世不徙官。三世，成、哀、平。及莽篡位，雄以耆老久次，久在位次。轉爲大夫。恬於勢利，好古樂道，欲以文章成名於後世，乃作太玄、法言。雄以經莫大於易，故作太玄；傳莫大於論語，故作法言。用心於內，不求於外，人皆忽之，唯劉秀及范逡敬焉，而桓譚以爲絕倫。鉅鹿侯芭師事焉。（鉅鹿，在今河北鉅鹿縣西南。）芭音葩。劉棻嘗從雄學作奇字，棻，劉秀子。及棻坐事誅，莽始建國二年，甄尋作符命，言孝平皇后當爲尋妻。莽怒，收尋，辭連棻，莽并殺之。辭連及雄。時雄校書天祿閣上，使者來欲收之；雄恐不能自免，乃從閣上自投下，幾死。莽聞之，以雄不知情，詔勿問。然雄所作法言卒章，盛稱莽功德可比伊尹、周公，後又作劇秦美新之文，劇，甚也，蓋以秦王無道爲甚，而美新莽之德也。以頌莽，君子病焉。

樊崇刁子都兵起

綱 琅邪樊崇、東海刁子都等，（東海郡治郯，在今山東郯城縣西。）兵皆起。

目 琅邪樊崇起兵於莒，（即今山東莒縣。）衆百餘人。羣盜以崇猛勇，皆附之，一歲閒至萬餘人。又有東海刁子都，亦起兵鈔擊徐、兗。莽遣使者發兵擊之，不能克。

綱 莽孫宗自殺。宗自畫容貌，被服天子衣冠，發覺，自殺。

綱 庚辰，地皇元年，（二〇）秋九月，大雨六十餘日。

綱 鉅鹿男子馬適求等謀誅莽，不克，死。

莽太子臨謀殺莽

綱 辛巳，二年，（二一）春正月，莽妻死，太子臨謀殺莽，事覺，自殺。

綱 秋，關東大饑，蝗。

秦豐兵起

綱 南郡秦豐兵起。

目 豐聚衆萬人，平原女子遲昭平亦聚數千人。(平原，在今山東平原縣南。)

綱 壬午，三年，(二二)春二月，關東人相食。

赤眉

綱 夏四月，樊崇兵自號赤眉，莽遣其太師王匡、將軍廉丹擊之。

目 初，樊崇等衆既寖盛，乃相與爲約：「殺人者死，傷人者償創。」創，傷也。莽遣太師王匡、更始將軍廉丹討之。崇等恐其衆與莽兵亂，乃皆朱眉以相識別，由是號曰赤眉。匡、丹合將鋭士十餘萬人，所過放縱，東方爲之語曰：「寧逢赤眉，不逢太師！太師尚可，更始殺我！」卒如田況之言。初，田況對莽言：「今空復多出將帥，郡縣苦之，反甚於賊。」

綱 蝗飛蔽天。

平林兵起

綱 秋七月，荆州平林兵起。(平林，地名，在今湖北應山縣西南。)

目 新市王匡等進攻隨，(即今湖北隨縣。)平林人陳牧、廖湛復聚衆千餘人，號「平林兵」以應之。

綱 赤眉破廉丹，誅之。

光武起兵

綱 漢宗室劉縯及弟秀起兵舂陵，(舂陵鄉，在今湖北棗陽縣東。)興復帝室，新市、平林兵皆附之。

目 初，長沙定王發生舂陵節侯買，(長沙國都臨湘，今湖南長沙市。)定王發，景帝第十子。買生戴

漢兵襲取莽輜重

侯熊渠，熊渠生考侯仁。仁以南方卑溼，徙封南陽之白水鄉，（即上春陵鄉舊名。）與宗族往家焉。仁子敞嗣，莽時國除。節侯少子外爲鬱林太守，（鬱林郡治布山縣，在今廣西貴縣東。）外生鉅鹿都尉回，回生南頓令欽。（南頓屬汝南郡，在今河南項城縣北。）欽娶湖陽樊重女，（湖陽縣屬南陽郡，在今河北唐縣西北。）生三男：縯、仲、秀。縯性剛毅慷慨，有大節。秀隆準日角，隆，高也。準，鼻也。日角，謂天庭骨起狀如日。性勤稼穡；縯常非笑之，比於高祖兄仲。仲，高祖兄名。（史記高祖本紀）高祖曰：「始大人常以臣亡賴，不能治產業，不如仲力；今某之業，孰與仲多？」秀嘗過穰人蔡少公，（穰縣，在今河南鄧縣境內。）少公頗學圖讖，言「劉秀當爲天子。」或曰：「是國師公劉秀乎？」劉向子歆更名秀，時爲莽國師，封嘉新公。秀戲曰：「何由知非僕邪！」坐者皆大笑。宛人李守好星曆、讖記，嘗謂其子通曰：「劉氏當興，李氏爲輔。」及新市、平林兵起，南陽騷動，通從弟軼謂通曰：「今四方擾亂，漢當復興。南陽宗室，獨劉伯升兄弟汎愛容衆，伯升，縯字。可與謀大事。」通笑曰：「吾意也！」會秀賣穀於宛，通遣軼往迎秀，與相約結，定謀，歸春陵舉兵。會縯召諸豪傑計議，分遣親客於諸縣起兵，縯自發春陵子弟。子弟恐懼，皆亡匿；及見秀絳衣大冠，皆驚曰：「謹厚者亦復爲之！」乃稍自安。凡得子弟七八千人，部署賓客，自稱「柱天都部」。秀時年二十八。縯使族人招說新市、平林兵，殺湖陽尉，進拔棘陽，（屬南陽郡，在今河南新野縣東北。）李軼、鄧晨皆將賓客來會。

綱　冬十一月，漢兵與莽守將甄阜、梁丘賜戰，梁丘，複姓。不利，遂與下江合兵，綠林兵王

立劉玄爲皇帝

常等入荆州，號「下江兵」。襲取其輜重。

目　劉縯欲進攻宛，與甄阜、梁丘賜戰敗，縯復收兵保棘陽。阜、賜乘勝留輜重於藍鄉，（在今河南泌陽縣北。）引精兵十萬南臨沘水，（指今河南泌陽縣沘水。沘水一名泌水。）會下江兵五千餘人至宜秋。（在今河南泌陽縣東南。）縯與秀見王常，説以合從之利，常等卽引軍與漢軍及新市、平林合，於是諸郡齊心同力，銳氣益壯。十二月晦，潛師夜起襲取藍鄉，盡獲其輜重。

淮陽王

名玄，春陵戴侯之曾孫也。莽末，漢兵起，諸將立以爲帝。在位二年，降於赤眉，尋被殺。及光武卽位，詔封爲淮陽王。

綱　癸未，漢帝玄更始元年，（二三）春二月，新市、平林諸將共立更始將軍劉玄爲皇帝，大赦，改元。

目　春陵戴侯曾孫玄，在平林兵中，號「更始將軍」。時漢兵已十餘萬，諸將議以兵無統一，欲立劉氏以從人望。南陽豪傑欲立劉縯，而新市、平林將帥憚縯威名，貪玄懦弱，先定策立之，然後召縯示其議。縯以爲「宜且稱王以號令；破莽，降赤眉，然後舉尊號。」張卬不從。二月朔，設壇場於淯水上，（淯水一名白河，出今河南嵩縣，東南流經南陽市，至湖北襄陽縣北入漢水。）玄卽皇帝位，南面朝羣臣；羞愧流汗，舉手不能言。置公卿，拜縯爲大司徒。

綱　三月，劉秀徇昆陽、定陵、郾，皆下之。行定曰徇。（昆陽，在今河南許昌市西南。定陵，在今河南舞陽縣北。郾，在今河南郾城縣西南。）

劉秀破莽兵昆陽下

綱　莽遣其司徒王尋、司空王邑，大發兵，會嚴尤、陳茂，夏五月，圍昆陽。

目　莽遣王尋、王邑發兵平定山東，徵諸明兵法六十三家以備軍吏，以長人巨無霸爲壘尉，（巨無霸，蓬萊海濱人，身長一丈，大十圍，自稱「巨無霸」。軺車不能載，三馬不能勝，臥則枕鼓，以鐵箸食。壘尉，軍門都尉。）又驅諸猛獸虎、豹、犀、象之屬以助威武。兵四十二萬，號百萬。五月，出潁川，（潁川郡治陽翟縣，即今河南禹縣。）與嚴尤、陳茂合。劉秀使王鳳、王常守昆陽，夜與李軼等出城南門，於外收兵。時莽兵到城下者且十萬，秀等幾不得出。尋、邑縱兵圍昆陽。

綱　莽棘陽長岑彭以宛城降漢，玄入都之。

目　岑彭守宛城，漢兵攻之數月，城中人相食，乃降。更始入都之。諸將欲殺彭，劉縯曰：「彭執心堅守，是其節也。今舉大事，當表義士。」更始乃封彭爲歸德侯。

綱　六月，劉秀大破莽兵於昆陽下，誅王尋。

目　劉秀至郾、定陵，悉發諸營兵。六月朔，秀自將步騎千餘爲前鋒，去大軍四五里而陳，尋、邑亦遣兵數千合戰。秀犇之，斬首數十級。諸將喜曰：「劉將軍平生見小敵怯，今見大敵勇，甚可怪也！」秀復進，尋、邑兵卻，諸部共乘之，斬首數百、千級。連勝，遂前，諸將膽氣益壯，無不一當百。尋、邑陳亂，漢兵乘銳崩之，遂殺尋。城中亦鼓譟而出，中外合勢，震呼動天地，莽兵大潰。會大雷、風，屋瓦皆飛，雨下如注，滍川盛溢，（滍川即泜水，出今河南魯山縣西，東南流經葉縣，至襄城縣入潁河。）虎、豹皆股戰，士卒溺死以萬數，水爲不流。邑、尤、茂輕騎逃去，盡獲其軍實輜重，關中震恐。於是海內豪傑翕然響應，皆殺其牧、守，州牧、郡守。自稱將軍，用漢年號，以待詔命。

馮異以五縣降

綱 劉秀徇潁川，馮異以五縣降。

目 劉秀復徇潁川，屯兵巾車鄉，（在今河南寶豐縣東南，今名留村。）郡掾馮異監五縣，爲漢兵所獲。異曰：「異有老母在父城，（在今河南寶豐縣東南。）願歸據五城，以効功報德。」秀許之。異歸謂父城長苗萌曰：「諸將多暴橫，獨劉將軍所到不虜略。觀其言語、舉止，非庸人也。」遂與萌率五縣以降。

更始殺劉縯

綱 玄殺大司徒縯，以劉秀爲破虜大將軍。

目 新市、平林諸將以劉縯兄弟威名益盛，陰勸更始除之。縯部將劉稷聞更始立，怒曰：「本起兵圖大事者，伯升兄弟也。今更始何爲者邪！」更始收稷，將誅之；縯固爭，李軼、朱鮪因勸更始幷執縯殺之。秀自父城馳詣宛謝。司徒官屬迎弔秀，秀不與交私語，惟深引過而已，未嘗自伐昆陽之功；又不敢爲縯服喪，飲食言笑如平常。更始以是自慙；乃拜秀爲破虜大將軍，封武信侯。

綱 秋，莽將軍王涉、國師劉秀自殺。

目 道士西門君惠謂涉曰：「讖文劉氏當復興，國師公姓名是也。」涉遂與秀及大司馬董忠等謀劫莽降漢。謀泄，皆自殺。莽以軍師外破，大臣內叛，左右無所信，憂懣不能食，

王莽但飲酒啗鰒魚

但飲酒，啗鰒魚；鰒，海魚名，無鱗，有殼。讀軍書倦，因憑几寐，不復就枕矣。

隗囂起兵

綱 成紀隗囂起兵應漢。（成紀縣，在今甘肅秦安縣北。）隗音委。

目 成紀人隗崔、隗義同起兵以應漢。崔兄子囂素有名，好經書，共推爲上將軍，移檄郡國，勒兵十萬，徇隴西、武都，皆下之。（武都郡治武都縣，在今甘肅徽成縣西。）

公孫述起兵

綱 公孫述起兵成都。

目 茂陵公孫述起兵成都，（茂陵，在今陝西興平縣東北。成都，今四川成都市。）自稱輔漢將軍，兼益州牧。

王莽死

綱 遣上公王匡攻洛陽，大將軍申屠建攻武關。析人鄧曄起兵，曄音葉。開關迎建。九月，入長安。孝平皇后自焚崩；衆共誅莽，傳首詣宛。

目 更始遣王匡攻洛陽，（洛陽爲河南郡治，即今河南洛陽市。）申屠建、李松攻武關，（在今陝西商縣東。）三輔震動。析人鄧曄、于匡起兵應漢。（析縣，在今河南內鄉縣西北。）曄開武關迎漢兵，以弘農掾王憲爲校尉，（弘農郡治弘農縣，在今河南靈寶縣南。）所過迎降。諸縣大姓各起兵稱漢將，率衆隨憲。李松、鄧曄引軍至華陰，（在今陝西渭南縣東。）而長安旁兵四會城下。九月朔，兵入；明日城中少年燒作室門，火及掖庭，宮旁舍。黃皇室主曰：平帝后，莽女也。自劉氏廢，后常稱疾不朝會。莽欲嫁之，乃更號爲黃皇室主，欲絕之於漢；后大怒，因發病，不肯起。「何面目以見漢家！」自投火中而死。莽避火宣室，未央宮前殿正室也，齋則居之。火輒隨之。莽旋席隨斗柄而坐，曰：「天生德於

劉秀徇河北

除莽苛政

予，漢兵其如予何！」又明日，羣臣扶莽之漸臺，漸，浸也，臺在池中，故名。（漸臺在未央宮中。）欲阻池水，餔時，申時食也。衆兵上臺，斬莽首，分莽身，節解臠分之。切肉塊曰臠。申屠建以王憲得璽綬不上，收斬之。傳莽首詣宛，更始都宛。縣于市；百姓共提擊之，或切食其舌。

綱 王匡拔洛陽，誅莽守將王匡、哀章。

綱 冬十月，玄北都洛。

目 更始將都洛陽，以劉秀行司隸校尉，使前脩宮。秀乃置僚屬，作文移，從事司察；漢舊儀：「司隸校尉置從事史十二人，以主察舉。」一如舊章。時三輔吏士東迎更始，見諸將過皆冠幘而服婦人衣，幘音謫，巾也，卑賤者所服；其後貴賤皆服之。莫不笑之；及見司隸僚屬，皆歡喜不自勝，老吏或垂涕，曰：「不圖今日復見漢官威儀！」由是識者皆屬心焉。更始遂北都洛。

綱 以彭寵爲漁陽太守。（漁陽郡治漁陽縣，在今北京市密雲縣西南。）

綱 以劉秀行大司馬事，遣徇河北。

綱 大司馬秀至河北，除莽苛政，復漢官名。

目 大司馬秀至河北，所過郡縣，考察官吏，黜陟能否，平遣囚徒，平其不平曰平。除王莽苛政，苛，虐也。復漢官名；吏民喜悅，爭持牛、酒迎勞，秀皆不受。

南陽鄧禹杖策追秀，杖，持也。策，馬箠。及於鄴。（在今河北磁縣西。）秀曰：「我得專封拜，生遠來，寧欲仕乎？」禹曰：「不願也。但願明公威德加於四海，禹得効其尺寸，垂功名於竹帛

鄧禹說劉秀

耳！」秀笑，因留宿；禹進說曰：「今山東未安，赤眉、青犢之屬動以萬數。更始既是常才，而不自聽斷，諸將皆庸人屈起，志在財幣，爭用威力，朝夕自快而已，非有忠良明智，深慮遠圖，欲尊主安民者也。明公素有盛德大功，爲天下所嚮服，軍政齊肅，賞罰明信。爲今之計，莫如延攬英雄，務悅民心，立高祖之業，救萬民之命，以公而慮，天下不足定也！」秀大悅，因令禹常宿止於中，與定計議；每任使諸將，多訪於禹，皆當其才。

馮異說劉秀

秀自縯死，每獨居輒不御酒肉，枕席有涕泣處；主簿馮異獨叩頭寬譬；因進說曰：「更始政亂，百姓無依；人久飢渴，易爲充飽。宜分遣官屬，循行郡縣，宣布惠澤。」秀納之。騎都尉耿純謁秀，退，見官屬將兵法度不與他將同，遂自結納。

王郎稱帝

綱　十二月，王郎稱帝於邯鄲。（即今河北邯鄲市。）

目　王莽時長安中有自稱成帝子子輿者，莽殺之。邯鄲卜者王郎緣是詐稱眞子輿，劉林等信之，（劉林，漢宗室。）與趙國大豪李育等入邯鄲，立郎爲天子；州郡響應。

劉秀北徇薊

綱　甲申，二年，（二四）春正月，大司馬秀北徇薊。（在今北京市德勝門外，舊名薊丘。）

綱　二月，玄還都長安。

目　申屠建等迎更始還都長安，居長樂宮。升前殿，郎吏以次列庭中；更始羞怍，俛首刮席，（俛同俯。）不敢視。諸將後至者，更始問：「虜掠得幾何？」左右皆宮省久吏，驚愕相視。

更始委政趙萌

綱 以李松爲丞相，趙萌爲右大司馬。

目 更始納萌女爲夫人，故委政於萌，日夜飲讌後庭，讌同宴。以至羣小、膳夫皆濫授官爵。長安爲之語曰：「竈下養，主烹炊者。中郎將。爛羊胃，騎都尉。爛羊頭，關內侯。」由是關中離心，四海怨叛。

劉秀以耿弇爲長史

綱 大司馬秀以耿弇爲長史。弇音甘。

目 耿況遣其子弇詣長安，弇時年二十一，至宋子，（縣名，在今河北寧晉縣西北。）會王郎起，從吏曰：「子輿，成帝正統；捨此不歸，遠行安之！」弇按劍曰：「子輿弊賊，卒爲降虜耳！我至長安，陳漁陽、上谷兵馬，（上谷郡治沮陽，在今河北懷來縣西南，卽燕上谷地。）歸發突騎以轔烏合之衆，轔，車踐。如摧枯折腐耳！公等不識去就，族滅不久也！」

耿弇諫劉秀南歸

弇聞大司馬秀在盧奴，水黑曰盧，不流曰奴，因以名縣。（盧奴屬中山國，卽今河北定縣。）乃馳北上謁；秀留署長史，與俱北至薊。與之俱北徇薊也。秀將南歸，弇曰：「今兵從南方來，不可南行。漁陽太守彭寵，公邑人，彭寵亦南陽人。上谷太守卽弇父也，發此兩郡，控弦萬騎，邯鄲不足慮也！」秀官屬皆曰：「死尙南首，奈何北行入囊中！」秀指弇曰：「是我北道主人也。」

綱 薊城反，應王郎；大司馬秀走信都、和戎，發兵擊邯鄲。

目 薊中反，應王郎，城內擾亂；於是秀趣駕出城，晨夜南馳，至蕪蔞亭。（蕪蔞亭，在今河北獻縣西北。）時天寒，馮異上豆粥。至下曲陽，（在今河北鉅鹿縣西北。）傳聞王郎兵在後。至滹

邳彤諫劉秀西還

沱河，（謂今河北獻縣東滹沱河。）候吏還白「河水流澌，澌，流水也。無船，不可濟。」秀使王霸往視之。霸恐驚衆，還卽詭曰：「冰堅可渡。」遂前至河，河水亦合，乃渡，未畢數騎而冰解。至南宮，（在今河北南宮縣西北。）遇大風雨，入道傍空舍，馮異抱薪，鄧禹爇火，爇音屑。秀對竈燎衣，馮異復進麥飯。至下博城西，（下博，在今河北深縣南。）惶惑不知所之。有白衣老人指曰：「努力！信都爲長安城守，（信都，在今河北衡水縣東。）去此八十里。」秀卽馳赴之。時郡國皆已降王郎，獨信都太守任光、和戎太守邳彤不肯。彤音容。光自恐不全，聞秀至，大喜，彤亦來會。議者多欲西還，彤曰：「王郎假名烏合，無有根本之固。明公奮二郡之兵以討之，何患不克！今釋此而歸，豈徒空失河北，必更驚動三輔，墮損威重，墮音揮，壞也。非計之得者也。若明公無復征伐之意，則雖信都之兵猶難會也。何者？明公既西，則邯鄲勢成，民不肯捐父母，背成主，而千里送公，其離散亡逃可必也！」秀乃止。秀拜光、彤大將軍，將兵以從。衆稍合，至萬人。移檄邊郡，共擊邯鄲，郡縣還復響應。

綱　延岑據漢中，（漢中郡治南鄭，卽今陝西漢中市。）漢中王嘉擊降之。

綱　大司馬秀以賈復、祭遵爲將軍。

目　漢中王嘉薦校尉賈復及陳俊於大司馬秀，秀以復爲將軍，俊爲掾。秀舍中兒犯法，軍市令祭遵格殺之，軍市，謂軍人貨易之地。（軍中立市，置令以治之。）秀怒，命收遵。主簿陳副諫曰：「明公常欲衆軍整齊，今遵奉法不避，是教令所行也。」乃以爲刺姦將軍，刺，訊也。謂諸

劉秀拔邯鄲斬王郎

令反側子自安大樹將軍

將曰：「當備祭遵！備，防也。吾舍中兒犯法尚殺之，必不私諸卿也。」

綱　大司馬秀拔廣阿。（在今河北內丘縣東南。）

目　大司馬秀引兵東北拔廣阿。披輿地圖，指示鄧禹曰：「天下郡國如是，今始乃得其一。子前言以吾慮天下不足定，何也？」禹曰：「方今海內殽亂，人思明君，猶赤子之慕慈母。古之興者在德厚薄，不以大小也。」

綱　耿弇以上谷、漁陽兵行定郡縣，會大司馬秀於廣阿，秀以其將寇恂、吳漢等爲將軍。夏四月，進拔邯鄲，斬王郎。

目　薊中之亂，耿弇與大司馬秀相失，北走昌平，（在今北京市昌平區東南。）說其父況擊邯鄲。寇恂曰：「大司馬伯升母弟，尊賢下士，可歸。」恂請東約漁陽，齊心合衆，邯鄲不足圖也。」況遣恂約彭寵，寵吏吳漢、蓋延、王梁亦方勸寵從秀，蓋音蛤。會恂至，乃發步騎三千人，以漢、延、梁將之。恂還，與長史景丹及弇將兵與漁陽軍合，所過擊斬王郎大將以下三萬級，會大司馬秀於廣阿。秀以丹等皆爲偏將軍，加況、寵大將軍。四月，進軍邯鄲，連戰破之。五月，拔邯鄲。郎走，追斬之。收郎文書，得吏民與郎交關謗毀者數千章；秀不省，省晉醒。會諸將燒之，曰：「令反側子自安！」秀部將吏卒，皆言願屬大樹將軍。大樹將軍者，馮異也，爲人謙退不伐，敕吏士非交戰受敵，常行諸營之後。每所止舍，諸將並坐論功，異常獨屏樹下，故軍中號曰「大樹將軍」。

劉秀爲蕭王

耿弇諫蕭王罷兵

綱　玄立大司馬秀爲蕭王。（蕭縣，在今安徽蕭縣西北。）

目　更始遣使立秀爲蕭王，令罷兵。耿弇曰：「王郎雖破，天下兵革乃始耳。今使者從西方來，欲罷兵，不可聽也。銅馬、赤眉之屬數十輩，（銅馬帥東山荒禿、上淮況等。）輩數十百萬人，所向無前，聖公不能辦也，聖公，劉玄字。敗必不久。百姓患苦王莽，復思劉氏，聞漢兵起，莫不歡喜，如去虎口，得歸慈母。今更始爲天子，而諸侯擅命於山東，貴戚縱橫於都內，元元叩心，元，善也。民類皆善，謂之元元。更思莽朝，是以知其必敗也。公功名已著，以義征伐，天下可傳檄而定也。天下至重，公可自取，毋令他姓得之！」王乃辭以河北未平，不就徵，始貳於更始矣。

蕭王破降銅馬等

綱　秋，蕭王擊銅馬諸賊，悉收其衆。南徇河內，（後漢河內郡治懷縣，在今河南武陟縣西南。）降之。

目　是時，諸賊合數百萬人，所在寇掠。蕭王擊銅馬於鄡，鄡音敲。（在今河北東鹿縣東。）吳漢將突騎來會，王以朱浮爲幽州牧，治薊。銅馬夜遁，王追擊，大破之。受降未盡，而高湖、重連來與其餘衆合；（高湖、重連俱地名，起義者以爲號。）王復與戰，悉破降之。諸將未能信，賊降者亦不自安。王知其意，敕令降者各歸營勒兵，自乘輕騎按行部陳。人馬不帶甲曰輕騎。降者更相語曰：「蕭王推赤心置人腹中，安得不投死乎！」悉以分配諸將，衆遂數十萬。赤眉別帥與青犢、上江、大彤、鐵脛、五幡十餘萬衆在射犬，（射犬，河內野王縣鄉聚名，在今河南沁陽縣東

公孫述稱蜀王

北。青犢、上江等，皆起義者軍號。）王擊破之。南徇河內，太守韓歆降。

綱 公孫述自稱蜀王。

綱 冬，赤眉西攻長安。

綱 蕭王遣將軍鄧禹將兵入關，寇恂守河內，馮異拒洛陽，自引兵徇燕、趙。（燕、趙，指今河北一帶地。）

目 蕭王將北徇燕、趙，度赤眉必破長安，乃拜鄧禹爲前將軍，中分麾下精兵二萬人，遣西入關。時朱鮪、李軼守洛陽，鮑永、田邑在幷州。（後漢幷州治太原，即今山西太原市。）王以河內險要富實，欲擇守者而難其人，問於鄧禹。禹曰：「寇恂文武備足，有牧民禦衆之才，非此子莫可使也！」乃拜恂河內太守，謂曰：「昔高祖留蕭何守關中，吾今委公以河內；當給足軍糧，率厲士馬，防遏他兵，勿令北渡。」拜馮異爲孟津將軍，（孟津即盟津，在今河南孟縣南，黃河渡口。）統兵河上，即孟津也。以拒洛陽。王乃引兵而北。恂調餱糧，治器械以供軍，未嘗乏絕。

綱 梁王永據國起兵。更始元年封劉永爲梁王。永，故梁王立之子也。梁國都睢陽，（在今河南商丘市南。）

東漢紀 光武東都洛陽，故曰東漢。

世祖光武皇帝 名秀，長沙定王之後，景帝六世孫也。莽末起兵，復興帝室，在位三十三年，壽六十三歲而崩。諡法：「能紹前業曰光，克定禍亂曰武。」帝恢廓大度，才明勇略，故能芟刈羣雄，克復舊物。未及下車，先訪

儒雅，表行義，興學校，東漢之俗，於斯爲美。然不任三公，事歸臺閣，建武、永平之間，吏事刻深，所以中興之美蓋未盡焉。

公孫述稱成帝

【綱】乙酉，世祖光武皇帝建武元年，（二五）夏四月，公孫述稱成帝。

【綱】蕭王擊尤來、大槍、五幡，（皆起義者號。尤來帥樊重。）敗之。

【綱】蕭王遣將追尤來等，又大破之。

【目】王引軍還薊，復遣吳漢等追尤來等，破散略盡。賈復傷瘡甚，王大驚曰：「我所以不令賈復別將者，爲其輕敵也。果然，失吾名將！聞其婦有孕，生女邪，我子娶之；生男邪，我女嫁之；不令其憂妻子也。」復病尋愈。

蕭王即皇帝位

【綱】六月，蕭王即皇帝位，改元，大赦。

【目】王還至中山，（今河北定縣。）諸將請上尊號；不聽。到南平棘，（南平棘縣屬常山郡，在今河北寧晉縣西北。）復固請之；不許。耿純進曰：「天下士大夫，捐親戚，棄土壤，從大王於矢石之閒者，其計固欲攀龍鱗，附鳳翼，以成其志耳。今大王留時逆衆，不正號位，純恐士大夫望絕計窮，則有去歸之思，無爲久自苦也。大衆一散，難可復合。」王深感曰：「吾將思之。」行至鄗，（鄗縣，後漢改名高邑縣，在今河北內丘縣東北。）召馮異問四方動靜。異曰：「更始必敗，宗廟之憂在於大王，宜從衆議。」

赤伏符

會儒生彊華自關中奉赤伏符來詣王，曰：「劉秀發兵備不道，四夷雲集龍鬬野，四七之際火爲主。」讖記之書曰符，赤伏，其符之名。赤，火色；伏，藏也。漢火德，故云

赤眉以劉盆子稱帝

赤眉入長安

封更始爲淮陽王

以卓茂爲太傅封褒德侯

「赤伏」。四七，二十八也，自高祖至光武初，起合二百二十八年，又光武以二十八歲起兵，皆爲四七之際。漢火德，故火爲主。羣臣因復奏請，乃卽位於鄗南。

綱 赤眉以劉盆子稱帝。劉盆子，故式侯劉萌之子，時在軍中主牧牛。

目 赤眉進至華陰，以西向帝城，而無稱號，名爲羣賊，不可以久；議立宗室，挾義誅伐。乃立劉盆子爲上將軍，赤眉樊崇以古者天子將兵，稱上將軍，故名。諸將皆稱臣拜。盆子時年十五，被髮徒跣，跣音先，上聲。徒跣，赤足。敝衣赭汗，赭音者，赤也。面赤而汗流。見衆拜，恐畏欲啼。

綱 秋七月，以鄧禹爲大司徒，王梁爲大司空，吳漢爲大司馬，伏湛爲尚書令。

目 帝使使持節拜禹爲大司徒，封酇侯，（酇縣，在今湖北光化縣北。）禹時年二十四。又按赤伏符，（後漢書光武紀：「赤伏符曰：『王梁主衞作玄武。』」）以梁爲大司空。又欲以讖文用孫咸行大司馬，衆不悅，乃以吳漢爲大司馬。初，更始以湛爲平原太守，時天下起兵，湛獨晏然，撫循百姓，一境賴以全。徵爲尚書，使典定舊制。又以禹西征，拜湛爲司直，行司徒事。

綱 九月，赤眉入長安。

目 更始單騎走，將相皆降。

綱 封更始爲淮陽王。

目 詔：「敢賊害者，罪同大逆。」

綱 以卓茂爲太傅，封褒德侯。

朱鮪以洛陽降

目 宛人卓茂，寬仁恭愛，恬淡樂道，雅實不爲華貌，行己在於淸濁之閒，自束髮至白首，與人未嘗有爭競，鄉黨故舊，雖行能與茂不同，而皆愛慕欣欣焉。哀、平閒爲密令，（密縣，在今河南密縣東南。）視民如子，擧善而教，口無惡言，吏民親愛，不忍欺之。民嘗有言部亭長受其米肉遺者，（十里一亭，亭有長，主盜賊。遺，餽也。）茂曰：「亭長爲從汝求乎，爲汝有事囑之而受乎，將平居自以恩意遺之乎？」民曰：「往遺之耳。」茂曰：「遺之而受，何故言邪？」民曰：「竊聞賢明之君，使民不畏吏，吏不取民。今我畏吏，是以遺之；吏既卒受，故來言耳。」茂曰：「汝爲敝民矣！（敝壞之民。）凡人所以羣居不亂，異於禽獸者，以有仁愛禮義，知相敬事也。汝獨不欲脩之，寧能高飛遠走，不在人閒邪！吏顧不當乘威力彊請求耳，亭長素善吏，歲時遺之，禮也。」民曰：「苟如此，律何故禁之？」茂笑曰：「律設大法，禮順人情。今我以禮教汝，汝必無怨惡；以律治汝，汝何所措其手足乎！一門之內，小者可論，（議罪曰論。）大者可殺也；且歸念之。」初，茂到縣，有所廢置，吏民笑之，鄰城聞者皆蚩其不能。（蚩音鴟，輕侮也。）河南郡爲置守令；（河南郡治雒陽縣，今河南洛陽市。）茂不爲嫌，治事自若。數年，教化大行，道不拾遺。遷京部丞，密人老少皆涕泣隨送。及王莽居攝，以病免歸。上卽位，先訪求茂，茂時年七十餘，詔曰：「夫名冠天下，當受天下重賞。今以茂爲太傅，封褒德侯。」

綱 朱鮪以洛陽降；冬十月，帝入都之。

目 諸將圍洛陽數月，朱鮪堅守不下。帝以岑彭嘗爲鮪校尉，令往說之。鮪曰：「大司

淮陽王降赤眉
鄧禹屯栒邑

梁王永稱帝
赤眉殺淮陽王

徒被害時，鮪與其謀，又諫更始無遣蕭王北伐，（更始元年欲令大將徇河北，大司徒賜言獨有文叔可用，朱鮪等以爲不可。）自知罪深，不敢降！」彭還言之，帝曰：「舉大事者，不忌小怨。鮪今若降，官爵可保，況誅罰乎！河水在此，吾不食言！」彭復往告，鮪卽降；拜平狄將軍，封扶溝侯。（扶溝縣，在今河南扶溝縣東北。）侍御史杜詩，安集洛陽。將軍蕭廣縱兵暴橫，詩敕曉不改，遂格殺廣。上召見，賜棨戟，（棨戟，有衣之戟。王公出行，以棨戟爲前驅。）擢任之。十月，車駕入洛陽，幸南宮，遂定都焉。

綱 淮陽王降於赤眉。

綱 鄧禹引軍屯栒邑。（在今陝西邠縣東北。）

目 劉盆子居長樂宮。兵士暴掠，百姓不知所歸，聞鄧禹乘勝獨克，而師行有紀，皆望風相攜負以迎軍，降者日以千數，衆號百萬。禹所止，輒停車持節以勞來之，父老、童穉，垂髫、戴白，（垂髫，小兒髮之垂者。戴白，老人頭髮白者。）滿其車下，莫不感悅，於是名震關西。諸將豪傑皆勸禹徑攻長安。禹曰：「不然。今吾衆雖多，能戰者少，前無可仰之積，後無轉饋之資；赤眉新拔長安，財穀充實，鋒銳未可當也。吾且休兵北道，就糧養士，以觀其敝，乃可圖也。」禹於是引軍北至栒邑，所到，諸營堡郡邑皆開門歸附。

綱 十一月，梁王永稱帝。

綱 十二月，赤眉殺淮陽王。

隗囂稱西州上將軍

綱　隗囂據天水，（隗囂，更始元年起兵，二年徵囂爲右將軍，後又以爲御史大夫。）自稱西州上將軍。

目　隗囂歸天水，復聚其衆，自稱西州上將軍。三輔士大夫避亂者多歸之，囂傾身引接，爲布衣交；以范逡爲師友，鄭興爲祭酒，申屠剛、杜林爲治書，馬援等爲將軍，班彪之屬爲賓客，名震西州。馬援少時，以家貧，欲就邊郡田牧。兄況曰：「汝大才，當晚成；良工不示人以朴，（朴同樸，木素也。）且從所好。」遂之北地田牧。（北地郡治馬嶺縣，在今甘肅寧縣西北。）常謂賓客曰：「丈夫爲志，窮當益堅，老當益壯。」後有畜數千頭，穀數萬斛，既而歎曰：「凡殖財產，貴能賑施也，否則守錢虜耳！」乃盡散於親舊。聞隗囂好士，往從之。囂甚敬重，與決籌策。

竇融據河西五郡

綱　竇融據河西，自稱五郡大將軍。（河西，匈奴南界，張掖等五郡地。）

目　竇融累世仕宦河西，知其土俗。更始時，私謂兄弟曰：「天下安危未可知；河西殷富，帶河爲固，張掖屬國精兵萬騎，（張掖屬國治觻得縣，在今甘肅張掖市西北。）一旦緩急，杜絕河津，足以自守，此遺種處也！」乃因趙萌求往，更始以爲張掖屬國都尉。融既到，撫結雄傑，懷輯羌虜，得其歡心。與太守都尉梁統等五人尤厚善。及更始敗，乃推融行河西五郡大將軍事，以梁統爲武威太守，（武威郡治姑臧，即今甘肅武威縣。）史苞爲張掖太守，竺曾爲酒泉太守，（酒泉郡治祿福縣，即今甘肅酒泉市。）辛肜爲敦煌太守，（敦煌郡治敦煌縣，即今甘肅敦煌縣。）唯庫鈞爲金城太守如故，（金城郡治允吾，在今甘肅蘭州市西北。）而融亦仍居屬國，領都尉職，置從事，監察五郡。

封功臣

立宗廟郊社

綱鑑易知錄卷二十

東漢紀

光武皇帝

綱 丙戌，二年，（二六）春正月朔，日食。

綱 悉封諸功臣爲列侯。

目 梁侯鄧禹、廣平侯吳漢，（梁，在今河南臨汝縣東。廣平，在今河北曲周縣北舊城村。）皆食四縣。陰鄉侯陰識，（陰鄉，地名，在今河南新野縣境。）貴人之兄也，以軍功當增封，識曰：「臣託屬掖庭，仍加爵邑，（仍，重也。）此爲親戚受賞，國人計功也。」帝從之。吏郎中魏郡馮勤典諸侯封事，（魏郡治鄴縣，在今河北磁縣東。）勤差量功次輕重，（差，較也。）國土遠近，地勢豐薄，不相踰越，莫不厭服焉。帝以爲能，尚書衆事皆令總錄之。故事，尚書郎以令史久次補，帝始用孝廉爲之。

綱 立宗廟、郊社于洛陽。

目 起郊廟于洛陽，四時合祀高祖、太宗、世宗；建社稷于宗廟之右，立郊兆于城南。

綱 赤眉大掠長安，西入安定、北地。（安定郡治高平縣，即今甘肅固原縣。北地郡見上卷元年。）

鄧禹入長安
以宋弘爲大司空
彭寵反

綱　鄧禹入長安。

目　禹入長安，謁高廟，收神主送洛陽。行園陵，置吏士奉守。

綱　大司空梁罷，以宋弘爲大司空。

目　王梁屢違詔命，帝怒，欲誅之，旣而赦之，以爲中郞將。以宋弘爲大司空。弘薦桓譚爲議郞、給事中。帝令譚鼓琴，愛其繁聲。弘聞之，不悅；伺譚出，朝服坐府上，遣吏召之。譚至，不與席而讓之；譚頓首辭謝，良久乃遣之。後大會羣臣，帝使譚鼓琴；譚見弘，失其常度。帝怪而問之，弘乃離席免冠謝曰：「臣所以薦譚者，望能以忠直導主；而令朝廷耽悅鄭聲，臣之罪也。」帝改容謝之。

湖陽公主新寡，主，帝姊，鄧晨妻。晨初喪，故云新寡。帝與共論朝臣，微觀其意。主曰：「宋公威容德器，羣臣莫及。」後弘被引見，帝令主坐屛風後，因謂弘曰：「諺言『貴易交，富易妻』，人情乎？」弘曰：「臣聞貧賤之交不可忘，糟糠之妻不下堂。」帝顧謂主曰：「事不諧矣！」范曄（後漢書宋弘傳論）曰：「宋弘止繁聲，戒淫色，其有關雎之風乎！」

綱　漁陽太守彭寵反。

目　帝之討王郞也，彭寵發突騎，轉糧食，前後不絕。自負其功，意望甚高，帝接之不能滿，寵甚怏怏。至是徵寵，寵遂發兵反。幽州牧朱浮與寵書曰：「遼東有豕，生子白頭，將獻之，道遇羣豕皆白。以子之功，論於朝廷，遼東豕也；奈何以漁陽而結怨天子，此猶捧土以塞孟津也！」寵怒，攻朱浮於薊。

綱 夏四月，遣將軍蓋延等擊劉永，圍睢陽。（在今河南商丘市南。）

綱 封兄縯子章爲太原王，興爲魯王，淮陽王子三人爲列侯。

綱 六月，立貴人郭氏爲皇后，子彊爲皇太子。

綱 秋，賈復擊召陵、新息，（召陵，在今河南郾城縣東。新息，在今河南息縣東。）皆平之。

目 賈復部將殺人於潁川，（潁川郡治陽翟，即今河南禹縣。）太守寇恂戮之。復以爲恥，欲殺恂。恂知之，不欲與相見。姊子谷崇曰：「崇，將也，得帶劍侍側，有變足以相當。」恂曰：「不然。昔藺相如不畏秦王，而屈於廉頗者，爲國也。」乃敕屬縣盛供具，儲酒醪；執金吾軍入界，（時賈復爲執金吾官。）一人皆兼二人之饌。恂出迎於道，稱疾而還。復勒兵欲追之，而吏士皆醉，遂過去。恂遣谷崇以狀聞，帝乃徵恂。恂至引見，時復先在坐，欲起避之，帝曰：「天下未定，兩虎安得私鬬！今日朕分之。」於是並坐極歡，遂共車同出，結友而去。

綱 八月，遣將軍鄧隆討彭寵，不克。

綱 蓋延克睢陽，劉永走湖陵。（在今山東金鄉縣南。）

綱 青、徐羣盜張步等降。（後漢青州刺史治臨菑，即今山東益都縣。徐州刺史治郯，在今山東郯城縣東南。）

目 帝使伏隆持節，使青、徐二州，羣盜聞劉永破敗，皆惶怖請降，張步遣其掾隨隆詣闕。

【綱】將軍鄧奉反。

【目】吳漢徇南陽，（今河南南陽市。）多侵暴。將軍鄧奉謁歸新野，（在今河南新野縣南。）怨漢掠其鄉里，遂反，擊破漢軍，與諸賊合從。

【綱】九月，赤眉發掘諸陵，復入長安。鄧禹戰不利，走雲陽；（在今陝西三原縣西。）延岑屯杜陵。（在今陝西西安市東南。）

【綱】冬，遣將軍岑彭、王常等討鄧奉。

【目】帝於大會中指常謂羣臣曰：「此家率下江諸軍輔翼漢室，心如金石，眞忠臣也！」卽日拜常忠將軍，使與岑彭率七將軍討鄧奉。

【綱】遣將軍馮異入關，徵鄧禹還京師。

【目】鄧禹自馮愔叛後，（建武元年，鄧禹以馮愔、宗歆守栒邑；爭權相攻，愔遂殺歆，因反擊禹。）威名稍損，又乏糧食，戰數不利，歸附者日益離散。帝乃遣偏將軍馮異代禹，送至河南，敕異曰：「三輔遭王莽、更始之亂，重以赤眉、延岑之酷，元元塗炭，無所依訴。將軍今奉辭討諸不軌，營堡降者，遣其渠帥詣京師；散其小民，令就農桑；壞其營壁，無使復聚。征伐非必略地、屠城，要在平定安集之耳。諸將非不健鬭，然好虜掠。卿本能御吏士，念自脩飭，無爲郡縣所苦！」異頓首受命，引而西；所至布威信，羣盜多降。又詔徵鄧禹還，曰：「愼毋與窮寇爭鋒！赤眉無穀，自當來降。吾以飽待飢，以逸待勞，折箠笞之，非諸將憂也，無得復妄進兵！」

綱 遣光祿大夫伏隆拜張步爲東萊太守。（後漢東萊郡治黃縣，在今山東蓬萊縣西南。）

綱 丁亥，三年，（二七）春正月，以馮異爲征西大將軍。

綱 鄧禹、馮異與赤眉戰，敗績。

目 鄧禹慚於受任無功，數以飢卒徼赤眉戰，輒不利；乃率車騎將軍鄧弘等自河北度至湖，（在今河南盧氏縣北，舊閿鄉縣東。）要馮異共攻赤眉。要，約也。異曰：「赤眉衆尚多，可以恩信傾誘，難卒用兵破也。卒同猝。上今使諸將屯澠池，（即今河南澠池縣。）要其東，而異擊其西，要，遮也。一舉取之，此萬成計也。」禹、弘不從，弘遂大戰移日，軍潰。異與禹合兵救之，赤眉小卻。異以士卒飢倦，可且休；禹不聽，復戰，大爲所敗，禹以二十四騎脫歸宜陽。（在今河南宜陽縣西。）異棄軍走，與麾下數人歸營，復收散卒，堅壁自守。

立四親廟

綱 立四親廟于洛陽。

目 祀父南頓君以上至春陵節侯。（光武父南頓令欽，祖鉅鹿都尉回，曾祖鬱林太守外，高祖春陵節侯買。）

馮異破赤眉

綱 馮異大破赤眉於崤底，（崤山，在今河南澠池、洛寧兩縣間。）賊衆東走。帝勒軍宜陽降之，得傳國璽綬。

劉盆子降

目　馮異與赤眉約期會戰，使壯士變服與赤眉同，伏於道側。旦日，赤眉使萬人攻異前部，異少出兵以救之；賊見勢弱，遂悉衆攻異，異乃縱兵大戰。日昃，賊氣衰，伏兵卒起，衣服相亂，赤眉不復識別，衆遂驚潰；追擊，大破之於崤底，降男女八萬人。帝降璽書勞異曰：「始雖垂翅回谿，（坂名，在今河南洛寧縣北。）終能奮翼澠池，可謂失之東隅，（日出處。）收之桑榆。（日入處。）」赤眉餘衆東向宜陽，帝親勒六軍，嚴陳以待之。赤眉忽遇大軍，驚震，乃遣劉恭乞降，曰：「盆子將百萬衆降陛下，何以待之？」帝曰：「待汝以不死耳！」丙午，盆子及丞相徐宣以下肉袒降，上所得傳國璽綬。赤眉衆尚十餘萬人，帝令縣廚皆賜食。明旦，大陳兵馬，令盆子君臣列而觀之。帝謂樊崇等曰：「得無悔降乎？」徐宣等叩頭曰：「今日得降，猶去虎口歸慈母，誠懽誠喜，無所恨也！」帝曰：「卿所謂鐵中錚錚，（錚錚，金聲。）傭中佼佼者也！」（傭，齊等也。佼，好也。）（傭同庸，謂庸人中之稍勝者。）賜樊崇等洛陽田宅。帝憐盆子，以爲趙王郎中。（趙王良，光武叔父。）

張步立爲齊王

綱　二月，劉永立董憲爲海西王，張步爲齊王；步執伏隆殺之。

目　劉永聞伏隆至劇，（帝遣伏隆拜張步爲東萊太守。）（劇縣，在今山東壽光縣東南。）亦遣使立張步爲齊王。步貪王爵，猶豫未決。隆曉譬曰：「高祖與天下約，非劉氏不王；今可得十萬戶侯耳！」步欲留隆，與共守二州，（青、徐也。）隆不聽，求得反命，步遂執隆而受永封。隆遣閒使上書曰：「臣隆奉使無狀，受執凶逆；雖在困阨，受命不顧。願以時進兵，無以臣隆爲念。」

彭寵稱燕王

帝得隆奏，召其父湛流涕示之曰：「恨不且許而遽求還也！」其後步遂殺之。

綱 二月，以伏湛爲大司徒。

綱 涿郡太守張豐反，（涿郡治涿縣，在今河北涿縣北。）彭寵自稱燕王。

目 豐反，與彭寵連兵。朱浮以帝不自征彭寵，上疏求救。詔報曰：「度此反虜，勢無久全，其中必有內相斬者。今軍資未充，故須後麥耳！」浮城中糧盡，人相食，會耿況遣騎來救，浮乃得脫身走，薊城遂降於彭寵。（薊城，在今北京市德勝門外。）寵自稱燕王。

綱 帝自將征鄧奉。夏四月，奉降，斬之。

綱 馮異擊延岑，破之；岑走南陽，關中平。

綱 六月，大將軍耿弇擊延岑，走之，其將鄧仲況以陰降。（陰縣，在今湖北光化縣西。）

目 仲況據陰縣，而劉歆孫龔爲其謀主。前侍中扶風蘇竟以書說之，（扶風治長安城中，在今陝西西安市西北長安故城。後漢治槐里，在今陝西鄠縣北。）仲況與龔降。竟終不伐其功，隱身樂道，壽終於家。

綱 睢陽人斬劉永以降，諸將立其子紆，復稱梁王。

目 耿弇從容言於帝，自請北收上谷兵，定彭寵於漁陽，取張豐於涿郡，還收富平、獲索，（富平爲起義者以其地名爲號，在今山東無棣縣東南桑落墅。富平渠帥徐少。獲索，起義者號，渠帥爲古師郎等。）東攻張步，以平齊地。帝壯其意，許之。

來歙使隗囂

綱　冬十一月，遣大中大夫來歙使隗囂。

目　帝謂大中大夫來歙曰：「今西州未附，（西州，謂隗囂。）子陽稱帝，（子陽，公孫述字。）道里阻遠，諸將方務關東，（攻張步。）思西州方略，未知所在，奈何？」歙曰：「臣嘗與隗囂相遇長安。其人始起，以漢爲名。（見卷十九淮陽王元年「成紀隗囂起兵應漢」目。）臣願得奉威命，開以丹青之信，囂必束手自歸，則述自亡之勢，不足圖也。」帝然之，始令歙使於囂。囂奉奏詣闕，帝報以殊禮，言稱字，用敵國之儀，所以慰藉之甚厚。

綱　戊子，四年，（二八）春，遣鄧禹將兵擊延岑，破之。岑奔蜀，公孫述以爲大司馬。

綱　夏四月，帝如鄴，（鄴縣，在今河北磁縣東。）遣吳漢擊五校于臨平，（五校，起義者號，主帥高扈。）破之。遣耿弇、祭遵等討張豐，斬之；弇遂進擊彭寵。

綱　秋九月，以侯霸爲尚書令。

目　王莽末，天下亂，臨淮大尹侯霸獨能保全其郡。（臨淮郡治徐縣，在今安徽泗縣東北。後漢治下邳。）帝徵霸會壽春，（今安徽壽縣。）拜尚書令。時朝廷無故典，又少舊臣；霸明習故事，收錄遺文，條奏前世善政法度施行之。

隗囂遣馬援入見

綱　冬十月，隗囂遣馬援奉書入見。

目　隗囂使馬援往觀公孫述。援與述舊同里閈，（閈音翰。里門曰閈。）（馬援與公孫述，皆扶風茂陵人。茂陵，在今陝西興平縣東北。）相善，以爲旣至，當握手歡如平生，而述盛陳陛衞，以延援入，交拜禮畢，使出就館。更爲援製都布單衣、都一作荅。荅布，白疊布也，出安子國。單衣，朝服中單也。交讓冠，講賓主禮相見之冠。會百官於宗廟中，立舊交之位，述鸞旗、旄騎，（鸞旗，見卷十一文帝元年「鸞旗在前」注。）旄騎，秦置旄頭騎，冠熊皮冠，爲乘輿先驅。警蹕就車，顏師古曰：「天子出則稱警，示戒肅也，入則言蹕，止行人也。」磬折而入，磬折，身僂折如磬之背也。禮饗官屬甚盛，欲授援以封侯大將軍位。賓客皆樂留，援曉之曰：「天下雌雄未定，公孫不吐哺走迎國士，與圖成敗，反脩飾邊幅，若布帛之脩整邊幅也。如偶人形，此子何足久稽天下士乎！」稽，留也。因辭歸，謂囂曰：「子陽，井底蛙耳，謂所見者小。而妄自尊大！不如專意東方。」東方謂洛陽。

囂乃使援奉書雒陽。雒同洛。援初到，帝在宣德殿南廡下，廡音武。袒幘，髮有巾曰幘。坐迎，笑謂援曰：「卿遨遊二帝閒；二帝，謂囂與述。今見卿，使人大慚。」援頓首辭謝，因曰：「當今之世，非但君擇臣，臣亦擇君耳！臣與公孫述同縣，少相善。臣前至蜀，述陛戟而後進臣；陛戟，陳列棨戟於階陛之下，以爲儀衛。臣今遠來，陛下何知非刺客姦人，而簡易若是！」帝復笑曰：「卿非刺客，顧說客耳。」援曰：「天下反覆，盜名字者不可勝數。今見陛下恢廓大度，同符高祖，乃知帝王自有眞也。」

綱 太傅褒德侯卓茂卒。

綱 己丑，五年，（二九）春正月，遣來歙送馬援歸隴右。

目 囂與援共臥起，問以東方事，曰：「前到朝廷，上引見數十，每接燕語，自夕至旦，才明勇略，非人敵也。且開心見誠，無所隱伏，闊達多大節，略與高帝同。經學博覽，政事文辯，前世無比。」囂曰：「卿謂何如高帝？」援曰：「不如也。高帝無可無不可；今上好吏事，動如節度，又不喜飲酒。」囂意不懌，曰：「如卿言，反復勝耶！」

彭寵死

【綱】二月，彭寵奴斬寵來降；奴名子密。夷其族，封奴爲不義侯。

【綱】吳漢、耿弇擊富平、獲索于平原，（在今山東平原縣南。）大破之；弇遂進討張步。

以郭伋爲漁陽太守

【綱】以郭伋爲漁陽太守。

【目】伋乘離亂之後，彭寵之亂。養民訓兵，開示威信，盜賊銷散，匈奴遠迹；在職五年，戸口增倍。

光武自將討龐萌

【綱】遣將軍龐萌、蓋延擊董憲。萌反，帝自將討之。

【目】龐萌爲人遜順，帝信愛之，嘗稱曰：「可以託六尺之孤，寄百里之命者，龐萌是也。」使與蓋延共擊董憲。時詔書獨下延而不及萌，萌以爲延譖己，自疑，遂反襲延軍，破之；與董憲連和，自號東平王。帝聞之大怒，自將討萌，與諸將書曰：「吾嘗以龐萌爲社稷之臣，將軍得無笑其言乎！老賊當族，其各厲兵馬會睢陽。」

竇融遣使入見

【綱】夏四月，竇融遣使奉書入見，詔以融爲涼州牧。（涼州刺史治隴縣，在今甘肅秦安縣東北。）

【目】初，竇融等聞帝威德，心欲東向，以河西隔遠，（河西，謂竇融所據武威、酒泉、敦煌、張掖、金城五郡。）未能自通，乃從隗囂受建武正朔；建武，光武年號。囂皆假其將軍印、綬。囂外順人望，內懷異心，使辯士張玄説融等曰：「更始事已成，尋復亡滅，此一姓不再興之效也。當各據土宇，與隴、蜀合從，隴，隗囂。蜀，公孫述。高可爲六國，戰國時六國也。下不失尉佗。」秦二世時，南海尉任囂病且死，召龍川令趙佗語曰：「聞項羽、劉季起兵，中國擾亂。南海東西數千里，可以立國。」即以佗行南海尉事。囂死，佗卽自立爲南粤武王。融等召豪傑議之，其中識者皆曰：「今皇帝姓名見於圖書；（皇帝名，謂劉秀，見卷十九新莽地皇三年「秀起兵舂陵」目。）況今稱帝者數人，而洛陽土地最廣，甲兵最彊，號令最明，觀符命而察人事，他姓殆未能當也。」融遂決策東向，遣長史劉鈞等奉書詣洛陽。

光武賜竇融書

帝賜融璽書曰：「今益州有公孫子陽，（益州，今四川成都市。）天水有隗將軍。方蜀、漢相攻，權在將軍，舉足左右，便有輕重。以此言之，欲相厚豈有量哉！欲遂立桓、文，輔微國，當勉卒功業；欲三分鼎足，連衡、合從，亦宜以時定。今之議者，必有任囂敎尉佗制七郡之計。七郡，南海、蒼梧、鬱林、合浦、交趾、九眞、日南，俱南粤地。任囂謂趙佗「南海數千里，可以立國」，是敎以制七郡也。王者有分土，無分民，自適己事而已。」因授融涼州牧。璽書至河西，河西皆驚，以爲天子明見萬里之外。

綱 六月，董憲、劉紆使蘇茂、佼彊救龐萌；帝自將擊破之。秋七月，彊以衆降，茂奔張步，憲、萌奔朐。朐音渠。（朐縣，在今江蘇新海連市南。）梁人斬紆以降。

綱 冬十月，帝如魯。（魯國，在今山東曲阜縣東。）

耿弇平齊

綱 耿弇拔祝阿、濟南、臨菑，（祝阿縣，在今山東長淸縣西北。濟南郡治東平陵縣，在今山東濟南市東。臨菑，（齊國及青州治，在今山東益都縣西北。）與張步戰，大破之；帝勞弇軍。步斬蘇茂以降。齊地悉平。

目　張步聞耿弇將至，使其大將軍費邑軍歷下，（今山東濟南市。）又令兵屯祝阿。弇渡河，先擊祝阿，拔之。費邑將精兵三萬餘人來合戰，弇大破之，斬邑；遂定濟南。時張步都劇，使其弟藍將精兵二萬守西安，（西安縣，在今山東益都縣西北。）諸郡太守合萬餘人守臨菑，相去四十里。弇進軍，居二城之間。弇視西安城小而堅，且藍兵又精，臨菑名雖大而實易攻；遂攻臨菑，半日拔之，入據其城。張藍聞之，將其衆亡歸劇。弇乃令軍中無得虜掠，須張步至乃取之，以激怒步。步兵二十萬，至臨菑大城東攻弇。弇故示弱，以盛其氣，乃引歸小城，陳兵於內，自引精兵以橫突步陳於東城下，大破之。至暮，罷；弇明旦復勒兵出。是時帝在魯，聞弇爲步所攻，自往救之。未至，陳俊謂弇曰：「劇虜兵盛，可且閉營休士，以須上來。」（須，待也。）弇曰：「乘輿且到，臣子當擊牛釃酒，（釃音詩，以筐或草泲酒而去其糟也。）以待百官，反欲以賊虜遺君父邪！」乃出兵大戰。自旦及昏，復大破之。弇知步困將退，豫置左右翼爲伏以待之；人定時，步果引去，伏兵起縱擊，追至鉅昧水上，（鉅昧水，今名瀰河，源出山東臨朐縣，經益都、壽光等縣入海。）僵尸相屬。步還劇。後數日，車駕至臨菑，自勞軍，羣臣大會。帝謂弇曰：「昔韓信破歷下以開基，（漢王三年，遣韓信擊齊，未至，王遣酈食其說降之，齊王田廣解其歷下軍；韓信用蒯徹計，襲破之。）今將軍攻祝阿以發迹，此皆齊之西界，功足相方。而韓信襲擊已降，將軍獨

光武勞耿弇

拔勍敵，其功乃難於信也。將軍前在南陽，建此大策，（謂建武三年冬弇自請平齊地。）常以爲落落難合，謂疏闊而不易副。有志者事竟成也！」帝進幸劇。

耿弇復追張步，蘇茂將萬餘人來救之。帝遣使告步、茂能相斬降者，封爲列侯。步遂斬茂，詣耿弇軍門肉袒降，封步爲安丘侯。（安丘縣屬北海郡，在今山東安丘縣西南。）齊地悉平，弇振旅，振，止。旅，衆也。言戰罷而止其衆以入也。春秋傳（公羊傳莊八年）：「出曰治兵，入曰振旅。」還京師。弇爲將，凡平郡四十六，屠城三百，未嘗挫折焉。

初起太學

綱 初起太學，帝還視之。還，如魯而返也。

目 帝幸太學，稽式古典，脩明禮樂，煥然文物可觀矣。

侯霸爲大司徒

綱 十一月，大司徒伏湛免，以侯霸爲大司徒。

仲叔投劾

目 霸聞太原閔仲叔之名而辟之，辟，舉也。既至，霸不及政事，徒勞苦而已。仲叔恨曰：「始蒙嘉命，且喜且懼。今見明公，喜懼皆去。以仲叔爲不足問邪？不當辟也。辟而不問，是失人也！」遂辭出，投劾而去。投，上也。按罪曰劾，上狀自劾有過也。其劾狀中有上文「恨曰」已下數語。

隗囂遣子入侍

綱 十二月，隗囂遣子入侍。

王元說隗囂

目 帝遣來歙說囂遣子入侍。囂聞劉永、彭寵皆已破滅，乃遣長子恂隨歙詣闕。鄭興因恂請與妻子俱東，馬援亦將家屬隨恂歸洛陽。囂將王元說囂曰：「今天水完富，士馬最彊，元請以一丸泥爲大王東封函谷關，（函谷關，在今河南靈寶縣西南。）此萬世一時也。若計不及此，且畜士馬，據險自守，以待四方之變；圖王不成，其敝猶足以霸。要之，魚不可脫於淵，神龍失勢，與蚯蚓同！」囂心然元計，雖遣子入侍，猶負其險阨，欲專制方面。

徵處士周黨

【綱】徵處士周黨、嚴光、王良至京師。黨、光不屈，以良爲諫議大夫。

【目】黨入見，伏而不謁，自陳願守所志。博士范升奏曰：「伏見太原周黨、東海王良、（東海郡治郯縣，在今山東郯城縣西。）山陽王成等，（山陽郡治昌邑縣，在今山東金鄉縣西北。）蒙受厚恩，使者三聘，乃肯就車；及陛見帝庭，黨不以禮屈，伏而不謁，偃蹇驕悍，偃蹇，驕傲貌。同時俱逝。黨等文不能演義，武不能死君，釣采華名，庶幾三公之位。臣願與坐雲臺之下，雲臺，在洛陽東北南宮。考試圖國之道。」書奏，詔曰：「自古明王、聖主，必有不賓之士，伯夷、叔齊不食周粟，太原周黨不受朕祿，亦各有志焉。其賜帛四十匹，罷之。」

嚴光

光字子陵，本姓莊，後避明帝諱，史改作嚴。（嚴光，會稽餘姚人。餘姚，在今浙江餘姚縣南。）少與帝同遊學，及帝卽位，光乃變姓名，隱身不見。帝以物色訪之，物色，畫其人物顏色。得於齊國，累徵乃至。車駕卽日幸其館，光臥不起；帝卽其臥所撫光腹曰：「咄咄子陵，咄咄，驚怪聲。不可相助爲理耶？」光乃張目熟視曰：「昔唐堯著德，巢父洗耳。士固有志，何至相迫乎！」帝曰：「子陵，我竟不能下汝耶！」於是升輿歎息而去。復引光入論道舊故，相對累日；因共偃臥，光以足加帝腹上，明日，太史奏「客星犯御座甚急」，帝笑曰：「朕故人嚴子陵共臥爾。」拜

客星犯御座

王良

諫議大夫，不肯受，去，耕釣於富春山中，（富春山一名嚴陵山，在今浙江桐廬縣西。）以壽終於家。

王良後歷沛郡太守、大司徒司直，（沛郡治相縣，在今安徽宿縣西北。）在位恭儉，布被瓦器，妻子不入官舍。後以病歸，一歲復徵；至滎陽，（在今河南滎陽縣西南。）疾篤，不任進道，過其友人。友人拒不肯見，曰：「不有忠言奇謀而取大位，何其往來屑屑不憚煩也！」良慚，後徵不應，卒於家。

綱　庚寅，六年，（三〇）春正月，以春陵鄉爲章陵縣，（春陵鄉，在今湖北棗陽縣東。）復其徭役。

復，除也。

江淮山東平

綱　吳漢等拔朐，斬董憲、龐萌，江、淮、山東悉平。

目　吳漢等諸將還京師，置酒賞賜。帝積苦兵閒，以隗囂遣子內侍，公孫述遠據邊陲，乃謂諸將曰：「且當置此兩子於度外耳。」因休諸將於雒陽，（洛陽，京師。）分軍士於河內，（河內郡治懷縣，在今河南武涉縣西南。）數騰書隴、蜀，告示禍福。帝與述書曰：「君非吾賊臣亂子，倉卒時人皆欲爲君事耳。天下神器，不可力爭，（老子：「天下神器，不可爲也。」）宜留三思！」署曰「公孫皇帝」。述不答。

馮異入朝

綱　馮異入朝。

目　異治關中，出入三歲，上林成都。人有上章言異威權至重，百姓歸心，號爲「咸陽王」。帝以章示異，異惶懼，上書陳謝。詔報曰：「將軍之於國家，義爲君臣，恩猶父子，何嫌何疑，而有懼意！」至是自長安入朝，帝謂公卿曰：「是我起兵時主簿也，爲吾披荊棘，定關中。」既罷，賜珍寶、錢帛，詔曰：「倉卒蕪蔞亭豆粥，滹沱河麥飯，（事見卷十九淮陽王二年「薊城反」目及注。）厚意久不報。」異稽首謝曰：「臣聞管仲謂桓公曰：『願君無忘射鉤，臣無忘檻車。』管仲射桓公中鉤，魯莊囚管仲予齊。（見卷三周莊王十二年「齊侯以管夷吾爲相」紀。）檻車，四周著板，載囚車也。齊國賴之。臣今亦願國家無忘河北之難，蕪蔞亭、滹沱河，俱在河北。小臣不敢忘巾車之恩。」（見卷十九淮陽王元年「馮異以五縣降」目及注。）留十餘日，令與妻子還西。

隗囂反

綱　夏四月，遣耿弇等七將軍從隴道伐蜀。

綱　五月，隗囂反，使其將王元據隴坻；（即隴山，在今陝西隴縣、甘肅清水回族自治縣間。）諸將與戰，大敗而還。

并省縣國

綱　六月，并省縣國，減損吏員。

目　詔曰：「夫張官置吏，所以爲民也。今百姓遭難，戶口耗少，耗，減也。而縣官吏職，所置尚繁。其令司隸、州牧，各實所部，省減吏員，縣國不足置長吏者并之。」於是并省四百餘縣，吏職減損，十置其一。

朱浮日食疏

綱　秋九月晦，日食。

目　執金吾朱浮上疏曰：「昔堯、舜之盛，猶加三考；考，核實也。三考，九載也。虞書「三考黜陟幽明」，言陟其明而黜其幽，賞罰明信也。大漢之興，亦累功效，吏皆積久，至長子孫。而間者守宰數

復田租舊制

隗囂降蜀

見換易，閒，近也。迎新相代，疲勞道路。尋其視事日淺，未足昭見其職，既加嚴切，人不自保，故爭飾詐僞以希虛譽，斯所以致日月失行之應也。願陛下遊意於經年之外，望治於一世之後，天下幸甚！」帝采其言，自是牧、守易代頗簡。

綱 冬十二月，大司空弘免。弘，宋弘。

綱 復田租舊制。

目 詔曰：「頃者師旅未解，用度不足，故行十一之稅。今糧儲差積，其令郡國收見田租，三十稅一，如舊制。」景帝元年三十稅一，遂爲常制。

綱 隗囂降蜀。

目 先是，隗囂問於班彪曰：「往者周亡，戰國並爭，數世然後定。意者從橫之事，復起於今乎？將乘運迭興，在於今日也？」彪曰：「周之廢興，與漢殊異。昔周爵五等，諸侯從政，本根既微，枝葉彊大，故其末流有從橫之事，勢數然也。漢承秦制，改立郡縣，主有專己之威，臣無百年之柄，至於成帝，假借外家，哀、平短祚，國嗣三絕，故王氏擅朝，能竊號位。危自上起，傷不及下，是以即眞之後，天下莫不引領而歎。十餘年閒，中外騷擾，遠近俱發，假號雲合，咸稱劉氏，不謀同辭。方今雄傑帶州域者，皆無六國世業之資，而百姓謳吟思仰，漢必復興，已可知矣。」囂曰：「生言周、漢之勢可也；至於但見愚人習識劉氏姓號之故，而謂漢復興，疎矣！昔秦失其鹿，劉季逐而掎之，高帝十一年蒯徹曰：「秦失其鹿，天下共逐之。」左傳襄公十四年："譬如捕鹿，晉人角之，諸戎掎之。"掎，牽一脚也。時民復知漢乎？"彪乃爲之著王命論以風切之，曰："俗見高祖興於布衣，不達其故，至比天下於逐鹿，不知神器有命，不可以智力求也。悲夫！此世所以多亂臣賊子者也。夫饑饉流隸，飢寒道路，所願不過一金，然終轉死溝壑。何則？貧窮亦有命也。況乎天子之貴，四海之富，神明之祚，可得而妄處哉？故雖遭罹厄會，竊其權柄，勇如信、布，韓信、黥布。彊如梁、籍，項梁、項籍。成如王莽，王莽篡位，其勢已成。然卒潤鑊伏質，質，斬人椹也。亨醢分裂，又況么麼不及數子，稱微細曰么麼。而欲闇奸天位者虖！奸音干。虖同乎。英雄誠知覺寤，遠覽深識，審神器之有授，毋貪不可冀，則福祚流于子孫，天祿其永終矣。"囂不聽。馬援聞隗囂欲貳於漢，數以書責譬之；囂得書增怒。及囂發兵反，援上書極陳滅囂之術，又爲書與囂將楊廣，使曉勸於囂，廣竟不答。隗囂上疏謝，帝復賜囂書；囂知帝審其詐，遂遣使稱臣於公孫述。

罷車騎材官還復民伍

【綱】辛卯，七年，(三一)春三月，罷郡國車、騎、材官，還復民伍。

【綱】是月晦，日食。詔百僚各上封事，不得言聖。

【目】大中大夫鄭興上疏曰："頃年日食，每多在晦，先時而合，皆月行疾也。日君象而月臣象，君亢急則臣下促迫，故月行疾。今陛下高明而羣臣惶促，宜留思柔克之政，垂意洪範之法。"周書洪範篇曰："沉潛剛克，高明柔克。"帝躬勤政事，頗傷嚴急，故興奏及之。

李通爲大司空

【綱】夏五月，以李通爲大司空。

杜詩

綱 以杜詩爲南陽太守。

目 詩政治清平，興利除害，百姓便之。又脩治陂池，廣拓土田，郡內比室殷足，時人方於召信臣。（事見卷十七元帝竟陵元年「以召信臣爲少府」目。）南陽爲之語曰：「前有召父，後有杜母。」

討隗囂

綱 壬辰，八年，（三二）春，遣中郎將來歙伐隗囂，取略陽，（在今甘肅秦安縣東北。）斬其守將。夏閏四月，帝自將征囂，竇融等率五郡兵以從；囂衆皆降。囂奔西城，（即隴西郡西縣城，西縣在今甘肅天水市西北。）吳漢引兵圍之。

目 來歙將二千餘人，伐山開道，徑襲略陽，斬隗囂守將金梁。囂大驚曰：「何其神也！」帝聞得略陽，甚喜，曰：「略陽，囂所依阻，心腹已壞，則制其支體易矣！」囂自悉其大衆數萬人圍略陽，來歙與將士固死堅守。

夏閏四月，帝自征囂，光祿勳郭憲諫曰：「東方初定，車駕未可遠征。」乃當車拔佩刀以斷車靷。（靷音引，所以引軸。）帝不從，西至漆。（即今陝西邠縣。）諸將多以王師之重，不宜遠入險阻，計猶豫未決。帝召馬援問之，援因說隗囂將帥有土崩之勢，兵進有必破之狀。又於帝前聚米爲山谷，指畫形勢，開示衆軍所從道徑，往來分析，昭然可曉。帝曰：「虜在吾目中矣！」明旦，遂進軍至高平第一。（第一，城名，高平縣有第一城。）（高平縣即今寧夏回族自治區固原縣。）竇融率五郡太守與大軍會，（五郡，天水、金城、張掖、武威、酒泉。）遂數道上隴。使王遵以書招牛邯，（時邯軍瓦亭關。（在今寧夏回族自治區固原縣南，瓦亭山麓。）下之，拜邯大中大夫。於是囂大將十三人，屬縣

得隴望蜀

十六，衆十餘萬皆降。囂將妻子奔西城從楊廣，而田弇、李育保上邽。（在今甘肅天水市西南。）略陽圍解。帝勞賜來歙，班坐絕席，專席獨坐也。在諸將之右，賜歙妻縑千匹。進幸上邽，詔告隗囂曰：「若束手自詣，父子相見，保無他也。若遂欲爲黥布者，亦自任也。」囂終不降，於是誅其子恂。使吳漢、岑彭圍西城，耿弇、蓋延圍上邽。以四縣封竇融爲安豐侯，（安豐，後漢屬廬江郡，在今河南固始縣東。）弟友爲顯親侯，（顯親，在今甘肅天水市西北。）及五郡太守皆封列侯，遣西還所鎮。

綱　潁川盜起。秋九月，帝還宮。六日，自將討平之。

目　潁川盜羣起，寇沒屬縣，河東守兵亦叛，（河東郡治安邑縣，即山西運城縣東北安邑鎮。）京師騷動。帝聞之曰：「吾悔不用郭子橫之言。」子橫，郭憲字。秋八月，帝自上邽晨夜東馳，賜岑彭等書曰：「兩城若下，兩城，西城、上邽。便可將兵南擊蜀虜。公孫述。人苦不知足，既平隴，隴，隗囂都。復望蜀。蜀，公孫述都。每一發兵，頭須爲白。」九月乙卯，車駕還宮。帝謂執金吾寇恂曰：「潁川迫近京師，當以時定。惟念獨卿能平之耳，從九卿復出以憂國可也！」執金吾爲陪卿，故亦稱九卿。寇恂先是曾爲潁川郡太守，故言復出。對曰：「潁川聞陛下有事隴、蜀，故狂狡乘閒相詿誤耳。註亦誤也。如聞乘輿南向，賊必惶怖歸死，臣願執銳前驅。」帝從之。庚申，車駕南征，潁川盜賊悉降。寇恂竟不拜郡，百姓遮道曰：「願從陛下復借寇君一年。」乃留恂長社，其社中有樹暴長，故名。鎮撫吏民，受納餘降。

東郡、濟陰盜賊亦起，（東郡治濮陽縣，在今河南濮陽縣南。濟陰郡治定陶，在今山東菏澤縣東南。）帝遣李通、王常擊之。以耿純嘗爲東郡太守，威信著於衞地，遣使拜大中大夫，使與大兵會東郡。東郡聞純入界，盜賊九千餘人皆詣純降，大兵不戰而還；璽書復以純爲東郡太守。

綱 冬，公孫述遣兵救隗囂，吳漢引兵下隴。

目 楊廣死，隗囂窮困。岑彭壅谷水灌西城，城未沒丈餘。會王元等將蜀兵五千餘乘高卒至，決圍殊死戰，遂得入城，迎囂歸冀。（在今甘肅武山縣東。）吳漢等軍食盡，乃引兵下隴。

溫序銜鬚伏劍

校尉太原溫序爲囂將荀宇所獲，宇欲降之。序大怒叱宇等曰：「虜何敢迫脅漢將！」因以節撾殺數人。撾，擊也。宇衆爭欲殺之，宇止之曰：「此義士，死節，可賜以劍。」序受劍，銜鬚於口，顧左右曰：「既爲賊所殺，無令鬚汙血！」遂伏劍而死。從事王忠持其喪歸洛陽，詔賜以冢地，拜三子爲郎。

祭遵卒

綱 癸巳，九年，（三三）春正月，征虜將軍、潁陽侯祭遵卒于軍，（潁陽縣，在今河南許昌市西南。）時祭遵屯汧。（汧縣，在今陝西隴縣南。）詔馮異領其營。

目 遵爲人，廉約小心，克己奉公，賞賜盡與士卒；約束嚴整，所在吏民不知有軍。取士皆用儒術，對酒設樂，必雅歌投壺。歌詩雅，投壺爲樂也。投壺，見禮記投壺篇。臨終，遺戒薄葬；問以家事，終無所言。其後朝會，帝每歎曰：「安得憂國奉公如祭征虜者乎！」

隗囂死

綱 隗囂死，諸將立其子純。據冀。

馮異卒

綱 夏六月，遣來歙、馬援護諸將馮異等屯長安。

綱 秋八月，歙率異等討隗純于天水。

綱 甲午，十年，(三四)夏，征西大將軍、夏陽侯馮異卒于軍。(夏陽，在今陝西韓城縣南。後漢書馮異傳，異封陽夏侯。陽夏即今河南太康縣。)

降高峻

綱 秋八月，帝如長安，遂至汧，隗囂將高峻降。

目 初，隗囂將高峻擁兵據高平第一，耿弇等圍之，一歲不拔。帝自將征之，進幸汧。遣寇恂往降之。恂至第一，峻遣軍師皇甫文出謁，辭禮不屈；恂怒，斬之，遣其副歸告峻曰：「軍師無禮，已戮之矣！欲降急降，不欲固守。」峻惶恐，即日開城門。諸將皆賀，因曰：「敢問殺其使而降其城，何也？」恂曰：「皇甫文，峻之腹心，其所取計者也。今來辭意不屈，必無降心。全之則文得其計，殺之則峻亡其膽，是以降耳。」諸將皆曰：「非所及也。」

隴平

綱 冬十月，來歙等攻破落門，(卽今甘肅武山縣東落門鎮。)隗純降，王元奔蜀。隴右悉平。

綱 乙未，十一年，(三五)春三月，遣吳漢等將兵會岑彭伐蜀，破其浮橋，遂入江關。(江關，荆門與虎牙二山之間名曰江關。(荆門山，當大江南，在今湖北宜都縣北；虎牙山，當大江北，在湖北宜昌市東南，兩山相對，爲大江險處。)

目 岑彭屯津鄉，(地名，在今湖北江陵縣東。)數攻田戎等，(先是公孫述遣田戎、任滿、程汎下江關，據荆門、虎牙，橫江水，起浮橋、鬭樓，立攢柱以絕水道，結營跨山以塞陸路，拒漢兵。不克。帝遣吳漢率誅虜將軍劉

魯奇破浮橋

隆等三將發荊州兵，（後漢荊州刺史治漢壽縣，在今湖南常德市東。）與彭會荊門。（荊門山與虎牙山隔江相對。）彭裝戰船數十艘，吳漢以諸郡棹卒多費糧穀，棹卒，猶言篙師。欲罷之。彭以爲蜀兵盛，不可遣，上書言狀。帝報彭曰：「大司馬習用步騎，大司馬謂吳漢。不曉水戰，荊門之事，一由征南公爲重而已。」岑彭爲征南大將軍，故稱征南公。閏月，岑彭令軍中募攻浮橋，先登者上賞。於是偏將軍魯奇應募而前。時東風狂急，魯奇船逆流而上，直衝浮橋，而攢柱有反杷鉤奇船，不得去。奇等乘勢殊死戰，因飛炬焚之，風怒火盛，橋樓崩燒。岑彭悉軍順風並進，所向無前，蜀兵大亂，溺死者數千人，斬任滿，生獲程汎，而田戎走保江州。（江州縣，即今四川重慶市江北岸舊江北縣城。）彭上劉隆爲南郡太守，自率輔威將軍臧宮、驍騎將軍劉歆長驅入江關。令軍中無得虜掠；百姓大喜，爭開門降。

綱 夏，先零羌反，先零羌，西羌種名。以馬援爲隴西太守，擊破之。

綱 公孫述遣王元拒河池；（在今甘肅徽成縣西。）六月，諸將擊破之。述使盜殺監護使者來歙，詔以將軍馬成代之。

目 公孫述以王元爲將軍，使與領軍環安拒河池。六月，來歙與蓋延等進攻元、安，大破之，乘勝遂進。蜀人大懼，使刺客刺歙，未殊，馳召蓋延。延見歙，因伏悲哀，不能仰視。歙叱延曰：「虎牙何敢然！蓋延爲虎牙將軍。今使者中刺客，無以報國，故呼巨卿，巨卿，蓋延字。欲相屬以軍事，而反效兒女子涕泣乎！刃雖在身，不能勒兵斬公邪！」延收淚彊起，受所誠。歙自書表曰：「臣夜人定後，爲何人所賊傷，中臣要害。臣不敢自惜，誠恨奉職不稱，以爲朝廷羞。夫理國以得賢爲本，大中大夫段襄，骨鯁可任，願陛下裁察。又臣兄弟不肖，終恐被罪，陛下哀憐，數賜教督。」投筆抽刀而絕。帝聞，大驚，省書攬涕。以揚武將軍馬成代之。歙喪還洛陽，乘輿縞素臨弔，送葬。

綱　帝自將征蜀；秋七月，次長安。

岑臧大破蜀兵

綱　岑彭及將軍臧宫大破蜀兵。延岑走，王元以其衆降。

目　公孫述使其將延岑、王元等悉兵拒廣漢及資中，（廣漢縣，在今四川遂寧縣東北。資中，在今四川資陽縣北。）又遣將侯丹拒黄石。岑彭使臧宫從涪水上平曲，（涪水在今四川綿陽縣城東。平曲即平陽鄉，在今四川綿竹縣北。）拒延岑，自分兵浮江下還江州，泝都江而上，（泝，逆流而上。都江即成都江。（在今四川成都市西。）襲擊侯丹，大破之；因晨夜倍道，兼行二千餘里，徑拔武陽。（在今四川彭山縣東。）使精騎馳擊廣都，（今四川新都縣東。）去成都數十里，勢若風雨，所至皆奔散。初，述聞漢兵在平曲，故遣大兵逆之。及彭至武陽，繞出延岑軍後，蜀地震駭，述大驚，以杖擊地曰：「是何神也！」臧宫晨夜進兵，延岑不意漢軍卒至，大震恐；宫因縱擊，大破之。延岑奔成都，王元舉衆降。

岑彭死

綱　冬十月，公孫述使盜刺殺征南大將軍、舞陰侯岑彭。（舞陰縣，在今河南泌陽縣西北。）

目　公孫述使刺客詐爲亡奴，降岑彭，夜刺殺彭；監軍鄭興領其營，以俟吳漢至而授之。彭持軍整齊，秋毫無犯，蜀人爲立廟祠之。

綱 馬成等破河池，平武都，（武都郡治武都縣，在今甘肅徽成縣西。後移治下辯，在今甘肅徽成縣西南。）遂與馬援擊破先零羌。

綱 以郭伋爲并州牧。（并州刺史治晉陽，即今山西太原市。）

目 郭伋爲并州牧，過京師，帝問以得失。伋曰：「選補衆職，當簡天下賢俊，不宜專用南陽人。」南陽，帝鄉。是時在位多鄉曲故舊，故伋言及之。

綱 丙申，十二年，（三六）春正月，吳漢大破蜀兵，遂拔廣都。

綱 秋七月，將軍馮駿拔江州，獲田戎。

綱 吳漢進攻成都；九月，入其郛，郛音孚，郭也。臧宮拔綿竹，（在今四川德陽縣北。）引兵與漢會。

目 吳漢乘利，自將步騎二萬進逼成都；去城十餘里，阻江北營，作浮橋，使副將劉尙屯於江南，爲營相去二十餘里。述使謝豐、袁吉將衆出攻漢，使別將劫劉尙，令不得相救。漢乃召諸將屬之曰：「吾欲潛師就尙於江南，并兵禦之。若能同心一力，人自爲戰，大功可立；如其不然，敗必無餘。成敗之機，在此一舉。」諸將皆曰：「諾。」於是夜銜枚引兵與尙合軍。明日，漢悉兵迎戰，大破之，斬豐、吉。於是引還廣都，留尙拒述。自是漢與述戰於廣都、成都之閒，八戰八克，遂軍於其郭中。臧宮拔綿竹，與吳漢會於成都。

蜀平　公孫述死　李業　譙玄　王皓王嘉　費貽　任永馮信

綱 冬十一月，公孫述引兵出戰，吳漢擊殺之。延岑以成都降，蜀地悉平。

目 臧宮軍咸陽門，（成都北門。）述自將數萬人攻漢，使延岑拒宮。大戰，岑三合三勝，軍士並疲，漢因使護軍高午、唐邯將鋭卒數萬擊之，述兵大亂；高午奔陳刺述，洞胸墮馬死。延岑以城降。吳漢夷述妻子，盡滅公孫氏，幷族延岑。

初，述徵廣漢李業爲博士，業固稱疾不起。述羞不能致，使大鴻臚尹融奉詔命以劫業：「若起則授公侯之位，不起賜以毒酒。」業乃歎曰：「古人危邦不入，亂邦不居，爲此故也。君子見危授命，乃誘以高位重餌乎！」融曰：「宜呼室家計之。」業曰：「丈夫斷之於心久矣，何妻子之爲！」遂飲毒而死。述恥有殺賢之名，遣使弔祠，賻贈百匹，業子翬逃，（翬音揮。）辭不受。又聘巴郡譙玄，（巴郡治江州縣，見上江州注。）玄不詣，亦遣使者以毒藥劫之。太守自詣玄廬勸之行。玄曰：「保志全高，死亦奚恨！」遂受毒藥。玄子瑛泣血叩頭於太守，願奉家錢千萬以贖父死；太守爲請，述許之。述又徵蜀郡王皓、王嘉，恐其不至，先繫其妻子，使者謂嘉曰：「速裝，妻子可全。」對曰：「犬馬猶識主，況於人乎！」王皓先自刎，以首付使者。述怒，遂誅皓家屬。王嘉聞而歎曰：「後之哉！」乃對使者伏劍而死。犍爲費貽不肯仕述，（犍爲，今四川宜賓市。）漆身爲癩，陽狂以避之。同郡任永、馮信皆託青盲以辭徵命。帝既平蜀，詔贈常少爲太常，張隆爲光祿勳，（常少仕述爲太常，張隆仕述爲光祿勳，皆勸述降漢，述不聽，少、隆以憂死。）譙玄已卒，祠以中牢，（羊一、豕一。）敕所在還其家錢，而表李業之閭。徵費貽、任永、馮信，會永、信病卒，獨貽仕至合浦太守。（合浦郡治合浦縣，即今廣東合浦縣。）上以述將程烏、李育有才幹，皆擢用之。於是西土皆悅，莫不歸心焉。

綱 參狼羌寇武都，參狼羌，武都西羌種名。馬援擊破之。

目 是歲，參狼羌與諸種寇武都，隴西太守馬援擊破之，降者萬餘人，於是隴右清靜。援務開恩信，寬以待下，任吏以職，但總大體，而賓客故人日滿其門。諸曹時白外事，援輒曰：「此丞、掾之任，何足相煩！頗哀老子，使得遨遊；若大姓侵小民，黠吏不從令，此乃太守事耳。」

詔邊吏不拘逗留法

綱 詔邊吏料敵戰守，不拘以逗留法。逗留，曲行避敵也。漢法，兵行而逗留畏懦者斬。

竇融及五郡太守入朝

綱 竇融及五郡太守入朝，以融爲冀州牧。（冀州刺史治鄗，在今河北內丘縣柏梁鎮北。）

目 上詔竇融與五郡太守入朝。融等奉詔而行，官屬賓客相隨，駕乘千餘兩。既至，賞賜恩寵，傾動京師。尋拜融冀州牧，又以梁統爲大中大夫，姑臧長孔奮爲武都郡丞。（姑臧，即今甘肅武威縣。）姑臧在河西最爲富饒，天下未定，士多不脩簡操；猶言節操。奮在職四年，力行清潔，爲衆人所笑，以爲身處脂膏，不能自潤。及從融入朝，諸守令財貨連轂，唯奮無資，單車就道，帝以是賞之。

綱 雍奴侯寇恂卒。（雍奴，在今河北武清縣東北。）

詔勿受郡國異味

綱 丁酉，十三年，（三七）春正月，詔太官勿受郡國異味。

不貴名馬寶劍

目　詔曰：「郡國獻異味，其令太官勿復受。遠方口實，所以薦宗廟，自如舊制。」時異國有獻名馬者，日行千里，又進寶劍，價値百金。詔以劍賜騎士，馬駕鼓車。（載鼓之車也。天子車駕出，後有黃門鼓車。）上雅不喜聽音樂，手不持珠玉。嘗出獵，車駕夜還，上東門候郅惲拒關不開。上令從者見面於門閒，惲曰：「火明遼遠。」遂不受詔。上乃回，從東中門入。明日，惲上書諫曰：「陛下遠獵山林，夜以繼日，如社稷、宗廟何！」書奏，賜惲布百匹，貶東中門候爲參封尉。

諸王降爲公侯

綱　詔諸王皆降爲公侯。

綱　以紹嘉公孔安爲宋公，承休公姬常爲衞公。

韓歆爲大司徒

綱　以韓歆爲大司徒。

綱　夏四月，吳漢軍還，大饗將士，諸功臣皆增邑更封。

目　漢自蜀振旅而還；四月，至京師。於是大饗將士、功臣，增邑更封凡三百六十五人，其外戚，恩澤封者四十五人。定封鄧禹爲高密侯，（高密，在今山東高密縣西南。）食四縣；李通爲固始侯；（固始，在今河南沈丘縣東南。）賈復爲膠東侯，（膠東，即今山東即墨縣。）食六縣；餘各有差。已歿者益封其子孫，或更封支庶。

帝在兵閒久，厭武事，且知天下疲耗，思樂息肩，自隴、蜀平後，非警急未嘗復言軍旅。皇太子嘗問攻戰之事，帝曰：「昔衞靈公問陳，孔子不對。此非爾所及。」鄧禹、賈復知帝偃

光武欲完功臣

光武不用功臣

干戈，脩文德，不欲功臣擁衆京師，乃去甲兵，敦儒學。帝思念欲完功臣爵土，不令以吏職為過，遂罷左、右將軍官。耿弇等亦上大將軍印、綬，皆以列侯就第，加位特進，奉朝請。鄧禹內行淳備，有子十三人，各使守一藝，脩整閨門，教養子孫，皆可以爲後世法。賈復爲人剛毅方直，多大節，既還私第，闔門養威重。朱祜等薦復宜爲宰相，帝方以吏事責三公，三公，太尉掌兵事，司徒掌教事，司空掌工事。故功臣並不用。

綱 以竇融爲大司空。

綱鑑易知錄卷二一

東漢紀

光武皇帝

莎車鄯善遣使奉獻

綱　戊戌，十四年，（三八）莎車、鄯善遣使奉獻，（莎車見卷十六宣帝元康二年「莎車叛」注。鄯善即樓蘭，西域國名，今新疆鄯善縣東南。）請置都護，不許。

目　莎車王賢、鄯善王安，皆遣使奉獻。西域苦匈奴重斂，皆願屬漢，復置都護；上以中國新定，不許。

梁統請更定律

綱　大中大夫梁統請更定律，不報。

目　統上疏曰：「臣竊見元帝輕殊死刑三十四事，殊，絕也，異也，言其身首離絕而異處也。輕其殊死，謂減死一等。哀帝輕殊死刑八十一事，其四十二事手殺人者，減死一等。自後著爲常準，故人輕犯法，吏易殺人。臣聞刑罰在衷，衷同中。無取於輕。謹表其尤害於體者，傅奏於左。傅同敷。願陛下宣詔有司，詳擇其善，定不易之典！」事下公卿。光祿勳杜林以爲「宜如舊制」。統復上言曰：「臣之所奏，非曰嚴刑。經曰：『爰制百姓，于刑之衷。』衷之爲言，不輕不重之謂也。自高祖至於孝宣，海內稱治；至初元、建平，初元，元帝年號。建平，哀帝年號。而盜賊寖多，皆刑罰不衷，愚人易犯之所致也。由此觀之，則刑輕之作，反生大患，惠加姦軌，軌同宄。而害及良善也！」事寢，不報。

檢覈墾田戶口

綱 己亥，十五年，（三九）春正月，免大司徒歆歸田里，歆自殺。

目 韓歆好直言無隱，帝每不能容。歆於上前證歲將饑凶，指天畫地，言甚剛切，故坐免歸田里。帝猶不釋，復遣使宣詔責之；歆及子嬰皆自殺。歆素有重名，死非其罪，衆多不厭；帝乃追賜錢穀，以成禮葬之。

綱 有星孛于昴。

綱 夏四月，追謚兄縯爲齊武公。

綱 詔州郡檢覈墾田、戶口。檢覈，查實也。

目 帝以天下墾田，多不以實自占，占，隱度也。自隱度其墾田之數，而著之籍也。又戶口、年紀，互有增減，乃詔下州郡檢覈。於是刺史、太守多爲詐巧，苟以度田爲名，聚民田中，幷度廬屋、里落，民遮道啼呼；或優饒豪右，侵刻羸弱。

時諸郡各遣使奏事，帝見陳留吏牘上有書，（陳留郡治陳留縣，在今河南開封市東南。）吏，陳留郡奏事之吏。奏刻曰牘。書，字也。視之，云「潁川、弘農可問，（潁川郡治陽翟，即今河南禹縣。弘農郡治弘農縣，在今河南靈寶縣南。）河南、南陽不可問。」（河南郡治雒陽，即今河南洛陽市。南陽郡治宛縣，即今河南南陽市。）帝詰吏由，問吏因由。抵言「於長壽街上得之。」抵言，托辭也。長壽街，在京城。（在洛陽城中。）帝怒。時皇子東海公陽年十二，在幄後言曰：「吏受郡敕，當欲以墾田相方耳。」方，比也。帝曰：「卽如此，何故言河南、南陽不可問？」對曰：「河南帝城，多近臣；南陽帝鄉，多近親；田宅踰制，不可爲準。」帝令虎賁將詰問吏，吏乃首服，如東海公對。上由是益奇愛陽。遣謁者考實二千石長吏阿枉不平者。

繕治障塞

綱　冬十一月，遣馬成繕治障塞。以張堪爲漁陽太守。（漁陽郡治漁陽縣，在今北京市密雲縣西南。）

目　使揚武將軍馬成繕治障塞，漢制，每塞上要險處，別築爲城，因置吏士，而爲障蔽，謂之候城。十里一堠，以備匈奴。騎都尉張堪擊破匈奴於高柳，（在今山西陽高縣西北。）拜堪漁陽太守。堪視事八年，匈奴不敢犯塞，勸民耕稼，以致殷富。百姓歌曰：「桑無附枝，麥穗兩岐。旁出曰岐。張君爲政，樂不可支！」

綱　庚子，十六年，（四〇）春二月，交阯女子徵側、徵貳反。（交阯郡治羸𨻶縣，在今越南民主共和國境內。）

綱　三月晦，日食。

綱　秋九月，羣盜起；冬十月，詔許相斬除罪，遂皆解散。

五銖錢

綱　復行五銖錢。

綱　辛丑，十七年，（四一）春二月晦，日食。

廢郭皇后立陰皇后

綱　冬十月，廢皇后郭氏，立貴人陰氏爲皇后。

目　郭后寵衰，數懷怨懟，上怒之，廢后，立貴人陰氏爲皇后。詔曰：「異常之事，非國休福，不得上壽稱慶。」郅惲言於帝曰：「臣聞夫婦之好，父不能得之於子，況臣能得之於君乎！是臣所不敢言。雖然，願陛下念其不可，勿亂大倫，使天下有議社稷者！」諷帝勿動搖太子也。帝曰：「惲善恕己量主，知我必不有所左右而輕天下也！」

綱　帝如章陵。（章陵縣即春陵鄉，六年改名，在今湖北棗陽縣東。）

目　帝幸章陵，脩園廟，祠舊宅，觀田廬，置酒作樂，賞賜。時宗室諸母，因酣悅，相與語曰：「文叔少時謹信，文叔，光武字。與人不款曲，周旋貌。唯直柔耳。直而能柔。今乃能如此！」帝聞之，大笑曰：「吾治天下，亦欲以柔道行之。」

綱　十二月，以馬援爲伏波將軍，討交趾。

綱　壬寅，十八年，（四二）春三月，馬援與徵側、徵貳戰，大破之。

徙四親廟

綱　癸卯，十九年，（四三）春正月，尊孝宣皇帝廟爲中宗。始祠元帝以上於太廟，成帝以下於長安。徙四親廟於章陵。

目　五官中郎將張純與太僕朱浮奏議：「禮，爲人子事大宗，降其私親。當除今親廟四，以先帝四廟代之。」大司徒戴涉等奏立元、成、哀、平四廟。上自以昭穆次第，當爲元帝後，遂追尊宣帝曰中宗。始祠昭帝、元帝於太廟，成帝、哀帝、平帝於長安，春陵節侯以下於

更立皇太子

陰識陰興輔導太子

桓榮授太子經

章陵；其長安、章陵，皆太守、令、長侍祠。

綱 馬援斬徵側、徵貳。

綱 六月，廢皇太子彊爲東海王。（東海國即東海郡，治郯縣，在今山東郯城縣西。）立東海王陽爲皇太子，改名莊。

目 郭后既廢，太子彊意不自安。郅惲說太子曰：「久處疑位，上違孝道，下近危殆，不如辭位，以奉養母氏。」太子從之，數因左右及諸王陳其懇誠，願備藩國。上不忍，遲回者數歲。六月，詔曰：「春秋之義，立子以貴。春秋隱公元年公羊傳：「隱長又賢，何以不宜立？立適以長不以賢，立子以貴不以長。桓何以貴？母貴也。」東海王陽，皇后之子，宜承大統。皇太子彊，崇執謙退，願備藩國，父子之情，重久違之。重，難也。其以彊爲東海王，立陽爲皇太子，改名莊。」

帝以太子舅陰識守執金吾，陰興爲衞尉，皆輔導太子。識性忠厚，入雖極言正議，及與賓客語，未嘗及國事，帝敬重之。興雖禮賢好施，而門無游俠，與張宗、鮮于裒不相好，知其有用，猶稱所長而達之；友人張汎、杜禽與興厚善，以爲華而少實，但私之以財，終不爲言；是以世稱其忠。後帝欲以興爲大司徒，興固辭曰：「臣不敢惜身，誠虧損盛德，不敢苟冒。」帝遂聽之。

以沛國桓榮爲議郎，（沛國即沛郡，在今安徽宿縣西北。）使授太子經。車駕幸太學，會諸博士論難於前，榮辨明經義，每以禮讓相厭，厭，服也。不以辭長勝人，儒者莫之及。

董宣

綱　賜雒陽令董宣錢三十萬。

目　陳留董宣爲雒陽令。湖陽公主蒼頭白日殺人，（湖陽公主，光武姊。蒼頭，奴也。）因匿主家，吏不能得。及主出行，以奴驂乘，宣候之，駐車叩馬，（駐同住。）以刀畫地，大言數主之失；叱奴下車，因格殺之。（不用器械而白手殺也。）主即還宮訴帝，帝大怒，召宣，欲箠殺之。宣叩頭曰：「願乞一言而死。」帝曰：「欲何言？」宣曰：「陛下聖德中興，而縱奴殺人，將何以治天下乎？臣不須箠，請自殺！」即以頭擊楹，流血被面。帝令小黃門持之。使宣叩頭謝主，宣不從；彊使頓之，宣兩手據地，終不肯俯。主曰：「文叔爲白衣時藏亡匿死，吏不敢至門；今爲天子，威不能行一令乎？」帝笑曰：「天子不與白衣同。」因敕「彊項令出！」賜錢三十萬，宣悉以班諸吏。由是能搏擊豪彊，京師莫不震慄。

復南頓二歲

綱　秋九月，帝如南頓，（在今河南項城縣北。）賜復二歲。（復，除也。）

目　上幸南陽，進幸汝南南頓縣舍，（後漢汝南郡治平輿縣，在今河南確山縣東北。）置酒會，賜吏民，復南頓田租一歲。父老前叩頭言：「願賜復十年。」帝曰：「天下重器，常恐不任，日復一日，安敢遠期十歲乎！」吏民又言：「陛下實惜之，何言謙也！」帝大笑，復增一歲。

吳漢卒

綱　甲辰，二十年，（四四）夏五月，大司馬廣平侯吳漢卒。

目　漢病篤，車駕親臨，問所欲言。對曰：「臣愚無所知識，願陛下慎無赦而已。」漢每從征伐，或戰不利，諸將多惶懼，失其常度，漢意氣自若。帝歎曰：「吳公差彊人意，（言甚起發人意思。隱若一敵國矣！」謂不可測也。每當出師，朝受詔，夕則引道，初無辦嚴之日。治行李曰辦嚴。及在朝廷，斤斤謹質，斤斤，明察也。形於體貌。漢嘗出征，妻子在後買田宅，漢還讓之曰：「軍師在外，吏士不足，何多買田宅乎！」遂盡以分與昆弟、外家。故能任職，以功名終。

綱　以郭況爲大鴻臚。況，郭后之弟。

目　帝數幸況第，賞賜金帛，豐盛莫比，京師號況家爲「金穴」。

綱　冬十二月，遣馬援屯襄國。（即古邢國，在今河北邢臺縣西南。）

目　馬援自交趾還平陵，（在今陝西咸陽市西北。）孟冀迎勞之。援曰：「方今匈奴、烏桓尚擾北邊，欲自請擊之，男兒要當死於邊野，以馬革裹尸還葬耳，何能臥牀上在兒女子手中邪！」冀曰：「諒！爲烈士當如是矣！」十二月，匈奴寇天水、扶風、上黨，（後漢天水郡治冀縣，在今甘肅武山縣東。後漢扶風治槐里，在今陝西鄠縣北。上黨郡治長子，在今山西長治市西。）援自請擊，帝許之，使出屯襄國，詔百官祖道。祖道，謂餞行也。援謂黃門郎梁松、竇固曰：「凡人富貴，當使可復賤也；如卿等欲不可復賤，居高堅自持。勉思鄙言！」

西域十八國請都護

綱　乙巳，二十一年，（四五）冬，西域十八國遣子入侍；請都護，不許。

目　莎車王賢欲兼幷西域，諸國愁懼。車師、鄯善等十八國俱遣子入侍；願得都護。帝以中國初定，北邊未服，皆還其侍子，厚賞賜之。諸國聞都護不出，而侍子皆還，大憂恐，乃與敦煌太守檄，（敦煌郡治敦煌縣，即今甘肅敦煌縣。）檄，文書。「願留侍子以示莎車，言侍子見留，都護尋至。」裴遵以狀聞，帝許之。

綱 丙午，二十二年，（四六）冬，以劉昆爲光祿勳。

目 初，昆爲江陵令，（江陵，即今湖北江陵縣。）縣有火災，昆向火叩頭，火尋滅。後爲弘農太守，虎皆負子渡河。帝聞而異之，徵昆代林爲光祿勳。（林，杜林。）帝問昆曰：「前在江陵，反風滅火；後守弘農，虎北渡河；行何德政而致是事？」對曰：「偶然耳。」左右皆笑。帝歎曰：「此乃長者之言也！」顧命書諸策。

鄯善車師附匈奴

綱 西域復請都護，不許，遂附於匈奴。

目 西域諸國侍子久留敦煌，皆愁思亡歸。莎車王賢知都護不出，擊破鄯善，攻殺龜茲王。（龜茲，西域小國。）鄯善王安上書：「願復遣子入侍，更請都護。都護不出，誠迫於匈奴。」帝報曰：「今使者大兵未能得出；如諸國力不從心，東西南北自在也。」於是鄯善、車師復附匈奴。

南北匈奴

綱 戊申，二十四年，（四八）春正月，匈奴南邊八部立日逐王比爲南單于，款塞內附。

目 匈奴南邊八部大人共議立日逐王比爲呼韓邪單于，款五原塞，（即五原郡榆柳塞，在今內蒙古五原縣境內。）願永爲藩蔽，扞禦北虜。事下公卿，議者皆以爲「天下初定，中國空虛，不可許。」五官中郎將耿國，獨以爲「宜如孝宣故事，受之，令東扞鮮卑，北拒匈奴，率厲四夷，完復邊郡。」帝從之。於是分爲南、北匈奴。

綱　秋七月，遣馬援征武陵蠻。（後漢武陵郡治臨沅縣，在今湖南常德西。）

目　武陵蠻寇臨沅，遣李嵩、馬成討之，不克。馬援請行，帝愍其老，未許。援曰：「臣尚能被甲上馬。」帝令試之，援據鞍顧眄，以示可用。帝笑曰：「矍鑠哉是翁！」矍鑠，輕健貌。遂遣率馬武、耿舒等將四萬餘人征五溪。五溪，雄溪、樠溪、西溪、潕溪、辰溪也。（約在今湖南瀘溪縣境。）援謂友人杜愔曰：「吾受厚恩，年迫日索，索，盡也。常恐不得死國事；今獲所願，甘心瞑目，但畏長者家兒，謂權要子弟也。或在左右，與從事，殊難得調，調，和也。介介獨惡是耳！」明年果爲梁松所構陷。（介介，猶言耿耿於心。）

綱　冬十月，匈奴南單于遣使入貢。

目　南單于奉藩稱臣，上以問朗陵侯臧宮，（朗陵，在今河南確山縣西南。）宮曰：「匈奴饑疫分爭，臣願得五千騎以立功。」帝笑曰：「常勝之家難與慮敵，吾方自思之。」

綱　己酉，二十五年，（四九）春三月晦，日食。

綱　夏，新息侯馬援卒于軍，（今河南息縣東。）詔收其印綬。

目　馬援軍至臨鄉，（在今湖南常德縣古城山上。）擊破蠻兵。初，援嘗有疾，虎賁中郎將梁松來候之，獨拜牀下，援不答。松意不平。諸子問曰：「梁伯孫帝壻，伯孫，梁松字。（松尙光武帝女舞陰公主，故云帝壻。）貴重朝廷，公卿以下莫不憚之，大人奈何獨不爲禮？」援曰：「我乃松父友也，松父梁統。雖貴，何得失其序乎！」

馬援誡兄子書

援兄子嚴、敦並喜譏議，通輕俠，援前在交趾，還書誡之曰：「吾欲汝曹聞人過失，（曹，輩也。）如聞父母之名，耳可得聞，口不可得言也。好議論人長短，妄是非政法，此吾所大惡；寧死，不願聞子孫有此行也。龍伯高敦厚周慎，口無擇言，謙約節儉，廉公有威，吾愛之重之，願汝曹效之。杜季良豪俠好義，憂人之憂，樂人之樂，父喪致客，數郡畢至，吾愛之重之，不願汝曹效也。效伯高不得，猶爲謹勅之士，所謂『刻鵠不成尙類鶩』者也。效季良不得，陷爲天下輕薄子，所謂『畫虎不成反類狗』者也。」伯高者，山都長龍述也。（山都縣，在今湖北襄樊市西北。）季良者，越騎司馬杜保也。會保仇人上書，訟保爲行浮薄，亂羣惑衆，伏波將軍萬里還書以誡兄子，而梁松、竇固與之交結。帝召松、固以訟書及援誡書示之，松、固叩頭流血而得不罪。詔免保官，擢拜龍述爲零陵太守。（零陵郡治泉陵縣，在今湖南零陵縣西北。）松由是恨援。

耿舒詆馬援

及援討武陵蠻，軍次下雋，（在今湖南沅陵縣東北。）有兩道可入，從壺頭則路近而水險，（壺頭，山名，在今湖南沅陵縣東。）從充則塗夷而運遠。（充縣屬武陵郡，在今湖南大庸縣西。）夷，平也。耿舒欲從充道，援以爲棄日費糧，不如進壺頭。以事上之，帝從援策。進營壺頭，賊乘高守隘，水疾，船不得上；會暑甚，士卒多疫死，援亦中病。耿舒與兄弇書，言「壺頭竟不得進，大衆怫鬱行死，行死，猶言將死。誠可痛惜！前到臨鄉，賊無故自致，若夜擊之，卽可殄滅。伏波類西域賈胡，（馬援爲伏波將軍。）到一處輒止，以是失利。今果疫疾。」弇得書奏之，帝乃使梁松

梁松構陷馬援　朱勃上書訟馬援　宋均矯制降蠻

乘驛責問援，因代監軍。會援卒，松因是構陷援。帝大怒，追收援新息侯印、綬。

初，援在交阯，嘗餌薏苡實，（薏苡，藥名。）能輕身，勝瘴氣，軍還，載之一車。及卒後，有上書譖之者，以爲昔所載還皆明珠、文犀，（文犀，通天犀也。）帝益怒。援妻孥惶懼，不敢以喪還舊塋，稾葬城西。（稾葬，草葬也。）前雲陽令朱勃詣闕上書曰：（雲陽縣屬左馮翊，在今陝西三原縣西。）「竊見故伏波將軍馬援，事朝廷二十二年，北出塞漠，南渡江海，觸冒毒氣，僵死軍事，名滅爵絕，國土不傳，家屬杜門，葬不歸墓，怨隙並興，宗親怖慄，臣竊傷之！願下公卿，評援功罪，宜絕宜續，以厭海內之望。」帝意稍解。

綱　冬十月，監軍謁者宋均，矯制告諭羣蠻，降之。

目　謁者宋均監援軍，援既卒，軍士疫死者大半，蠻亦飢困。均乃與諸將議曰：「夫忠臣出境，有可以安國家，專之可也。」乃矯制調伏波司馬呂种守沅陵長，（种音充。）命种奉詔書入虜營，告以恩信，因勒兵隨其後。蠻夷震怖，冬十月，共斬其大帥而降，羣蠻遂平。上嘉其功，迎賜以金帛。

綱　庚戌，二十六年，（五〇）春正月，初作壽陵。（即原陵也。皇帝踐阼即起陵邑，漢舊制也，於是帝即位二十六年矣，始作壽陵。（原陵在今河南孟津縣西。））

目　帝曰：「古者帝王之葬，皆陶人瓦器，木車茅馬，使後世之人不知其處。太宗識終始之義，（太宗即文帝。）景帝能述遵孝道，遭天下反覆，而霸陵獨完受其福，（建武二年赤眉發掘諸陵，取其寶貨。（霸陵，文帝陵，在今陝西西安市東北。）豈不美哉！今所制地，不過二三頃，無爲山陵陂池，裁令流水而已，使迭興之後，與丘隴同體。」

綱　辛亥，二十七年，（五一）夏五月，詔三公去大名，改司馬曰太尉。

綱　北匈奴求和親，不許。

目　北匈奴遣使詣武威，（武威郡治姑臧縣，即今甘肅武威縣。）求和親，帝召公卿廷議，不決。皇太子言曰：「南單于新附，今交通北虜，臣恐南單于將有二心。」帝然之，告武威太守，勿受其使。臧宮、馬武上書曰：「虜今人畜疫死，旱蝗赤地，疲困乏力，不當中國一郡。今命將臨塞，厚縣購賞，北虜之破，不過數年。」詔報曰：「今國無善政，災變不息，百姓驚惶，人不自保，而復欲遠事邊外乎！誠能舉天下之半以滅大寇，豈非至願！苟非其時，不如息民。」自是諸將莫敢言兵事者。

綱　壬子，二十八年，（五二）春，以魯益東海。（魯即魯國，都魯縣，在今山東曲阜縣東。東海國都郯縣，在今山東郯城縣西南。）

目　徙魯王興爲北海王，（北海國都劇縣，在今山東昌樂縣西北。）以魯益東海。帝以東海王彊去就有禮，故優以大封，食二十九縣，賜虎賁旄頭，（虎賁，謂三百人，言其勇猛如虎之賁騰。旄頭，騎，冠熊皮冠。）設鐘虡之樂，（簴音渠，上聲。簨簴，所以縣鐘磬者；橫曰簨，直曰簴。）擬於乘輿。

綱　夏六月，沛太后郭氏薨。（即廢后，沛王輔母，故稱沛太后。）

光武不許封禪詔

綱　秋八月，以張佚爲太子太傅，桓榮爲少傅。

目　上大會羣臣，問「誰可傅太子者？」羣臣承望上意，皆言「太子舅陰識可。」博士張佚正色曰：「今陛下生太子爲陰氏乎？爲天下乎？卽爲陰氏，則陰侯可；爲天下，則固宜用天下之賢才。」帝稱善，曰：「欲置傅者，以輔太子也；今博士不難正朕，況太子乎！」卽拜佚爲太子太傅，以博士桓榮爲少傅，賜以輜車、乘馬。（輜車，載衣物車，前後皆蔽。）榮大會諸生，陳其車馬、印綬，曰：「今日所蒙，稽古之力也，可不勉哉！」

綱　北匈奴乞和親，許之。

綱　甲寅，三十年，（五四）春二月，帝東巡。

目　羣臣上言：「卽位三十年，宜封禪泰山。」（見卷八秦始皇二十八年「封泰山」注。）詔曰：「卽位三十年，百姓怨氣滿腹。『吾誰欺，欺天乎！』（論語子罕孔子語。）『曾謂泰山不如林放乎？』（論語八佾孔子語。）何事汚七十二代之編錄！」（史記封禪書：「古者封泰山、禪梁父者，七十有二家。」）於是羣臣不敢復言。

綱　閏月，有星孛于紫宮。

綱　夏，大水。

綱　膠東侯賈復卒。（膠東，卽今山東卽墨縣。）

目　復從征伐，未嘗喪敗。諸將每論功伐，復未嘗有言，帝輒曰：「賈君之功，我自知之。」

綱 乙卯，三十一年，（五五）夏五月，大水。晦，日食。蝗。

綱 丙辰，建武中元元年，（五六）春正月，以第五倫爲會稽太守。（會稽郡治山陰縣，即今浙江紹興市。）

目 京兆掾第五倫領長安市，（京兆尹治長安，在今陝西西安市西北。）司市也。公平廉介，市無姦枉。每讀詔書，歎息曰：「此聖主也，一見決矣。」後補淮陽王醫工長，（淮陽國都陳縣，即今河南淮陽縣。）王入朝，倫隨官屬得會見。帝問以政事，倫因此酬對，帝大悦，拜會稽太守。爲政清而有惠，百姓愛之。

綱 二月，帝東巡，封泰山，禪梁陰。山北曰陰，謂梁父山之北。（梁父，泰山下小山。）

目 上讀河圖會昌符曰：符者讖記之書，會昌其符之名。「赤劉之九，赤，火色。漢姓劉，以火德王。光武，高帝九世孫，故云。會命岱宗。」岱宗，泰山也。爲衆山之宗，五岳之長。上感此文，乃詔梁松等按索河、洛讖文，河圖、洛書，讖記之文。言九世當封禪者，凡三十六事。於是張純等復奏請封禪，上乃許焉。丁卯，車駕東巡，二月，幸魯，進幸泰山。辛卯，祭天於泰山下南方。泰山之陽也。事畢，天子御輦登山，尚書令奉玉牒簡，（玉牒見卷十四武帝元封元年「封下官玉牒書」注。）天子以寸二分璽親封之，事畢，上乃到山下。甲午，禪祭地於梁陰。

綱 夏四月，帝還宮。

宣布圖讖

桓譚諫用讖文

光武崩

綱　六月，京師醴泉出，泉之味甘如醴。赤草生，赤草，朱草也。德及草木，則生朱草。郡國言甘露降。

綱　秋，蝗。

綱　冬十一月晦，日食。

綱　起明堂、靈臺、辟雍。宣布圖讖於天下。

目　初，上以赤伏符即帝位，（事見卷十九建武元年「蕭王即皇帝位」目及注。）由是信用讖文，多以決定嫌疑。桓譚上疏諫曰：「凡人忽於見事，見事，見在之事。而貴於異聞。觀先王之所紀述，咸以仁義正道爲本，非有奇怪虛誕之事。蓋天道性命，聖人所難言也，自子貢以下，不得而聞，況後世淺儒能通之乎！今諸巧慧小才、伎數之人，增益圖書，矯稱讖記，以欺惑貪邪，詿誤人主，焉可不抑遠之哉！臣譚伏聞陛下窮折方士黃白之術，黃白之術，丹竈之事也。甚爲明矣；而乃欲聽納讖記，又何誤也！其事雖有時合，譬猶卜數隻偶之類。猶揚所謂奇偶也。陛下宜垂明聽，發聖意，屏羣小之曲說，述五經之正義。」疏奏，帝不悅。會議靈臺所處，所處，猶言方所。帝謂譚曰：「吾欲以讖決之。」譚默然，良久曰：「臣不讀讖。」帝問其故，譚復極言讖之非經。帝大怒曰：「桓譚非聖無法，將下斬之！」譚叩頭流血，良久，乃得解。出爲六安郡丞，（六安，在今安徽六安縣北。）道病卒。

綱　丁巳，二年，（五七）春二月，帝崩。

目 帝崩於南宮前殿，年六十三。帝每旦視朝，日昃乃罷，數引公卿、郎將，講論經理，夜分乃寐。皇太子見帝勤勞不怠，乘閒諫曰：「陛下有禹、湯之明，而失黃、老養性之福，願頤養精神，優游自寧。」帝曰：「我自樂此，不爲疲也。」雖以征伐濟大業，及天下既定，乃退功臣而進文吏，明愼政體，總攬權綱，量時度力，舉無過事，故能恢復前烈，身致太平。

綱 太子莊卽位，尊皇后曰皇太后。

綱 三月，葬原陵。

綱 夏四月，以鄧禹爲太傅，東平王蒼爲驃騎將軍。蒼，陰后所生，明帝之弟。（東平國都無鹽縣，在今山東東平縣東。）

目 詔曰：「高密侯禹，（高密，在今山東高密縣西南。）元功之首；東平王蒼，寬博有謀。其以禹爲太傅，蒼爲驃騎將軍。」蒼嘗薦西曹掾吳良，帝曰：「薦賢助國，宰相之職也。蕭何舉韓信，設壇而拜，不復考試，今以良爲議郎。」

顯宗孝明皇帝

名莊，光武太子，在位十八年，壽四十八歲而崩。諡法：「照臨四方曰明。」帝善刑理，法令分明，幽枉必達，而斷獄得情，故建武、永平之政，爲東都稱首。然鍾離意、宋均之徒，常以察慧爲言，夫豈弘人之度未優乎？

綱 戊午，顯宗孝明皇帝永平元年，（五八）春正月，朝原陵。

目 帝率公卿以下朝于原陵，如元會儀。太官上食，太常奏樂，是後遂以爲常。

綱　夏五月，太傅高密侯鄧禹卒。

綱　東海王彊卒。

綱　好時侯耿弇卒。（好時，在今陝西乾縣東好時村。）

綱　己未，二年，（五九）春正月，宗祀光武皇帝於明堂。始服冠冕玉佩，登靈臺，望雲物。

行大射禮

綱　三月，臨辟雍，行大射禮。（見卷十八成帝元延四年「詔立辟雍」注。）

行養老禮

綱　冬十月，行養老禮。

三老五更

目　上幸辟雍，初行養老禮，以李躬爲三老，桓榮爲五更。更音耕。禮文王世子：「始之養也，設三老、五更、羣老之席位。」註：「天子始立學而養老，乃設老者之席位，三老、五更各一人，羣老無定數。三老，老人知天、地、人之事者；五更，老人知五行更代者。」顏師古曰：「選三公老者爲三老，卿大夫中老者爲五更。」禮畢，引桓榮及弟子升堂，上自爲下說，自先爲諸儒下一問難之說。諸儒執經問難於前，桓榮之前也。冠帶搢紳之人，搢，插；紳，帶也。謂插笏於大帶革帶之閒。圜橋門而觀聽者，圜音還，圍繞也。蓋億萬計。辟雍四門外水旋繞，以節觀者。門外皆有橋，觀者在水外，故曰圜橋門。於是下詔賜榮爵關內侯。上自爲太子，受尚書於桓榮，及卽位，猶尊榮以師禮。榮卒，帝以榮子郁爲侍中。

馬皇后

綱　庚申，三年，（六〇）春二月，立貴人馬氏爲皇后，子炟爲皇太子。

目　后，援之女也，光武時選入太子宮，能奉承陰后，傍接同列，禮則脩備，上下安之，

圖中興功臣

鍾離意諫起北宮

遂見寵異；及帝卽位，爲貴人。時后前母姊女賈氏亦以選入，生皇子炟；帝以后無子，命養子，謂曰：「人未必當自生子，但患愛養不至耳。」后於是盡心撫育，勞悴過於所生。太子亦孝性純篤，母子慈愛，始終無纖介之閒。后常以皇嗣未廣，薦達左右，若恐不及。及有司奏立長秋宮，長秋宮，皇后宮也。帝未有所言，皇太后曰：「馬貴人德冠後宮，卽其人也。」后既正位宮闈，愈自謙肅，好讀書。常衣大練，練，熟絲繒也。裙不加緣；緣，飾也。朔望諸姬、主朝謁，主，公主。望見后袍衣疎麤，以爲綺縠，綺，細綾。縠音斛，縐紗。就視，乃笑。后曰：「此繒特宜染色，故用之耳。」

綱 圖畫中興功臣於雲臺。

目 帝思中興功臣，乃圖二十八將於南宮雲臺。以鄧禹爲首，次馬成、吳漢、王梁、賈復、陳俊、耿弇、杜茂、寇恂、傅俊、岑彭、堅鐔、馮異、王霸、朱祐、任光、祭遵、李忠、景丹、萬脩、蓋延、邳彤、姚期、劉植、耿純、臧宮、馬武、劉隆，又益以王常、李通、竇融、卓茂，合三十二人。馬援以椒房之親，獨不與焉。

綱 夏六月，有星孛于天船北。天船，舟星。

綱 大起北宮，既而罷之。

目 時大旱，尚書僕射鍾離意詣闕免冠上疏曰：鍾離，複姓。「昔成、湯遭旱，以六事自責。（湯曰：「政不節歟？民失職歟？宮室崇歟？女謁盛歟？苞苴行歟？讒夫昌歟？」見卷二商成湯二十四祀紀。）竊見北宮大作，民失農時。自古非苦宮室小狹，但患民不安寧，宜且罷止，以應天心。」帝策詔報曰：「湯引六事，咎在一人，其冠履，勿謝。」又敕大匠止作諸宮；遂應時澍雨。

帝性褊察，好以耳目隱發爲明，公卿大臣數被詆毀，近臣尙書以下至見提曳。（提，擲也。曳，拖也。）嘗以事怒郎藥崧，以杖撞之；崧走入牀下，帝怒甚，疾言曰：「郎出！」崧乃曰：「『天子穆穆，諸侯皇皇』，（二句，曲禮下篇之辭。穆穆，幽深和敬之貌。皇皇，壯盛顯明之貌。）未聞人君，自起撞郎。」帝乃赦之。

是時朝廷莫不悚慄，爭爲嚴切以避誅責，唯鍾離意獨敢諫爭，數封還詔書，臣下過失，輒救解之。

劉平

鍾離意薦全椒長劉平，（全椒，今安徽全椒縣。）詔徵拜議郎。平在全椒，政有恩惠，民或增貲就賦，或減年從役。太守行部，（行部，巡行所部郡縣。）獄無繫囚，人自以得所，不知所問，但班詔書而去。

綱　秋八月晦，日食。

綱　冬十月，帝奉皇太后如章陵。

郭賀

目　車駕從皇太后幸章陵。荊州刺史郭賀，（荊州刺史治漢壽縣，在今湖南常德縣東。）官有殊政，上賜以三公之服，黼黻、冕旒；（古者諸侯大夫皆有冕，但以旒之多寡別耳。禮器：「天子十二旒，諸侯九，上大夫七，下大夫五。」（黼黻，見卷五周顯王五年「賜以黼黻之服」注。））敕行部去襜帷，（蔽車前曰襜，在旁曰帷。）

鄭衆

宋均治九江

使百姓見其容服，以章有德。

綱 辛酉，四年，（六一）冬十月，陵鄉侯梁松下獄，死。

目 松坐怨望、縣飛書誹謗，縣同懸，挂也。飛書，猶言匿名書，不知所從出，若飛來也。下獄，死。

初，上爲太子，太中大夫鄭興子衆以通經知名，太子及山陽王荆因梁松以縑帛請之，衆曰：「太子儲君，無外交之義；漢有舊防，藩王不宜私通賓客。」松曰：「長者意不可逆。」衆曰：「犯禁觸罪，不如守正而死。」遂不往。及松敗，賓客多坐之，唯衆不染於辭。

綱 甲子，七年，（六四）春正月，皇太后陰氏崩。二月，葬光烈皇后。

綱 以宋均爲尚書令。

目 初，均爲九江守，（九江郡治陰陵縣，在今安徽建遠縣西北。）五日一聽事，悉省掾、史，閉督郵府內，督郵，主糾察郡吏，郡錄事也。屬縣無事，百姓安業。九江舊多虎暴，常募設檻穽，檻音咸，穽音淨。檻設機捕獸，穽穿地陷獸。而猶多傷害。均下記屬縣曰：「夫江、淮之有猛獸，猶北土之有雞豚也，今爲民害，咎在殘吏，而勞勤張捕，非憂恤之本也。其務退姦貪，思進忠善，可一去檻穽，除削課制。」其後無復虎患。帝聞均名，故任以樞機。均謂人曰：「國家喜文法、廉吏，以爲足止奸也；然文吏習爲欺謾，而廉吏清在一己，無益百姓流亡、盜賊爲害也。均欲叩首爭之，時未可改也。久將自苦之，乃可言耳！」

綱 乙丑，八年，（六五）冬十月，詔聽有罪亡命者贖。

目　募死罪繫囚詣度遼營，是年置度遼營，以吳棠爲度遼將軍，屯五原，以防南、北匈奴。有罪亡命者，令贖各有差。

明帝求天竺佛法

楚王英奉黃縑、白紈詣國相曰：楚王英，光武第六子，明帝之弟。「託在藩輔，過惡累積，歡喜大恩，奉送縑帛，以贖愆罪。」國相以聞，詔報曰：「楚王誦黃、老之微言，黃、老，黃帝、老子。尚浮圖之仁祠，釋氏寺塔，俱曰浮圖，亦作「浮屠」。潔齋三月，與神爲誓，何嫌何疑，當有悔吝！其還贖以助伊蒲塞、桑門之盛饌。」伊蒲塞，即優婆塞，乃梵語也，秦言善宿男，唐曰近事男，一名淸信士。桑門即沙門也。

楚王英最先好佛

初，帝聞西域有神，其名曰佛，因遣使之天竺，竺音祝。天竺，西域國名，一名天篤，所謂浮屠胡是也。求其道；得其書及沙門以來。其書大抵以虛無爲宗，貴慈悲不殺，以爲人死精神不滅，隨復受形；生時所行善惡，皆有報應，故所貴脩練精神，以至爲佛。善爲宏闊勝大之言，以勸誘愚俗。精於其道者，號曰沙門。於是中國始傳其術，圖其形像，而王公貴人，獨楚王英最先好之。此佛教入中國之始。

綱　是月晦，日食既，詔羣司極言，復以示百官。

大有年

綱　丙寅，九年，（六六）大有年。

匈奴遣子入學

綱　匈奴遣子入學。文治於是極盛矣。

四姓小侯

目　帝崇尚儒學，自皇太子諸王侯及大臣子弟、功臣子孫，莫不受經。又爲外戚樊氏、郭氏、陰氏、馬氏諸子立學於南宮，樊氏，光武母家。郭氏、陰氏，俱光武后家。馬氏，帝后家。號「四姓小侯」，以四姓非列侯，故曰小侯。置五經師，搜選高能，以授其業。自期門、羽林之士，俱軍士。悉令通孝經章句。匈奴亦遣子入學。

丁鴻讓國

綱　丁卯，十年，（六七）冬十二月，以丁鴻爲侍中。

目　初，陵陽侯丁綝卒，（陵陽，在今安徽石棣縣東北。）子鴻當襲封，上書稱病，讓國於弟盛，不報。既葬，乃挂衰絰於冢廬而逃去。友人九江鮑駿遇鴻於東海，讓之曰：「昔伯夷、吳札，二人俱讓國而逃。亂世權行，故得申其志耳。今子以兄弟私恩，而絕不滅之基，可乎？」鴻感悟垂涕，乃還就國。鮑駿因上書薦鴻經學至行，上徵鴻爲侍中。

綱　戊辰，十一年，（六八）春正月，東平王蒼來朝。

目　蒼與諸王俱來朝，月餘，還國。帝臨送歸宮，悽然懷思，乃遣使手詔賜東平國中傅曰：「辭別之後，獨坐不樂，因就車歸，伏軾而吟，瞻望永懷，實勞我心。詩邶風：「瞻望弗及，實勞我心。」誦及采菽，詩小雅篇名，蓋言諸侯來朝，天子好之無已，雖錫予之厚，而意猶以爲薄也。以增歎息。日者，往日也。問東平王：『處家何等最樂？』王言：『爲善最樂。』其言甚大，副是要腹矣。要同腰。（後漢書東平王蒼傳：「蒼要帶十圍。」）今送列侯印十九枚，諸王子年五歲已上能趨拜者，皆令帶之。」

楚王英廢

綱　庚午，十三年，（七〇）冬十一月，楚王英有罪，廢徙丹陽。（丹陽郡治宛陵縣，即今安徽宣城縣。）

目　楚王英與方士作金龜、玉鶴，刻文字爲符瑞。男子燕廣告英與漁陽王平、顏忠等造作圖書，有逆謀。事下案驗，有司奏英大逆不道，請誅之。帝以親親不忍，十一月，廢英，徙丹陽涇縣。（涇縣屬丹陽郡，在今安徽涇縣西。）

楚王英自殺

綱　辛未，十四年，（七一）夏四月，故楚王英自殺。

目　楚王英至丹陽，自殺。

是時窮治楚獄，遂至累年，其辭語相連，自京師親戚、諸侯、州郡豪傑及考案吏，阿附坐死、徙者以千數，而繫獄者尚數千人。

英陰疏天下名士，上得其錄，有吳郡太守尹興名，（吳郡治吳縣，即今江蘇蘇州市。）乃徵興及掾、史五百餘人詣廷尉就考。諸吏不勝掠治，死者大半，唯門下掾陸續、主簿梁宏、功曹史駟勳，備受五毒，肌肉消爛，終無異辭。續母自吳來雒陽，作食以饋。續雖見考，辭色未嘗變，而對食悲泣不自勝。治獄者問其故，續曰：「母來不得見，故悲耳。」問：「何以知之？」續曰：「母截肉未嘗不方，斷葱以寸爲度，故知之。」使者以狀聞，上乃赦興等，禁錮終身。

寒朗上疏訟冤

顏忠、王平辭引隧鄉侯耿建、朗陵侯臧信、濩澤侯鄧鯉、曲成侯劉建。是時上怒甚，吏皆惶恐，諸所連及，率一切陷入，無敢以情恕者。侍御史寒朗心傷其冤，乃上言：「建等無姦，專爲忠、平所誣；疑天下無辜，類多如此。」帝怒，促提下捶之。捶，以杖擊也。左右方引去，朗曰：「臣今所陳，誠死無悔！」帝意解，詔遣朗出。後二日，車駕自幸洛陽獄，錄囚徒，理出千餘人。時天旱，卽下雨。馬后亦以楚獄多濫，乘閒爲帝言之，帝惻然感悟，夜起彷徨，由是多所降宥。

綱 初作壽陵。

目 初作壽陵，制：「裁令流水而已，無得起墳。」

綱鑑易知錄卷一二

東漢紀

孝明皇帝

綱　壬申，十五年，（七二）春二月，帝東巡，耕于下邳。（在今江蘇邳縣東。）三月，至魯；（魯國，在今山東曲阜縣東。）詣孔子宅。

目　幸孔子宅，親御講堂，命皇太子諸王說經。

綱　封皇子六人爲王。

目　封皇子恭爲鉅鹿王，（後漢鉅鹿國都廮陶縣，在今河北寧晉縣西南。）黨爲樂成王，（樂成郎信都國，明帝更名，都信都縣，在今河北衡水縣東。）衍爲下邳王，暢爲汝南王，（汝南國都平輿縣，在今河南確山縣東北。）昞爲常山王，（常山國都元氏縣，在今河北元氏縣西北。）長爲濟陰王。（濟陰國都定陶縣，在今山東菏澤縣東南。）帝親定其封域，裁令半楚、淮陽。（楚，楚王英國。淮陽，淮陽王延國。（英、延俱光武子。）馬后曰：「諸子食數縣，於制不已儉乎？」帝曰：「我子豈宜與先帝子等，歲給二千萬足矣。」

綱　冬，遣都尉耿秉、竇固將兵屯涼州。（涼州刺史治隴縣，在今甘肅秦安縣東北。）

班超立功西域

綱　癸酉，十六年，（七三）春二月，遣太僕祭肜及竇固等伐北匈奴，固取伊吾盧地；（伊吾盧，即今新疆伊吾縣。）肜不見虜而還，下獄，免，卒。

綱　西域諸國遣子入侍。

目　竇固使假司馬班超，假者，權攝之義。班超，班固弟。與從事郭恂，從事，大將軍屬官。俱使西域。超行到鄯善，（西域國名，在今新疆鄯善縣東南。）鄯善王廣奉超禮敬甚備，後忽更疏懈，超謂其官屬曰：「此必虜使來，狐疑未知所從故也。明者覩未萌，況已著邪！」乃召侍胡詐之曰：「匈奴使來數日，今安在乎？」侍胡惶恐曰：「到已三日，去此三十里。」超乃閉侍胡，悉會其吏士三十六人，曰：「不入虎穴，不得虎子。當今之計，獨有因夜以火攻虜，使彼不知我多少，必大震怖，可殄盡也。滅此虜，則鄯善破膽，功成事立矣。」衆曰：「當與從事議之。」超怒曰：「吉凶決於今日；從事，文俗吏，聞此必恐，而謀泄，死無所名，非壯士也。」衆曰：「善。」初夜，初更時。超遂將吏士往奔虜營。會天大風，超令十人持鼓藏虜舍後，約曰：「見火燃，皆當鳴鼓大呼。」餘人悉持兵弩，夾門而伏。超乃順風縱火，前後鼓譟，虜衆驚亂，超手格殺三人，吏兵斬其使及從士三十餘級，餘衆百許人悉燒死。明日，乃還告郭恂，恂大驚。超於是召鄯善王廣，以虜使首示之，一國震怖。廣叩頭，「願屬漢，無二志。」遂納子爲質。還白竇固，固大喜，具上超功效，幷求更選使使西域。帝曰：「吏如班超，何故不遣而更選乎！今以超爲軍司馬，大將軍屬官有司馬一人。令遂前功。」

固復使超使于窴。（西域國名，即今新疆和闐縣。）是時于窴王廣德雄張南道，雄張，心自侈大也。而匈奴遣使監護其國。超既至于窴，廣德素聞超在鄯善誅滅虜使，大惶恐，即殺匈奴使者而降。於是諸國皆遣子入侍，西域與漢絕六十五載，至是乃復通焉。

廉范破匈奴

【綱】秋七月，北匈奴大入雲中。（雲中郡治雲中縣，即今內蒙古托克托縣。）

【目】北匈奴大入雲中，雲中太守廉范拒之。吏以衆少，欲移書傍郡求救，范不許。會日暮，范令軍士各交縛兩炬，三頭爇火，營中星列。虜謂漢兵救至，大驚，待旦將退。范令軍中蓐食，蓐，薦席。謂早炊食于寢蓐也。晨，往赴之，斬首數百級，虜自相轔藉，轔，車踐。藉，蹈藉。死者千餘人，由此不敢向雲中。

【綱】甲戌，十七年，（七四）春正月，北海王睦卒。（北海國都劇縣，在今山東昌樂縣西北。）

【目】睦少好學，光武及上皆愛之。嘗遣中大夫詣京師朝賀，召而謂之曰：「朝廷設問寡人，大夫將何辭以對？」使者曰：「大王忠孝慈仁，敬賢樂士，臣敢不以實對！」睦曰：「吁，子危我哉！此乃孤幼時進趨之行也。大夫具對以孤襲爵以來，志意衰惰，聲色是娛，犬馬是好，乃爲相愛耳。」其智慮畏慎如此。

白狼等國入貢

【綱】白狼等國入貢。

【目】益州刺史朱輔，（益州刺史治雒縣，即今四川廣漢縣。）宣示漢德，威懷遠夷，自汶山以西，（汶山，在今四川茂汶羌族自治縣東，今名九嶺山。）前世所不至，正朔所未加，白狼、槃木等百餘國，白狼、槃木，皆西南夷遠國。皆舉種稱臣奉貢。

綱 夏五月，百官上壽。

目 公卿百官以威德懷遠，祥物顯應，並集朝堂，奉觴上壽。制曰：「天生神物，以應王者；遠人慕化，實由有德；朕以虛薄，何以享斯！唯高祖、光武聖德所被，不敢有辭，其敬舉觴，太常擇吉日，策告宗廟。」仍推恩賜民爵及粟有差。

復置西域都護

綱 冬十一月，遣竇固等擊車師，車師，西域國。降之，復置西域都護，戊、己校尉。（宣帝神爵二年置西域都護，護車師以西北道。元帝初元元年置戊、己校尉，屯田車師。王莽之亂，西域與中國絕，不復置。明帝以陳睦爲都護，耿恭爲戊校尉，關寵爲己校尉。）

耿恭擊却匈奴

綱 乙亥，十八年，（七五）春二月，竇固軍還。

綱 北匈奴擊車師後王安得，殺之，遂攻戊校尉耿恭；戊校尉屯車師後王部金蒲城。（即車師後王所治務塗谷，在今新疆阜康縣東。）恭擊却之。

目 北單于遣左鹿蠡王率二萬騎擊車師，鹿一作「谷」。耿恭遣司馬將兵三百人救之，皆爲所殺，匈奴遂破殺車師後王安得而攻金蒲城。恭以毒藥傅矢，語匈奴曰：「漢家箭神，其中瘡者必有異。」瘡，傷也。虜中矢者，視創皆沸，創亦傷也。大驚。會天暴風雨，隨雨擊之，殺傷甚衆。匈奴震怖，相謂曰：「漢兵神，眞可畏也！」遂解去。

綱 夏六月，有星孛于太微。

反支日

第五倫爲司空

綱　秋八月，帝崩。

目　帝崩於東宮前殿，年四十八。帝遵奉建武制度，建武，光武年號。無所變更，后妃之家不得封侯與政。與同預。館陶公主爲子求郎，館陶公主，光武第三女，陰皇后所生，爲梁松所尙。（館陶，在今山東冠縣北。）不許，而賜錢千萬，謂羣臣曰：「郎官上應列宿，出宰百里，苟非其人，則民受其殃，是以難之。」公車以反支日不受章奏，反支日，用月朔爲正：戌、亥朔，一日反支；申、酉朔，二日反支；午、未朔，三日反支；辰、巳朔，四日反支；寅、卯朔，五日反支；子、丑朔，六日反支。帝聞而怪曰：「民廢農桑，遠來詣闕，而復拘以禁忌，豈爲政之意乎！」於是遂蠲其制。蠲，除也。是以吏得其人，民樂其業，遠近畏服，戶口滋殖焉。

綱　太子炟即位，尊皇后曰皇太后。葬顯節陵。（在今河南洛陽市東南。）

綱　冬十月，以趙憙爲太傅，牟融爲太尉，並錄尙書事。錄，采記也，總領衆事也。尙書有錄名，蓋始於此。

綱　十一月，以第五倫爲司空。

目　倫爲蜀郡太守，（蜀郡治成都，即今四川成都市。）在郡公清，所舉吏多得其人，故帝自遠郡用之。

綱　西域攻沒都護陳睦，北匈奴圍己校尉關寵。時己校尉屯車師前王柳中城。（柳中城，在今新疆鄯善縣境內。）車師叛，與匈奴共圍耿恭。詔酒泉太守段彭將兵救之。（酒泉郡治祿福縣，即今甘肅酒泉市。）

目 焉耆、龜茲攻沒都護陳睦，耆音奇。焉耆、龜茲，俱西域國。北匈奴圍關寵於柳中城。會中國有大喪，救兵不至，車師復叛，與匈奴共攻耿恭。恭率士衆禦之，數月，食盡窮困，乃煮鎧弩，鎧，甲也。食其筋革。恭與士卒推誠同死生，故皆無二心，而稍稍死亡，餘數十人。單于知恭已困，欲必降之，遣使招恭。恭誘其使上城，手擊殺之，委諸城上。單于大怒，更益兵圍恭，不能下。關寵上書求救，帝遣征西將軍耿秉屯酒泉，行太守事，遣酒泉太守段彭與謁者王蒙、皇甫援發張掖、酒泉、敦煌三郡及鄯善兵，（敦煌郡治敦煌縣，即今甘肅敦煌縣。張掖郡治觻得縣，在今甘肅張掖市西北。）合七千餘人以救之。

綱 是月晦，日食。

綱 以馬廖爲衞尉，防爲中郎將，光爲越騎校尉。越騎，越人內附以爲騎也。

目 太后兄弟，終明帝世未嘗改官。帝以廖爲衞尉，防爲中郎將，光爲越騎校尉。廖等傾身交結，冠蓋之士爭赴趣之。

綱 大旱。

肅宗孝章皇帝

名炟，明帝太子，母賈氏所生，馬皇后養之。在位十三年，壽三十一歲而崩。謚法：「溫克令儀曰章。」帝厭明帝苛切，每事務從寬厚；然寵任竇憲，以啓外戚用權之漸，此其所短也。

綱 丙子，肅宗孝章皇帝建初元年，（七六）春正月，詔廩贍饑民。

綱　詔二千石勸農桑，愼選舉，順時令，理寃獄。

陳寵第五倫請尚寬厚

目　時承永平故事，（永平，明帝年號。）吏政尚嚴切。尚書陳寵以帝新卽位，宜改前世苛俗，乃上疏曰：「臣聞先王之政，賞不僭，刑不濫；與其不得已，寧僭無濫。往者斷獄嚴明，所以威懲姦慝；姦慝既平，必宜濟之以寬。夫爲政猶張琴瑟，大絃急者小絃絕。陛下宜隆先王之道，滌蕩煩苛之法，以濟羣生，全廣至德。」帝深納寵言，每事務於寬厚。

第五倫亦上疏曰：「光武承王莽之餘，頗以嚴猛爲政，後代因之，遂成風俗。郡國所舉，類多辦職俗吏，殊未有寬博之選，以應上求者也。陳留令劉豫、冠軍令駟協，（陳留，在今河南開封市東南。冠軍，在今河南鄧縣西北。）並以刻薄之資，務爲嚴苦，吏民愁怨，莫不疾之，而議者反以爲能，違天心，失經義。非徒應坐豫、協，亦宜譴舉者，務進仁賢以任時政，不過數人，則風俗自化矣。」上善之。倫雖天性峭直，然常疾俗吏苛刻，論議每依寬厚云。

綱　關寵敗沒。段彭擊車師，匈奴走，車師復降。罷都護及戊、已校尉官。班超留屯疏勒。（疏勒，西域國。（疏勒王治疏勒城，卽今新疆疏勒縣。））

綱　八月，有星孛于天市。

綱　丁丑，二年，（七七）夏四月，大旱。

馬太后不許封外戚

目　上欲封爵諸舅，太后不聽。會大旱，言事者以爲不封外戚故。太后詔曰：「王氏五

馬廖上疏勸成德政

侯同日俱封，黃霧四塞，（見卷十七成帝建始元年「黃霧四塞」目。）不聞澍雨之應。夫外戚貴盛，鮮不傾覆，故先帝防慎舅氏，不令在樞機之位，又言『我子不當與先帝子等』，今有司奈何欲以馬氏比陰氏乎！」帝省詔悲歎，復重請之。太后曰：「常觀富貴之家，祿位重疊，猶再實之木，其根必傷。吾計之熟矣，勿有疑也！夫至孝之行，安親爲上。今數遭變異，穀價數倍，憂惶晝夜，不安坐臥，而欲先營外家之封，違慈母之拳拳乎！若陰陽調和，邊境清靜，然後行子之志；吾但當含飴弄孫，飴音移，餹也。不能復關政矣。」

馬廖上疏曰：廖，太后兄。「昔元帝罷服官，春、冬、夏三服之官。成帝御浣衣，哀帝去樂府，然而侈費不息，至於衰亂者，百姓從行不從言也。夫改政移風，必有其本。傳曰：『吳王好劍客，吳王，春秋吳公子光。（指吳王闔閭。）百姓多創瘢。創，刀傷；瘢，痕也。楚王好細腰，楚王，春秋楚靈王。宮中多餓死。』長安語曰：『城中好高結，結同髻，音記。四方高一尺。城中好廣眉，四方且半額。城中好大袖，四方全匹帛。』斯言如戲，有切事實。前下制度未幾，後稍不行，雖或吏不奉法，良由慢起京師。」太后深納之。

綱 戊寅，三年，（七八）春三月，立貴人竇氏爲皇后。竇融孫勳之女。

綱 己卯，四年，（七九）夏四月，立子慶爲皇太子。

綱 五月，封馬廖等爲列侯，以特進就第。

目 有司請封諸舅，帝以天下豐稔，方垂無事，方，四方。垂，遠邊。從之。太后聞之曰：「吾少壯時，但慕竹帛，古未有紙，書用竹簡或用帛。（言慕古人書名竹帛，猶言垂名後世。）志不顧命。今雖已老，猶戒之在得，故日夜惕厲，思自降損。何意老志不從，萬年之日長恨矣！」廖等辭讓，不許；乃受爵而辭位，許之，皆以特進就第。

綱　六月，皇太后馬氏崩。秋七月，葬明德皇后。

詔諸儒會白虎觀議五經同異

綱　冬十一月，詔諸儒會白虎觀，白虎觀在北宮。議五經同異。

白虎議奏

目　楊終言：「章句之徒，破壞大體，宜如宣帝石渠故事，（見卷十七宣帝甘露三年「詔諸儒講五經異同於石渠閣」目及注。）永爲後世則。」詔太常：「將、大夫、博士、郎官及諸儒會白虎觀，議五經同異。」帝親稱制臨決，作白虎議奏，今白虎通是。丁鴻、樓望、成封、桓郁、班固、賈逵及廣平王羨皆與。固，超之兄也。

綱　庚辰，五年，（八〇）春二月朔，日食；舉直言極諫。

目　詔：「所舉以巖穴爲先，士之隱於巖穴者。勿取浮華。」

以直言士補外官

綱　夏五月，以直言士補外官。

目　詔曰：「朕思遲直士，緩而有所待曰遲。思遲，猶言希望也。側席異聞，側席爲敬，不敢正坐也。其先至者，各已發憤吐懣，略聞子大夫之志矣。皆欲置於左右，顧問省納。建武詔書又曰：『堯試臣以職，不直以言語筆札。』今外官多曠，並可以補任。」

綱　辛巳，六年，（八一）秋七月，以廉范爲蜀郡太守。

廉范五袴歌

目　成都民物豐盛，邑宇逼側，舊制，禁民夜作以防火災，而更相隱蔽，燒者日屬。范乃毁削先令，但嚴使儲水而已。百姓以爲便，歌之曰：「廉叔度，叔度，范字。來何暮！不禁火，民安作。昔無襦，今五袴。」

綱　壬午，七年，（八二）夏六月，廢太子慶爲清河王，（清河國初都清陽縣，在今河北南宮縣東南，後徙都甘陵。）立子肇爲皇太子。

目　初，帝納扶風宋楊二女爲貴人，大貴人生太子慶；梁竦二女亦爲貴人，小貴人生皇子肇。竇皇后無子，養肇爲子；謀陷宋氏，誣言欲爲厭勝之術，乃廢慶爲清河王，以肇爲皇太子。出宋貴人，使小黄門蔡倫案之；皆飲藥自殺。慶時雖幼，亦知避嫌畏禍，言不敢及宋氏。帝更憐之，敕皇后令衣服與太子齊等。太子亦親愛慶，入則同室，出則同輿。

綱　秋八月，東平王蒼歸國。是年春諸王來朝，東平王蒼留京師，至是歸國。

目　有司復奏遣蒼歸國，手詔蒼曰：「骨肉天性，誠不以遠近爲親疏；然數見顏色，情重昔時。念王久勞，思得還休，欲署大鴻臚奏，不忍下筆，顧授小黄門；中心戀戀，惻然不能言。」於是車駕祖送，祖送，祖道而送。流涕而訣。訣，別也。

綱　癸未，八年，（八三）春正月，下梁竦獄，殺之。

目　太子肇之立也，梁氏私相慶；皇后以是忌梁貴人，數譖之。諸竇遂作飛書，陷竦以惡逆，竦死獄中，家徙九眞，兩貴人皆以憂死。

第五倫請抑竇憲

綱　馬廖、馬防有罪，免官就國。

目　馬廖謹篤自守，而性寬緩，不能教勑子弟，皆驕奢不謹。楊終與廖書戒之，廖不能從。防、光大起第觀，食客常數百人。防又多牧馬畜，賦斂羌、胡，帝數加譴敕，禁遏甚備。由是權勢稍損，賓客亦衰。廖子豫投書怨誹，于是有司幷奏防、光兄弟，悉免就國。光比防稍爲謹密，帝特留之，後復有詔還廖京師。

諸馬既得罪，竇氏益貴盛。皇后兄憲、弟篤，喜交通賓客。第五倫上疏曰：「竇憲椒房之親，典司禁兵，出入省闥；諸出入貴戚者，類多瑕釁禁錮之人，尤少守約安貧之節，更相販賣，雲集其門，蓋驕佚所從生也。三輔論議者，至云『以貴戚廢錮，當復以貴戚浣濯之，猶解酲當以酒也。』酲，酒病。臣愚願陛下、中宮嚴敕憲等，閉門自守，無妄交通士大夫，防其未萌，令憲永保福祿，此臣之所至願也！」憲以賤直請奪沁水公主園田，直，價也。（沁水縣，在今河南濟源縣東北。）沁水公主，明帝女。主逼畏不敢計。後帝出過園，指以問憲，憲陰喝不得對。喝猶噎塞也。後發覺，帝大怒，召憲切責曰：「深思前過奪主田園時，何用愈趙高指鹿爲馬！用猶以也。愈猶差也。久念使人驚怖，貴主尚見枉奪，況小民哉！國家棄憲，如孤雛、腐鼠耳！」憲大懼，皇后爲毀服深謝，毀，減損也。良久乃得解，使以田還主。

綱　下雒陽令周紆獄，雒陽，京師。尋赦出之。

目　周紆爲雒陽令，下車，先問大姓主名；吏數閭里豪強以對。紆厲聲曰：「本問貴戚若馬、竇等輩，豈能知賣菜傭乎！」於是部吏爭以激切爲事，貴戚跼蹐，（跼音局，曲也。蹐音積，累足也。累足而行，步之狹也。）京師肅清。竇篤夜至止姦亭，亭長拔劍肆詈。詔遣劍戟士收紆，送廷尉詔獄，數日貰出之。（貰音射，赦也。）

班超爲西域將兵長史

綱 以班超爲西域將兵長史。

目 帝拜班超爲將兵長史，以徐幹爲軍司馬，別遣衞候李邑護送烏孫使者。邑到于窴不敢前，因上書陳西域之功不可成，又盛毀超：「擁愛妻，抱愛子，安樂外國，無内顧心。」超聞之歎曰：「身非曾參而有三至之讒，恐見疑於當時矣！」遂去其妻。帝知超忠，乃切責邑，令詣超受節度，超卽遣邑將烏孫侍子還京師。幹謂超曰：「邑前毀君，欲敗西域，今何不緣詔書留之，更遣他吏送侍子乎？」超曰：「是何言之陋也！以邑毀超，故今遣之，内省不疚，何卹人言！（卹同恤。）快意留之，非忠臣也。」

李邑毀班超

詔議貢舉法

綱 甲申，元和元年，（八四）夏六月，詔議貢舉法。

目 陳事者多言：「郡國貢舉，率非功次，故守職益懈，而吏事寖疏。」詔公卿朝臣議。大鴻臚韋彪曰：（彪，韋賢曾孫。）「夫國以簡賢爲務，賢以孝行爲首，是以『求忠臣必於孝子之門。』（論語憲問孔子語。）夫人才行少能相兼，是以『孟公綽優於趙、魏老，不可以爲滕、薛大夫。』（孟公綽，魯大夫，性寡欲，可以爲晉卿之家臣，不可以爲小國之大夫。家臣稱老。）忠孝之人，持心近厚；鍛鍊之吏，持心近薄。士宜以才行爲先，不可純以閥閱。（史記（高祖）功臣年表：「明其等曰閥，積日曰閱。」）然其要歸，在於選二千石。二千石賢，則貢舉皆得其人矣。」帝納之。

綱　秋八月，帝南巡。冬十月，至宛，（即今河南洛陽市。）以朱暉爲尙書僕射。朱暉字文季，南陽人。

以朱暉爲尙書僕射

目　暉嘗爲臨淮太守，（後漢臨淮郡治下邳縣，在今江蘇邳縣東。）有善政，民歌之曰：「彊直自遂，南陽朱季，吏畏其威，民懷其惠。」時坐法免，家居，故上召而用之。後尙書張林上言：「縣官經用不足，不敢指斥天子，故稱縣官。宜自煑鹽，脩均輸法。」（見卷十五武帝元鼎二年「置均輸」目及注。）暉曰：「王制：『天子不言有無，諸侯不言多寡，食祿之家不得與百姓爭利。』均輸之法，與賈販無異，鹽利歸官，則下民窮愁，誠非明主所宜行。」帝怒，切責諸尙書，暉等皆自繫獄。三日，詔敕出之，曰：「國家樂聞駁議，黃髮無愆；黃髮，賢老也。詔書過耳，何故自繫！」

朱暉止均輸

綱　十一月，還宮。

綱　以孔僖爲蘭臺令史。蘭臺，御史臺也。令史，御史屬官。

孔僖

目　魯國孔僖，涿郡崔駰同遊太學，（涿郡治涿縣，在今河北涿縣北。）相與論「武帝始崇聖道，號勝文、景；及後恣己，忘其前善。」鄰房生上書，告「駰、僖誹謗先帝，刺譏當世。」事下有司，僖以書自訟曰：「凡言誹謗者，謂實無此事而虛加誣之也。至如孝武皇帝，政之美惡，顯在漢史，是爲直說書傳實事，非虛謗也。陛下卽位以來，政教未過，德澤有加，臣等獨何譏刺哉！假使所非實是，則固應悛改；儻其不當，亦宜含容，又何罪焉！齊桓公親揚其先君

賜毛義鄭均穀

詔戒俗吏矯飾

之惡以唱管仲，國語（齊語），魯莊公束縛管仲以與齊桓公，公迎而問焉，曰：「昔吾先君襄公築臺以爲高位，田狩畢弋，不聽國政，卑聖侮士，而唯女是崇，食必粱肉，衣必文繡，戎士凍餒，是以國家不日引，不月長。恐宗廟之不掃除，社稷之不血食，敢問爲此若何？」管仲乃對以致霸之術。然後羣臣得盡其心。今陛下乃欲爲十世之武帝，遠諱實事，豈不與桓公異哉！謹詣闕伏待重誅。」書奏，詔「勿問」，拜僖蘭臺令史。

綱　賜毛義、鄭均穀各千斛。

目　廬江毛義，（廬江郡治舒縣，在今安徽廬江縣東。）東平鄭均，皆以行義稱於鄉里。南陽張奉慕義名，往候之，坐定而府檄適至，檄，徵書。以義守安陽令。（安陽縣，在今河南息縣東。）義奉檄而入，奉音捧。喜動顏色。奉心賤之，辭去。後義母死，徵辟皆不至，朝廷召曰徵，郡國舉曰辟。奉乃歎曰：「賢者固不可測。往日之喜，乃爲親屈也。」

均兄爲縣令，頗受禮遺，均諫不聽，乃脫身爲傭，歲餘得錢帛歸，以與兄曰：「物盡可復得；爲吏坐贓，終身損棄。」兄感其言，遂爲廉潔。均仕爲尚書，免歸。帝下詔褒寵義、均，賜米各千斛。

綱　乙酉，二年，（八五）春正月，詔戒俗吏矯飾者。

目　詔曰：「俗吏矯飾外貌，似是而非，朕甚厭之，甚苦之！安靜之吏，悃愊無華，愊音璧。悃愊，至誠也。無華，謂不事文采也。日計不足，月計有餘。如襄城令劉方，（襄城，即今河南襄城縣。）吏民同聲謂之不煩，雖未有他異，斯亦殆近之矣！夫以苛爲察，以刻爲明，以輕爲德，以重爲威，四者或興，則下有怨心。吾詔書數下，冠蓋接道，而吏不加治，民或失職，其咎安在？勉思舊令，稱朕意焉！」

綱　二月，帝東巡。

目　帝之爲太子也，受書於汝南張酺。至是東巡，酺爲東郡太守，（東郡治濮陽縣，即今河南濮陽縣。）帝幸東郡，引酺及門生、掾、吏會庭中，先備弟子之儀，使酺講尚書一篇，然後脩君臣之禮。行過任城，（即今山東濟寧市。）幸鄭均舍，賜尚書祿以終其身，時人號爲「白衣尚書」。

綱　耕於定陶。（定陶，見上濟陰王注。）柴告岱宗；柴告，燔柴祭天告至也。岱宗，泰山也。宗祀明堂。

至魯祀孔子

三月，至魯，祀孔子。

目　帝祀孔子及七十二弟子於闕里，孔子所居里。（故址在今山東曲阜縣東北曲阜舊城中。）作六代之樂，六代，黃帝、堯、舜、禹、湯、武。大會孔氏男子六十二人。帝謂孔僖曰：「今日之會，寧於卿宗有光榮乎？」對曰：「臣聞明王聖主，莫不尊師貴道。今陛下親屈萬乘，辱臨敝里，此乃崇禮先師，增輝聖德，非臣家之私榮也！」帝大笑曰：「非聖者子孫，焉有斯言乎！」拜僖郎中。

綱　夏四月，還宮，假于祖禰。假音格。禰音你。（假，至也。禰，父廟。）

綱　丙戌，三年，（八六）夏五月，司空倫罷。

目　第五倫以老病乞身，賜策罷，以二千石俸終其身。倫奉公盡節，言事無所依違。

性質慤，少文采，在位以貞白稱。或問倫曰：「公有私乎？」對曰：「昔人有與吾千里馬者，吾雖不受，每三公有所選舉，心不能忘，而亦終不用也。吾兄子病，一夜十往，退而安寢；吾子有疾，雖不省視，而竟夕不眠。若是者，豈可謂無私乎。」

綱 詔侍中曹褒定漢禮。

目 博士曹褒請著漢禮，班固以爲「宜廣集諸儒，共議得失。」帝曰：「諺言：『作舍道邊，三年不成。』謂彼是此非，故久而無成也。會禮之家，名爲聚訟，會聚議禮之家，相爭不定也。互生疑異，筆不得下。昔堯作大章，一夔足矣。」大章，堯樂名。夔，堯、舜時樂官。見卷一帝舜五年「作簫韶樂」紀。乃拜褒侍中，授以叔孫通漢儀十二篇，（叔孫通制漢儀，見卷十高帝六年「叔孫通起朝儀」目。）曰：「此制散略，多不合經；今宜依禮條正，使可施行。」

綱 丁亥，章和元年，（八七）秋，改元。

目 是時屢有嘉瑞，言者咸以爲美，遂詔改元章和。太尉掾何敞獨惡之，謂宋由、袁安曰：「夫瑞應依德而至，災異緣政而生。今異鳥翔于殿屋，怪草生于庭際，不可不察！」由、安懼，不敢答。

綱 八月晦，日食。

綱 曹褒奏所撰制度。

目 曹褒依準舊典，雜以五經、讖記之文，撰次天子至于庶人冠、婚、吉、凶終始制度，凡百五十篇，奏之。帝以衆論難一，故但納之，不復令有司平奏。

【綱】戊子，二年，（八八）春正月，帝崩。

【目】年三十一。遺詔：「無起寢廟，一如先帝法制。」

【綱】太子肇即位，年十歲。尊皇后曰皇太后。

【綱】三月，葬敬陵。（在今河南洛陽市東南。）

【綱】太后臨朝。

崔駰戒竇憲

【目】竇憲以侍中內幹機密，出宣詔命；弟篤、景、瓌皆在親要。瓌音規。崔駰以書戒憲曰：「傳曰：『生而富者驕，生而貴者傲。』生富貴而能不驕傲者，未之有也。昔馮野王稱爲賢臣，近陰衞尉克己復禮，終受多福。外戚所以獲譏於時，垂愆於後者，蓋在滿而不挹，位有餘而仁不足。漢興，外家二十，保族全身，四人而已。（外家二十，謂呂氏、張氏、薄氏、竇氏、王氏、陳氏、衞氏、李氏、趙氏、上官氏、史氏、許氏、霍氏、卬成王氏、元后王氏、趙氏、傅氏、丁氏、馮氏、衞氏。保族全家四人，謂薄氏、竇氏、景帝王氏、卬成王氏。）書曰『鑒于有殷』，周書召誥篇辭。可不慎哉！」

竇憲殺都鄉侯

【綱】冬十月，侍中竇憲殺都鄉侯暢；（都鄉，在今河北涿縣北。暢，齊哀王子。）太后以憲爲車騎將軍，使擊北匈奴以贖罪。

【目】都鄉侯暢來弔國憂，太后數召見之，竇憲懼暢分宮省之權，遣客刺殺暢于屯衞之中，而歸罪于暢弟剛，使侍御史與青州刺史雜考之。（青州刺史治臨菑，在今山東益都縣北。）尙書韓稜以爲賊在京師，不宜捨近問遠，恐爲姦臣所笑。何敞請獨奏案之，於是推舉，具得事實。太后怒，閉憲於內宮。憲懼誅，因自求擊匈奴以贖死；乃以憲爲車騎將軍，執金吾耿秉爲副，發兵伐北匈奴。

孝和皇帝

名肇，章帝第四子，母梁貴人所生，竇皇后養之。在位十七年，壽二十七歲而崩。謚法：「不剛不柔曰和。」是時宦官、外戚迭爲消長，漢家之禍自此始矣。

綱 己丑，孝和皇帝永元元年，（八九）春，下尚書僕射郅壽吏，壽自殺。

郅壽自殺

目 竇憲將行，公卿詣朝堂上書諫，以爲「匈奴不犯邊塞，而無故勞師遠涉，損費國用，徼功萬里，徼音邀。非社稷之計。」書連上輒寢。袁安、任隗免冠固爭，前後十上，衆皆危懼，安、隗正色自若。侍御史魯恭上疏曰：「萬民者，天之所生。天愛其所生，猶父母愛其子。一物有不得其所者，則天氣爲之舛錯，況於人乎！故愛民者必有天報。夫戎狄者，四方之異氣也，是以聖王之制，羈縻不絕而已。羈縻，猶言維繫也。今匈奴遠藏，去塞數千里，而欲乘其虛耗，利其微弱，是非義之所出也。今始徵發，而大司農調度不足，上下相迫，民間之急亦已甚矣。羣僚百姓咸曰不可，陛下獨奈何以一人之計，棄萬人之命，不恤其言乎！」太后不聽。

魯恭諫伐匈奴

又詔使者爲篤、景起邸第。篤、景，竇憲二弟。侍御史何敞上疏言：「宜且罷工匠，以憂邊恤民。」書奏，不省。

竇憲擊破匈奴

竇憲爲大將軍

何敞上封事

竇憲嘗使門生齎書詣尚書僕射郅壽，有所請託，壽送詔獄，上書陳憲驕恣，引王莽以誡國家。又因朝會，厲音正色，譏憲等以伐匈奴、起第宅事。憲怒，陷壽以誹謗，下吏，當誅減死，徙合浦，（合浦郡治合浦縣，即今廣東合浦縣。）未行自殺。

綱　夏六月，竇憲擊北匈奴，大破之，登燕然山，（燕然山，即今蒙古人民共和國三音諾顏杭愛山。）刻石勒功而還。

目　竇憲、耿秉出朔方塞，（朔方郡，後漢治臨戎縣。在今內蒙古杭錦旗西。）與北單于戰于稽落山，（在今內蒙古白雲鄂博附近。）大破之，斬獲甚衆，降二十餘萬人。出塞三千餘里，登燕然山，命中護軍班固刻石勒功，紀漢威德而還。

綱　秋七月，會稽山崩。（會稽山，在今浙江紹興市南。）

綱　九月，以竇憲爲大將軍。

目　竇氏兄弟驕縱，尚書何敞上封事曰：密奏皁囊封版，故曰封事。「愛而不教，終至凶戾，猶飢而食之以毒，適所以害之也。伏見大將軍憲兄弟專朝，虐用百姓，奢侈僭偪，誅戮無罪。臣敞區區，誠不欲上令皇太后損文母之號，文母，文王妃。陛下有誓泉之譏，左傳隱公元年，鄭莊公母武姜愛莊公弟共叔段，段謀襲鄭，莊公遂置母于城潁而誓之曰：「不及黃泉，無相見也。」下使憲等得長保其福祐。」憲乃白出敞爲濟南太傅。白，白於太后。濟南太傅，濟南王康之太傅。

綱　大水。

竇憲擊匈奴於金微山

竇憲殺樂恢

竇憲伏誅

與鄭衆誅竇憲

【綱】辛卯，三年，(九一)春二月，竇憲遣兵擊北匈奴於金微山，大破之。

【目】竇憲以北匈奴微弱，欲遂滅之，遣左校尉耿夔圍北單于於金微山，大破之。出塞五千餘里而還，自漢出師，所未嘗至也。

【綱】竇憲殺尚書僕射樂恢。

【目】竇憲以耿夔、任尚爲爪牙，鄧疊、郭璜爲心腹，班固、傅毅典文章，刺史、守、令多出其門，賦斂吏民，共爲賂遺。尚書僕射樂恢上疏曰：「陛下富於春秋，纂承大業，諸舅不宜幹正王室，示天下之私。若上能以義自割，下能以謙自引，則四舅可長保爵土之榮，(四舅，謂憲、篤、景、瓌。)而皇太后永無慙負宗廟之憂矣。」書奏，不省。恢乞骸骨，歸；憲風州郡，(風同諷。)迫脅恢飲藥死。於是朝臣震懾，無敢違者。袁安以天子幼弱，外戚擅權，每朝會進見，及與公卿言國家事，未嘗不喑嗚流涕；(喑嗚，啼極無聲也。)天子大臣，皆恃賴之。

【綱】壬辰，四年，(九二)夏六月朔，日食。地震。旱，蝗。

【綱】大將軍竇憲伏誅。

【目】竇氏父子兄弟充滿朝廷，遂謀爲逆。帝知其謀，而外臣莫由親接，以鉤盾令鄭衆，鉤盾，宦者近署。(鉤盾令屬少府，宦官。)謹敏有心幾，(幾一作「機」。)不事豪黨，遂與衆定議誅憲。詔執金吾、五校尉勒兵屯衞南、北宮，閉城門，收憲大將軍印、綬，與篤、景、瓌皆就國。選嚴能相，迫令自殺。

班固著漢書班昭踵成之

除田租及山澤稅

竇氏宗族、賓客皆免歸故郡。班固死獄中。固嘗著漢書，尚未就，詔固女弟曹壽妻昭踵成之。

綱 以宦者鄭衆爲大長秋。（大長秋，宦官，秩二千石，掌奉宣中宮命。）

目 帝策勳班賞，衆每辭多受少，帝由是賢之，常與之議論政事，宦官用權自此始矣。

綱 乙未，七年，（九五）夏四月朔，日食。秋七月，易陽地裂。（易陽縣，在今河北永年縣西。）九月，地震。

綱 丙申，八年，（九六）春二月，立貴人陰氏爲皇后。夏，蝗。

綱 丁酉，九年，（九七）春三月，隴西地震。（後漢隴西郡治狄道縣，在今甘肅臨洮縣西南。）夏六月，旱、蝗。除田租及山澤稅。

綱 秋閏八月，皇太后竇氏崩。

目 初，梁貴人既死，宮省事祕，莫有知帝爲梁氏出者。舞陰公主子梁扈奏記三府，（舞陰，在今河南泌陽縣西北。）三府，太尉、司徒、司空。求得申議。太尉張酺言狀，帝感慟良久。酺因請追上尊號，存錄諸舅，帝從之。會貴人姊上書自訟，乃知貴人枉歿之狀。三公請奏「貶竇太后尊號，（三公即三府。）不宜合葬先帝。」帝手詔曰：「竇氏雖不遵法度，而太后常自減損。朕奉事十年，深惟大義：禮，臣子無貶尊上之文。恩不忍離，義不忍虧，其勿復議！」

綱 葬章德皇后。冬十月，追尊梁貴人爲恭懷皇太后，葬西陵。（梁貴人改葬於章帝敬陵之西，故稱西陵。）

綱 戊戌，十年，（九八）夏五月，大水。

劉愷讓國

綱 冬十二月，以劉愷爲郎。

目 初，居巢侯劉般薨，（居巢縣，在今安徽巢縣東北。劉般薨在建初三年。）子愷當嗣，稱父遺意，讓其弟憲，遁逃十餘歲，有司奏請絕其國。賈逵上書曰：「孔子稱『能以禮讓爲國乎何有。』（論語里仁篇）有司不原樂善之心，而繩以循常之法，非所以長克讓之風，成含弘之化也。」詔聽憲嗣爵，徵愷爲郎。

綱 壬寅，十四年，（一〇二）夏六月，皇后陰氏廢，死。

目 陰后妒忌恚恨。有言后挾巫蠱道者，女能事無形以舞降神曰巫，執左道以亂政惑人曰蠱。后坐廢，以憂死。

綱 徵班超還京師。

目 班超年老乞歸，久之未報，超妹曹大家上書爲超求哀，曹大家，曹壽妻，名昭。家音姑。（昭，班超妹。大家，宮中相尊之稱。）帝感其言，乃徵超還。八月，至洛陽；九月，卒。

班超誡任尚

任尚代爲都護，謂超曰：「小人猥承君後，任重慮淺，宜有以誨之。」超曰：「塞外吏士，本非孝子順孫，皆以罪過徙補邊屯；而蠻夷懷鳥獸之心，難養易敗。今君性嚴急，水淸無大魚，察政不得下和，察政，爲政察察太明。宜蕩佚簡易，佚音迭。蕩佚，寬大舒緩之意。寬小過，總大綱而已。」超去後，尙私謂所親曰：「我以班君當有奇策，今所言平平耳。」尙後竟失邊和，如超言。

綱 冬十月，立貴人鄧氏爲皇后。

目 初，鄧禹嘗謂人曰：「吾將百萬之衆，未嘗妄殺一人，後世必有興者。」其子訓有女曰綏，性孝友，好書傳。選入宮爲貴人，恭肅小心，動有法度，承事陰后，接撫同列，常克己以下之，雖宮人隸役，皆加恩恤，帝深嘉焉。及爲皇后，郡國貢獻，悉令禁絕，歲時但供紙墨而已。帝每欲官爵鄧氏，后輒哀請謙讓，故兄騭終帝世不過中郎將。

歲時但供紙墨而已

封鄭衆侯

綱 封鄭衆爲鄛鄉侯。（鄛鄉，在今河南新野縣東北。）

目 宦者封侯自此始。

綱 乙巳，元興元年，（一〇五）冬十二月，帝崩，太子隆即位。

目 初，帝失皇子十數，後生者輒隱祕，養於民間，羣臣無知者。及帝崩，皇后乃收皇子於民閒。太子勝，有痼疾。少子隆，生始百餘日，迎立以爲太子，即位。

綱 尊皇后曰皇太后，太后臨朝。

王渙卒

綱 雒陽令王渙卒。

目 渙居身平正，能以明察發擿姦伏，外猛內慈，人皆悅服。至是卒官，百姓莫不流涕，爲立祠，作詩絃歌以祭。太后詔曰：「夫忠良之吏，國家所以爲治也，求之甚勤，得之至

張禹爲太傅徐防爲太尉

鄧騭辭封

寡。其以渙子石爲郎中。」

孝殤皇帝 名隆，和帝少子，生僅百餘日，太后立之。在位一年，壽二歲而崩。諡法：「短折不成曰殤。」

綱 丙午，孝殤皇帝延平元年，（一〇六）春正月，以張禹爲太傅，徐防爲太尉，參錄尚書事。

目 太后以帝在襁褓，欲令重臣居禁內。乃詔禹舍宮中，五日一歸府，每朝見特贊，獨贊拜也。（謂贊拜者先獨贊張禹名，不與三公同贊。）與三公絕席。

綱 三月，葬愼陵。（和帝陵，在今河南洛陽市東南。）

綱 夏四月，以鄧騭爲車騎將軍、儀同三司。

綱 秋八月，帝崩。太后迎淸河王子祜入卽位，太后猶臨朝。春秋傳曰：「猶者可已之辭也。」是時安帝春秋十三，若輔以大臣，自可躬親庶政，故云太后猶臨朝。

綱 九月，大水。葬康陵。（殤帝陵，在今河南洛陽市東南。）

綱 隕石于陳留。

綱 冬十月，大水，雨雹。十二月，淸河王慶卒。

孝安皇帝 名祜，淸河孝王慶之子，章帝之孫，鄧太后立之。在位十九年，壽三十一歲而崩。諡法：「寬容和平曰安。」卽位數年，太后臨朝；親政之後，內寵益盛。

綱 丁未，孝安皇帝永初元年，（一〇七）春三月，日食。夏四月，封鄧騭及弟悝、弘、閶皆

三公以災異免

爲列侯，隲辭不受。（隲爲上蔡侯，悝爲葉侯，弘爲西平侯，閶爲西華侯。）

綱　秋九月，以寇賊、雨水，策免太尉防、司空勤。防，徐防。勤，尹勤。

目　三公以災異免自此始。仲長統曰：「光武慍數世之失權，忿彊臣之竊命，矯枉過直，政不任下，雖置三公，事歸臺閣。自此以來，三公之職，備員而已。至於中世，權移外戚，寵被近習，怪異數至，水旱爲災，而反以策讓三公，至於死、免，豈不寃哉！」

綱　戊申，二年，（一〇八）春正月，鄧隲擊鍾羌，（西羌之一種，在今甘肅隴西、岷縣一帶。）大敗。

綱　夏，旱。五月，太后親錄囚徒。

目　皇太后幸洛陽寺及若盧獄，官之所止曰寺。錄囚徒。洛陽有囚，實不殺人，而被考自誣，考，擊也。羸困輿見，畏吏不敢言，將去，舉頭若欲自訴。太后呼還問狀，具得枉實，卽收令抵罪。行未還宮，澍雨大降。

綱　六月，大水，大風，雨雹。秋七月，太白入北斗。

綱　冬十一月，徵鄧隲爲大將軍。

目　鄧隲在位，頗能推進賢士，薦何熙、李郃等列於朝廷，又辟弘農楊震、巴郡陳禪等置之幕府，辟，舉也。（弘農郡治弘農縣，在今河南靈寶縣南。巴郡治江州，在今四川重慶市江北岸。）天下稱之。震孤貧好學，通達博覽，諸儒爲之語曰：「關西孔子楊伯起。」伯起，楊震字。隲聞而辟之，累遷荊州刺史、東萊太守。（荊州刺史治漢壽，在今湖南常德縣東。後漢東萊郡治黃縣，在今山東蓬萊縣西南。）

當之郡，道經昌邑，（在今山東金鄉縣西北。）故所舉荆州茂才王密爲令，夜懷金遺震。震曰：「故人知君，君不知故人，何也！」密曰：「暮夜無知者。」震曰：「天知，地知，我知，子知，何謂無知者！」密愧而出。子孫常蔬食、步行；故舊或欲令爲開産業，震曰：「使後世稱爲清白吏子孫，以此遺之，不亦厚乎！」

綱 己酉，三年，（一〇九）春正月，京師大饑，民相食。夏四月，令吏民入錢穀，得拜官賜爵有差。冬十二月，并、涼大饑，（并州刺史治太原，即今山西太原市。涼州刺史治隴，在今甘肅秦安縣東北。）人相食。

虞詡諫棄涼州

綱 庚戌，四年，（一一〇）春正月，詔以涼州牧守子弟爲郎。

目 龐參説鄧騭「徙邊郡不能自存者入居三輔」，騭然之，欲棄涼州，并力北邊。郎中虞詡言於太尉張禹曰：「若大將軍之策，不可者三：先帝開拓土宇，勞而後定，今憚小費，舉而棄之，一也。涼州既棄，即以三輔爲塞，園陵單外，（園陵，指漢諸帝陵園。）二也；諺曰：『關西出將，關東出相。』烈士武臣，多出涼州，土風壯猛，便習兵事。今羌、胡所以不敢入據三輔爲心腹之害者，以涼州在後故也。涼州士民所以推鋒執鋭，父死子戰，無反顧之心者，爲臣屬於漢故也。今割而棄之，民庶安土重遷，必引領而怨曰：『中國棄我於夷狄！』如卒然起謀，因天下之飢敝，驅氐、羌以爲前鋒，席卷而東，則函谷以西，園陵舊京，非復漢有，三也。」禹以爲然。詡因説禹：「網羅涼土雄傑，引其牧守子弟於朝，外以勸勵答其功勤，內以拘致防其邪計。」禹善其言，更集四府，四府，太師、太傅、司徒、司空。皆從詡議。於是辟西州豪傑爲掾屬，拜牧守長吏子弟爲郎，以安慰之。

虞詡爲朝歌長

綱 以虞詡爲朝歌長，（朝歌縣，即今河南汲縣東北朝歌鎭。）討縣境羣盜，平之。

目 鄧騭以前議惡虞詡，欲以法中之。會朝歌賊數千人攻殺長吏，屯聚連年，州郡不能禁，乃以詡爲朝歌長。故舊皆弔之，詡笑曰：「事不避難，臣之職也。不遇盤根錯節，無以別利器，樹根之盤互，木節之交錯，非堅利之器不能治之。此乃吾立功之秋也。」及到官，設三科以募壯士，掾吏以下各舉所知，攻劫者爲上，傷人偷盜者次之，不事家業者爲下，是爲三科。收得百餘人，貰其罪，貰，赦也。使入賊中誘令劫掠，乃伏兵以待之，殺數百人。又潛遣貧人能縫者傭作賊衣，以采線縫其裾，裾音居，衣後裾。有出市里者，吏輒禽之。賊於是駭散，縣境皆平。

綱 甲寅，元初元年，（一一四）春二月，日南地坼。（日南郡治西捲縣，在今越南民主共和國北境。）

目 長百餘里。

綱 夏，旱、蝗。六月，河東地陷。（河東郡治安邑縣，在今山西運城縣東北安邑鎭。）

綱 乙卯，二年，（一一五）夏四月，立貴人閻氏爲皇后。

目 后性妒忌，後宮李氏生皇子保，后鴆殺李氏。

虞詡爲武都太守

綱 冬，以虞詡爲武都太守。擊羌，破之。

目 太后聞虞詡有將帥之略，以爲武都太守。（武都郡，後漢治下辯縣，在今甘肅徽成縣西。）羌衆數千遮詡于陳倉崤谷，（陳倉，在今陝西寶雞市東。崤谷即大散關，在今寶雞市西南。）詡即停車不進，而宣言上書請兵，須到當發。羌聞之，乃分鈔傍縣。鈔，略也。詡因其兵散，日夜進道，兼行百餘里，令吏士各作兩竈，日增倍之，羌不敢逼。或問曰：「孫臏減竈，（孫臏事見卷六周顯王二十八年「魏伐韓」目。）而君增之；兵法日行不過三十里，而今日且二百里，何也？」詡曰：「虜衆多，吾兵少，徐行則易爲所及，速進則彼所不測。虜見吾竈日增，必謂郡兵來迎，衆多行速，必憚追我。孫臏見弱，吾今示強，勢有不同故也。」既到郡，兵不滿三千，而羌衆萬餘，攻圍赤亭數十日。（赤亭，在今甘肅徽成縣西南。）詡乃令軍中強弩勿發，而潛發小弩；羌以爲矢力弱，不能至，并力急攻。詡於是使二十強弩共射一人，發無不中，羌大震，退；詡因出城奮擊，多所傷殺。明日，悉陳其兵衆，令從東郭門出，北郭門入，貿易衣服，回轉數周；羌不知其數，更相恐動。詡計賊當退，乃潛遣五百餘人于淺水設伏，候其走路；虜果大奔，因掩擊，大破之，賊由是敗散。詡乃占相地勢，築營壁百八十所，壁，軍壘。招還流亡，假賑貧民，開通水運。視事三年，人足家給，一郡遂安。

綱 己未，六年，（一一九）冬十二月朔，日食，既。地震。

綱 豫章芝草生。（豫章郡治南昌縣，即今江西南昌市。）

目 豫章有芝草生，太守劉祗欲上之，以問郡人唐檀。檀曰：「方今外戚豪盛，君道微弱，斯豈嘉瑞乎！」祗乃止。

綱鑑易知錄卷二三

東漢紀

孝安皇帝

綱　庚申，永寧元年，（一二〇）夏四月，立子保爲皇太子。以楊震爲司徒。

綱　辛酉，建光元年，（一二一）春三月，皇太后鄧氏崩。封鄧隲爲上蔡侯。（上蔡，卽今河南上蔡縣。）

目　太后自臨朝以來，水旱十載，四夷外侵，盜賊內起；每聞民飢，或達旦不寐，躬自減徹，以救災戹，故天下復平，歲仍豐穰。然帝已年長，久不還政，潁川杜根嘗上書言之；（潁川郡治陽翟縣，卽今河南禹縣治。杜根，潁川定陵人，時爲郎中。）太后大怒，盛以縑囊撲殺之，載出城外，得蘇，逃竄爲宜城山中酒家保，（宜城，在今湖北宜城縣南。）酒家保，酒家作保傭也。積十五年。平原成翊世亦坐諫太后不歸政，（平原郡治平原縣，在今山東平原縣南。成翊世時爲平原郡吏。）抵罪。至是尙書陳忠薦之，帝拜根侍御史，翊世尙書郎。或問根曰：「往者遇禍，何至自苦如此？」根曰：「周旋民閒，非絕迹之處，邂逅發露，禍及親知，故不爲也。」

綱　葬和熹皇后。追尊清河孝王曰孝德皇，皇妣曰孝德后。

詔舉有道之士

陳忠豫廣帝意

薛包至行

鄧騭死

綱　夏，詔舉有道之士。

目　尚書陳忠以詔書既開諫爭，慮言事者必多激切，致不能容，乃上疏豫廣帝意曰：「臣聞仁君廣山藪之度，納切直之謀；忠臣盡蹇諤之節，蹇同謇。不畏逆耳之害。今明詔引咎克躬，諮訪羣吏，言者見杜根、成翊世等新蒙表錄，顯列二臺，必承風響應，爭為切直。嘉謀異策，宜輒納用；如其管穴，猶東方朔所謂「以管窺天」之意，謂言事者所見不遠大，而所言或妄誕也。妄有譏刺，雖苦口逆耳，不得事實，且優游寬容，以示聖朝無諱之美。」從之。

綱　以薛包為侍中，不拜。

目　初，汝南薛包，（汝南郡治平輿縣，在今河南確山縣東北。）少有至行，父娶後妻而憎包，分出之。包日夜號泣，不忍去，至被毆扑，不得已，廬于外，旦入灑掃。父怒，又逐之，乃廬于里門，昏晨不廢。積歲餘，父母慚而還之。及父母亡，弟子求分財異居；包不能止，乃中分其財，奴婢引其老者，曰：「與我共事久，若不能使也。」若，汝也。田廬取其荒頓者，荒，蕪也。頓，壞也。曰：「我少時所治，意所戀也。」器物取朽敗者，曰：「我素所服食，身口所安也。」弟子數破其產，輒復賑給。帝聞其名，令公車徵至，拜侍中。包以死自乞，詔賜告歸，加禮如毛義。（毛義事見卷二十二章帝元和元年「賜毛義、鄭均穀」目。）

綱　徙封鄧騭為羅侯，（羅縣，在今湖南湘陰縣東北。）遣就國，騭自殺。騭不食而死。貶平原王翼為都鄉侯。翼，河閒王子，鄧太后徵為平原懷王勝後，留京師。及太后崩，宮人有誣告太后兄弟謀立平原王，故貶。（都鄉，在今河北涿縣北。）

綱　以耿寶監羽林車騎。封宋楊四子及宦者江京、李閏皆爲列侯。（宋楊事見卷二十二章帝建初七年「廢太子慶爲淸河王」目。）

目　帝以耿貴人兄寶監羽林車騎，（耿貴人，帝母耿姬。羽林車騎，宿衞之士。）宋氏封侯爲卿、校、侍中者十餘人。閻后兄弟顯、景、耀並典禁兵。江京、李閏皆爲列侯，與中常侍樊豐、劉安、陳達及王聖、聖女伯榮扇動內外，（王聖，帝乳母。）競爲侈虐，出入宮掖，傳通姦賂。

楊震請出王聖

司徒楊震上疏曰：「臣聞政以得賢爲本，治以去穢爲務。方今九德未事，（書皐陶謨：「亦行有九德。」總言德之見於行者，其凡有九也。未事，未任以事。）嬖倖充庭，王聖賤微，得奉聖躬，雖有推燥居溼之勤，前後賞惠，過報勞苦，而外交屬託，損辱淸朝。宜速出阿母，（阿母即乳母，謂王聖。）令居外舍，斷絕伯榮，莫使往來。」帝以疏示聖等，皆忿恚。

劉愷爲太尉

綱　秋八月，以劉愷爲太尉。

目　居延都尉范邠犯贓罪，（居延縣，在今內蒙古額納濟旗。）吏議欲增錮二世；劉愷以爲「春秋之義，善善及子孫，惡惡止其身，（公羊傳昭公二十年：「君子之善善也長，惡惡也短，惡惡止其身，善善及子孫。」）所以進人於善也。今以輕從重，懼及善人，非先王祥刑之意也。」（書呂刑：「告爾祥刑。」註：「刑，凶器也，而謂之祥者，刑期無刑，民協于中，其祥莫大焉。」）詔從之。

綱　壬戌，延光元年，（一二二）秋九月，遣宦者及乳母王聖、女伯榮詣甘陵。（帝父孝德皇之

陳忠諫遣女使

黃憲

陵墓。

目　尚書僕射陳忠上疏曰：「竊聞使者所過，威動郡縣，王、侯、二千石至爲伯榮獨拜車下，脩道繕亭，徵役無度，賂遺僕從，人數百匹。伯榮之威重于陛下，陛下之柄在于臣妾。昔韓嫣託副車之乘，嫣音偃。韓嫣，武帝幸臣。受馳視之使，江都誤爲一拜，而嫣受歐刀之誅。歐刀，刑人之刀。江都易王，景帝之子，入朝，有詔得從獵上林。天子車駕未行，而先使嫣乘副車，從數十騎，騖馳視獸。江都王望見，以爲天子，乃辟從者，伏謁道旁。嫣驅不見，既過，江都王怒，爲皇太后泣。後以姦聞，太后使使賜嫣死。臣願明主嚴天元之尊，天元，猶言乾元。正乾剛之位，不宜復令女使干錯萬機。」書奏，不省。

綱　汝南黃憲卒。

目　汝南太守王龔，政崇溫和，好才愛士，以袁閬爲功曹，功曹，郡錄事。引進黃憲、陳蕃；憲不屈，蕃就吏。閬不脩異操，蕃性氣高明。憲世貧賤，父爲牛醫。憲年十四，潁川荀淑遇於逆旅，逆旅，客舍也。竦然異之，揖與語，移日不能去，謂曰：「子，吾之師表也。」前見袁閬，未及勞問，逆曰：「子國有顏子，寧識之乎？」閬曰：「見吾叔度耶？」叔度，憲字。同郡戴良，才高倨傲，而見憲未嘗不正容，及歸，罔然若有失也。罔同惘。其母問曰：「汝復從牛醫兒來耶？」對曰：「良不見叔度，自以爲無不及；既覩其人，則瞻之在前，忽然在後，固難得而測矣。」陳蕃、周舉常相謂曰：「時月之閒，不見黃生，則鄙吝之萌，復存乎心矣！」太原郭泰，（太原，即今山西太原市。）泰字林宗。少游汝南，過袁閬，不宿而退；從憲，累日乃還。或問之，泰曰：「奉高之器，奉高，袁閎字。譬之氿濫，氿音癸。泉旁出曰氿泉，正出曰濫泉。雖清而易挹，挹音揖，酌也。叔度汪汪，汪汪，深廣貌。若千頃波，波同陂，音卑，畜水曰陂。澄之不清，淆之不濁，不可量也。」

封王聖

綱　癸亥，二年，（一二三）夏四月，封王聖爲野王君。（野王縣，即今河南沁陽縣。）

綱　以班勇爲西域長史，勇，班超少子。將兵屯柳中。（柳中城，在今新疆鄯善縣境。）

楊震爲太尉

綱　冬，以楊震爲太尉。

目　耿寶薦李閏兄於震曰：「李常侍國家所重，宦官曰常侍。欲令公辟其兄，辟，舉也。寶唯傳上意耳。」震曰：「如此則宜有尚書敕。」寶大恨而去。閻顯亦薦所親，顯，閻后兄。震又不從；司空劉授聞而辟之，震益見怨。

綱　十二月，地震。

綱　聘處士周燮、馮良，不至。

目　陳忠薦汝南周燮、南陽馮良學行深純，（南陽郡治宛縣，即今河南南陽市。）隱居不仕。帝以羔幣聘之。燮宗族勸之曰：「夫脩德立行，所以爲國，君獨何爲守東岡之陂乎？」（周燮汝南安城人，結廬于岡畔，下有陂田。東岡之陂，謂其躬耕之田，在今河南汝南縣東南。）燮曰：「夫脩道者度時而動，度音鐸。動而不時，焉得亨乎！」與良皆自載至近縣，稱病而還。

楊震自殺

綱　甲子，三年，（一二四）春二月，帝東巡。三月，還。未入宮，策收太尉震印、綬，遣歸故郡。震自殺。

目　樊豐等憤怨楊震，會趙騰上書指陳得失，帝發怒，欲誅騰。震救之，帝不聽，竟殺之。及帝東巡，豐等共譖震云：「自趙騰死後，深懷怨懟；且鄧氏故吏，有恚恨心。」帝然之。及還京師，便臨太學，即其夜遣使者策收震太尉印、綬。震於是柴門絕賓客。（柴，塞斷其門，不通出入。）豐等復惡之，令耿寶奏震恚望。有詔，遣歸故郡。至城西夕陽亭，（夕陽亭，在河南洛陽市城西。）乃慷慨謂其諸子、門人曰：「死者，士之常分。吾蒙恩居上司，疾姦臣狡猾而不能誅，惡嬖女傾亂而不能禁，何面目復見日月！」因飲酖而卒。太僕來歷曰：「耿寶傾側姦臣，傷害忠良，禍將至矣！」

綱　秋八月，以耿寶為大將軍。

耿寶為大將軍

綱　九月，廢太子保為濟陰王。（濟陰國都定陶縣，在今山東菏澤縣東南。）江京、樊豐與閻后讒太子，故廢也。

綱　是月晦，日食。地震，大水，雨雹。

綱　乙丑，四年，（一二五）春二月，帝南巡。三月朔，日食。

綱　帝崩于葉，（在今河南葉縣南。）還宮發喪。

目　帝崩于乘輿，（天子以四海為家，故行曰乘輿，止曰行在。）皇后與閻顯兄弟、江京、樊豐等謀，以濟陰王在內，恐公卿立之，乃偽云「帝疾甚」，徙御臥車馳歸，四日至洛陽。

綱　尊皇后曰皇太后，太后臨朝。以閻顯為車騎將軍、儀同三司。迎北鄉侯懿入即位。（北鄉，在今山東長淸縣境。）

目　太后欲久專國政，貪立幼年，與顯等定册，迎章帝孫濟北惠王子北鄉侯懿爲嗣。（濟北惠王名壽，章帝子。）濟陰王以廢黜，不得上殿親臨梓宮，（臨，哭也。天子棺以梓木爲之，曰梓宮。）悲號不食，內外羣僚莫不哀之。

耿寶自殺

綱　樊豐等下獄死，耿寶自殺，王聖、伯榮徙鴈門。（鴈門郡治陰館縣，在今山西代縣西北。）

目　閻顯忌樊豐、耿寶，風有司奏貶寶爲亭侯，遣就國；寶自殺。豐及謝惲、周廣下獄，死。聖母子徙鴈門。而以弟景等爲卿校，並處權要，威福自由。

綱　葬恭陵。（恭陵，安帝陵，在今河南洛陽市東南。）

綱　冬十月，北鄉侯薨。

目　閻顯白太后，祕不發喪，而更徵諸王子，閉宮門，屯兵自守。

綱　十一月，地震。

誅閻顯等

十九侯

綱　中黃門孫程等迎濟陰王保入卽位。誅閻顯等，遷太后于離宮；封程等十九人爲列侯。（十九人，中黃門孫程、王康、王興、黃龍、彭愷、孟叔、李建、王成、張賢、史汎、馬國、王道、李元、楊佗、陳予、趙封、李綱、魏猛、苗光。）

改葬楊震

綱　改葬故太尉楊震，祠以中牢。

目　詔以楊震二子爲郎，贈錢百萬，以禮改葬。去年楊震遣歸故郡，飲酖而卒；弘農太守移良留停震喪，露棺道側。葬日，有大鳥高丈餘，集震喪前。郡以狀上，帝感震忠直，詔復以中牢具祠之。

孝順皇帝 名保，安帝太子，在位十九年，壽三十二歲而崩。諡法：「慈和徧服曰順。」帝即位之初，天下想其風采，黃瓊、李固之徒相繼登用，東京之士於茲盛焉。然閹宦弄權，梁氏用事，賢人君子不能救漢祚之衰矣。

綱 丙寅，孝順皇帝永建元年，（一二六）春正月，帝朝太后於東宮。從李郃之請也。

綱 皇太后閻氏崩。二月，葬安思皇后。

綱 秋七月，以來歷爲車騎將軍。

綱 下司隸校尉虞詡獄，尋赦出之，以爲尚書僕射。左雄爲尚書。

目 司隸校尉虞詡到官數月，奏太傅馮石、太尉劉熹，免之，又劾中常侍程璜、陳秉、孟生、李閏等，百官側目。三公劾詡：三公，太尉、司空、司徒。「盛夏拘繫無辜，爲吏民患。」詡上書自訟曰：「法禁者，俗之隄防；刑罰者，民之銜轡。今州曰任郡，郡曰任縣，更相委遠，百姓怨窮；以苟容爲賢，盡節爲愚。臣所發舉，臧罪非一。三府恐爲臣所奏，三府即三公。遂加誣罪；臣將從史魚死節，以尸諫耳！」韓詩外傳：「衞大夫史魚死，謂其子曰：『我言蘧伯玉賢不能進，彌子瑕不肖不能退，死不當埋，殯于室足矣！』子以父言聞之君，乃立召伯玉而貴之，子瑕而退之。」又案中常侍張防，屢寢不報。詡不勝憤，乃自繫廷尉，奏言曰：「昔樊豐幾亡社稷，今張防復弄威柄，臣不忍與防同朝，謹自繫以聞。」書奏，坐論輸左校。左校令，掌左工，屬將作大匠。二日之中，傳考四獄。浮陽侯孫程等乞見，（浮陽，在今河北滄縣東。）言「虞詡盡忠，更被拘繫；張防贓罪明正，反構忠良。」於是防坐徙邊，卽赦出詡。程復上疏，云詡有功，語甚激切，帝感悟，徵拜議郎，數日遷僕射。

虞詡薦左雄

詡上疏曰：「方今公卿以下，類多拱默，至相戒曰：『白璧不可爲，後書黃瓊傳「皎皎者易汙」是也。容容多後福。』容容，隨衆上下也。伏見議郎左雄，有王臣蹇蹇之節，易蹇卦六二：「王臣蹇蹇，匪躬之故。」蹇，難也，言不避艱險以求濟之，是蹇而又蹇，非以其身之故也。宜擢在喉舌之官，後書李固傳：「陛下之有尚書，猶天之有北斗；斗爲天喉舌，尚書爲陛下喉舌。」必有匡弼之益。」由是拜雄尚書。

綱 丁卯，二年，（一二七）夏六月，追尊李氏爲恭愍皇后。（帝母李氏，爲閻皇后鴆殺，見卷二十二安帝元初二年。）

聘處士樊英

綱 秋七月，聘處士樊英，以爲五官中郎將。

目 初，南陽樊英，少有學行，隱于壺山之陽，（壺山，在今河南泌陽縣東北。）州郡禮請，公卿舉賢良、有道，安帝賜策書徵，皆不至。是歲，帝復以策書、玄纁，纁，赤色。帛五匹爲束，三玄、二纁。備禮徵之，英固辭疾篤，不聽；英不得已到京，稱疾，強輿入殿，猶不能屈。帝乃設壇，賜几、杖，待以師傅之禮，延問得失，拜五官中郎將。數月，英稱疾篤，詔以爲光祿大夫，賜告歸。英初被詔命，衆皆以爲必不降志。南郡王逸與書，（南郡治江陵縣，卽今湖北江陵縣。）勸使就聘。及後應對，無奇謀深策，談者失望。河南張楷謂曰：（河南郡治雒陽，卽今河南洛陽市。）「天下有二道，出與處也。吾前以子之出，能輔是君也，濟斯民也；而子始以不訾之身，訾音咨，量也。怒萬乘之主，及其享受爵祿，又不聞匡救之術，進退無所據矣。」

綱 以處士楊厚、黃瓊爲議郎。

目 時又徵廣漢楊厚、江夏黃瓊。厚至，（廣漢郡治雒縣，在今四川廣漢縣北。江夏郡治西陵縣，在今湖北黃岡縣北。）豫陳漢有三百五十年之厄以爲戒，拜議郎。瓊將至，李固以書逆遺之曰：逆，迎也。「伯夷隘，柳下惠不恭。不夷不惠，可否之閒，聖賢居身之所珍也。自生民以來，善政少而亂俗多，必待堯、舜之君，此爲士行其志終無時矣。語曰：『嶢嶢者易缺嶢同磽，音敲。嶢嶢，堅硬也。皦皦者易汙。』皦皦，明白也。盛名之下，其實難副。近魯陽樊君被徵初至，（魯陽縣屬南陽郡，卽今河南魯山縣。）樊君，謂樊英。朝廷設壇席，猶待神明，雖無大異，而言行所守，亦無所缺；而毁謗布流，應時折減者，豈非觀聽望深，聲名太盛乎！是故俗論皆言『處士純盜虛聲』，願先生弘此遠謨，令衆人歎服，一雪此言耳！」瓊至，拜議郎，稍遷尙書僕射，數上疏言事，上頗采用之。

李固遺黃瓊書

綱 己巳，四年，（一二九）夏五月，桂陽獻大珠，（桂陽郡治郴縣，卽今湖南郴縣。）還之。

綱 辛未，六年，（一三一）春二月，以沈景爲河閒相。（河閒國都樂成縣，在今河北獻縣東南。）

目 河閒王政，傲很不奉法，帝以侍御史沈景有彊能，擢爲河閒相。景到國謁王，王不

沈景爲河閒相

（上接「固，郃之子也，少好學。郃爲司徒，固改姓名，杖策驅驢，杖，持也。策，馬箠。負笈從師，笈音及，書箱。不遠千里。每到太學，密入公府定省，不令同業諸生知其爲郃子也。」）

驅驢負笈

正服，箕踞殿上；箕踞，散坐也。坐伸兩足，以手按膝，形如箕也。侍郎贊拜，景峙不爲禮，峙，挺然立也。問王所在。虎賁曰：賁音奔。虎賁，武士之號，言其勇猛如虎之賁騰。「是非王邪！」景曰：「王不正服，常人何別！今相謁王，豈謁無禮者邪！」王慙而更服，景然後拜；出，請王傅責之曰：「前發京師，陛見受詔，以王不恭，使相簡督。諸君空受爵祿，曾無訓導之義！」因捕諸姦人，奏案其罪，出寃獄百餘人。政遂改節，悔過自脩。

起太學

綱　秋九月，起太學。

目　初，安帝薄于藝文，博士不復講習，朋徒怠散，學舍穨敝，鞠爲園蔬。鞠，盡也。將作大匠翟酺上疏請更脩繕，將作大匠，官名，掌脩作宗廟、殿寢、宮室、陵園土木之工。誘進後學，帝從之。

立梁皇后

綱　壬申，陽嘉元年，（一三二）春正月，立貴人梁氏爲皇后。

目　帝欲立后，而貴人有寵者四人，莫知所建，議欲探籌以定。僕射胡廣等諫曰：「恃神任筴，不必當賢；就值其人，猶非德選。宜參良家，簡求有德，德同以年，年鈞以貌，稽之典經，斷之聖慮。」帝從之。恭懷皇后弟子乘氏侯商之女，恭懷皇后，和帝母梁貴人。（乘氏縣，在今山東鉅野縣西南。）選爲貴人，常特被引御，從容辭曰：「夫陽以博施爲德，陰以不專爲義。願陛下思雲雨之均澤，小妾得免於罪。」帝由是賢之，立以爲后。

梁商

綱　夏四月，以梁商爲執金吾。

立孝廉限年課試法

綱　冬，立孝廉限年課試法。

左雄限年察舉法

郎顗災異對

郎顗條便宜七事

目　尚書令左雄上疏曰：「寧民之道，必在用賢；用賢之道，必存考黜。吏數變易，則下不安業；久於其事，則民服教化。今俗浸彫敝，巧僞滋萌，典城百里，轉動無常，各懷一切，一切，苟且也。莫慮長久。臣愚以爲守、相長吏有顯效者，可就增秩，勿移徙；非父母喪，不得去官。」帝詔悉從之，而宦官不便，終不能行。雄又言：「孔子曰『四十不惑』，禮稱『彊仕』。曲禮：「四十曰彊而仕。」請自今孝廉，年不滿四十，不可察舉，皆先詣公府，諸生試家法，習詩者曰詩家，習禮者曰禮家。文吏課牋奏，牋表、奏章。副之端門，副之，再往也。端門，殿之正門。（端門，尚書奏事之所。謂舉者先詣公府課試，再以副本送端門，受尚書審核也。）練其虛實。若有茂才、異行，自可不拘年齒。」帝從之，令「郡國舉孝廉，限年四十以上；諸生通章句，文吏能牋奏，乃得應選。其有茂才、異行，若顏淵、子奇，子奇，齊人，年十八，齊君使主東阿，阿縣大化。不拘年齒。」雄亦公直精明，能審覈眞僞，決志行之。頃之，胡廣出爲濟陰太守，（濟陰郡治定陶縣，在今山東菏澤縣東南。）與諸郡守十餘人皆坐謬舉免黜；唯汝南陳蕃、潁川李膺、下邳陳球等三十餘人，（下邳縣，在今江蘇邳縣東。）得拜郎中。自是牧守畏慄，莫敢輕舉。迄于永嘉，沖帝年號。察選清平，多得其人。

綱　癸酉，二年，（一三三）春正月，徵郎顗以爲郎中，顗音以。（郎顗北海人，精陰陽之學。）不就。

目　上召郎顗，問以災異。顗上章曰：「三公上應台階，即泰階也。泰階，三台也，凡六星。下同元首，政失其道，則寒陰反節。今之在位，競托高虛，納累鍾之奉，奉同俸。亡天下之憂；以此消伏災眚，生，上聲。興致升平，其可得乎！」因條便宜七事：「一，園陵火災，去年閏十二月，恭陵百丈廡災。宜念百姓之勞，罷繕脩之役；二，立春以後，陰寒失節，宜采納良臣，以助聖化；三，今年少陽，春旱、夏水，宜務節約；四，去年八月，熒惑出入軒轅，（熒惑，南方火星。軒轅十二星，后妃所居。）宜簡出宮女；五，去冬有白氣從西方天苑，（天苑十六星，如環狀。）趨參左足，（參爲白虎三星直。）入玉井，（參下四小星名玉井。）恐有羌寇，宜爲備禦；六，近者白虹貫日，宜令中外官司，並須立秋然後考事；七，漢興以來三百二十九歲，於時三朞，宜大蠲法令，有所變更。王者之法，譬猶江、河，當使易避而難犯。」書奏，特拜郎中，辭病不就。

封乳母爲山陽君

綱 封乳母宋娥爲山陽君。（山陽縣，在今河南修武縣西北。）

目 帝之立也，娥與其謀，故封之。又封梁商子冀爲襄邑侯。（襄邑，在今河南睢縣西。）左雄上封事曰：「高皇帝約，非有功不侯。不宜追錄小恩，虧失大典。」帝不聽。

綱 夏四月，京師地震。詔公卿直言，舉敦樸之士。

李固對策

綱 京師地拆，詔引敦樸士對策。

目 洛陽宣德亭地拆八十五丈；帝引公卿所舉敦樸士對策。李固對曰：「漢興以來三百餘年，賢聖相繼十有八主，（十八主，高、惠、文、景、武、昭、宣、元、成、哀、平、光武、明、章、和、殤、安及順帝。）豈無阿乳之恩，豈無貴爵之寵？然上畏天威，俯案經典，知義不可，故不封也。今宋阿母雖有功勤，但加賞賜，足酬其勞；裂土開國，實乖舊典。聞阿母體性謙虛，必有遜讓，陛下宜許其辭國之高，使成萬安之福。夫妃、后之家，所以少完全者，豈天性當然，但以爵位尊顯，顯總權柄，天道惡盈，不知自損，故至顛仆。今梁氏子弟羣從，榮顯兼加，永平、建初故事，永平，明帝年號。建初，章帝年號。殆不如此。宜令還居黃門之官，使權去外戚，政歸國家。陛下之有尙書，猶天之有北斗；斗爲天喉舌，尙書亦爲陛下喉舌。斗斟酌元氣，運乎四時；尙書出納王命，賦政四海。賦，班也。今與陛下共天下者，外則公卿、尙書，內則常侍、黃門，譬猶一門之內，一家之事，安則共其福慶，危則通其禍敗。刺史、二千石，外統職事，內受法則。夫表曲者影必邪，源清者流必潔，猶叩樹本，百枝皆動也。夫人君之有政，猶水之有隄防。隄防完全，雖遭霖潦，不能爲變；政敎一立，蹔遭凶年，蹔同暫。不足爲憂。今隄防雖堅，漸有孔穴。譬之一人之身：本朝者，心腹也，州郡者，四支也。心腹痛則四支不舉，故臣之所憂，在心腹之疾，非四支之患也。苟堅隄防，務政敎，先安心腹，整理本朝，雖有寇賊、水旱之變，不足介意；不然，則雖無水旱之災，天下固可憂矣。又宜罷退宦官，去其權重，裁置常侍二人，方直有德者省事左右；小黃門五人，才智閑雅者給事殿中。如此，則論者厭塞，厭音煙，入聲。升平可致也。」上覽衆對，以李固爲第一，（時馬融、張衡亦各對策。）卽時出阿母還舍，諸常侍悉叩頭謝罪，朝廷肅然。以固爲議郎。

綱 秋七月，太尉龐參免。

目 太尉龐參，在三公中最名忠直，數爲左右所毀。司隸乘風按之，乘一作承。承風，承望風旨。參稱疾。後參夫人疾前妻子，殺之；雒陽令奏參罪，竟以災異免。

周舉張衡消變對

綱　甲戌，三年，（一三四）夏五月，旱。

目　上露坐德陽殿東廂請雨，問尚書周舉以消變之術。舉對曰：「臣聞陰陽閉隔，則二氣否塞，風雨不時，水旱成災。陛下廢文帝、光武之法，而循亡秦奢侈之欲，內積怨女，外有曠夫。自枯旱以來，彌歷年歲，未聞陛下改過之效，徒勞至尊暴露風塵，暴音僕。誠無益也。宜出後宮不御之女，除太官重膳之費，慎官人，去貪佞。」張衡亦言：「前年京師地震土裂，裂者威分，震者民擾也。願陛下思惟所以稽古率舊，勿令刑德八柄，柄，猶器之有柄也。周禮天官冢宰：「以八柄詔王馭羣臣。一曰爵以馭其貴；二曰祿以馭其富；三曰予以馭其幸；四曰置以馭其行；五曰生以馭其福；六曰奪以馭其貧；七曰廢以馭其罪；八曰誅以馭其過。」不由天子，然後神望允塞，災消不至矣。」

張衡請禁絕圖讖

衡又以中興之後，儒者爭學圖、緯，圖，圖讖。緯，七緯也，易緯、書緯、詩緯、禮緯、樂緯、孝經緯、春秋緯，蓋漢末夏賀良之徒爲之，以爲有經必有緯也。上疏言：「圖讖成於哀、平之際，哀帝、平帝。皆虛僞之徒，以要世取資，欺罔較然，較然，甚明也。莫之糾禁。且律歷、卦候、九宮、風角，太一下行八卦之宮，每四乃還於中央，故謂之九宮。風角，角，隅也；謂候四方四隅之風，以占吉凶也。數有徵效，世莫肯學，而競稱不占之書，譬猶畫工惡圖犬馬而好作鬼魅，誠以實事難形，而虛僞不窮也！宜收藏圖讖，一禁絕之，則朱紫無所眩，典籍無瑕玷矣！」

中官養子襲爵

綱　乙亥，四年，（一三五）春二月，初聽中官得以養子襲爵。

梁商爲大將軍

綱　夏四月，以梁商爲大將軍。

李固奏記梁商

王龔爲太尉

郭正稱法眞

周舉劾左雄

目 商少通經傳，謙恭好士，辟李固爲從事中郎。固以商柔和自守，不能有所整裁，乃奏記曰：「數年以來，災怪屢見。孔子曰：『智者見變思形，愚者覩怪諱名。』天道無親，可爲祇畏！誠令王綱一整，道行忠立，明公踵伯成之高，（莊子天地篇：「堯治天下，伯成子高立爲諸侯。堯授舜，舜授禹，伯成子高辭爲諸侯而耕。」）全不朽之譽，豈與此外戚凡輩耽榮好位者同日而論哉！」商不能用。

綱 秋閏八月朔，日食。冬十二月，地震。

綱 丙子，永和元年，（一三六）冬十一月，以王龔爲太尉，以梁冀爲河南尹。

綱 丁丑，二年，（一三七）冬十月，帝如長安。徵處士法眞，不致。

目 扶風法眞，博通內、外學，（後漢時以七緯爲內學，六經爲外學。）隱居不仕，帝欲致之，四徵不屈。友人郭正稱之曰：「眞名可得聞，身難得見。逃名而名我隨，避名而名我追，可謂百世之師者矣！」

綱 地震。

綱 十二月，還宮。

綱 戊寅，三年，（一三八）秋九月，詔舉武猛任將帥者。

目 初，左雄薦周舉爲尙書，至是雄爲司隸校尉，舉馮直任將帥。直嘗坐贓受罪，舉以此劾奏雄。雄曰：「詔書使選武猛，不使選淸高。」舉曰：「詔書使君選武猛，不使君選貪汙

良賀獨無所薦

梁商卒梁冀爲大將軍

徙李固爲泰山太守

也！」雄曰：「進君，適所以自伐也。」舉曰：「昔趙宣子任韓厥爲司馬，（趙宣子，晉趙盾。韓厥，韓獻子。）而厥戮其僕，宣子謂諸大夫曰：『可賀我矣！』今君不以舉之不才，誤升諸朝，不敢阿君以爲君羞，不寤君之意與宣子殊也。」雄悅，謝曰：「是吾過也！」天下益以此賢之。

是時宦官競賣恩勢，唯大長秋良賀清儉退厚。（大長秋，宦官。）及詔舉武猛，賀獨無所薦。帝問其故，對曰：「臣生自草茅，長于宮掖，既無知人之明，又未嘗交知士類。昔衞鞅因景監以見，有識知其不終。（見卷六周顯王八年「衞公孫鞅入秦」目。）今得臣舉者，匪榮伊辱，是以不敢！」

綱　辛巳，六年，（一四一）秋八月，大將軍梁商卒。以梁冀爲大將軍，不疑爲河南尹。（不疑，梁冀之弟。）

綱　以周舉爲諫議大夫。

目　初，梁商疾篤，帝親臨幸，問以遺言。對曰：「臣從事中郎周舉，清高忠正，可重任也。」由是用之。

綱　冬十一月，徙荆州刺史李固爲泰山太守。（泰山郡治奉高縣，在今山東泰安市東北。荆州刺史治漢壽縣，在今湖南常德縣東。）

目　荆州盜起，彌年不定；以李固爲刺史。固到，遣吏勞問境內，赦寇盜前釁，與之更始。于是賊帥自縛歸首，固皆原之，遣還相招，半歲閒餘類悉降。奏南陽太守高賜等贓穢；賜等重賂梁冀，冀爲之千里移檄，（檄，文書。）而固持之愈急，冀遂徙固爲泰山太守。時泰山盜賊屯聚歷年，郡兵常千人，追討不能制；固到，悉罷遣歸農，但選留任戰者百餘人，以恩信招誘之，未滿歲，賊皆弭散。弭音米。

遣使分行州郡

綱 壬午，漢安元年，（一四二）秋八月，遣八使分行州郡。行，巡察也。

目 遣杜喬、周舉、周栩、馮羨、欒巴、張綱、郭遵、劉班分行州郡，表賢良，顯忠勤；其貪汙有罪者，刺史、二千石驛馬上之，墨綬以下，千石、六百石墨綬三采。便輒收舉。喬等受命之部，張綱獨埋其車輪于雒陽都亭，曰：「豺狼當道，安問狐狸！」遂劾奏大將軍冀、河南尹不疑無君之心十五事，京師震悚。帝雖知綱言直，不能用也。

綱 以李固爲將作大匠。

目 杜喬奏李固政爲天下第一，故有是命。

張綱爲廣陵太守

綱 以張綱爲廣陵太守。（廣陵郡治廣陵縣，在今江蘇揚州市西北。）

目 梁冀恨張綱，思有以中傷之。時廣陵賊張嬰寇亂揚、徐閒，（揚州刺史治歷陽縣，即今安徽和縣，後徙治壽春，即今安徽壽縣。徐州刺史治郯縣，在今山東郯城縣西南。）積十餘年；乃以綱爲廣陵太守。綱單車徑詣嬰壘門，嬰大驚，走閉壘。綱於門外罷遣吏兵，留十餘人，以書喩嬰，請與相見。嬰乃出拜謁，綱延置上坐，譬之曰：「前後二千石多肆貪暴，故致公等懷憤相聚。二千石信有罪矣，然公所爲者又非義也。主上仁聖，欲以文德服叛，故遣太守來；今誠轉禍爲福之時也！」嬰聞，泣下曰：「荒裔愚民，不堪侵枉，相聚偷生，若魚遊釜中，知其不可久，且以喘息須臾間耳！今聞明府之言，乃嬰等更生之辰也！」乃辭還營，明日將所部萬餘人與妻子面縛歸降。論功當封，梁冀遏之。在郡一歲卒。

能政吏

時二千石長吏有能政者，有雒陽令任峻、冀州刺史蘇章、膠東相吳祐。（冀州刺史治鄗，在今河北內丘縣柏梁鎮北。膠東，即今山東即墨縣。）雒陽自王渙之後，（王渙事見卷二十二殤帝元興元年「雒陽令王渙卒」目。）皆不稱職；峻能選用文武，各盡其用，發姦不旋踵，民間不畏吏，其威禁猛於渙，而文理政教不如也。章有故人爲清河太守，章行部，欲案其姦贓，乃爲設酒，甚歡。太守喜曰：「人皆有一天，我獨有二天！」章曰：「今夕蘇孺文與故人飲者，（孺文，蘇章字。）私恩也；明日冀州刺史案事者，公法也。」遂舉正其罪，州境肅然。祐政崇仁簡，民不忍欺。嗇夫孫性，（嗇夫，掌聽訟。）私賦民錢，市衣以進其父，父得而怒曰：「有君如是，何忍欺之！」促歸伏罪。性慙懼自首，具談父言。祐曰：「掾以親故，受汙穢之名，所謂『觀過知仁矣』。」（論語里仁篇孔子語。）使歸謝其父，還以衣遺之。

綱　癸未，二年，（一四三）冬十一月，地震。

目　涼州自九月以來，（涼州刺史治隴縣，即今甘肅秦安縣東北。）地百八十震，山谷拆裂，壞敗城寺，民壓死者甚衆。

增孝廉爲四科

綱　增孝廉爲四科。前有試家法、課牋奏爲二科，今復增孝悌、從政爲四。

目　尚書令黃瓊以左雄所上孝廉之選，專用儒學、文吏，於取士之義猶有所遺，乃奏增孝悌及能從政者爲四科；帝從之。

【綱】甲申，建康元年，(一四四)夏四月，立皇子炳爲太子。

【目】太子居承光宮，帝使侍御史种暠監其家。种暠，音允高。中常侍高梵從中單駕出迎太子，時太傅杜喬等疑不欲從而未決，暠乃手劍當車曰：「太子，國之儲副，人命所係。今常侍來，無詔信，何以知非姦邪？今日有死而已！」梵辭屈，不敢對，馳還奏之。詔報，太子乃得去。喬退而歎息，愧暠臨事不惑；帝亦嘉其持重，稱善者良久。

【綱】秋八月，帝崩；太子炳即位。年二歲。

【綱】尊皇后曰皇太后。太后臨朝。以李固爲太尉，錄尚書事。

【綱】九月，葬憲陵。

【綱】地震，詔舉賢良、方正之士策問之。

皇甫規對策

【目】皇甫規對曰：「陛下攝政之初，拔用忠貞，遠近翕然，望見太平，而災異不息，寇賊縱橫，殆以姦臣權重之所致也。其常侍尤無狀者，宜亟黜遣，以答天誡。大將軍冀、河南尹不疑，亦宜增脩謙節，輔以儒術。夫君者，舟也；民者，水也；羣臣，乘舟者也；將軍兄弟，操檝者也。檝同楫。若能平志畢力，以度元元，度同渡。元，善也。民類皆善，謂之元元。所謂福也；如其怠弛，將淪波濤，可不愼乎！夫德不稱祿，猶鑿墉之趾以益其高，墉，牆也。趾，基也。豈安固之道哉！」冀忿之，以規爲下第，拜郎中；託疾，免歸。

【綱】冬十月，羣盜發憲陵。

孝沖皇帝 名炳，順帝太子，在位一年，壽三歲而崩。謚法：「幼小在位曰沖。」

【綱】乙酉，孝沖皇帝永嘉元年，（一四五）春正月，帝崩。

【綱】徵清河王蒜及渤海孝王子纘至京師。大將軍冀白太后，迎纘入即位，罷蒜歸國。

李固請立年長有德

【目】蒜、纘皆章帝曾孫。蒜爲人嚴重，動止有法度，公卿皆歸心焉。而纘年八歲，李固謂梁冀曰：「立帝宜擇長年有德，任親政事者，願將軍審詳大計，察周、霍之立文、宣，周勃立文帝，霍光立宣帝。戒鄧、閻之利幼弱！」鄧騭立殤帝，閻顯立北鄉侯。冀不從，與太后定策禁中，迎纘入南宮，即皇帝位。蒜罷歸國。

【綱】葬懷陵。

太后委政李固

【目】太后委政李固，宦官爲惡者一皆斥遣，而梁冀尤疾之。初，順帝時除官多不以次，固奏免百餘人。此等遂作飛章，無姓名上章者，若飛來也。言固「離間近戚，自隆支黨」，冀以白太后，太后不聽。

孝質皇帝 名纘，章帝曾孫，渤海孝王之子。沖帝崩，梁太后立之。在位一年，爲梁冀所弒，壽九歲。謚法：「忠正無邪曰質。」

【綱】丙戌，孝質皇帝本初元年，（一四六）夏四月，詔郡國舉明經詣太學；受業者歲滿課試，拜官有差。

梁冀弒帝

跋扈將軍

獨固喬守本議

目　自是公卿皆遣子受業，遊學增盛，至三萬餘生。

綱　海水溢。

綱　閏六月，大將軍冀進毒弒帝。白太后，策免太尉固。迎蠡吾侯志入卽位，（蠡吾侯名志，平原王翼子，時太后欲以女弟妻志，徵到夏門亭。（蠡吾縣，在今河北安國縣東南。）太后猶臨朝。

目　帝少而聰慧，嘗因朝會，目梁冀曰：「此跋扈將軍也！」跋扈，猶言彊梁也。扈，竹籬也，水居者於水未至，先作竹籬，候魚之入，水退小魚獨留，大者跳跋籬扈而出，故言跋扈也。冀深惡之，使左右置毒于煑餅以進。帝苦煩甚，召李固。固入前，問，帝曰：「食煑餅腹悶，得水尚可活。」冀曰：「恐吐，不可飲水。」語未絕而崩。固伏尸號哭，推舉侍醫。推，窮詰也。舉，案劾也。

議立嗣，固與司徒胡廣、司空趙戒先與冀書曰：「先世廢立，未嘗不詢訪公卿，廣求羣議，令上應天心，下合衆望。國之興衰，在此一舉。」冀乃召百官入議，固、廣、戒及大鴻臚杜喬皆以爲「清河王蒜明德著聞，又屬最尊親，宜立爲嗣。」中常侍曾騰夜往說冀曰：「將軍秉攝萬幾，賓客縱橫，多有過差。清河嚴明，若果立，則將軍受禍矣！不如立蠡吾侯富貴可長保也。」冀然其言。明日，重會公卿，冀意氣凶凶，廣、戒懾憚曰：「惟大將軍令！」獨固、喬守本議。冀厲聲曰：「罷會！」說太后，策免固。迎蠡吾侯志入南宮卽位，時年十五，太后猶臨朝政。

綱　秋七月，葬靜陵。（在今河南洛陽市東南。）

杜喬爲太尉

立皇后梁氏

梁冀殺李固杜喬

綱　九月，追尊河閒孝王爲孝穆皇，平原王翼父。蠡吾先侯曰孝崇皇。即平原王翼。冬十月，尊母匽氏爲博園貴人。

孝桓皇帝名志，章帝曾孫，蠡吾侯翼子。質帝崩，梁冀立之。在位二十一年，壽三十六歲而崩。諡法：「克敵服遠曰桓。」是時梁冀雖除，五侯肆虐，賢人君子，忠憤激烈，卒成黨錮之禍。人之云亡，邦國殄瘁，其是之謂乎！

綱　丁亥，孝桓皇帝建和元年，（一四七）春正月朔，日食。三月，黃龍見譙。（即今安徽亳縣。）

綱　夏四月，地震。

綱　六月，以杜喬爲太尉。

目　自李固之廢，内外喪氣，羣臣側足而立，唯喬正色無所回撓，由是朝野皆倚望焉。

綱　秋，論定策功，益封梁冀萬三千戶，又封其子弟及宦者劉廣等皆爲列侯。

綱　八月，立皇后梁氏。（梁太后女弟。）

綱　九月，地震，策免太尉喬。

綱　冬十一月，貶清河王蒜爲尉氏侯，（尉氏，即今河南尉氏縣。）徙桂陽，蒜自殺。下李固、杜喬獄，殺之。

目　宦者唐衡、左悺等共譖杜喬，帝亦怨之。會劉文等謀共立清河王蒜，劫其相謝暠殺之。蒜坐貶爵爲尉氏侯，徙桂陽，自殺。梁冀因誣李固、杜喬，云與文交通，收固下獄；固死獄中。冀使人脅杜喬，使自引決；喬不聽，收繫之，亦死獄中。

朗陵神君
荀氏八龍
高陽里
李膺
陳寔

綱 己丑，三年，(一四九)夏四月晦，日食。秋八月，有星孛于天市。大水。九月，地再震，山崩。

綱 前朗陵侯相荀淑卒。(朗陵，在今河南確山縣西南。)

目 淑少博學，有高行，李固、李膺等皆師宗之。嘗舉賢良，對策譏刺貴幸，梁冀忌之，出爲朗陵相。涖事明治，稱爲「神君」。有子八人，儉、緄、靖、燾、汪、爽、肅、專，並有名稱，時人謂之「八龍」。潁陰令苑康，(潁陰，在今河南許昌市。)更命其里曰高陽里。(在今河南許昌市內。)

膺性簡亢，唯以淑爲師，以同郡陳寔爲友。爽嘗謁膺，因爲其御。既還，喜曰：「今日乃得御李君矣！」

寔出單微，同郡鍾皓以篤行稱，九辟公府，年輩遠在寔前，引與爲友。皓爲郡功曹，辟司徒府；太守高倫問：「誰可代卿者？」皓曰：「明府欲必得其人，西門亭長陳寔可。」倫從之。中常侍侯覽託倫用吏，寔懷檄請見曰：「此人不宜用，而覽不可違，寔乞從外署，不足以塵明德。」于是鄉論怪其非舉，寔終無所言。倫後被徵，乃謂人曰：「吾前爲侯常侍用吏，陳君密持教還，而於外白署。陳君可謂『善則稱君，過則稱己』者也。」寔固自引愆，由是天下服其德。後爲太丘長，(太丘，在今河南永城縣西北。)脩德清靜，百姓以安。鄰縣民歸附者，寔輒訓導，令還本司官。行部，吏慮民有訟者，白欲禁之。寔曰：「訟以求直，禁之，理將何申！」亦竟無訟者。以沛相賦斂違法，沛相，沛國相。(沛國都相縣，在今安徽宿縣西北。)解印綬去，吏民追思

鍾皓　鍾瑾

之。

皓素與淑齊名，膺常歎曰：「荀君清識難尚，鍾君至德可師。」皓兄子瑾好學慕古，有退讓風，與膺同年，俱有聲名。其母，膺之姑也，膺祖太尉脩常言：「瑾似我家性，『邦有道，不廢；邦無道，免於刑戮』。」復以膺妹妻之。膺謂瑾曰：「弟何太無皁白邪！」無皁白，謂不區別是非。瑾以白皓。皓曰：「國武子好招人過，國姓，名佐，字武子，春秋齊大夫。招，舉也。以致怨惡，左傳成公十七年，齊慶克通于聲孟子，鮑牽見之，以告武子。武子召慶克而謂之，慶克以告孟子。孟子訴於靈公而刖鮑牽。明年，殺國佐于內宮。聲孟子，靈公夫人。今豈其時邪！必欲保身全家，爾道爲貴。」爾，汝也。

綱　庚寅，和平元年，（一五〇）春正月，太后歸政；二月，崩。三月，帝還北宮。葬順烈皇后。

封大將軍冀妻孫壽爲襄城君。（襄城，即今河南襄城縣。）

綱　夏五月，尊博園匽貴人曰孝崇后。

張陵劾梁冀

綱　辛卯，元嘉元年，（一五一）春正月朔，尚書張陵劾大將軍冀罪，詔以俸贖。

目　羣臣朝賀，大將軍冀帶劍入省。尚書張陵叱出，敕羽林、虎賁奪劍。羽林、虎賁，皆殿前衞士。冀跪謝，陵不應，即劾奏冀，請廷尉論罪。有詔：「以一歲俸贖。」百僚肅然。河南尹不疑嘗舉陵孝廉，謂曰：「舉君，適所以自罰也。」陵曰：「明府不以陵不才，誤見擢序，今申公憲以報私恩。」不疑有愧色。不疑好經書，喜待士，冀疾之，轉爲光祿勳；以其子胤爲河南尹。

綱　夏四月，帝微行，至河南尹梁胤府舍。是日大風，拔樹，晝昏。

綱　冬十一月，地震，詔舉獨行之士。獨行，言守正而不依阿於人也。

目　涿郡崔寔以獨行舉，（涿郡治涿縣，在今河北涿縣北。）詣公車，稱病，不對策；退而論世事，名曰政論。其辭曰：「凡天下所以不治者，常由人主承平日久，俗漸敝而不悟，政寖衰而不改。凡爲天下者，自非上德，嚴之則治，寬之則亂。何以明其然也？近孝宣皇帝明於君人之道，審於爲政之理，故嚴刑峻法，破姦軌之膽，軌同宄。海內淸肅，天下密如，算計見效，優於孝文。及元帝卽位，多行寬政，卒以墮損，威權始奪，遂爲漢室基禍之主。政道得失，於斯可鑒。故聖人能與世推移，而俗士苦不知變，以爲結繩之約，可復治亂秦之緒，干戚之舞，干，盾也；戚，斧也；皆舞者所執。足以解平城之圍。（見卷十高帝七年「被圍平城」目。）蓋爲國之法，有似治身，平則致養，疾則攻焉。夫刑罰者，治亂之藥石也；德敎者，興平之粱肉也。夫以德敎除殘，是以粱肉治疾也；以刑罰治平，是以藥石供養也。自數世以來，政多恩貸，馭委其轡，馬駘其銜，駘，脫也。四牡橫奔，四牡，天子所乘之駕。皇路險傾，皇路，大路也。方將拑勒鞬輈以救之，拑，以木銜馬口也。勒，馬轡也。鞬，束也。輈，車轅也。豈暇鳴和鑾，和鑾，皆鈴也，所以節車之行。和在軾上，鑾在衡上，近於馬。升車則馬動，馬動則鑾鳴，鑾鳴則和應，自然有箇節奏。淸節奏哉！昔文帝雖除肉刑，當斬右趾者棄市，笞者往往至死。是文帝以嚴致平，非以寬致平也。」山陽仲長統嘗見其書，歎曰：「凡爲人主，宜寫一通，置之坐側。」

朱穆爲冀州刺史

太學生上書訟穆

綱　癸巳，永興元年，（一五三）秋七月，蝗。

綱　河溢，民飢，以朱穆爲冀州刺史；尋徵下獄，輸作左校。

目　冀州民飢，流亡數十萬戶。詔以朱穆爲刺史。令長聞穆濟河，解印綬去者四十餘人。及到，奏劾諸郡貪汙者，有至自殺。宦者趙忠喪父歸葬，僭爲玉匣；穆下郡案驗，吏發墓剖棺出之。帝聞，大怒，徵穆詣廷尉，輸作左校。太學生劉陶等數千人，詣闕上書訟穆曰：「中官近習，竊持國柄，手握王爵，口含天憲，運賞則使餓隸富於季孫，呼噏則令伊、顏化爲桀、跖。伊、顏，伊尹、顏淵。桀、跖，夏桀、盜跖。而穆獨亢然不顧身害，非惡榮而好辱，惡生而好死也，徒感王綱之不攝，懼天網之久失，故竭心懷憂，爲上深計。臣願黥首繫趾，代穆校作。」帝乃赦之。

張奐破匈奴

韓韶

綱鑑易知錄卷一四

東漢紀

孝桓皇帝

綱　乙未，永壽元年，（一五五）秋，南匈奴左薁鞬臺耆等反，左薁鞬，匈奴王號；臺耆名也。薁音郁。屬國都尉張奐擊破，降之。

目　南匈奴左薁鞬臺耆等反，東羌復舉種應之。安定屬國都尉張奐初到職，（安定屬國都尉治安定郡三水縣，在今寧夏回族自治區固原縣北。）壁中唯有二百許人，壁，軍壘。聞之，即勒兵出；軍吏叩頭爭止之。不聽，遂進屯長城，收兵，遣將王衞招誘東羌，因據龜茲縣，龜茲國人來降附者處之於此，故以名縣。（龜茲縣屬上郡，在今陝西榆林縣北。）使匈奴不得交通。東羌諸豪遂相率與奐共擊薁鞬等，破，降之。羌豪遺奐馬二十匹，金鐻八枚。鐻音渠，金食器名。奐以酒酹地曰：「使馬如羊，不以入廐；使金如粟，不以入懷。」悉以還之。前此八部尉率好財貨，爲羌所患苦；及奐正身潔己，無不悅服，威化大行。

綱　丙申，二年，（一五六）秋，以韓韶爲嬴長。（嬴縣，在今山東萊蕪縣西北。）

目　公孫舉等聚衆至三萬人，寇青、兗、徐州，（青州刺史治臨淄，在今山東益都縣西北。兗州刺史治昌邑，在今山東金鄉縣西北。徐州刺史治郯，在今山東郯城縣西南。）討之連年，不克。尚書選能治劇者，劇，艱也。以韶爲嬴長。賊聞其賢，相戒不入境。流民萬餘戶入縣界；韶開倉賑之，主者爭不可。韶曰：「長活溝壑之人，而以此伏罪，含笑入地矣。」韶與同郡荀淑、鍾皓、陳寔皆嘗爲縣長，韶、鍾皓、荀淑、陳寔皆潁川人。（潁川郡治陽翟，即今河南禹縣。韶，潁川舞陽人。皓，潁川長社人。淑，潁川潁陰人。寔，潁川許昌人。）以德政稱，時人謂之「潁川四長」。（韶爲嬴長，淑爲當塗長，皓爲林慮長，寔爲太丘長。）

潁川四長

綱　戊戌，延熹元年，（一五八）夏五月晦，日食。

目　太史令陳授陳：「日食之變，咎在梁冀。」冀收考授，死於獄中。帝由是怒冀。

綱　己亥，二年，（一五九）秋七月，皇后梁氏崩。葬懿獻皇后于懿陵。

綱　八月，大將軍梁冀伏誅，太尉胡廣、司徒韓縯、司空孫朗皆以罪免爲庶人。

梁冀伏誅

目　梁氏七侯、三后、六貴人、二大將軍，卿、將、尹、校五十七人。冀專擅威柄，凶恣日積，秉政幾二十年，以私憾殺人至衆。威行內外，天子拱手。鄧香妻宣，生女猛，香卒，宣更適孫壽舅梁紀；孫壽，梁冀妻。壽引猛入掖庭爲貴人，冀因認爲己女。遣客殺宣，登屋欲入，宣家覺之，馳入白帝；帝大怒，因如廁，獨呼小黃門史唐衡問：「左右與外舍不相得者誰乎？」（外舍，謂皇后家。）衡對：「單超、左悺與梁氏有隙，徐璜、具瑗亦忿疾之。」於是帝呼超、悺入室定議，帝齧超臂出血爲盟。冀心疑之，使中黃門張惲入宿，以防其變。瑗收惲，請帝御前殿，使尚書令尹勳持節勒承、郎以下皆操兵守省閤，斂諸符節送省中，使瑗將廐騶、虎賁、羽林、都候劍戟士，合千餘人，與司隸張彪共圍冀第，收大將軍印、綬。冀、壽皆自殺；悉收梁氏、孫氏，無長少皆棄市。胡廣、韓縯、孫朗皆坐阿附，減死免爲庶人。故吏賓客免黜者三百餘人，朝廷爲空。百姓稱慶。收冀財貨，縣官斥賣，斥，棄也，不用也；謂不用而賣之也。合三十餘萬萬，以充王府用，減天下稅租之半，散其苑囿，以業窮民。

綱 立貴人鄧氏爲皇后，追廢梁后爲貴人。

封宦者五侯

綱 封宦者單超等五人爲列侯。五人，單超、唐衡、左悺、徐璜、具瑗。（超爲新豐侯，衡爲汝陽侯，悺爲上蔡侯，璜爲武原侯，瑗爲東武陽侯。）

目 世謂之「五侯」。

黃瓊爲太尉

綱 以黃瓊爲太尉。

目 時新誅梁冀，天下想望異政。瓊首居公位，乃舉奏州郡貪汙，死徙十餘人。辟汝南范滂。（范滂，汝南征羌人，在今河南偃城縣東南。）滂少厲清節，嘗爲清詔使，按察冀州，（冀州有魏郡、鉅鹿、常山、中山、安平、河間、清河、趙國、渤海九郡國，治鄗，在今河北內丘縣柏梁鎮北。）登車攬轡，慨然有澄清天下之志。守令贓汙者，皆望風解印綬去；奏權豪之黨二十餘人。尚書責滂所劾猥多，對曰：「臣聞農夫去草，嘉穀必茂；忠臣除姦，王道以清。」尚書不能詰。

徵處士

綱 徵處士徐穉、姜肱、袁閎、韋著、李曇，皆不至。

目　尚書令陳蕃薦五處士，以安車玄纁徵之，車以蒲裹輪行，故安也。玄纁，纁，赤色；帛五匹爲束，三玄、二纁。朝廷召曰徵。不至。

徐穉

穉，豫章人。（豫章郡治南昌縣，即今江西南昌市。）家貧，嘗自耕稼，非其力不食，恭儉義讓，所居服其德；屢辟，郡國舉曰辟。不起。蕃爲太守，豫章太守。以禮請署功曹；穉既謁而退。蕃性方峻，不接賓客，穉來，特設一榻，去則懸之。穉雖不應諸公之辟，然聞其死喪，輒負笈赴弔。常豫炙一雞，以酒漬綿一兩，暴乾，裹之，到冢隧外，冢隧，墓道也。以水漬綿，白茅藉飯，藉，薦也。藉以白茅，取其潔也。以雞置前，醊畢留謁，醊，祭酹酒也。以札書姓名曰謁。不見喪主而行。

姜肱

肱，彭城人，（彭城國都彭城縣，即今江蘇徐州市。姜肱彭城廣陵人，在今江蘇揚州市西南。）與二弟仲海、季江俱以孝友著聞，常同被而寢。嘗俱詣郡，夜遇盜，欲殺之，肱曰：「弟年幼，父母所憐，又未聘娶，願殺身濟弟。」季江曰：「兄年德在前，家之珍寶，國之英俊，乞自受戮，以代兄命。」盜兩釋焉，但掠奪衣資而已。既至，郡中見肱無衣服，怪問其故，肱託以他辭，終不言盜。盜聞而感悔，就肱叩頭謝罪，還所掠物。肱不受，勞以酒食而遣之。既徵不至，詔圖其形狀。肱卧于幽闇，以被韜面，言肱疾畏風，工竟不得見。

袁閎

閎，汝南人，（袁閎，汝南汝陽人，在今河南息縣東。）安之玄孫也。苦身脩節，以耕學爲業。

韋著

著，京兆人，（京兆，在今陝西西安市西北。）隱居講授。

李曇

曇，潁川人。繼母酷烈，曇奉之謹。

殺李雲杜衆

李雲露布上書

以單超爲車騎將軍

帝又徵安陽魏桓，（魏桓，汝南安陽人，安陽在今河南息縣東。）其鄉人勸之行，桓曰：「夫干祿求進，所以行其志也。今後宮千數，其可損乎？廐馬萬匹，其可減乎？左右權豪，其可去乎？」皆對曰：「不可。」桓乃慨然歎曰：「使桓生行死歸，於諸子何有哉！」遂隱身不出。

綱 封皇后兄子鄧康、宦者侯覽等爲列侯，殺白馬令李雲、弘農掾杜衆。

目 帝既誅梁冀，故舊恩私，多受封爵：封后兄子康、秉皆爲列侯，宗族皆列校、郎將，賞賜鉅萬。侯覽上縑五千匹，封高鄉侯；又封小黃門八人爲鄉侯，自是權勢專歸宦官矣。五侯尤貪縱，傾動內外。時災異數見，白馬令李雲露布上書，（白馬，在今河南滑縣東。）露布，露板不封，布諸視聽也。移副三府，（副，副本。三府，三公之府。）曰：「梁冀雖恃權專擅，虐流天下，今以罪行誅，猶召家臣搤殺之耳，而猥封謀臣萬戶以上；（謀臣，謂單超等五侯。）高祖聞之，得無見非！西北列將，得無解體！帝者，諦也。（春秋運斗樞曰：「帝者，諦也；審諦於物也。」）今官位錯亂，小人諂進，財貨公行，政化日損，是帝欲不諦乎！」帝怒，逮雲送獄，使管霸考之。弘農掾杜衆，（弘農郡治弘農縣，在今河南靈寶縣南。杜衆爲弘農郡掾。）傷雲以忠諫獲罪，上書「願與雲同死」，帝愈怒，并下之獄，皆死獄中。

綱 冬十月，以宦者單超爲車騎將軍。

綱 以陳蕃爲光祿勳。

綱 以爰延爲五官中郎將。

劉矩爲太尉

減俸賣官

劉寵爲司空

目　帝問侍中爰延：「朕何如主？」對曰：「陛下爲漢中主。」帝曰：「何以言之？」對曰：「尙書令陳蕃任事則治，中常侍黃門與政則亂，是以知陛下可與爲善，可與爲非。」帝曰：「敬聞闕矣。」拜五官中郎將。

綱　辛丑，四年，（一六一）春正月，南宮嘉德殿火。大疫。二月，武庫火。

綱　夏，以劉矩爲太尉。

綱　五月，有星孛于心。雨雹。六月，地震。

綱　岱山及博尤來山裂。（岱山，東岳泰山，在今山東泰安市北。尤來山，在今泰安市東，漢屬博縣。）

綱　秋七月，減百官奉，貣王侯半租，（從人求物曰貣。）賣關內侯以下官。

綱　九月，以劉寵爲司空。

目　寵嘗爲會稽太守，（會稽郡治山陰縣，即今浙江紹興市。）除煩苛，禁非法，郡中大治；被徵。有五六老叟，自若邪山谷閒出，（若邪，山名，在今浙江紹興市南。）人齎百錢送寵曰：（人，每人。）「山谷鄙生，未嘗識郡朝，他守時，吏發求民閒，（發求，徵發、取求。）至夜不絕，或狗吠竟夕，民不得安。自明府下車以來，狗不夜吠，民不見吏；年老遭値聖明，今聞當見棄去，故自扶奉送。」寵曰：「吾政何能及公言邪！勤苦父老！」爲人選一大錢受之。

綱　癸卯，六年，（一六三）冬十月，上較獵廣成，（廣成，苑名，在今河南臨汝縣，其地有廣成澤。）遂至上林苑。（桓帝所幸之上林苑，在今河南洛陽市西。）

目　陳蕃上疏諫曰：「安平之時，遊畋宜有節，況今有三空之戹哉！田野空，朝廷空，倉庫空。加之兵戎未戢，四方離散，是陛下焦心毁顔，坐以待旦之時也，豈宜揚旗耀武，騁心輿馬之觀乎！」不省。

綱　甲辰，七年，(一六四)春二月，邟鄉侯黃瓊卒。

目　瓊薨，謚曰忠。四方名士會其葬者六七千人。

初，瓊教授於家，徐穉從之咨訪大義，及瓊貴，穉絶不復交。至是，往弔，進酹，哀哭而去，人莫知者。諸名士曰：「必徐孺子也。」於是選能言者陳留茅容輕騎追及，(陳留縣，在今河南開封市東南。)爲沽酒市肉，穉爲飲食。容問國家事，穉不答。更問稼穡，穉乃答之。容還，以語諸人，或曰：「可與言而不與言，孺子其失人乎？」太原郭泰曰：(郭泰，太原界休人，界休在今山西介休縣東南。)「不然。孺子之爲人，清潔高廉，飢不可得食，寒不可得衣，而爲季偉飲食，茅容字。此爲已知季偉之賢故也！所以不答國事者，是其智可及，其愚不可及也！」泰博學，善談論。初游雒陽，時人莫識，陳留符融一見嗟異，因以介於河南尹李膺，介，爲紹介以傳辭。膺與爲友。後歸鄉里，諸儒送至河上，車數千兩，膺唯與泰同舟而濟。

泰性明知人，好奬訓士類。茅容，年四十餘，耕於野，與等輩避雨樹下，衆皆夷踞，容獨危坐；泰見而異之，因請寓宿。旦日，容殺雞，食母，餘半庋置，庋，閣板爲之，以藏食物。自以草蔬與客同飯。泰曰：「卿賢哉遠矣！郭林宗猶減三牲之具以供賓旅，郭泰字林宗。而卿如此，乃我友也。」起，對之揖，勸令從學。鉅鹿孟敏，（鉅鹿，在今河北鉅鹿縣西南。）荷甑墮地，不顧而去。泰見問之，對曰：「甑已破矣，視之何益！」泰以爲有分決，亦勸令游學。陳留申屠蟠爲漆工，鄢陵庾乘爲門士，（鄢陵縣，在今河南鄢陵縣西北。）泰奇之，後皆爲名士。自餘或出於屠沽、卒伍，因泰奬進成名者甚衆。

范滂論郭泰

或問范滂曰：「郭林宗何如人？」滂曰：「隱不違親，貞不絕俗，天子不得臣，諸侯不得友，吾不知其他。」泰舉有道，不就；或勸之仕，泰曰：「吾夜觀乾象，晝察人事，天之所廢，不可支也，吾將優游卒歲而已。」然猶周旋京師，誨誘不息。

徐穉戒郭泰

徐穉以書戒之曰：「夫大木將顚，非一繩所維，何爲栖栖不遑寧處！」泰感悟曰：「謹拜斯言，以爲師表。」

黃允

濟陰黃允，（濟陰郡治定陶，在今山東菏澤縣東南。）以雋才知名，泰見而謂曰：「卿高才絕人，足成偉器，然當深自匡持，不然，將失之矣！」後司徒袁隗欲爲從女求姻，見允，歎曰：「得壻如是，足矣。」允聞而黜遣其妻。妻請大會宗親，數允隱慝而去，允由是廢。

仇香

陳留仇香，（仇香即仇覽，陳留考城人，在今河南蘭考縣東南。）至行純嘿，鄉黨無知者。年四十爲蒲亭長，（蒲亭，在今河南蘭考縣境內。）漢因秦法，十里一亭，亭置長，主督盜賊。勸人生業，爲制科令，令子弟就學，賑恤窮寡，朞年大化。民有陳元，獨與母居，母詣香告元不孝，香親到元家，爲陳人倫，譬以禍福；元感悟，卒爲孝子。考城令王奐署香主簿，謂之曰：「聞在蒲亭，陳元不罰而化，得無少鷹鸇之志邪？」左傳文公十八年：「見無禮於其君者誅之，如鷹鸇之逐鳥雀也。」香曰：「以爲鷹鸇不若鸞鳳，故不爲也。」奐曰：「枳棘非鸞鳳所集，（枳音止，似橘。棘，小棗，叢生者。）百里非大賢之路。」乃以一月俸貲香，使入太學。與符融比宇，融賓客盈室，香常自守。融謂之曰：「今英雄四集，志士交結之秋。」香正色曰：「天子設太學，豈但使人遊談其中邪！」高揖而去。融以告郭泰，因就房謁之，泰嗟歎，起，拜牀下曰：「君，泰之師，非泰之友也。」

祠老子

綱　乙巳，八年，（一六五）春正月，遣中常侍左悺之苦縣祠老子。（苦縣，在今河南鹿邑縣東。）史記（老莊申韓傳）：「老子者，楚苦縣厲鄉曲仁里人也，姓李氏，名耳，字伯陽，謚曰聃，周守藏室之史也。」

綱　廢皇后鄧氏，幽殺之。

目　帝多內寵，鄧氏驕忌，廢送暴室，（暴室主宮中婦人疾病者，其皇后貴人有罪亦就此室。）以憂死。

綱　夏五月，太尉秉卒。（秉，楊秉。）以劉瑜爲議郎。

目　秉清白寡欲，嘗稱「我有三不惑：酒、色、財也。」秉既沒，所舉賢良劉瑜乃至，拜爲議郎。

陳蕃爲太尉

綱　秋七月，以陳蕃爲太尉。

綱　九月，地震。

立竇皇后

綱　立貴人竇氏爲皇后。

目　后，竇融之玄孫，武女，拜武爲特進，封槐里侯。（槐里，在今陝西興平縣東南。）

李膺爲司隸校尉

綱　以李膺爲司隸校尉。（司隸校尉管河南、河內、河東、弘農、京兆、扶風、馮翊七郡，治雒陽，即今河南洛陽市。）

目　時小黄門張讓弟朔爲野王令，（野王，即今河南沁陽縣。）貪殘無道，畏膺威嚴，逃還京師，匿於兄家合柱中。合柱，夾壁也。膺率吏卒破柱取朔，付獄受辭畢，即殺之。自此，諸宦官皆鞠躬屏氣，休沐不敢出宫省。帝問其故，並叩頭泣曰：「畏李校尉。」時朝廷日亂，紀綱頹弛，而膺獨持風裁，以聲名自高，士有被其容接者，名爲登龍門云。

登龍門

綱　以劉寬爲尙書令。

目　寬歷典三郡，溫仁多恕，雖在倉卒，未嘗疾言遽色。吏民有過，但用蒲鞭罰之，示辱而已，終不加苦。有功善，推之於下；有災異，則引躬自責。每見父老，慰以農里之言；少年，勉以孝弟之訓；人皆悅而化之。

綱　丙午，九年，（一六六）春正月朔，日食。詔舉至孝。

目　太常趙典所舉至孝荀爽對策曰：「昔者聖人建天地之中而謂之禮。禮者，所以興福祥之本，止禍亂之源也。衆禮之中，婚禮爲首。陽性純而能施，陰體順而能化，以禮濟樂，節宣其氣，故能豐子孫之祥，致老壽之福。臣竊聞後宫采女六千，侍使復在其外。空賦不辜之民，以供無用之女，百姓困窮於外，陰陽隔塞於內，故感動和氣，災異屢臻。臣愚以爲諸未幸御者，一皆遣出，使成配合，此誠國家之大福也。」詔拜郎中。

荀爽對策

綱　以皇甫規爲度遼將軍。

目 規欲求退，數上病，不見聽。會友人喪至，規越界迎之，因令客密告幷州刺史胡芳，（幷州刺史治太原，即今山西太原市。）言規擅遠軍營，當急舉奏。芳曰：「威明欲避第仕途，皇甫規字威明。謂欲退歸第宅，避仕宦之途。故激發我耳。吾當爲朝廷愛才，何能申此子計邪！」遂無所問。

綱 夏四月，河水清。

綱 帝親祠老子于濯龍宮。

殺成瑨捕李膺等

綱 秋七月，殺南陽太守成瑨、太原太守劉瓆，（南陽郡治宛縣，即今河南南陽市。）捕司隸校尉李膺、太僕杜密，部黨二百餘人下獄，遂策免太尉蕃。

黨人議自此始

目 初，帝爲蠡吾侯，受學於甘陵周福，（甘陵縣，即今山東高唐縣西南清平鎮，清河國都。）及即位，擢福爲尚書。時同郡房植有名當朝，鄉人爲之謠曰：「天下規矩房伯武，房植字伯武。因師獲印周仲進。」周福字仲進。二家賓客互相譏揣，遂成尤隙。由是甘陵有南北部，黨人之議自此始矣。

汝南太守宗資以范滂爲功曹，南陽太守成瑨以岑晊爲功曹，晊音質。皆委心聽任，使之褒善糾違，肅清朝府。於是二郡爲之謠曰：「汝南太守范孟博，范滂字孟博。南陽宗資主畫諾；宗資南陽人。南陽太守岑公孝，岑晊字公孝。弘農成瑨但坐嘯。」成瑨弘農人。太學諸生三萬餘人，郭泰、賈彪爲其冠，與李膺、陳蕃、王暢更相褒重。學中語曰：「天下模楷李元禮，李膺字元禮。

不畏彊禦陳仲舉，（彊禦，暴虐之臣。陳蕃字仲舉。）天下俊秀王叔茂。」（王暢字叔茂。）於是中外承風，競以臧否相尚，自公卿以下，莫不畏其貶議，屣履到門。（屣同躧，音徙。屣履，履不著跟，曳之而行，言其遽也。）

宛有富賈張汎，恃後宮中官，用勢縱橫。岑晊勸瑨收捕；既而遇赦，瑨竟誅之，後乃奏聞。小黃門晉陽趙津貪橫放恣，（晉陽，今山西太原市西南太原鎮。）太原太守劉瓆亦於赦後殺之。於是侯覽使汎妻上書訟冤，宦官因緣譖訴瑨、瓆。帝大怒，徵下獄。有司承旨，奏「當棄市。」

山陽太守翟超，（山陽郡治昌邑縣，在今山東金鄉縣西北。）以張儉爲督郵。（督郵，主督盜賊。）侯覽家在防東，（防東，縣名，屬山陽郡，在今山東金鄉縣西南。）殘暴百姓；大起塋冢。儉舉奏覽，破其冢宅，藉沒資財。

徐璜兄子宣爲下邳令，（下邳縣，在今江蘇邳縣東。）求故汝南太守李暠女不得，遂將吏卒至暠家，載其女歸，射殺之。東海相黃浮收宣家屬，（東海郡治郯縣，在今山東郯城縣西。）無少長，悉案棄市。於是宦官訴冤，帝大怒，超、浮並坐髡鉗，（髡，剃髮。鉗，以鐵束頸。）輸作。

陳蕃上疏

陳蕃與司空劉茂共諫，請四人罪；帝不悅。茂不敢復言，蕃乃獨上疏曰：「今寇賊在外，四支之疾；內政不理，心腹之患。臣寢不能寐，食不能飽，實憂左右日親，忠言日疎，內患漸積，外難方深。小家畜產百萬之資，子孫尚恥失其先業，況乃產兼天下，受之先帝，而欲懈怠以自輕忽！誠不愛己，不當念先帝得之勤苦邪！劉瓆、成瑨，誠心去惡，而令伏歐刀；歐刀，刑人之刀。翟超、黃浮，奉公不撓，並蒙刑坐。昔申屠嘉召責鄧通，（見卷十二文帝後元二年「以申屠嘉爲丞相」目。）董宣折辱公主，（見卷二十一光武帝建武十九年「賜雒陽令董宣錢」目。）文帝從而請之，光武加以重賞，未聞二臣有專命之誅。陛下深宜割塞近習與政之源，引納尚書朝省之士，簡練清高，斥黜佞邪；則天和於上，地洽於下矣！」帝不納。宦官由此疾蕃彌甚，選舉奏議，輒以中詔譴卻，長史已下多至抵罪。

襄楷上疏

平原襄楷上疏曰：（平原縣，在今山東平原縣南。）「臣聞皇天不言，以象設教。臣竊見太微天庭五帝之坐，而金、火罰星揚光其中，於占，天子凶；又俱入房、心，法無繼嗣。前冬大寒，竹柏傷枯。臣聞於師曰：『柏傷竹枯，不出三年，天子當之。』今春夏，霜雹、大雨、雷電，臣作威作福，刑罰急刻之所感也。劉瓆、成瑨，志除姦邪，而還加考逮；三公乞哀，而嚴被譴讓。漢興以來，未有拒諫誅賢，用刑太深如今日者也！按春秋以來，及古帝王，未有河清。臣以爲河者，諸侯位也。清者，屬陽；濁者，屬陰。河當濁而反清者，陰欲爲陽，侯欲爲帝也。唯京房易傳曰：『河水清，天下平。』今天垂異，地吐妖，人癘疫，三者並時而有河清，猶春秋麟不當見而見，孔子書之以爲異也。（見卷四周敬王三十九年「魯西狩獲麟」紀。）願賜清閒，極盡所言。」書奏，不省。尚書奏楷違經誣上，司寇論刑。

賈彪

瑨、瓆竟死獄中。岑晊逃竄，親友競匿之；賈彪獨閉門不納，曰：「傳言『相時而動，無累後人。』（左傳隱公十一年文。）公孝以要君致釁，自遺其咎，吾可容隱之乎！」晊竟獲免。彪嘗爲新息長，（新息，今河南息縣。）小民困貧，多不養子；彪嚴爲其制，與殺人同罪。城南有盜劫害人者，北有婦人殺子者，彪出案驗，掾吏欲引南；彪怒曰：「賊寇害人，此則常理；母子相殘，逆天違道！」遂驅車北行，案致其罪。賊聞之，亦面縛自首。數年閒，人養子者以千數。曰：「此賈父所生也。」皆名之爲賈。

逮捕黨人

河內張成者，（河內郡治懷，在今河南武涉縣西南。）善風角，推占當赦，教子殺人。李膺收捕，逢宥；竟案殺之。宦官教成弟子牢脩上書，告「膺等養太學遊士，共爲部黨，誹訕朝廷，疑亂風俗。」於是天子震怒，班下郡國，逮捕黨人，布告天下，使同忿疾。案經三府，（三府，太尉、司徒、司空。）陳蕃卻之曰：「今所案者，皆海內人譽，憂國忠公之臣，此等猶將十世宥也，豈有罪名不章而致收掠者乎！」不肯平署。（平署，連署也。）帝愈怒，遂下膺等北寺獄，（北寺獄，屬黃門署。）辭連太僕杜密及陳寔、范滂之徒二百餘人。或逃遁不獲，皆懸金購募，使者四出。寔曰：「吾不就獄，衆無所恃。」乃往請囚。

策免陳蕃

陳蕃復上書極諫，帝諱其言切，託以辟召非人，策免之。

皇甫規恥不與黨人

時黨獄所染，皆天下名賢，皇甫規自以西州豪傑，（皇甫規，安定朝那人，在今甘肅平涼市北。）恥不得與，乃自上言：「臣前薦故大司農張奐，是附黨也。太學生張鳳等上書訟臣，（延熹五年，下皇甫規獄，論輸左校，太學生張鳳等三百餘人詣闕訟之。）是爲黨人之所附也，臣宜坐之。」朝廷不問。

杜密

杜密素與李膺名行相次，時人謂之「李、杜」。嘗爲北海相，（北海郡治營陵縣，在今山東昌樂縣西北。）行春，到高密，（在今山東高密縣西南。）見鄭玄爲鄉嗇夫，（嗇夫，掌聽訟。）知其異器，卽署郡

劉勝
竇武爲城門校尉
地裂
禁錮黨人
竇武申救黨人

職，遣就學，卒成大儒。去官還家，每謁守令，多所陳託。同郡劉勝，亦自蜀郡告歸鄉里，（蜀郡治成都，即今四川成都市。）閉門掃軌，閉其門戶，掃除轍迹，示不與人交也。無所干及。太守王昱謂曰：「劉季陵清高士，劉勝字季陵。公卿多舉之者。」密對曰：「劉勝位爲大夫，見禮上賓，而知善不薦，聞惡無言，隱情惜己，自同寒蟬，謂寡寞無聲也。此罪人也。今志義力行之賢而密達之，違道失節之士而密糾之，使明府賞刑得中，令問休揚，不亦萬分之一乎！」昱慚服，待之彌厚。

【綱】以竇武爲城門校尉。

【目】武在位，多辟名士，清身疾惡，禮賂不通；妻子衣食裁足而已，得兩宮賞賜，悉散與太學諸生及匄施貧民，匄音蓋，與也。由是衆譽歸之。

【綱】丁未，永康元年，（一六七）夏五月，地裂。是月晦，日食。

【綱】六月，赦黨人歸田里，禁錮終身。

【目】陳蕃既免，朝臣震栗，莫敢復爲黨人言者。賈彪曰：「吾不西行，大禍不解。」乃入雒陽，說竇武及尚書霍諝等，使訟之。武上疏曰：「膺等建忠抗節，志經王室，此誠陛下稷、卨、伊、呂之佐；卨同契。（后稷、周契、伊尹、呂尙。）而虛爲姦臣賊子所誣枉，天下寒心，海內失望。唯陛下留神澄省，時見理出，以厭人鬼喁喁之心。」喁喁，衆口向上也。書奏，霍諝亦爲表請。帝意稍解，使中常侍王甫就獄訊黨人，甫詰曰：「卿等更相拔舉，迭爲脣齒，其意如何？」范滂曰：「滂欲使善善同其清，惡惡同其汙，謂王政之所願聞，不謂更以爲黨。身死之日，願埋滂於首陽山側，（首陽山，在今山西運城縣西南。伯夷、叔齊餓死首陽山，見卷二周武王十三年「伯夷、叔齊去周」紀。）上不負皇天，下不愧夷、齊。」甫愍然爲之改容，乃得並解桎梏。膺等又多引宦官子弟，宦官懼，請帝以天時宜赦。遂赦，改元；黨人二百餘人皆歸田里，書名三府，禁錮終身。

滂往候霍諝而不謝，或讓之，滂曰：「昔叔向不見祁奚，（左傳襄公二十一年，晉范宣子治欒盈之黨，囚叔向；祁奚爲言諸宣子而免之。祁奚不見叔向而歸，叔向亦不告免焉而朝。言叔向不告謝祁奚即往朝君，明祁奚爲國非爲己也。）吾何謝焉！」滂歸汝南，南陽士大夫迎之者，車數千兩，鄉人殷陶、黃穆侍衞於旁，應對賓客。滂曰：「是重吾禍也！」遂遁還。

初，詔書下舉鉤黨，（鉤引其黨。）郡國所奏，多至百數，唯平原相史弼獨無所上。詔書迫切，州郡髡笞掾史。從事坐傳舍責曰：「青州六郡，（青州有濟南、平原、樂安、北海、東萊、齊國六郡國。）其五有黨，平原何治，而得獨無？」弼曰：「先王疆理天下，畫界分境，水土異齊，（異齊，言不同和也。周禮五齊者，水、火、木、金、土，五者不相入也。）風俗不同。他郡自有，平原自無，胡可相比！若承望上司，誣陷良善，則平原之人，戶可爲黨。相有死而已，所不能也！」

綱　秋八月，巴郡言黃龍見。（巴郡治江州，在今四川重慶市江北岸舊江北縣。）

綱　大水，海溢。

綱　冬十二月，帝崩。尊皇后曰皇太后。太后臨朝。

竇武爲大將軍

陳竇奏誅宦者曹節殺陳竇

【綱】遣使迎解瀆亭侯宏詣京師。（解瀆亭屬安國縣，在今河北安國縣東北。）

【目】竇武召侍御史河間劉儵，儵音倏。問以國中宗室之賢者，儵稱孝王曾孫宏。河間孝王開，章帝子也。開生解瀆亭侯淑，淑生萇，萇生宏。武白太后，定策禁中，以儵守光祿大夫，持節奉迎。時年十二。

孝靈皇帝 名宏，章帝玄孫，解瀆亭侯萇之子也。桓帝無嗣，竇太后立之。在位二十二年，壽三十四歲而崩。諡法：「亂而不損曰靈。」是時宦官之禍，毒流縉紳，忠臣義士，駢首就戮，不免召外兵以除內難，於是虺蜴雖除，而虎狼入室矣。

【綱】戊申，孝靈皇帝建寧元年，（一六八）春正月，以竇武爲大將軍，陳蕃爲太傅，與司徒胡廣參錄尚書事。解瀆亭侯宏至，入卽位。

【綱】二月，葬宣陵。（在今洛陽市東南。）

【綱】閏月，追尊皇祖爲孝元皇，夫人爲孝元后，考爲孝仁皇，尊母董氏爲愼園貴人。

【綱】夏五月朔，日食。六月，大水。

【綱】錄定策功，封竇武爲聞喜侯。（聞喜縣，在今山西聞喜縣東南。）

【綱】封陳蕃爲高陽鄉侯，（高陽鄉，在今河南許昌市。）不受。

【綱】秋九月，太傅陳蕃、大將軍竇武奏誅宦者曹節等；節等殺之，遂遷太后於南宮。

【目】初，竇太后之立也，陳蕃有力焉。及臨朝，政無大小，皆委於蕃。蕃與竇武同心戮

劉瑜請防姦人

力，以獎王室，徵天下名賢李膺、杜密、尹勳、劉瑜等，皆列於朝廷，與共參政事。於是天下之士，莫不延頸想望太平。而帝乳母趙嬈及諸女尙書，旦夕在太后側，中常侍曹節、王甫等共相朋結，諂事太后，太后信之，數出詔命，有所封拜。蕃、武疾之，嘗共會朝堂，蕃私謂武曰：「曹節、王甫操弄國柄，濁亂海內，今不誅之，後必難圖。」武深然之。蕃大喜，以手推席而起。武乃引尙書令尹勳共定計策。會有日食之變，蕃謂武曰：「昔蕭望之困一石顯，（蕭望之請罷中書宦官石顯等，繫獄，事見卷十七元帝初元二年。）況今石顯數十輩乎！蕃以八十之年，欲爲將軍除害，今可因此斥罷宦官，以塞天變。」武乃白太后曰：「故事，黃門常侍但當給事省內門戶，主近署財物耳；今乃使與政事，任重權，子弟布列，專爲貪暴，天下匈匈，正以此故。宜悉誅廢以清朝廷。」太后曰：「故事，世有宦官，但當誅其有罪者，豈可盡廢邪！」時中常侍管霸，頗有才略，專制省內，武先白收霸及蘇康等，皆坐死。武復數白誅節等，太后猶豫未忍。蕃上疏言「侯覽、曹節、公乘昕、王甫、鄭颯等，（公乘，複姓。颯音立。）與趙夫人、諸尙書並亂天下，今不急誅，必生變亂。願出臣章宣示左右，幷令天下諸姦知臣疾之。」太后不納。八月，太白犯房之上將，入太微。劉瑜惡之，上書皇太后曰：「案占書：宮門當閉，將相不利，姦人在主傍。願急防之。」又與武、蕃書，勸以速斷大計。於是武、蕃以朱寓爲司隸校尉，劉祐爲河南尹，虞祈爲雒陽令。奏免黃門令魏彪，以所親小黃門山冰代之，收長樂尙書鄭颯，（長樂，皇太后宮名。）送北寺獄。蕃曰：「此曹子便當收殺，（曹，輩也。）何復考爲！」武令冰與

曹節劫太后

尹勳雜考，辭連曹節、王甫。勳、冰卽奏收節等，使劉瑜內奏。內，納也。九月，武出宿歸府。典中書者先以告長樂五官史朱瑀，瑀盜發武奏，罵曰：「放縱者自可誅耳，我曹何罪，而當盡見族滅！」因大呼曰：「陳蕃、竇武奏白太后廢帝，爲大逆！」乃夜召所親共普等十七人，共音恭。歃血共盟，曹節請帝出御前殿，拔劍踊躍，趙嬈等擁衞左右，閉諸禁門，召尚書官屬，挾以白刃，使作詔版，木簡爲之，其長尺一。拜王甫爲黃門令，持節至北寺獄，收勳、冰，殺之。出颯，還兵劫太后，奪璽綬。使颯等持節收武等。武馳入步兵營，召會北軍五校士數千人屯都亭，五校，五營也。下令軍士曰：「黃門、常侍反，盡力者封侯重賞。」陳蕃聞難，將官屬諸生八十餘人，並拔刃突入尚書門，攘臂呼曰：「大將軍忠以衞國，黃門反逆，何云竇氏不道邪！」王甫使劍士收蕃，蕃拔劍叱甫，辭色愈厲。遂被執，送北寺獄，卽日殺之。時張奐徵還，節等以奐新至，不知本謀，矯制使奐率五營士討武。甫將千餘人出與奐合，使其士大呼武軍曰：「竇武反，汝皆禁兵，當宿衞宮省，何故隨反者乎！」營府素畏服中官，於是武兵稍稍歸甫，自旦至食時，兵降略盡。武自殺，梟首都亭，收捕宗親賓客，悉誅之，及劉瑜、馮述，皆夷其族。遷皇太后於南宮，徙武家屬於日南；（日南郡治西捲縣，在今越南民主共和國境。）門生故吏皆免官禁錮。議郎巴肅始同謀，節等不知，但坐禁錮，後乃知而收之。肅自載詣縣，縣令解印綬欲與俱去。肅曰：「爲人臣者，有謀不敢隱，有罪不逃刑。」遂被誅。

曹節遷長樂衞尉，與王甫等六人皆封列侯。

蕃友朱震收葬蕃屍，匿其子逸，事覺，繫獄。震受考掠，誓死不言，逸由是得免。武掾胡騰殯斂武屍，行喪，亦坐禁錮。武孫輔年二歲，詐以爲已子，與令史張敞共匿之，亦得免。張奐遷大司農，封侯。奐深病爲節等所賣，固辭不受。

綱 己酉，二年，(一六九)春正月，尊慎園貴人董氏爲孝仁皇后，以其兄子重爲五官中郎將。

綱 夏四月，青蛇見御座上。大風，雨，雷電，詔公卿言事。

殺李膺

綱 冬十月，復治鉤黨，殺前司隸校尉李膺等百餘人。

三君　八俊　八顧　八及　八廚

目 初，李膺等雖廢錮，天下士大夫皆高尚其道而汙穢朝廷，更相標榜，更音耕。爲之稱號：以竇武、陳蕃、劉淑爲「三君」，君者，言一世之所宗也；李膺、荀昱、杜密、王暢、劉祐、魏朗、趙典、朱寓爲「八俊」，俊者，言人之英也；郭泰、范滂、尹勳、巴肅、宗慈、夏馥、蔡衍、羊陟爲「八顧」，顧者，言能以德行引人者也；張儉、翟超、岑晊、苑康、劉表、陳翔、孔昱、檀敷爲「八及」，及者，言其能導人追宗者也；度尚、張邈、王孝、劉儒、胡毋班、秦周、蕃嚮、王章爲「八廚」，胡毋，複姓。廚者，言能以財救人者也。及陳、竇用事，復舉拔膺等；陳、竇誅，膺等復廢。

宦官疾惡膺等，每下詔書，輒申黨人之禁。侯覽怨張儉尤甚，覽鄉人朱並，上書告儉與同鄉二十四人別相署號，共爲部黨，圖危社稷；詔刊章捕儉等。刊章，印行之文，如今版榜。十月，

吳導　郭揖

郭泰

曹節諷有司奏「諸鉤黨者虞放、李膺、杜密、朱寓、荀昱、翟超、劉儒、范滂等，請下州郡考治。」是時上年十四，問節等曰：「黨人何用爲惡而欲誅之邪？」對曰：「相舉羣輩，欲爲不軌。」上曰：「不軌欲如何？」對曰：「欲圖社稷。」上乃可其奏。或謂李膺曰：「可去矣！」對曰：「事不辭難，罪不逃刑，臣之節也。吾年已六十，死生有命，去將安之！」乃詣詔獄，考死。

汝南督郵吳導受詔捕范滂，至征羌，（在今河南郾城縣東南。）抱詔書閉傳舍，伏牀而泣，一縣不知所爲。滂聞之曰：「必爲我也。」卽自詣獄。縣令郭揖大驚，出解印綬，引與俱亡，曰：「天下大矣，子何爲在此！」滂曰：「滂死則禍塞，何敢以罪累君，又令老母流離乎！」其母就與之訣曰：「汝今得與李、杜齊名，（李膺、杜密。）死亦何恨！」滂跪受教，再拜而辭。

凡黨人死者百餘人，妻子皆徙邊，天下豪傑及儒學有行義者，宦官一切指爲黨人；其死徙廢禁者又六七百人。郭泰聞之，私爲之慟曰：「詩云：『人之云亡，邦國殄瘁。』（大雅瞻卬篇辭。殄，盡；瘁，病也。）漢室滅矣，但未知『瞻烏爰止，于誰之屋』耳！」（「瞻烏」八字，小雅正月篇辭。言國之將亡，未知復從何人而受祿，如視烏之飛，不知其將止于誰之屋也。）泰雖好臧否，而不爲危言激論，故能處濁世而怨禍不及焉。

張儉亡命困迫，望門投止，莫不重其名行，破家相容。後流轉東萊，（東萊郡治掖縣，卽今山東掖縣。）止李篤家。外黄令毛欽操兵到門，（外黄令，後漢書張儉傳作「黄令」。黄縣屬東萊，在今山東蓬萊縣西南。）篤引欽就席曰：「張儉負罪，豈得藏之！若審在此，此人名士，明廷寧宜執之乎？」明

陳寔弔張讓

申屠蟠

廷，猶稱明府。欽因起撫篤曰：「蘧伯玉恥獨爲君子，（蘧伯玉事未詳所出，蓋世人相傳之辭。）足下如何專取仁義！」篤曰：「今欲分之，明廷載半去矣。」欽歎息而去。儉與魯國孔褒有舊，（魯國治魯縣，在今山東曲阜縣東。）亡抵褒，不遇，褒弟融，年十六，匿之。事泄，儉亡走，國相收褒、融送獄，未知所坐。融曰：「保納舍藏者，融也。」褒曰：「彼來求我，非弟之過。」吏問其母，母曰：「家事任長，妾當其辜。」一門爭死，郡縣疑不能決，乃上讞之，（上，奏也。讞，議罪也。）詔獨坐褒。及黨禁解，儉乃還鄉里。夏馥聞儉亡命，歎曰：「孽自己作，空汙良善，一人逃死，禍及萬家，何以生爲！」乃自剪鬚變形，入林慮山中，（林慮，即隆慮，今河南林縣。）隱姓名，爲治家傭，人無知者。

初，中常侍張讓父死，歸葬潁川，雖一郡畢至，而名士無往者，讓恥之，陳寔獨弔焉。及誅黨人，讓以寔故，多所全宥。

初，范滂等非訐朝政，自公卿以下皆折節下之，太學生爭慕其風，申屠蟠獨歎曰：「昔戰國之世，處士橫議，列國之王至於擁篲先驅，卒有阬儒燒書之禍，（事見卷八秦始皇帝三十四年及三十五年。）今之謂矣。」乃絕迹於梁、碭之閒，（梁即梁國，都下邑縣，在今安徽碭山縣東。碭縣，在今碭山縣南。兩地相近，故云梁、碭之間。）因樹爲屋，自同傭人。居二年，滂等果罹黨錮之禍。

綱 辛亥，四年，（一七一）春二月，地震，海溢。三月朔，日食，大疫。

綱 秋七月，立貴人宋氏爲皇后。

胡廣卒

綱　壬子，熹平元年，（一七二）春三月，太傅胡廣卒。

目　廣周流四公，一履司空，再作司徒，三登太尉，又爲太傅。三十餘年，歷事六帝，（六帝，安帝、順帝、沖帝、質帝、桓帝、靈帝。廣以順帝漢安元年爲司空，至此卒，共三十一年。）禮任極優。所辟多天下名士，練達故事，明解朝章，解，曉也。京師諺曰：「萬事不理問伯始；伯始，廣字。天下中庸有胡公。」然溫柔謹慤，常遜言恭色以取媚於時，無忠直之風，天下以此薄之。

綱　夏六月，大水。皇太后竇氏崩，秋七月，葬桓思皇后。

綱　冬十一月，會稽妖賊許生稱帝。

孫堅斬許生

綱　甲寅，三年，（一七四）冬十一月，吳郡司馬孫堅討許生，（吳郡治吳縣，即今江蘇蘇州市。）斬之。

目　堅，富春人，（富春，今浙江富陽縣。）召募精勇得千餘人，助州郡討許生，大破，斬之。

立石經

綱　乙卯，四年，（一七五）春三月，立石經于太學門外。鐫五經於石碑曰石經。（五經，詩、書、易、禮、春秋。）

目　詔諸儒正五經文字，命議郎蔡邕爲古文、篆、隸三體書之，古文，謂孔子壁中書。篆、隸皆秦程邈所作。（古文，謂科斗文字。）刻石立于太學門外，使後學取正焉。碑始立，觀模寫者車乘日千餘兩。

綱　丙辰，五年，（一七六）夏，殺永昌太守曹鸞，更考黨人禁錮五屬。

曹鸞申理黨人　詔州郡更考黨人　宣陵孝子　趙苞破鮮卑

目　永昌太守曹鸞上書曰：（永昌郡治不韋縣，在今雲南保山縣北。）「夫黨人者，或耆年淵德，或衣冠英賢，皆宜股肱王室，左右大猷者也；而久被禁錮，辱在塗泥，所以災異屢見，水旱荐臻，皆由於斯。宜加沛宥，以副天心。」帝大怒，監軍收鸞，送獄，掠殺之。於是詔州郡更考黨人門生、故吏、父子、兄弟在位者，悉免官禁錮，爰及五屬。五屬，五族也。

綱　丁巳，六年，（一七七）夏四月，大旱，蝗。

綱　以宣陵孝子爲太子舍人。宣陵，桓帝陵墓。（太子舍人，秩二百石，更直宿衞。）

目　市賈小民有相聚爲宣陵孝子者數十人，詔皆除太子舍人。蔡邕上封事曰：「宣陵孝子，虛僞小人，本非骨肉，羣聚山陵，假名稱孝義，無所依。太子官屬，宜搜選令德，豈有但取丘墓凶醜之人！其爲不祥莫大焉。宜遣歸田里，以明詐僞。」書奏，帝乃詔宣陵孝子爲舍人者，悉改爲丞尉焉。

綱　冬十月朔，日食。地震。

綱　鮮卑寇遼西，鮮卑，東胡種名。（遼西郡治陽樂縣，在今河北昌黎縣東北。）太守趙苞破之。

目　遼西太守趙苞到官，遣吏迎母，道經柳城，（在今河北昌黎縣西。）値鮮卑萬餘人入塞寇鈔，鈔，略也。劫質苞母，載以擊郡。苞出戰，對陳，賊出母示苞，苞悲號，謂母曰：「爲子無狀，欲以微祿奉養朝夕，不圖爲母作禍。昔爲母子，今爲王臣，義不得顧私恩，毁忠節，唯當萬死，無以塞罪。」母遥謂曰：「人各有命，何得相顧以虧忠義，爾其勉之！」苞卽時進戰，賊悉摧破，其母爲賊所害。苞歸葬訖，謂鄉人曰：「食祿而避難，非忠也；殺母以全義，非孝也。如是，有何面目立於天下！」遂歐血而死。

綱 戊午，光和元年，（一七八）春二月朔，日食。地震。

綱 置鴻都門學。

置鴻都門學

目 鴻都門學諸生，皆敕州郡、三公舉用辟召，或出爲刺史、太守，入爲尚書、侍中，有封侯賜爵者；士君子皆恥與爲列焉。

綱 夏四月，地震。侍中寺雌雞化爲雄。

綱 六月，有黑氣墮溫德殿庭中。

目 氣如龍，長十餘丈。

綱 秋七月，青虹見玉堂殿庭中。

蔡邕災異對

目 上以災異詔問消復之術，蔡邕對曰：「臣伏思諸異，皆亡國之怪也。天於大漢殷勤不已，故屢出祆變以當譴責，欲令人君感悟，改危即安。蜺墮、雞化，皆婦人干政之所致也。前者乳母趙嬈，讒諛驕溢，門史霍玉，依阻爲姦。今道路紛紛，復云有程大人者，（程大人即程璜。）察其風聲，將爲國患；宜高爲隄防，明設禁令，深惟趙、霍，以爲至戒，則天道虧滿，鬼神福謙矣。」（易謙卦：「天道虧盈而益謙，鬼神害盈而福謙。」）章奏，帝覽而歎息；因起更衣，曹節於後竊視之，悉宣語左右。中常侍程璜使人飛章言邕私事，下雒陽獄，劾大不敬，棄市。中常侍河

蔡邕徙朔方

南呂彊愍邕無罪，力爲申請，詔：「減死一等，與家屬髡鉗徙朔方，（朔方郡治臨戎縣，在今內蒙古杭錦旗西。）不得以赦令除。」

綱　冬十月，廢皇后宋氏，幽殺之。以王甫之譖也。

綱　是月晦，日食。

賣官

綱　初開西邸賣官。

目　初開西邸賣官，二千石，二千萬；四百石，四百萬；其以德次應選者半之，或三分之一；令長，隨縣豐約有賈。富者先入，貧者到官倍輸。又私令左右賣公卿，公千萬，卿五百萬。嘗問侍中楊奇曰：奇，楊震曾孫。「朕何如桓帝？」對曰：「陛下之於桓帝，亦猶虞舜比德唐堯。」帝不悅曰：「卿彊項，眞楊震子孫，死後必復致大鳥矣。」

呂彊辭封

綱　己未，二年，（一七九）夏四月，封中常侍呂彊爲都鄉侯，（都鄉，在今河北涿縣北。）不受。

目　彊清忠奉公，帝以衆例封爲都鄉侯，彊固辭不受。

作苑

綱鑑易知錄卷一五

東漢紀

孝靈皇帝

綱 庚申，三年，（一八〇）冬十二月，立貴人何氏爲皇后。

目 后本南陽屠家，（南陽郡治宛縣，卽今河南南陽市。）以選入掖庭，生皇子辯，故立之。徵其兄進爲侍中。後王美人生皇子協，后酖殺美人。帝怒，欲廢后，中官固請乃止。

綱 作畢圭、靈昆苑。畢音必。（畢圭、靈昆苑，俱在今河南洛陽市宣平門外。）

目 司徒楊賜諫曰：「先王造囿，裁足以脩三驅之禮，易比卦五爻「王用三驅」，言天子不合圍，開一面之網也。薪、萊、芻、牧皆悉往焉。先帝左開鴻池，苑名。（在今河南洛陽市東。）右作上林，苑名。（上林苑，在今河南洛陽市西。）不奢不約。今廢田園，驅居人，畜禽獸，殆非『若保赤子』之義。宜惟卑宮、露臺之意，惟，思也。卑宮，謂夏禹卑宮室。（露臺，文帝止作露臺，見卷十二文帝後七年「葬霸陵」目。）以慰民勞。」帝欲止，侍中任芝、樂松曰：「昔文王之囿百里，人以爲小；齊宣四十里，人以爲大。今與百姓共之，無害於政也。」帝悅，遂爲之。

綱 辛酉，四年，（一八一）秋九月朔，日食。

作列肆於後宮

起四百尺觀

黃巾起

綱　作列肆於後宮。

目　是歲，帝作列肆於後宮，使諸采女販賣，更相盜竊爭鬭；帝著商賈服，從之飲宴爲樂。

綱　壬戌，五年，（一八二）秋七月，有星孛于太微。太微，天帝南宮也。

綱　八月，起四百尺觀。

綱　冬，以桓典爲侍御史。

目　典爲御史，宦官畏之。典常乘驄馬，馬青白色曰驄。京師爲之語曰：「行行且止，避驄馬御史！」

綱　甲子，中平元年，（一八四）春二月，黃巾賊張角等起。

目　初，鉅鹿張角事黃、老，（鉅鹿縣，在今河北鉅鹿縣西南。）以妖術教授。遣弟子遊四方，轉相誑誘，十餘年閒，徒衆數十萬。角遂置三十六方。方，猶將軍也，大方萬餘人，小方六七千，各立渠帥。訛言「歲在甲子，天下大吉」，以白土書京城寺門及州郡官府，皆作「甲子」字。大方馬元義等先收荆、揚數萬人，以中常侍封諝、徐奉等爲內應，約以三月五日內外俱起。至是，角弟子唐周告之，於是收元義，車裂。詔三公、司隸，案驗宮省直衞及百姓事角道者，誅殺千餘人；下冀州逐捕。（冀州轄魏郡、鉅鹿、常山、中山、安平、河閒、淸河、趙國、勃海等郡國。刺史治鄗，在今河北內丘縣柏梁鎭北。謂令冀州刺史逐捕張角等。）角等知事已露，馳敕諸方，一時俱起，皆

殺呂彊向栩張鈞

著黃巾爲識。角自稱「天公將軍」，弟寶稱「地公將軍」，梁稱「人公將軍」。所在燔劫，長吏逃亡，旬月之閒，天下響應。

綱 三月，以何進爲大將軍，屯都亭。（在今河南洛陽市內。）

綱 赦黨人，遣中郎將盧植討張角，皇甫嵩、朱儁討潁川黃巾。（潁川郡治陽翟，即今河南禹縣治。）儁音俊。

目 帝召羣臣會議，北地太守皇甫嵩以爲宜解黨禁。（北地郡治馬嶺縣，在今甘肅寧縣西北。嵩，皇甫規之子。）呂彊曰：「黨錮久積，人情怨憤，若不赦宥，與角合謀，爲變滋大。」帝懼而從之。發天下精兵，遣中郎將盧植討張角，皇甫嵩、朱儁討潁川黃巾。

綱 殺中常侍呂彊、侍中向栩、郎中張鈞。

目 諸常侍共譖呂彊，云與黨人共議朝廷，數讀霍光傳。霍光廢昌邑王。（此言彊謀廢立也。）帝使中黃門持兵召彊，彊怒曰：「丈夫欲盡忠國家，豈能對獄吏乎！」遂自殺。侍中向栩譏刺左右，張讓誣栩與張角爲內應，殺之。郎中張鈞上書曰：「張角所以能興兵作亂，萬民所以樂附之者，其源皆由十常侍宗親、賓客典據州郡，侵掠百姓；百姓冤無所訴，故聚爲盜賊。宜斬十常侍，懸頭南郊，以謝百姓，遣使者布告天下，可不須師旅而大寇自消。」帝怒鈞曰：「此眞狂子也！十常侍固當有一人善者不！」不音否。御史遂誣奏鈞學黃巾道，收掠，死獄中。

曹操
月旦評
許劭評曹操

綱　夏五月，皇甫嵩、朱儁與騎都尉曹操合軍，討三郡黃巾，破平之。

目　朱儁與賊波才戰敗，賊遂圍皇甫嵩於長社。（長社縣，在今河南長葛縣西。）依草結營，會大風，嵩敕軍士皆束苣乘城，使銳士閒出圍外，縱火大呼，城上舉燎應之，嵩從城中鼓譟而出，奔擊賊陳；賊驚，亂奔走。會騎都尉沛國曹操將兵適至，（沛國都相縣，在今安徽宿縣西北。曹操沛國譙縣人，即今安徽亳縣。）合軍與戰，大破之，斬首數萬，遂討汝南、陳國黃巾，（汝南郡治平輿縣，在今河南確山縣東北。陳國都陳縣，即今河南淮陽縣。）皆破之，三郡悉平。

操父嵩，爲中常侍曹騰養子，不能審其生出本末，或云夏侯氏子也。操少機警，有機巧而警省。有權數，權謀、術數。而任俠放蕩，不治行業；時人未之奇也，唯橋玄及南陽何顒異焉。玄謂操曰：「天下將亂，非命世之才，不能濟也。能安之者，其在君乎！」顒見操，歎曰：「漢家將亡，安天下者，必是人也。」時汝南許劭與從兄靖，有高名，好共覈論鄉黨人物，每月輒更其題品，故汝南俗有月旦評焉。嘗爲郡功曹，府中莫不改操飾行。操往造劭而問之曰：「我何如人？」劭鄙之，不答。操劫之，固要之也。劭曰：「子，治世之能臣，亂世之姦雄。」操大喜而去。後舉孝廉爲郎，至是平賊，遷濟南相。（濟南國即濟南郡，都東平陵縣，即今山東濟南市。）

綱　盧植圍張角於廣宗。（在今河北南宮縣南。）檻車徵還，檻車，載囚車也。植徵還，以小黃門左豐之譖也。遣中郎將董卓代之。

綱　秋八月，遣皇甫嵩討張角，角死。董卓以無功抵罪，乃詔遣嵩，時角已死。冬十月，與角弟

崔烈爲司徒

陳寔卒

董卓入京師

梁、寶戰，皆破斬之。以嵩爲車騎將軍，領冀州牧。（時改刺史爲州牧。）

綱　乙丑，二年，（一八五）春二月，南宮雲臺災。

綱　三月，以崔烈爲司徒。

目　時，三公往往因常侍、阿保入錢西園而得之。（西園，官署名。）烈本冀州名士，至是，因傅母入錢五百萬，傅母，宮中阿保。故得爲司徒，而聲譽頓衰。

綱　夏四月，大雨雹。

綱　六月，封宦者張讓等十三人爲列侯。以討張角功也。

綱　丁卯，四年，（一八七）冬十月，前太丘長陳寔卒。（陳寔事，見卷二十三桓帝建和三年「荀淑卒」目。）

目　寔在鄉閭，平心率物，其有爭訟，輒求判正，曉譬曲直，退無怨者；至乃歎曰：「寧爲刑罰所加，不爲陳君所短！」楊賜、陳耽，每拜公卿，羣僚畢賀，輒歎寔未登大位，愧於先之。及卒，海內赴弔者三萬餘人。

綱　己巳，六年，（一八九）夏四月，帝崩。皇子辯卽位，年十四。尊皇后曰皇太后。太后臨朝。封皇弟協爲陳留王。協年九歲。（陳留國都陳留縣，在今河南開封市東南。）

綱　葬文陵。（在今河南洛陽市東北。）

綱　秋七月，大將軍進召董卓將兵詣京師。太后詔罷諸宦官。八月，宦官張讓等入宮

陳琳諫何進

殺進，劫太后、帝出至河上。司隸校尉袁紹捕宦者，悉誅之。帝還宮，以卓爲司空。

目　袁紹說何進悉誅諸宦官。進白太后，太后不聽。紹又爲畫策，多召四方猛將，使並引兵向京城，以脅太后，進然之。主簿陳琳諫曰：「諺稱『掩目捕雀』，夫微物尚不可欺以得志，況國之大事，其可以詐立乎！今將軍總皇威，握兵要，龍驤虎步，龍驤，騰躍也。高下在心，此猶鼓洪爐燎毛髮耳。鼓，扇熾其火也。但當速發雷霆，行權立斷，則天人順之。而反委釋利器，更徵外助，大兵聚會，強者爲雄，所謂倒持干戈，授人以柄，功必不成，祇爲亂階耳！」進不聽。曹操聞而笑曰：「宦者之官，古今宜有，但世主不當假之權寵，使至於此。既治其罪，當誅元惡，一獄吏足矣，何至紛紛召外兵乎！欲盡誅之，事必宣露，吾見其敗也。」

時，董卓駐兵河東，（河東郡治安邑縣，即今山西運城縣東北安邑鎮。）何進召之，使將兵詣京師尚書鄭泰、盧植皆諫，進不從。卓聞召，即時就道，并上書曰：「張讓等竊倖承寵，濁亂海內臣聞揚湯止沸，莫若去薪；潰癰雖痛，勝於內食。今輒鳴鐘鼓如雒陽，請收讓等以清姦穢！」太后乃恐，悉罷中常侍、小黃門。進入長樂宮，白太后，請盡誅之。張讓等使潛聽，具聞其語。乃率其黨數十人，持兵伏省戶下，斬進。進部曲將吳匡，引兵燒南宮青瑣門。門刻爲連瑣文而青塗也。讓等將太后、少帝及陳留王劫省內官屬，從複道走北宮。袁紹引兵屯闕下，遂閉北宮門，勒兵捕諸宦者，無少長皆殺之，凡二千餘人。進攻省內，讓等困迫，遂將帝與陳留王數十人步出穀門，洛陽城門名。公卿無從者，唯盧植及河南中部掾閔貢夜至河上，

董卓迎帝北芒阪下

董卓辟蔡邕

董卓廢帝立陳留王

貢厲聲責讓等，因手劍斬數人。讓等惶怖，遂投河而死。

貢扶帝與陳留王夜逐螢光還，至雒舍。明日，帝乘一馬，陳留王與貢共乘一馬，南行，公卿稍有至者。董卓亦到，因與公卿奉迎於北芒阪下。芒一作「邙」，音忙。（北芒山，在今河南洛陽市北，黃河南岸。）卓與帝語，語不可了；乃更與陳留王語，問禍亂之由，王答，自初至終，無所遺失。卓大喜，以爲賢，遂有廢立之意。是日，帝還宮。失傳國璽。

卓步騎不過三千，率四五日輒夜潛出，明日乃大陳旌鼓而還，以爲西兵復至，雒中無知者。俄而進及弟苗部曲皆歸之，卓又陰使武猛都尉丁原部曲呂布殺原而幷其衆。於是諷朝廷，以久雨，策免司空劉弘而代之。蔡邕亡命江海，積十二年，卓聞其名而辟之，稱疾不就。卓怒，詈曰：「我能族人！」邕懼而應命，到，署祭酒，甚見敬重，三日之閒，周歷三臺。漢以尙書爲中臺，御史爲憲臺，謁者爲外臺。遷爲侍中。

綱 九月，袁紹出奔冀州。卓廢帝爲弘農王，奉陳留王協卽位，遂弒太后何氏。

目 董卓謂袁紹曰：「天下之主，宜得賢明，每念靈帝，令人憤毒！董侯似可，陳留王，董太后養之，因號董侯。今欲立之，能勝史侯否？」帝辯養於史氏，因號史侯。紹曰：「今上富於春秋，未有不善宣於天下。公欲廢嫡立庶，恐衆不從公議也！」卓按劍叱紹曰：「豎子敢然！天下之事，豈不在我！」紹勃然，徑出，逃奔冀州。卓遂脅太后策廢少帝爲弘農王，立陳留王協爲帝。遷太后於永安宮，酖殺之。

綱　卓自爲太尉，領前將軍事。

董卓自爲太尉

綱　遣使弔祭陳蕃、竇武及諸黨人，復其爵位。

目　董卓與三公詣闕上書，追理蕃、武及諸黨人，悉復爵位，遣使弔祠，擢用子孫。

綱　自六月雨至于是月。

綱　冬十月，葬靈思皇后。十一月，卓自爲相國，贊拜不名，入朝不趨，劍履上殿。

董卓自爲相國

綱　十二月，徵處士申屠蟠，不至。以黃琬爲太尉，楊彪爲司徒，荀爽爲司空。

目　初，尚書周毖、城門校尉伍瓊，説董卓「矯桓、靈之政，擢用天下名士，以收衆望」，卓從之，於是徵荀爽、申屠蟠等。就拜爽平原相，（平原國都平原縣，在今山東平原縣南。）行至宛陵，（亦作菀陵，在今河南新鄭縣東北。）遷光祿勳，視事三日，進拜司空。自徵至是，九十五日。爽等皆畏卓之暴，無敢不至。獨蟠得徵書，人勸之行，笑而不答，竟以壽終。

綱　以袁紹爲渤海太守。（渤海郡治南皮縣，在今河北交河縣東北。）

目　董卓購求袁紹急，周毖、伍瓊曰：「紹恐懼出奔，非有他志。今急購之，勢必爲變。袁氏樹恩四世，袁安爲太尉，子敞爲司空，孫湯爲太尉，湯三子成、逢、隗，逢爲司空，隗爲司徒。成生紹，逢生術。門生故吏徧天下，若收豪傑以聚徒衆，則山東非公之有也。不如赦之，拜一郡守，紹喜於免罪，必無患矣。」卓乃即拜紹渤海太守。又以紹從弟術爲後將軍，曹操爲驍騎校尉。術奔南陽。操變易姓名，閒行東歸，閒行，從微道而行。至陳留，散家財，合兵得五千人。

孝獻皇帝

名協，靈帝中子，董卓廢帝辯而立之。在位三十一年，曹丕篡位，廢帝為山陽公，壽五十四歲。諡法：「聰明睿智曰獻。」是時獻生不辰，身播國屯，終我四百，永作虞賓。

關東起兵討董卓

綱 庚午，孝獻皇帝初平元年，（一九〇）春正月，關東州郡起兵討卓，推袁紹為盟主。

目 紹自號車騎將軍，與河內太守王匡屯河內，（河內郡治懷縣，在今河北武陟縣西南。）韓馥留鄴，（在今河北磁縣西。）給軍糧。孔伷屯潁川，劉岱、張邈、邈弟廣陵太守超、山陽太守袁遺、濟北相鮑信與橋瑁、曹操俱屯酸棗，（廣陵國都廣陵縣，在今江蘇揚州市東北。山陽郡治昌邑縣，在今山東金鄉縣西北。濟北國都盧縣，在今山東長清縣南。酸棗，在今河南延津縣北。橋瑁時為東郡太守。）袁術屯魯陽，（即今河南魯山縣。）衆各數萬。豪傑多歸心袁紹者；鮑信獨謂操曰：「君略不世出，殆天之所啓乎！」

董卓弑弘農王

綱 卓弑弘農王。

董卓以王允為司徒

綱 卓奏免太尉琬、司徒彪，以王允為司徒。殺城門校尉伍瓊、尚書周毖。

目 卓以山東兵盛，欲遷都以避之，楊彪曰：「關中殘破，都雒已久，今無故捐宗廟，棄園陵，恐百姓驚動，必有糜沸之亂。糜，粥也。糜沸，言如糜粥之沸。天下動之至易，安之甚難，惟明公慮焉！」卓作色曰：「公欲沮國計邪！」黃琬曰：「此國之大事，楊公之言，得無可思！」卓不答。以災異奏免琬、彪等，以王允為司徒。伍瓊、周毖固諫遷都，卓大怒，收斬之。彪、琬惶恐謝罪。

董卓遷都長安

【綱】三月，卓遷都長安，燒洛陽宫廟，發諸帝陵，車駕西遷。

【目】董卓徙民數百萬口於長安，自留屯畢圭苑中，悉燒宫廟、官府、居家，又使呂布發諸帝陵及公卿冢墓，收其珍寶。三月，帝至長安，董卓未至，朝政大小皆委之王允。允外相彌縫，内謀王室，甚有大臣之度，自天子及朝中皆倚允；允屈意承卓，卓亦雅信焉。

袁術據南陽

【綱】長沙太守孫堅舉兵討卓。（長沙郡治臨湘縣，即今湖南長沙市。）將軍袁術據南陽，表堅領豫州刺史。

【目】孫堅起兵殺荆州刺史王叡，（荆州刺史治漢壽縣，在今湖南常德縣東。）前至南陽，已數萬人。殺太守張咨，至魯陽，與袁術合兵。術由是得據南陽，表堅行破虜將軍，領豫州刺史。（豫州刺史治譙縣，即今安徽亳縣。）

【綱】以劉表爲荆州刺史。

【綱】曹操與卓兵戰于滎陽，（在今河南滎陽縣西南。）不克，還屯河内。

【綱】袁紹以臧洪領青州。（青州刺史治臨菑，在今山東益都縣西北。）

劉虞爲太傅

【綱】夏四月，以劉虞爲太傅。

【目】幽州牧劉虞，（幽州刺史治薊縣，在今北京市德勝門外。）務存寬政，勸督農桑，民悦年登，穀石三十，青、徐士庶避難歸虞者百餘萬口，（徐州刺史治郯縣，在今山東郯城縣西南。）虞皆收視溫恤，爲安立生業，流民皆忘其遷徙焉。至是拜太傅，而道路壅塞，命不得通。

鑄小錢

公孫度爲遼東守

關東將欲以劉虞爲帝

孫堅擊董卓

綱 司空荀爽卒。

綱 卓壞五銖錢，更鑄小錢。

綱 以公孫度爲遼東太守。（遼東郡治襄平縣，在今遼寧遼陽市北。）

綱 辛未，二年，（一九一）春正月，關東諸將奉大司馬劉虞爲帝，虞不受。

目 關東諸將議：以朝廷幼沖，逼於董卓，遠隔關塞，不知存否。幽州牧劉虞，宗室賢儁，欲共立爲主。韓馥、袁紹遣張岐等齎議上虞尊號。虞厲色叱之曰：「今天下崩亂，主上蒙塵，天子出奔謂之蒙塵。吾被重恩，未能淸雪國恥；諸君各據州郡，宜共戮力王室，戮力，幷力也。而反造逆謀以相垢汙邪！」欲奔匈奴以自絕，紹等乃止。

綱 二月，卓自爲太師。

綱 孫堅進兵擊卓，卓敗，西走。堅入洛陽，脩塞諸陵而還。

目 孫堅進屯陽人，（卽陽人聚，在今河南臨汝縣西。）卓遣步騎迎戰，堅擊破之，復進軍大谷，漢靈帝置洛陽八關，大谷其一，在今河南洛陽市西。）距洛九十里。卓自出與戰，敗走，却屯澠池。（卽今河南澠池縣。）堅進至洛陽，掃除宗廟，祠以太牢，得傳國璽於城南甄宮井中；甄宮，官舍名。分兵邀卓，卓自引兵還長安。堅脩塞諸陵，引軍還魯陽。

綱 夏四月，卓至長安。

綱 六月，地震。

袁紹領冀州

曹操爲東郡守

劉備爲平原相

綱　袁紹逐冀州牧韓馥，自領州事。

綱　袁紹表曹操爲東郡太守。（操爲東郡太守，治東武陽縣，在今山東范縣西北。）

綱　冬十月，公孫瓚攻袁紹。以劉備爲平原相。

目　是時關東州、郡務相兼并，以自彊大，袁紹、袁術亦自相離二。術遣孫堅擊董卓未返，紹遣周昂襲奪堅陽城。（陽城縣屬潁川郡，孫堅領豫州刺史所屯，在今河南登封縣東南。）堅歎曰：「同舉義兵，將救社稷，逆賊垂破而各若此，吾當誰與戮力乎！」引兵擊昂，走之。袁術遣公孫越助堅攻昂，（公孫越，瓚弟。）越爲流矢所中死。公孫瓚怒曰：「余弟死，禍起於紹。」遂出軍屯磐河，數紹罪惡，進兵攻之。冀州諸城多畔從瓚。

初，涿郡劉備，（涿郡治涿縣，在今河北涿縣北。劉備，涿郡涿縣人。）中山靖王之後也，（中山靖王名勝，景帝第八子。）少孤貧，與母以販履爲業，有大志，少言語，喜怒不形於色。嘗與瓚同師盧植，因往依瓚。至是，瓚使與其將田楷徇青州，有功，因以爲平原相。備少與河東關羽、涿郡張飛友善；（關羽河東解縣人，時亡命涿郡。）以羽、飛爲別部司馬，分統部曲。備與二人寢則同牀，恩若兄弟，而稠人廣坐，侍立終日，隨備周旋，不避艱險。常山趙雲爲郡將兵詣瓚，（常山郡治元氏縣，在今河北元氏縣西北。趙雲常山眞定人。）劉備見而奇之，深加接納，雲遂從備至平原，爲備主騎兵。

劉表軍射殺孫堅

綱　袁術使孫堅擊劉表，表軍射殺之。

綱　管寧、邴原、王烈適遼東。

目　公孫度威行海外，度爲遼東太守。中國人士避亂者多歸之，北海管寧、邴原、王烈皆往依焉。（管寧、邴原皆北海朱虛人，在今山東臨朐縣東北。王烈平原人，在今山東平原縣東。）寧少時與華歆爲友，嘗共鋤菜，見地有金，寧揮鋤不顧，歆捉而擲之，人以是知其優劣。邴原遊學，八九年而歸，師友以原不飲酒，會米肉送之。原曰：「本能飲酒，但以荒思廢業，故斷之耳。今當遠別，可一飲。」於是共飲，終日不醉。寧、原俱以操尚稱，度虛館以候之。寧既見度，乃廬於山谷，避難者漸來從之，旬月而成邑。寧每見度，語唯經典，不及世事。原性剛直，清議以格物。謂標品人物也。寧謂原曰：「潛龍以不見成德，言非其時，皆招禍之道也。」密遣原逃歸，度亦不復追也。烈器業過人，善教誘，有盜牛者，主得之，盜請罪曰：「刑戮是甘，乞不使王彥方知也！」彥方，王烈字。烈聞，使人謝之，遺布一端。或問其故，烈曰：「盜懼吾聞其過，是有恥惡之心，既知恥惡，則善心將生，故與布以勸爲善也。」後有老父遺劍於路，行道一人見而守之。至暮，老父還，尋得劍，怪之，以事告烈，烈使推求，乃先盜牛者也。諸有爭訟曲直將質之於烈，或至塗而反，或望廬而還，皆相推以直，不敢使烈聞。度欲以爲長史，烈辭之，爲商賈以自穢，乃免。

綱　壬申，三年，（一九二）春正月，卓遣校尉李傕、郭汜、張濟擊朱儁於中牟，傕音覺，汜音祀。（中牟，在今河南中牟縣東。）破之，遂掠潁川。

荀彧從曹操

目　初，荀淑有孫曰彧，（彧音郁。）少有才名，何顒見而異之，曰：「王佐才也！」及天下亂，彧謂父老曰：「潁川，四戰之地，宜亟避之。」鄉人多懷土不能去，彧獨率宗族去依韓馥。會袁紹已奪馥位，待以上賓之禮。彧度紹終不能定大業，聞曹操有雄略，乃去從操。操與語，大悅，曰：「吾子房也！」以爲奮武司馬。至傕、汜既破中牟，遂掠潁川，其鄉人留者多爲所殺。

王允使呂布誅董卓

綱　夏四月，王允使中郎將呂布誅董卓。詔允錄尚書事，以布爲奮威將軍，共秉朝政。

目　董卓忍於誅殺，諸將言語有蹉跌，便戮於前，人不聊生。司徒王允與司隸校尉黃琬、僕射士孫瑞密謀誅卓。中郎將呂布，便弓馬，膂力過人，卓愛信之，誓爲父子。嘗小失卓意，卓拔手戟擲布，布拳捷，避之，卓意亦解。允素善待布，布見允，言狀，允因以誅卓之謀告之，使爲內應。布曰：「如父子何？」曰：「君自姓呂，本非骨肉。擲戟之時，豈有父子情邪！」布遂許之。四月，帝有疾新愈，大會未央殿。卓朝服乘車而入，王允使士孫瑞自書詔以授布，布令勇士十餘人僞著衞士服，守北掖門。（南宮正門旁小門也。）卓入，以戟刺之；卓傷臂，墮車，顧大呼曰：「呂布何在！」布曰：「有詔討賊臣！」應聲持矛刺卓，趣兵斬之。（趣音促。）即出懷中詔版以令吏士曰：（詔版，木簡爲之，其長尺一。）「詔討卓耳，餘皆不問。」吏士皆稱萬歲，百姓歌舞於道。暴卓屍於市。（暴音僕。）卓素充肥，守吏爲大炷，（炷，燈也。）置臍中然之，光明達曙，（曙，且也。）如是積日。以王允錄尚書事，呂布爲奮威將軍，封溫侯，（溫縣，在今河南溫縣西南。）

蔡邕

曹操據兗州

李傕郭汜舉兵犯闕

共秉朝政。

卓之死也，蔡邕在王允坐，聞之驚歎。允勃然，叱之曰：「董卓，國之大賊，幾亡漢室，君為王臣，所宜同疾，而懷其私遇，反相傷痛，豈不共為逆哉！」即收付廷尉。邕謝曰：「身雖不忠，願黥首刖足，繼成漢史。」太尉馬日磾謂允曰：日音密，磾音低。「伯喈曠世逸才，蔡邕字伯喈。多識漢事，當續成後史，為一代大典。」允曰：「昔武帝不殺司馬遷，使作謗書流於後世。方今國祚中衰，戎馬在郊，不可令佞臣執筆在幼主左右，既無益聖德，復使吾黨蒙其訕議。」日磾退而告人曰：「王公其無後乎！善人，國之紀也；制作，國之典也；滅紀廢典，其能久乎！」邕遂死獄中。

綱　黃巾寇兗州，（獻帝以鄄城為兗州治，在今山東壽張縣西南。）殺刺史劉岱。曹操入據之，自稱刺史。

目　青州黃巾寇兗州，劉岱出與戰，為賊所殺。曹操部將陳宮謂操曰：「州今無主，而王命斷絕，宮請說州中綱紀，大為綱，小為紀。（綱紀，謂州中別駕及從事等。）明府尋往牧之，資之以收天下，此霸王之業也。」宮因往說別駕、治中，迎操領兗州刺史。操擊黃巾，悉降之，得卒三十餘萬，收其精銳，號青州兵。詔以金尚為兗州刺史，將之部，操逆擊之，尚奔袁術。

綱　李傕、郭汜等舉兵犯闕，殺司徒王允；呂布走，出關。

目　李傕、郭汜等還至陝，（即今河南陝縣。）遣使詣長安求赦，不得。傕等乃相與結盟，

李傕殺王允　呂布奔南陽

率軍數千，晨夜西行，隨道收兵，比至長安，已十餘萬，與卓故部曲樊稠、李蒙等合圍長安城。呂布軍有叟兵內反，叟兵卽蜀兵也，漢代謂蜀曰叟。引傕衆入城，呂布與戰不勝。傕、汜屯南宮掖門。王允扶帝上宣平門避兵，宣平門，長安東都門。傕等於城門下伏地叩頭，曰：「董卓忠於陛下，而無故爲呂布所殺，臣等爲卓報讎，非敢爲逆也。」共表請王允出，問「太師何罪？」允窮蹙，乃下見之。傕等收司隸黃琬幷允，殺之。呂布自武關奔南陽，（武關在今陝西商縣東。）袁術待之甚厚。布恣兵抄掠，術患之，布不自安，去從張楊於河內。傕等購求布急，又逃歸袁紹，既而復歸張楊。始允自專討卓之勞，士孫瑞歸功不侯，故得免於難。

劉表爲荆州牧

綱 秋九月，李傕、郭汜、樊稠、張濟自爲將軍。

綱 冬十月，以劉表爲荆州牧。（劉表爲荆州牧，徙治襄陽縣，卽今湖北襄樊市。）

綱 癸酉，四年，（一九三）春正月朔，日食。

袁術領揚州

綱 袁術進兵封丘，曹操擊破之。術走壽春，（卽今安徽壽縣。壽春爲揚州牧治。）自領揚州事。

綱 袁紹以其子譚爲青州刺史。

陶謙爲徐州牧

綱 三月，以陶謙爲徐州牧。

綱 夏六月，大雨雹。

劉備領豫州

劉備兼領徐州

綱 華山崩裂。（華山，在今陝西渭南縣東。）

綱 秋，曹操擊徐州，陶謙走保郯。（在今山東郯城縣西南。）

綱 冬十月，大司馬劉虞討公孫瓚，不克，見殺。

綱 甲戌，興平元年，（一九四）春二月，劉備救陶謙，謙表備爲豫州刺史。

綱 夏四月，曹操復攻陶謙，還擊劉備，破之。陳留太守張邈，迎呂布以拒操，操還攻之。

綱 六月，京師地再震。是月晦，日食。秋七月，自四月不雨至于是月。

綱 九月，曹操攻呂布，不克，還走鄄城。曹操使荀彧、程昱守鄄城。（鄄城縣此時爲兗州治，在今山東壽張縣西南。）

綱 劉焉卒，以其子璋爲益州牧。劉焉爲益州牧。（益州治蜀郡成都縣，即今四川成都市。）

綱 陶謙卒，劉備兼領徐州。

目 謙疾篤，謂別駕麋竺曰：「非劉備不能安此州。」謙卒，竺率州人迎備。備未敢當，曰：「公路四世五公，袁術字公路。（四世五公，見上靈帝中平六年「樹恩四世」注。）海內所歸，今近在壽春，君可以州與之。」北海相孔融謂備曰：「袁公路豈憂國忘家者邪！冢中枯骨，何足介意！今日之事，百姓與能；百姓視能者而與之。天與不取，悔不可追。」備遂領徐州。

綱 袁術表孫策爲懷義校尉。

目　初，孫堅娶錢塘吳氏，（錢塘，今浙江杭州市。）生四男，策、權、翊、匡及一女。堅從軍於外，留家壽春。策年十餘歲，已交結知名。舒人周瑜與策同年，（舒，在今安徽廬江縣東。）亦英達夙成，自舒來造，推結分好，推結交，分愛好。勸策徙居舒。及堅死，策年十七，還葬曲阿；（即今江蘇丹陽縣。）已而渡江，居江都，（在今江蘇揚州市西南。）結納豪俊，有復讎之志。策往見袁術，術甚奇之，術以堅餘兵千餘人還策，拜懷義校尉。

綱　以劉繇爲揚州刺史。繇，岱之弟。

綱　乙亥，二年，（一九五）春正月，曹操敗呂布於定陶。（在今山東菏澤縣南。）

綱　即拜袁紹爲右將軍。即，就也。

綱　二月，李傕殺樊稠。攻郭汜，劫帝入其營。

李傕劫帝入其營

綱　夏四月，立貴人伏氏爲皇后。

綱　曹操攻拔定陶，呂布走歸劉備，留廣陵太守張超守雍丘。

目　呂布將薛蘭、李封屯鉅野，（在今山東鉅野縣南。）曹操攻之，斬蘭等。操以陶謙已死，欲遂取徐州，還乃定布。荀彧曰：「昔高祖保關中，光武據河內，皆深根固本以制天下，進足以勝敵，退足以堅守，故雖有困敗而終濟大業。將軍本以兗州首事，操初舉義兵於陳留，（陳留郡屬兗州）故以兗州爲首事。且河、濟天下之要地，古兗州之域，西北距河，東南據濟。是亦將軍之關中、河內也，不可以不先定。」操乃止。布復與陳宮將萬餘人來戰，操兵大破之，攻拔定陶。布東

荀彧勸曹操定兗州

張濟迎帝東歸

帝入李樂營

孫策威震江東

奔劉備，張邈從之，留弟超守雍丘。（即今河南杞縣。）布見備，甚尊敬之；備見布語言無常，外然之而內不悅。

綱 六月，將軍張濟迎帝東歸。秋七月，發長安，以濟爲驃騎將軍，開府。

綱 八月，曹操圍雍丘，張邈爲其下所殺。冬十月，以曹操爲兗州牧。

綱 十二月，帝至弘農。張濟與傕、汜合，追帝至陝，帝渡河，入李樂營。

綱 孫策擊劉繇於曲阿，破走之。

目 孫堅舊將丹陽朱治，（丹陽郡治宛陵縣，即今安徽宣城縣。）見袁術政德不立，勸孫策歸取江東。策說術曰：「家有舊恩在江東，願助舅討橫江；（策舅吳景。）（橫江浦，在今安徽和縣東南，與馬鞍山市采石磯相對。）橫江拔，因投本土召募，可得三萬兵，以佐明使君定天下。」術知其恨，而以劉繇據曲阿，王朗在會稽，（會稽郡治山陰縣，即今浙江紹興市。）謂策未必能定，乃許之。

策進攻橫江，拔之，渡江轉鬬，所向皆破，莫敢當其鋒者。百姓聞孫郎至，皆失魂魄。及策至，軍士奉令，不敢虜略，雞、犬、菜、茹，（茹亦菜類。）一無所犯，民乃大悅。策爲人，美姿顏，能笑語，性闊達聽受，善用人，是以士民見者莫不盡心，樂爲致死。策攻劉繇於曲阿，繇兵敗走。策入曲阿，勞賜將士，發恩布令，告諭諸縣，威震江東。策以張紘爲正義校尉，彭城張昭爲長史，（彭城，即今江蘇徐州市。）常令一人居守，一人從征討。待昭以師友之禮，文武之事，一以委之。每得北方士大夫書，專歸美於昭，策歡笑曰：「昔管子相齊，一則仲父，二則仲父，桓公稱管仲爲仲父。而桓公爲霸者宗。今子布賢，張昭字子布。我能用之，其功名獨不在我乎！」

袁紹殺臧洪

綱　雍丘潰，張超自殺。袁紹圍東郡，執太守臧洪，殺之。

臧洪復陳琳書

目　張超在雍丘，曹操圍之急，超曰：「惟臧洪當來救吾。」衆曰：「袁、曹方睦，洪爲袁所表用，必不敗好以招禍。」超曰：「子源，臧洪字子源。天下義士，終不背本；但恐見制彊力，不相及耳。」洪時爲東郡太守，徒跣號泣，從紹請兵，將赴其難。紹不許，雍丘遂潰，超自殺。洪由是怨紹，絕不與通。紹興兵圍之，歷年不下。令陳琳以書喻之，洪復書曰：「僕蒙主人傾蓋，主人指袁紹。傾蓋者，軿車對語，兩蓋相切，小欹之義也。前漢書鄒陽傳云「白頭如新，傾蓋如故。」遂竊大州，指青州。自謂究竟大事，共尊王室。豈期本州被侵，爲操所圍。郡將遘戹，郡將，指張超。遘，遇也。戹，災難也。請師見拒，辭行被拘，使洪故君遂至淪沒。故君，指張超。區區微節，無所獲申，斯所以忍悲揮戈，收淚告絕者也。行矣孔璋，行矣，猶言好去也。陳琳字孔璋。足下徼利於境外，徼音邀。臧洪投命於君親；子謂余身死而名滅，僕亦笑子生而無聞焉！」紹遂增兵急攻。城陷，生執洪。謂曰：「今日服未？」洪據地瞋目曰：瞋目，怒而張目也。「諸袁事漢，四世五公，可謂受恩。今王室衰弱，無扶翼之意，欲因際會，希冀非望，多殺忠良以立姦威。惜洪力劣，不能推刃爲天下報仇，何謂服乎！」紹殺之。洪邑人陳容，少親慕洪，時在紹坐，起謂紹曰：「將軍舉大事，欲爲天下除暴，而先誅忠義，豈合天意！」紹慙，使人牽出，謂曰：「汝非臧洪儔，空復爾爲！」容顧曰：「仁義豈有常，蹈之則君子，背之則小人。今日寧與臧洪同日而死，不與將軍同日而生也！」遂復見殺，在坐無不歎息，竊相謂曰：「如何一日殺二烈士！」

綱 劉虞故吏鮮于輔，迎虞子和，攻公孫瓚，破之。

綱 丙子，建安元年，（一九六）夏六月，劉備與袁術戰于盱眙，袁術攻劉備以爭徐州也。（盱眙，在今江蘇盱眙縣東北。）呂布襲取下邳。時備使張飛守下邳。（在今江蘇邳縣東。）備降于布，遂與并兵擊術。布復以備爲豫州刺史，布自稱徐州牧。

帝還洛陽

綱 秋七月，帝還雒陽。

目 楊奉、韓暹奉帝東還，張楊以糧迎道路。七月，至雒陽。時宮室燒盡，百官披荊棘，依牆壁間。

綱 曹操入朝，自爲司隸校尉，錄尚書事。

荀彧勸曹操迎駕

目 曹操在許，（在今河南許昌市西南。）謀迎天子。衆以爲「山東未定，韓暹、楊奉負功恣睢，恣睢，猶放縱也。未可卒制。」荀彧曰：「昔晉文公納周襄王而諸侯景從，（事見卷四周襄王十七年「晉侯逆王于王城」紀。）漢高祖爲義帝縞素而天下歸心。（事見卷九高帝二年「漢王至洛陽爲義帝發喪」目。）自天子蒙塵，將軍首唱義兵，徒以山東擾亂，未遑遠赴。今鑾駕旋軫，旋軫，猶言回轅。軫，車後橫木。東京榛蕪，榛，木叢生貌。蕪，荒穢也。誠因此時，奉主上以從人望，大順也；秉至公以服天下，大略也；扶弘義以致英俊，大德也。四方雖有逆節，其何能爲！若不時定，使豪傑生心，後雖爲慮，亦無及矣。」操乃遣曹洪將兵西迎天子，董承等拒之，洪不得進。

議郎董昭以楊奉兵馬最彊而少黨援，作操書結奉。奉得書喜，語諸將，共表操爲鎮東將軍。韓暹矜功專恣，董承患之，因潛召操；操乃將兵詣雒陽。既至，奏韓暹、張楊之罪。帝以暹、楊有功，詔勿問。以操領司隸校尉、錄尚書事。操於是誅有罪，賞有功，矜死節，封董承等十三人爲列侯。

曹操遷帝于許

【綱】曹操遷帝于許。自爲大將軍，封武平侯。（武平縣屬陳國，在今河南鹿邑縣西北。）

【目】操引董昭問計，昭曰：「此中諸將，人殊意異，今留匡弼，事勢不便，惟有移駕幸許耳。然朝廷播越，新還舊京，跂望獲安，今復徙駕，不厭衆心。夫行非常之事，乃有非常之功，願將軍算其多者。」操曰：「此孤本志也。」乃奉車駕東遷，自爲大將軍，封武平侯。始立宗廟社稷於許。自是，政歸曹氏，天子守位而已。

孫策取會稽

【綱】孫策取會稽，太守王朗降。

【目】孫策引兵渡浙江。（即今浙江杭州市東南錢塘江。）會稽功曹虞翻說太守王朗避之，朗不從。發兵拒策，策破之。朗遁走，策追擊，大破之，朗乃降。策自領會稽太守，復命翻爲功曹，待以交友之禮。策好遊獵，翻諫曰：「明府喜輕出微行，從官不暇嚴，吏卒常苦之。夫白龍魚服，困於豫且；且音疽。劉向說苑：「吳王欲從民飲，伍子胥諫曰：『不可。昔白龍化爲魚，漁者豫且射中其目。白龍上訴天帝，天帝曰：「當是時若安置而形？」白龍對曰：「我下清冷之淵，化爲魚。」天帝曰：「魚固人所射也，若是，豫且

募民屯田許下

何罪！」今棄萬乘之位，而從布衣之士飮酒，臣恐其有豫且之患矣。』王乃止。」願少留意！」策曰：「君言是也。」然不能改。

綱 冬十月，以袁紹爲太尉，曹操自爲司空。

綱 曹操以荀彧爲侍中、尙書令，荀攸爲軍師，郭嘉爲祭酒。

目 操以荀彧爲侍中，守尙書令。問以策謀之士，彧薦其從子攸及潁川郭嘉。操徵攸，與語，大悅，曰：「公達，非常人也。荀攸字公達。吾得與之計事，天下當何憂哉！」以爲軍師。初，郭嘉往見袁紹，以其好謀無決，去之。操召見，與論天下事，喜曰：「使孤成大業者，必此人也！」嘉出，亦喜曰：「眞吾主也！」操表嘉爲司空祭酒。

綱 以孔融爲將作大匠。

綱 募民屯田許下，州郡並置田官。

目 中平以來，中平，靈帝年號。民棄農業，諸軍並起，率乏糧穀，飢則寇略，飽則棄餘，瓦解流離，瓦解，如屋瓦解散。無敵自破者，不可勝數。袁紹軍仰桑椹，椹，桑實。袁術取給蒲蠃。（蠃同螺。）棗祗請建置屯田，曹操從之，以祗爲屯田都尉，任峻爲典農中郎將。募民屯田許下，得穀百萬斛。於是州郡例置田官，所在倉廩皆滿。故操征伐四方，無運糧之勞。

綱 呂布復攻劉備，備走歸許。詔以爲豫州牧，遣東屯沛。

目 袁術遣將紀靈等攻劉備，備求救於呂布。布馳往救之，靈等乃罷。備合兵得萬餘

郭嘉說曹操圖劉備

人，布惡之，攻備，備敗走，歸曹操，操厚遇之，以爲豫州牧。或謂操曰：「備有英雄之志，今不早圖，後必爲患。」操以問郭嘉，嘉曰：「有是。然公起義兵，爲百姓除暴，推誠杖信以招俊傑，猶懼其未也。今備有英雄名，以窮歸己而害之，是以害賢爲名也。如此，則智士將自疑，回心擇主，公誰與定天下乎！夫除一人之患以沮四海之望，安危之機也，不可不察。」操笑曰：「君得之矣！」遂益其兵，給糧食，使東至沛，（在今江蘇沛縣東。）收散兵以圖呂布。

十敗十勝

綱　丁丑，二年，（一九七）春正月，以鍾繇爲司隸校尉，督關中諸軍。

目　袁紹與操書，辭語驕慢。操語荀彧、郭嘉曰：「今將討不義而力不敵，何如？」對曰：「劉、項之不敵，公所知也。今紹有十敗，公有十勝，紹雖彊，無能爲也。紹繁禮多儀，公體任自然，此道勝也；紹以逆動，公奉順以率天下，此義勝也；桓、靈以來，政失於寬，紹以寬濟寬，故不攝，（攝，整也。）公糾之以猛，而上下知制，此治勝也；紹外寬內忌，用人而疑之，所任唯親戚子弟，公外易簡而內機明，用人無疑，唯才所宜，不問遠近，此度勝也；紹多謀少決，失在後事，公得策輒行，應變無窮，此謀勝也；紹高議揖遜以收名譽，士之好言飾外者多歸之，公以至心待人，不爲虛美，士之忠正遠見而有實者皆願爲用，此德勝也；紹見人飢寒，䘏念之，形於顏色，其所不見，慮或不及，公於目前小事，時有所忽，至於大事，與四海接，恩之所加，皆過其望，雖所不見，慮無不周，此仁勝也；紹大臣爭權，讒言惑亂，公御下以道，浸潤不行，此明勝也；紹是非不可知，公所是進之以禮，所不是正之以法，此文勝也；紹好爲虛勢，不知兵要，公以少克衆，用兵如神，軍人恃之，敵人畏之，此武勝也。」操笑曰：「如卿所言，孤何德以堪之！」操恐紹侵擾關中。或曰：「侍中鍾繇有智謀，若屬以西事，公無憂矣。」操乃表繇以侍中守司隸校尉，持節督關中諸軍。

袁術稱帝

綱 袁術稱帝，殺故兗州刺史金尚。

目 術僭號於壽春，欲以金尚爲太尉，尚不許而逃去，術殺之。

綱 三月，以袁紹爲大將軍，兼督冀、青、幽、并四州。

綱 夏五月，蝗。

綱 以呂布爲左將軍。布擊袁術兵，破之。

陳珪說呂布

目 袁術遣使以稱帝告呂布，因求迎婦，（去年袁術畏呂布，乃爲子求婚，布許之。）布遣女隨之。陳珪恐徐、揚合從，（徐謂呂布，布自稱徐州牧。揚謂袁術，術都揚州壽春。）爲難未已，往說布曰：「曹公奉迎天子，輔贊國政，將軍宜與協同策謀，共存大計。今與術結婚，必受不義之名，將有累卵之危矣！」布女已在途，乃追還絕婚，會詔以布爲左將軍，曹操復遣布手書，深加慰納。布大喜，卽遣珪子登奉章謝恩，幷答操書。登見操，因陳布勇而無謀，輕於去就，宜早圖之。

陳登對呂布

操卽增珪秩中二千石，拜登廣陵太守。令陰合部衆爲內應。始布因登求徐州牧不得，登還，布怒，拔戟斫几曰：（斫音酌。）「卿父勸吾協同曹操，絕婚公路；今吾所求無獲，而卿父子顯重，但爲卿所賣耳！」登不爲動，徐對之曰：「登見曹公言：『養將軍譬如養虎，當飽其肉，不飽則將噬人。』噬音誓。公曰：『不如卿言。譬如養鷹，飢卽爲用，飽則颺去。』其言如此。」布意乃解。袁術遣其大將張勳等與韓暹、楊奉步騎數萬七道攻布。布用珪策，與暹、奉書。暹、奉大喜，從布進軍。暹、奉兵同時叫呼，並到勳營，勳等散走，殺傷墮水死者殆盡。

孫策討袁術

綱　以孫策爲會稽太守，討袁術。

曹操擊袁術

綱　秋九月，曹操擊袁術，走破之。

目　曹操東征袁術。術走渡淮，時天旱歲荒，士民凍餒，術由是遂衰。沛國許褚，勇力絕人，聚衆歸操，操曰：「此吾樊噲也！」卽日拜都尉。

曹操殺呂布

綱　戊寅，三年，（一九八）秋九月，呂布復攻劉備。冬，曹操擊布，殺之。

目　呂布復與袁術通，遣高順、張遼攻劉備。九月，破沛城，虜備妻子，備單身走。荀攸勸曹操自擊布。操圍下邳久，疲敝，欲還。荀攸、郭嘉曰：「呂布勇而無謀，陳宮有智而遲。今及布氣之未復，宮謀之未定，急攻之，布可拔也。」乃引沂、泗灌城，（沂卽沂水，舊沂水故瀆在今江蘇邳縣北，沂水入泗水處，故引以灌城。）月餘，布益困迫，乃降。布見操曰：「明公之所患不過於布，今已服矣。若令布將騎，明公將步，天下不足定也。」操命緩布縛，劉備曰：「不可。明公不見呂布事丁建陽、董太師乎！」丁原字建陽。董太師，董卓。操頷之。首肯也。

陳宮對曹操

操謂宮曰：「奈卿老母妻子何？」宮曰：「宮聞以孝治天下者不害人之親，施仁政於天下者不絕人之祀。老母妻子存否，在明公，不在宮也。」操爲之泣涕，并布、順皆縊殺之。召宮母養之終其身，嫁宮女，撫視其家，皆厚於初。張遼、臧霸等皆降。

綱 以劉備爲左將軍。

目 備從操還許，操表以爲左將軍，禮之愈重。

綱 以孫策爲討逆將軍，封吳侯。（吳郡治吳縣，即今江蘇蘇州市。）

目 孫策遣張紘獻方物，曹操欲撫納之，表策爲討逆將軍，封吳侯；以紘爲侍御史。袁術以周瑜爲居巢長，（居巢，在今安徽巢縣東北。）臨淮魯肅爲東城長。（臨淮郡治下邳。魯肅，臨淮東城人。東城，在今安徽定遠縣東南。）瑜、肅知術無成，棄官渡江從策。

綱 袁紹攻公孫瓚，圍之。

綱 乙卯，四年，（一九九）春三月，瓚自焚死。

綱 夏，袁術北走，詔劉備將兵邀之，術還走，死。

目 術既稱帝，淫侈滋甚，既而資實空盡，不能自立，乃遣使歸帝號於紹。袁譚迎術，欲從下邳北過。曹操遣劉備邀之，復走壽春。六月，至江亭，坐簀牀而歎曰：簀音謫。（簀牀，無茵蓐之牀。）「袁術乃至此乎！」因憤慨歐血死。

綱 秋八月，曹操進軍黎陽。九月，還許，分兵守官渡。（官渡一名中牟臺，在今河南中牟縣東北。）

目 袁紹益驕，簡精兵欲攻許。沮授諫曰：沮音趨。「夫救亂誅暴，謂之義兵；恃衆憑

周瑜魯肅從孫策

公孫瓚死

袁術敗死

沮授諫袁紹攻許

郭圖審配勸袁紹攻許

劉表遣韓嵩詣許

韓嵩勸劉表附曹操

強，謂之驕兵；義者無敵，驕者先滅。曹操事天子以令天下，今舉師南向，於義則違。且廟算之策，不在強弱。今棄萬安之術而興無名之師，竊爲公懼之！」郭圖、審配曰：「武王伐紂，不爲不義；況兵加曹操而云無名？且以公今日之強，將士思奮，不及時以定大業，所謂『天與不取，反受其咎』。」紹納圖言。令圖等攻許。八月，曹操進軍黎陽。（在今河南濬縣東北。）九月，操還許，分兵守官渡。

綱　冬十一月，劉表遣從事中郎韓嵩詣許。

目　袁紹使人求助於劉表，表許之，而竟不至，亦不援曹操。從事中郎韓嵩曰：「曹操善用兵，賢俊多歸之，其勢必舉袁紹，然後移兵以向江、漢，恐將軍不能禦也。今莫若舉荊州以附曹操，操必重德將軍；長享福祚，此萬全之策也。」表狐疑不斷，乃遣嵩詣許曰：「君爲我觀其釁。」嵩曰：「『聖達節，次守節。』（左傳成公十五年子臧語。杜預注：「聖人應天命不拘常禮。次守節，謂賢者。」）嵩，守節者也。夫君臣名定，以死守之。將軍能上順天子，下歸曹公，使嵩可也；如其猶豫，嵩至京師，天子假嵩一職，不獲辭命，則成天子之臣，將軍之故吏耳。在君爲君，則嵩守天子之命，義不得復爲將軍死也。惟加重思，無爲負嵩！」表強之。至許，詔拜嵩侍中、零陵太守。（零陵郡治零陵縣，在今湖南零陵縣西北。）及還，盛稱朝廷之德，勸表遣子入侍。表大怒，以爲懷貳，大會，陳兵，將斬之。嵩不爲動，徐曰：「將軍負嵩，嵩不負將軍！」具陳前言，表乃囚之。

孫策取廬江豫章

劉備起兵討曹操

綱　孫策襲廬江，取之；徇豫章，太守華歆降。

目　孫策襲廬江太守劉勳，（廬江郡治舒縣，在今安徽廬江縣東。）攻之。將徇豫章，（豫章郡治南昌縣，即今江西南昌市。）謂虞翻曰：「華子魚自有名字，華歆字子魚。然非吾敵也。若不開門讓成，金鼓一震，不得無所傷害。卿便在前，具宣孤意。」翻乃往見華歆，說之，歆乃夜作檄，明旦遣吏齎迎。策便進軍，歆葛巾迎策。策曰：「府君年德名望，遠近所歸；策年幼稚，宜脩子弟之禮。」便向歆拜，禮爲上賓。

綱　劉備起兵徐州，討曹操；操遣兵擊之。

目　初，董承稱受帝衣帶中密詔，與劉備謀誅曹操。操從容謂備曰：「今天下英雄，惟使君與操耳。本初之徒，不足數也！」袁紹字本初。備方食，失匕箸；值雷震，備因曰：「聖人云『迅雷風烈必變』，良有以也。」遂與承及种輯等同謀。會操遣備邀袁術，備遂殺徐州刺史，（徐州刺史車冑。）留關羽守下邳，身還小沛。（在今江蘇沛縣東。漢高祖初爲沛公，以沛爲湯沐邑，又置沛郡，因稱沛縣爲小沛。）郡縣多叛操爲備。備衆數萬人，遣使與袁紹連和。操遣長史劉岱擊之，不克。備謂曰：「使汝百人來，無如我何；曹公自來，未可知耳！」

綱鑑易知錄卷二六

東漢紀

孝獻皇帝

綱　庚辰，五年，（二〇〇）春正月，操殺車騎將軍董承，遂擊備，破之。備奔冀州。（時冀州刺史治鄴縣，在今河北磁縣西。）

目　董承謀洩，操殺承等，皆夷三族。操欲自討劉備，諸將皆曰：「與公爭天下者，袁紹也。今紹方來而棄之東，紹乘公後，若何？」操曰：「劉備，人傑也，今不擊，必爲後患。」郭嘉曰：「紹性遲而多疑，來必不速。備新起，衆心未附，急擊之，必敗。」操師遂東。田豐說袁紹曰：「曹、劉連兵，未可卒解。公舉軍而襲其後，可一往而定。」紹辭以子疾，豐舉杖擊地曰：「嗟乎！遭難遇之時，而以嬰兒病失其會，惜哉，事去矣！」

操擊劉備，破之，獲其妻子；進拔下邳，禽關羽。備奔冀州，歸袁紹，紹去鄴二百里迎之；駐月餘，亡卒稍歸之。

綱　二月，曹操還官渡。袁紹進軍黎陽。（在今河南濬縣東北。）夏四月，紹遣兵攻白馬，（在今河南滑縣東北。）操擊破之，斬其將顏良、文醜。

關羽刺顏良

目　操還官渡，（在今河南中牟縣東北。）紹乃議攻許；二月，進軍黎陽。紹遣顏良攻白馬。操引軍兼行趣白馬，趣同趨。良來逆戰。逆，迎也。關羽望見良麾蓋，策馬刺良於萬衆之中，斬其首而還，紹軍莫能當者。遂解白馬之圍，徙其民而西。紹渡河追之，沮授臨濟歎曰：「上盈其志，下務其功，悠悠黃河，吾其濟乎！」遂以疾辭。紹不許而意恨之。紹軍至延津南，（延津，在今河南延津縣北，今堙。）操陳輜重餌敵，輜重，載衣物車。率將縱擊，大破之，斬紹騎將文醜。醜、良皆紹名將，再戰禽之，紹軍奪氣。

關羽奔劉備

初，操壯關羽之爲人，而察其無留意，使張遼以其情問之。羽歎曰：「吾極知曹公待我厚；然吾受劉將軍恩，誓以共死，不可背之。要當立效以報曹公乃去耳。」遼以報操，操義之。及殺良，操知其必去，重加賞賜。羽盡封其所賜，拜書告辭，而奔劉備於袁軍。左右欲追之，操曰：「彼各爲其主，勿追也。」

孫策卒孫權代

綱　孫策卒，弟權代領其衆。

目　策欲乘虛襲許，部署未發；會先所殺吳郡太守許貢奴客，（吳郡治吳縣，即今江蘇蘇州市。）因其出獵，伏簟竹中射之，中頰；創甚，創，傷也。召張昭等謂曰：「中國方亂，以吳、越之衆，（吳、越指今江蘇、浙江等地。）三江之固，（此三江卽太湖之支流，指三江口而言，在今江蘇吳江縣北。）足以觀成敗，公等善相吾弟！」呼權，佩以印綬，謂曰：「決機於兩陳之閒，與天下爭衡，卿不如我；舉賢任能，各盡其心以保江東，我不如卿。」遂卒，時年二十六。權悲號，未視事，昭曰：「孝廉！」劉琬曰：「孫氏兄弟惟中弟孝廉，故稱。」（孫權爲陽羨長時，郡舉孝廉，故以稱之。）此寧哭時邪！」乃易權服，使出巡軍。張昭、周瑜等謂權可與共成大業，遂委心而服事焉。

曹操破紹輜重

【綱】秋九月，袁紹攻曹操於官渡。冬十月，操襲破其輜重，紹軍大潰。

【目】袁紹軍陽武，（在今河南原陽縣東南，在官渡北。）曹操堅壁持之。紹運穀車數千乘至官渡，操擊燒之；十月，紹復遣軍運穀，使淳于瓊等將兵送之，操擊破之，斬瓊等，盡燔其糧穀。於是紹軍驚擾，大潰。紹與八百騎渡河。操追之不及，盡收其輜重、圖書、珍寶。紹走，至黎陽北岸，入其將蔣義渠營。衆聞紹在，稍復歸之。

袁紹殺田豐

或謂田豐曰：「君必見重矣。」豐曰：「公貌寬而內忌，不亮吾忠，若勝而喜，猶能赦之；今戰敗而恚，吾不望生。」紹謂逢紀曰：「田別駕前諫止吾，吾亦慙之。」紀曰：「豐聞將軍之退，拊手大笑，喜其言之中也。」紹於是謂僚屬曰：「吾不用田豐言，果爲所笑。」遂殺之。紹爲人寬雅，有局度，喜怒不形於色，而性矜愎自高，短於從善，故至於敗。

孫權爲討虜將軍

【綱】以孫權爲討虜將軍。

【目】曹操聞孫策死，欲因喪伐之。張紘諫曰：「乘人之喪，既非古義，若其不克，成讎棄好，不如因而厚之。」操卽表權爲討虜將軍，領會稽太守。（會稽郡治山陰縣，即今浙江紹興市。）操欲令紘輔權內附，乃以紘爲會稽都尉。魯肅將北還，周瑜止之，因薦於權。權卽見肅，與語，悅之。賓退，獨引肅合榻對飲，問計。肅曰：「漢室不可復興，曹操不可卒除，爲將軍計，唯

袁紹卒袁尚襲州事
袁譚出屯黎陽

有保守江東，以觀天下之釁耳。若因北方多務，勦除黃祖，黃祖爲江夏太守。（江夏郡治西陵縣，在今湖北黃岡縣北。）進伐劉表，竟長江所極，據而有之，此王業也。」

綱 辛巳，六年，（二〇一）秋九月，操擊劉備於汝南，備奔荆州。（荆州治襄陽縣，即今湖北襄樊市。）

目 操擊備於汝南，（即汝南郡，在今河南確山縣東北。）備奔劉表。表聞備至，自出郊迎，以上賓禮待之，益其兵，使屯新野。（在今河南新野縣南。）備在荆州數年，嘗於表坐起至廁，慨然流涕。表怪，問備，備曰：「平常身不離鞍，髀肉皆消。髀，股骨也，股外曰髀。今不復騎，髀裏肉生。日月如流，老將至矣，而功業不建，是以悲耳。」

綱 壬午，七年，（二〇二）春正月，曹操復進軍官渡。夏五月，袁紹卒。幼子尚襲行州事，長子譚出屯黎陽。操攻，敗之。

目 袁紹慙憤，發病嘔血，薨。初，紹有三子，譚、熙、尚。紹後妻劉氏愛尚，紹欲以爲後，乃以譚繼兄後，出爲青州刺史。（青州刺史治臨淄，即今山東益都縣西北。）逢紀、審配素爲譚所疾，辛評、郭圖皆附於譚，而與配、紀有隙。及紹薨，衆以譚長，欲立之。配等恐譚立而評等爲害，遂矯紹遺命，奉尚爲嗣。譚至，不得立，自稱「車騎將軍」，屯黎陽。尚少與之兵，而使紀隨之。譚求益兵，配等不與。譚怒，殺紀。曹操攻譚，尚自將助之，與操相拒，譚、尚數敗。

曹操責孫權任子

袁譚攻袁尚

袁尚圍袁譚

綱　曹操責孫權任子，任子，猶言質子。權不受命。

目　曹操下書責孫權任子，權引周瑜詣吳夫人前定議，瑜曰：「將軍承父、兄餘資，兼六郡之衆，（父謂孫堅，兄謂孫策。六郡，會稽、吳郡、丹陽、豫章、廬陵、廬江。）兵精糧多，將士用命，鑄山煮海，境內富饒，有何偪迫而欲送質？質一入，不得不與曹氏相首尾；與相首尾，則命召不得不往；如此見制於人，極不過一侯印，僕從十餘人，車數乘，馬數匹，豈與南面稱孤同哉！」吳夫人曰：「公瑾議是也。周瑜字公瑾。公瑾與伯符同年，孫策字伯符。小一月耳，我視之如子，汝其兄事之。」遂不送質。

綱　癸未，八年，（二〇三）春二月，曹操攻黎陽，譚、尚敗走。夏四月，操追至鄴而還。譚攻尚，不克。

目　曹操攻黎陽，譚、尚敗，走還鄴。操追至鄴，留賈信守黎陽而還。譚謂尚曰：「今曹軍退，人懷歸志，及其未濟，出兵掩之，可令大潰，此策不可失也。」尚疑之。譚大怒，攻尚。譚敗，引兵還南皮。（在今河北交河縣東。）譚別駕王脩，自青州來救，譚欲更還攻尚，脩曰：「兄弟者，左右手也。今與人鬭而斷其右手，曰『我必勝』，其可乎？」譚不從。

綱　秋八月，操擊劉表。尚圍譚於平原，（平原郡治平原縣，在今山東平原縣南。）冬十月，操還救，却之。

目　操擊劉表軍於西平。（在今河南西平縣西。）袁尚攻袁譚，大破之，譚奔平原。尚圍之

袁尚復攻袁譚

袁譚死

陳琳歸曹操

袁熙袁尚奔烏桓

韓珩不肯事曹

急;譚遣辛評弟毗詣曹操請救。毗至西平,操羣下多以爲劉表方彊,宜先平之,荀攸曰:「天下方有事,而劉表坐保江、漢之閒,其無四方之志可知矣。袁氏據四州之地,帶甲數十萬,使二子和睦,則天下之難未息也。今及其亂而取之,天下定矣。」操從之。十月,至黎陽,尚聞操渡河,乃釋平原還鄴。操引軍退。

綱 甲申,九年,(二〇四)春二月,袁尚復攻譚。夏四月,曹操攻鄴。秋七月,尚還戰,敗走幽州。(幽州刺史治薊,在今北京市德勝門外。時袁熙爲刺史。)操遂入鄴,自領冀州牧。

綱 冬十二月,曹操攻平原,拔之。袁譚走保南皮。

綱 乙酉,十年,(二〇五)春正月,曹操攻南皮,克之,斬袁譚。

目 王脩詣操,乞收葬譚尸,許之,辟爲司空掾。

官渡之戰,袁紹使陳琳爲檄書,數操罪惡,連及家世,極其醜詆。及是,琳歸操,操曰:「卿昔爲本初移書,袁紹字本初。但可罪狀孤身,何乃上及父祖邪!」琳謝罪,操釋之,使與阮瑀俱管記室。

綱 幽州將吏逐刺史袁熙,熙,袁紹次子。遣使降操。熙、尚俱奔烏桓。烏桓,東胡國名,本在遼東,後又散居遼西者。(時烏桓蹋頓據遼西郡柳城等地,在今遼寧錦州市、朝陽市一帶。)

目 袁熙爲其將焦觸、張南所攻,與尚俱奔遼西烏桓。觸自號幽州刺史,驅率守令,背袁向曹,令曰:「敢違者斬!」別駕韓珩曰:珩音恆。「吾受袁公父子厚恩,今其破亡,智不能救，勇不能死，於義闕矣；若乃北面曹氏，所不能爲也。」一座失色。觸曰：「夫舉大事，當立大義，事之濟否，不待一人，可卒珩志，以厲事君。」乃捨之。

荀悅申鑒

綱　冬十月，以荀悅爲侍中。

目　時，政在曹氏，悅志在獻替，獻，可；替，否。而謀無所用，故作申鑒五篇，奏之。其大略曰：「爲政之術，先屏四患，乃崇五政。僞亂俗，私壞法，放越軌，奢敗制，是謂四患。興農桑以養其生，審好惡以正其俗，宣文教以章其化，立武備以秉其威，明賞罰以統其法，是謂五政。四患既蠲，五政又立，行之以誠，守之以固，而海內平矣。」悅，爽之兄子也。

操擊烏桓

綱　丁亥，十二年，（二〇七）夏，操擊烏桓。秋八月，破之，斬蹋頓。袁熙、袁尚奔遼東，（遼東郡治襄平，在今遼寧遼陽市北。）公孫康斬之。康，遼東太守公孫度子。

劉備見諸葛亮於隆中

綱　冬十月，劉備見諸葛亮於隆中。（隆中山，在今湖北襄陽縣西北。諸葛亮，瑯邪陽都人，在今山東沂水縣南。）

劉備三顧諸葛亮

目　初，琅邪諸葛亮寓居襄陽隆中，每自比管仲、樂毅；時人莫之許也，惟潁川徐庶、崔州平然之。州平，崔烈之子。（潁川郡治陽翟縣，即今河南禹縣。）劉備訪士於襄陽司馬徽。徽曰：「儒生俗士，豈識時務。識時務者在乎俊傑，此閒自有伏龍、鳳雛。」備問爲誰？曰：「諸葛孔明、龐士元也。」諸葛亮字孔明。龐統字士元。徐庶亦謂備曰：「諸葛孔明，臥龍也，將軍豈願見之乎？」備曰：「君與俱來。」庶曰：「此人可就見，不可屈致也，將軍宜枉駕顧之。」備由是詣亮，凡三往，乃見。因屏人曰：「漢室傾頹，姦臣竊命，孤不度德量力，欲信大義於天下，而智術淺短，遂用猖獗，至於今日。然志猶未已，君謂計將安出？」亮曰：「今曹操已擁百萬之衆，挾天子以令諸侯，此誠不可與爭鋒。孫權據有江東，已歷三世，國險而民附，賢能爲之用，此可與爲援而不可圖也。荊州北據漢、沔，漢、沔，二水名。利盡南海，（指南方諸郡南海、蒼梧、合浦等。）東連吳會，（指吳郡，謂吳爲東方之一重要都會也。）西通巴、蜀，（巴、蜀，統指今四川省。）此用武之國，而其主不能守，主謂劉表。此殆天所以資將軍也。益州險塞，沃野千里，天府之土；劉璋闇弱，劉璋爲益州牧。張魯在北，張魯爲漢寧太守。（漢寧郡即漢中郡，治南鄭，即今陝西漢中市。）民殷國富而不知存卹，智能之士思得明君。將軍既帝室之冑，信義著於四海，若跨有荊、益，保其巖阻，西和諸戎，南撫夷越，外結孫權，內脩政理，天下有變，則命一上將將荊州之軍以向宛、洛；（宛，即今河南南陽市。洛，即雒陽，今河南洛陽市。宛、洛，謂南陽及京師。）將軍身率益州之衆出於秦川，（謂今陝西一帶地，亮蓋言由川出陝以圖中原也。）百姓孰敢不簞食壺漿以迎將軍者乎！誠如是，則霸業可成，漢室可興矣。」備曰：「善！」於是與亮情好日密。關羽、張飛不悅，備解之曰：「孤之有孔明，猶魚之有水也。願諸君勿復言。」羽、飛乃止。徽淸雅有知人之鑑。同縣龐德公素有重名，徽兄事之。亮每至其家，獨拜牀下，德公初不令止。士元名統，德公從子也，少樸鈍，未有識者，唯德公與徽重之。德公嘗謂孔明爲臥龍，士元爲鳳雛，德操爲冰鑑；司馬徽字德操。故徽與備語而稱之。

罷三公官 曹操爲丞相

司馬懿聰達多大略

曹操殺孔融

劉琮舉州降曹操

綱　戊子，十三年，(二〇八)春正月，孫權擊江夏太守黃祖，破斬之。

綱　夏六月，罷三公官，曹操自爲丞相。

目　操以崔琰爲西曹掾，毛玠爲東曹掾，司馬朗爲主簿，弟懿爲文學掾。(西曹掾主府史署用，東曹掾主二千石及長吏遷除，主簿掌錄衆事，文學掾主文學，時爲丞相屬官。)琰、玠並典選舉，其所舉用皆清正之士，由是士以廉節自勵。操聞之，歎曰：「用人如此，使天下人人自治，吾復何爲哉！」懿少聰達，多大略。琰謂朗曰：「君弟聰亮明允，剛斷英特，非子所及也！」操聞而辟之，辟，舉也。懿辭以風痹。風痹，脚冷溼病。操怒，欲收之，捕而殺之曰收。懿懼，就職。

綱　秋七月，曹操擊劉表。

綱　八月，操殺太中大夫孔融，夷其族。

目　融恃其才望，數戲侮曹操，御史大夫郗慮承操旨，奏融「昔在北海，(建安初孔融爲北海相。北海郡治營陵縣，在今山東昌樂縣東南。)招合徒衆，欲爲不軌。又與禰衡更相贊揚。禰音祧。衡謂『仲尼不死』，融答『顏回復生』，大逆不道。」操遂收融，幷其妻子皆殺之。初京兆脂習與融善，(京兆即今陝西西安市。)每戒融剛直太過，必罹世患。及融死，許下莫敢收者。習往撫尸曰：「文舉舍我死，文舉，孔融字。吾何用生爲！」操收習，欲殺之，既而赦之。

綱　劉表卒。九月，操至新野，表子琮舉州降。

蒯越說劉琮降曹操

徐庶辭劉詣曹

目 初，劉表二子，琦、琮。表爲琮娶其後妻蔡氏之姪，蔡氏遂愛琮而惡琦。琦不自寧，與諸葛亮謀自安之術，亮不對。後乃與亮升樓，去梯，謂曰：「今日上不至天，下不至地，言出子口，而入吾耳，可以言未？」曰：「君不見申生在內而危，（申生，晉獻公太子，爲驪姬譖死，見卷四周惠王二十二年。）重耳居外而安乎？」（重耳，晉獻公子，懼驪姬讒出奔，後入爲文公，見卷四周惠王二十二年及周襄王六年。）琦意感悟，會黃祖死，琦求代其任，表乃以琦爲江夏太守。表卒，琮嗣。未幾，曹操軍至，蒯越等曰：「逆順有大體，彊弱有定勢。以人臣而拒人主，逆道也；以新造之楚而禦中國，（楚謂荊州。）必危也。」琮從之。操至新野，琮舉州降，操遂進兵。

綱 劉備奔江陵，操追至當陽，及之。備走夏口。

目 劉備屯樊，（今湖北襄樊市樊城，在漢水北岸。）琮降而不以告備。久乃覺，則操已在宛矣。備乃大驚，或勸備攻琮，荊州可得。備曰：「劉荊州臨亡託我以孤遺，背信自濟，死何面目以見劉荊州乎！」將其衆去，過襄陽，呼琮；琮懼，不能起。琮左右及荊州人多歸備。比到當陽，（在今湖北當陽縣東。）衆十餘萬人，輜重數千兩，日行十餘里，別遣關羽乘船會江陵。（即今湖北江陵縣。）或謂備宜速行保江陵，備曰：「夫濟大事必以人爲本，今人歸吾，吾何忍棄去！」

目 曹操以江陵有軍實，（車徒、器械、芻糧之類。）恐劉備據之，乃釋輜重，將精兵急追之，及於當陽之長阪。（在今湖北當陽縣東北。）備棄妻子，與諸葛亮、張飛、趙雲等數十騎走。徐庶母爲操所獲，庶辭備，指其心曰：「本欲與將軍共圖王霸之業者，以此方寸地也。今已失老母，方寸亂矣，無益於事，請從此別。」遂詣操。張飛拒後，據水斷橋，瞋目橫矛曰：「身是張翼德也，（張飛字翼德。）可來共決死！」操兵無敢近者。雲抱備子禪，與關羽船會，得濟沔，遇劉琦衆萬餘人，與俱到夏口。（夏口城，在今湖北武漢市黃鵠山上，孫權所築。）

綱　操進軍江陵。

目　曹操進軍江陵，釋韓嵩之囚，以和洽、劉廙爲掾屬，（廙音亦。）從人望也。劉璋遣別駕張松致敬於操。松爲人短小放蕩，操已定荆州，走劉備，不存錄松。（存，存恤。錄，錄用。）松怨之，歸勸璋絕操，與劉備相結，璋從之。

綱　冬十月，曹操東下，孫權遣周瑜、魯肅等與劉備迎擊於赤壁，（在今湖北嘉魚縣東北長江南岸。）大破之。操引還。

魯肅勸孫劉相結

目　初，魯肅言於孫權曰：「荆州與國鄰接，江山險固，沃野萬里，士民殷富，若據而有之，此帝王之資也。肅請得奉命說劉備，使撫劉表衆，同心一意，共治曹操；如其克諧，天下可定也。今不速往，恐爲操所先。」權卽遣肅行。到夏口，聞操已向荆州，晨夜兼道，比至南郡，（卽江陵。）而劉琮已降，肅遂迎備於當陽長阪。宣權旨，致殷勤之意。且曰：「孫討虜聰明仁惠，（曹操表權爲討虜將軍，故以爲稱。）敬賢禮士，兵精糧多，足以立事。今爲君計，莫若遣腹心自結於東，以共濟世業。」備甚悅。進住樊口。（在今湖北鄂城縣西樊山下，爲樊溪入江處。）

孔明柴桑之說

操將順江東下。諸葛亮謂備曰：「事急矣，請奉命求救於孫將軍。」遂與肅俱詣孫權。

見於柴桑，（在今江西九江市西南。）說曰：「海內大亂，將軍起兵江東，劉豫州收衆漢南，（建安元年操以劉備爲豫州牧，故以稱之。）與曹操並爭天下。今操芟夷大難，略已平矣，遂破荆州，威震四海。英雄無用武之地，故豫州遁逃至此，願將軍量力而處之！若能以吳、越之衆，與中國抗衡，不如早與之絕；若不能，何不按兵束甲，北面而事之！今將軍外託服從之名，而內懷猶豫之計，事急而不斷，禍至無日矣。」權曰：「苟如君言，劉豫州何不遂事之乎？」亮曰：「田橫，齊之壯士耳，猶守義不辱；況劉豫州王室之胄，英才蓋世，安能爲之下乎！」權勃然曰：「吾不能舉全吳之地，受制於人。吾計決矣！非劉豫州莫可以當曹操者；然豫州新敗，安能抗此難乎？」亮曰：「豫州軍雖敗於長阪，今戰士還者及關羽水軍精甲萬人，劉琦合江夏戰士亦不下萬人。曹操之衆，遠來疲敝，聞追豫州，輕騎一日一夜行三百餘里，此所謂『彊弩之末勢不能穿魯縞』者也。繒之精白者曰縞，曲阜之俗善作之，尤爲輕細，故謂之魯縞。故兵法忌之，曰『必蹶上將軍』。（孫子兵法：「百里而趣利者，蹶上將。」蹶，斃也。）且北方之人，不習水戰；又荆州之民附操者，偪兵勢耳，非心服也。今將軍誠能與豫州協規同力，破操軍必矣。操軍破，必北還；如此，則荆、吳之勢彊，鼎足之形成矣。成敗之機，在於今日！」權大悅。

時操遺權書曰：「近者奉辭伐罪，劉琮束手。今治水軍八十萬衆，方與將軍會獵於吳。」權以示羣下，莫不失色。張昭等曰：「將軍大勢可以拒操者，長江也；今操得荆州水軍，長江之險已與我共之矣。愚謂大計不如迎之。」魯肅密言於權曰：「向察衆人之議，專欲誤將

周瑜請破曹操

軍，不足與圖大事。願早定大計。」

時周瑜受使至番陽，（在今江西鄱陽縣東。）肅勸權召瑜還。瑜至，謂權曰：「操雖託名漢相，實漢賊也。將軍割據江東，兵精足用，當橫行天下，爲國家除殘去穢；況操自送死，而可迎之邪！請爲將軍籌之：今北土未平，馬超、韓遂爲操後患；而操舍鞍馬，杖舟楫，與吳、越爭衡；又今盛寒，馬無槀草，驅中國士衆遠涉江、湖之閒，不習水土，必生疾病。此數者用兵之患也，而操皆冒行之，將軍禽操，宜在今日。瑜請得精兵數萬人，進住夏口，保爲將軍破之！」權曰：「老賊欲廢漢自立久矣，徒忌二袁、呂布、劉表與孤耳；今數雄已滅，惟孤尚存。孤與老賊，勢不兩立！君言當擊，甚與孤合，此天以君授孤也。」因拔劍斫前奏案曰：「諸將吏敢有復言當迎操者，與此案同！」因撫瑜背曰：「公瑾，卿言至此，（周瑜字公瑾。）甚合孤心。子布、元表，（張昭字子布。秦松字元表，「元」一作「文」。二人俱請權迎操。）各顧妻子，深失所望；獨卿與子敬與孤同耳，（魯肅字子敬。）此天以卿二人贊孤也。已選三萬人，船糧戰具俱辦。卿與子敬、程公便在前發，（程公，程普。）孤當續發人衆，多載資糧，爲卿後援。」遂以周瑜、程普爲左右督，與備并力逆操；以魯肅爲贊軍校尉，助畫方略。

赤壁之戰

劉備望見瑜船，乘單舸往見瑜，問：「戰卒有幾？」瑜曰：「三萬人。」備曰：「恨少。」瑜曰：「此自足用，豫州但觀瑜破之。」進與操遇於赤壁。

黃蓋計燒曹兵

時操軍已有疾疫。初一交戰，操軍不利，引次江北。瑜等在南岸，瑜部將黃蓋曰：「今

劉備定荊州

孫權表劉備領荊州

寇衆我寡，難與持久。操軍方連船艦，艦，戰船。首尾相接，可燒而走也。」乃取蒙衝鬭艦十艘，蒙同艨。衝同艟，音同。艨艟，戰船。艘，船之總名。載燥荻、枯柴，灌油其中，裹以帷幕，上建旌旗，豫備走舸，繫於幕尾。先以書遺操，詐云欲降。時東南風急，蓋以十艦最著前，中江舉帆，餘船以次俱進。操軍吏士皆出營立觀，指言蓋降。去北軍二里餘，同時發火，火烈風猛，船往如箭，燒盡北船，延及岸上營落。頃之，烟燄張天，人馬燒溺死者甚衆。瑜等率輕銳繼其後，雷鼓大進，北軍大潰。操引軍走，劉備、周瑜水陸並進，追至南郡。操軍死者大半。操乃留曹仁守江陵，樂進守襄陽，引軍北還。於是將士形勢自倍，瑜乃渡江，屯北岸，與仁相拒。

綱 十二月，劉備徇荊州江南諸郡，降之。

目 劉備表劉琦爲荊州刺史，引兵南徇武陵、長沙、桂陽、零陵，皆降。(武陵郡治臨沅縣，在今湖南常德縣西。長沙郡治臨湘縣，即今湖南長沙市。桂陽郡治郴縣，即今湖南郴縣。零陵郡治泉陵縣，在今湖南零陵縣西北。武陵、長沙、桂陽、零陵四郡，皆屬荊州，並在江南。)廬江營帥雷緒率部曲數萬口歸備。備以諸葛亮爲軍師中郎將，督諸郡賦稅以充軍實。

綱 己丑，十四年，(二〇九)孫權表劉備領荊州牧。

目 周瑜攻曹仁歲餘，所殺傷甚衆，仁委城走。權以瑜領南郡太守，屯江陵。會劉琦卒，權以備領荊州牧，周瑜分南岸地以給備。備立營於油口，改名公安。(即今湖北公安縣西北油江口。)權以妹妻備。妹才捷剛猛，有諸兄風，侍婢百餘人，皆執刀侍立，備每入，心常凜凜。

曹操遣蔣幹說周瑜

曹操密遣辯士蔣幹，布衣葛巾私行說周瑜。瑜出迎，立謂之曰：「子翼良苦，（蔣幹字子翼。）遠涉江、湖，爲曹氏作說客邪！」因延幹，與周觀營中，行視倉庫、軍資、器仗訖，還飲宴，因謂幹曰：「丈夫處世，遇知己之主，外託君臣之義，內結骨肉之恩，言行計從，禍福共之，假使蘇、張復生，（蘇、張，蘇秦、張儀。）能移其意乎！」幹但笑，終無所言。還白操，稱瑜雅量高致，非言辭所能閒也。

蔣幹終無所言

銅爵臺

綱　庚寅，十五年，（二一〇）冬，曹操作銅爵臺於鄴。（臺高十丈，有屋百餘閒，蓋曹操寵妾所居。）

曹操讓還三縣

綱　十二月，操讓還三縣。

目　操下令曰：「孤始於譙東五十里築精舍，（譙，今安徽亳縣。）欲秋夏讀書，冬春射獵，爲二十年規，待天下清乃出仕耳。然不能如意，徵爲典軍校尉，意遂更欲爲國家討賊立功，使題墓道言『漢故征西將軍曹侯之墓』，此其志也。遭值董卓之難，興舉義兵。破降黃巾，又討擊袁術，摧破袁紹，梟其二子；復定劉表，遂平天下。身爲宰相，人臣之貴已極，意望已過矣。設使國家無有孤，不知當幾人稱帝，幾人稱王。或者見孤彊盛，妄相忖度，言有不遜之志，每用耿耿，（小明也，心有所存，不能忘之貌。）然欲孤便爾委兵歸國，實不可也。何者？誠恐離兵爲人所禍，既爲子孫計，又己敗則國家傾危，是以不得慕虛名而處實禍也！然封兼四縣，食戶三萬，何德堪之！今上還陽夏、柘、苦三縣，（陽夏，即今河南太康縣。柘，在今河南柘城縣北。苦，在今河南鹿邑縣東。）戶二萬，但食武平萬戶，且以分損謗議，少減孤之責也！」

孫權以荊州借劉備

綱　孫權南郡守將周瑜卒，權以魯肅代領其兵。

目　劉表故吏士多歸劉備，備以周瑜所給地少，不足以容其衆，乃自詣孫權，求都督荊州。瑜上疏曰：「劉備以梟雄之姿，而有關羽、張飛熊虎之將，必非久屈爲人用者。恐蛟龍得雲雨，終非池中物也！」權不從。備還，乃聞之，歎曰：「天下智謀之士，所見略同。前時孔明諫孤莫行，其意亦慮此也。」瑜詣京見權，（京卽京口，孫權自吳徙丹徒，號曰京城，時權居此，故瑜往見之。京口，卽今江蘇鎮江市東南丹徒鎮。）曰：「今曹操新敗，憂在腹心，未能與將軍連兵相事也。相事，相與從事也。乞與奮威俱進，（奮威，孫權從弟奮威將軍孫瑜，時爲丹陽太守。）取蜀而幷張魯，因留奮威固守其地，與馬超結援，（馬超時據關中。）瑜還與將軍據襄陽以蹙操，蹙，迫也。北方可圖也。」權許之。周瑜還治行裝，道病困，與權牋曰：「今曹操在北，疆埸未靜；（埸音亦。）劉備寄寓，有似養虎；此朝士旰食之秋，至尊垂慮之日也。魯肅忠烈，臨事不苟，可以代瑜。儻所言可采，瑜死不朽矣！」卒於巴丘。（巴丘山卽巴陵山，在今湖南岳陽縣城西南。瑜欲取蜀，還至江陵治裝，因卒於此。）權聞之，哀慟曰：「公瑾有王佐之才，今忽短命，（周瑜死年三十六歲，故云短命。）孤何賴哉！」爲子登娶其女；而以女妻其子循、胤。循、胤，周瑜二子名。

初，程普以年長，數陵侮瑜，瑜折節下之，終不與校。普後自敬服，乃告人曰：「與公瑾交，若飲醇醪，不覺自醉。」醪音牢。

權以肅代瑜。肅勸權以荊州借劉備，與共拒曹操，權從之。

孫權勸呂蒙就學

初，權謂呂蒙曰：「卿今當塗掌事，（當塗，猶言當路。）不可不學！」蒙辭以軍中多務。權曰：「孤豈欲卿治經爲博士邪！但當涉獵，（言泛覽流觀，譬如涉水、獵獸，不精專也。）見往事耳。卿言多務，孰若孤？孤常讀書，自以爲大有所益。」蒙乃始就學。及肅過潯陽，（即今江西九江市。）與蒙議論，大驚曰：「卿今者才略，非復吳下阿蒙！」蒙曰：「士別三日，即更刮目相待，大兄何見事之晚乎！」肅遂拜蒙母，結友而去。

【綱】劉備以龐統爲治中從事。

【目】劉備以龐統守耒陽令，（即今湖南耒陽縣。）不治，免。魯肅遺備書曰：「士元非百里才也，（龐統字士元。）使處治中、別駕之任，（治中、別駕，俱郡佐。）始當展其驥足耳！」諸葛亮亦言之。備與統譚，（譚同談。）大器之，遂用統爲治中，親待亞亮。

曹丕

【綱】辛卯，十六年，（二一一）春正月，曹操以其子丕爲五官中郎將，爲丞相副。

【綱】三月，遣鍾繇擊張魯。

馬超等反

【綱】馬超、韓遂等反。秋，曹操擊破之。

【目】初，操遣鍾繇討張魯，而使夏侯淵等出河東，（河東郡治安邑，即今山西運城縣東北安邑鎮。河東謂今山西西南部。）與繇會。關中諸將疑之，馬超、韓遂等十部皆反，其衆十萬，屯據潼關。（在今陝西渭南縣東南。）秋，操自將擊破之，遂、超奔涼州。（涼州刺史治隴縣，在今甘肅秦安縣東北。）操追至安定而還。（安定郡治高平縣，即今寧夏回族自治州固原縣。）諸將問曰：「初，賊守潼關，渭北道缺，

疾雷不及掩耳

劉璋遣使迎劉備

張松勸劉璋迎劉備

法正說劉備取益州

渭北，渭水之北。不從河東擊馮翊而反守潼關，馮音平。（馮翊治高陵縣，在今陝西三原縣東南。）引日而後北渡，何也？」操曰：「若吾入河東，賊必引守諸津，則西河未可渡，（西河，指今龍門河。）吾故盛兵向潼關；使賊悉衆南守，而西河之備虛，（此西河，指今陝西華山以北潼關等地。）故吾得取西河；然後引軍北渡，賊不能與吾爭。連車樹柵，爲甬道而南，既爲不可勝，且以示弱。渡渭爲堅壘，虜至不出，所以驕之也；故賊不爲營壘而求割地。吾順言許之，使不爲備，因畜士卒之力，一旦擊之，所謂疾雷不及掩耳。兵之變化，固非一道也。」乃留夏侯淵屯長安。以張既爲京兆尹。（京兆尹治長安，即今陝西西安市。）招懷流民，興復縣邑。

綱 冬，劉璋遣使迎劉備。備留兵守荆州而西。璋使備擊張魯。

目 扶風法正爲劉璋軍議校尉，（法正，扶風郿縣人，在今陝西盩厔縣西北。劉璋爲益州牧。）璋不能用，正邑邑不得志。邑邑同悒悒，不安貌。別駕張松與正善，亦自負其才，忖璋不足與有爲，因勸璋結劉備，璋曰：「誰可使者？」松乃舉正。正辭謝，佯爲不得已而行。還，爲松說備有雄略，密議奉戴以爲州主。會鍾繇欲向漢中，擊張魯。璋懼。松因說曰：「曹公兵無敵於天下，若因張魯之資以取蜀土，誰能禦之！劉豫州，使君之宗室而曹公之深讎也，善用兵；若使之討魯，魯必破。魯破，則益州彊，曹公雖來，無能爲也！」璋然之，遣正迎備。主簿黃權，從事王累俱諫，璋一無所納。

正至荆州，陰說備取益州，備疑未決。龐統曰：「荆州荒殘，人物殫盡，難以得志。今益州戶口百萬，土沃財富，誠得以爲資，大業可成也！」備曰：「今指與吾水火者，曹操也。操以急，吾以寬；操以暴，吾以仁；操以譎，吾以忠；每與操反，事乃可成耳。今以小利而失信義於天下，奈何？」統曰：「逆取順守，古人所貴。若事定之後，封以大國，何負於信！今日不取，終爲人利耳。」備以爲然。乃留諸葛亮、關羽等守荆州，自將步卒數萬而西。巴郡太守嚴顏拊心歎曰：（巴郡治江州，今四川重慶市。）「此所謂『獨坐窮山，放虎自衞』者也。」備至涪，（即今四川綿陽縣。）璋率兵三萬往會之。增備兵，厚加資給，使擊張魯。備北到葭萌，（在今四川廣元縣西南。）厚樹恩德，以收衆心。

綱　壬辰，十七年，（二一二）春正月，曹操還鄴，贊拜不名，入朝不趨，劍履上殿。

孫權徙建業

綱　秋七月，孫權徙治建業。（即秣陵，在今江蘇南京市南。）

目　初，張紘以秣陵山川形勝，勸孫權以爲治所，劉備亦勸權居之。權於是作石頭城，（孫權徙都秣陵，改舊金陵邑爲石頭城。）徙治秣陵，改號建業。

綱　權作濡須塢。狀如偃月，一名偃月城。

目　呂蒙聞曹操欲東兵，說孫權夾濡須水口立塢。塢，壘壁也。（濡須水在今安徽巢縣南，源出巢湖，至無爲縣入江。孫權夾水立塢，以拒曹操，名濡須塢。）權從之。

荀彧自殺

綱　冬十月，曹操擊孫權，至濡須，侍中光祿大夫參軍事荀彧自殺。

目　董昭言於操曰：「自古以來，人臣匡世，未有今日之功；有今日之功，未有久處人臣之勢者也。今明公恥有慙德，樂保名節；然使人以大事疑己，誠不可不重慮也。」乃與諸將議，以丞相宜進爵國公，九錫備物，（九錫，見卷十八平帝元始五年「加安漢公莽九錫」注。）以彰殊勳。荀彧以爲：「曹公本興義兵以匡朝寧國，秉忠貞之誠，守退讓之實；君子愛人以德，不宜如此。」操由是不悅。及擊孫權，表請彧勞軍於譙，因輒留彧，以侍中、光祿大夫、持節、參丞相軍事。操向濡須，彧以病留壽春，飲藥而卒。彧行義脩整而有智謀，好推賢進士，故時人皆惜之。

劉備據涪城

綱 十二月，劉備據涪城。

龐統三計

目 備在葭萌，龐統言於備曰：「今陰選精兵，晝夜兼道，徑襲成都，一舉便定，此上計也。楊懷、高沛，璋之名將，各仗彊兵，據守關頭，（卽白水關，在今四川昭化縣西北，今名白水街。）聞數諫璋，使遣將軍還荆州；將軍遣與相聞，說荆州有急，欲還救之，二子喜，必來見，因此執之，進取其兵，乃向成都，此中計也。還退白帝，（白帝城，在今四川奉節縣東。）連引荆州，徐還圖之，此下計也。若沉吟不去，將至大困，不可久矣。」備然其中計。召懷、沛斬之，勒兵徑至關頭，并其兵，進據涪城。

綱 癸巳，十八年，（二一三）春正月，曹操引兵還。

目 操進軍濡須口，號四十萬，孫權率衆七萬禦之，相守月餘。操見其舟船、器仗、軍伍整肅，歎曰：「生子當如孫仲謀；孫權字仲謀。如劉景升兒子，劉表字景升。兒子，謂表子劉琦、劉琮。

豚犬耳！」操撤軍還。

曹操自立爲魏公

【綱】夏五月，曹操自立爲魏公，加九錫。

【綱】劉璋遣將吳懿等拒劉備，敗績，皆降。備進圍雒城。（即廣漢郡，治雒縣，在今四川廣漢縣北。）

【綱】秋七月，魏始建宗廟、社稷。

【綱】魏公操納三女爲貴人。（納，入也。三女，長憲，次節，次華。節後爲后。）

【綱】甲午，十九年，（二一四）春三月，魏公操進位諸侯王上。

【綱】夏五月，雨水。

劉備領益州

【綱】閏月，馬超奔劉備。備入成都，自領益州牧，以諸葛亮爲軍師將軍。

【目】諸葛亮留關羽守荊州，與張飛、趙雲將兵泝流克巴東。泝音素。（劉璋分巴郡置巴東郡，治魚復縣，在今四川奉節縣東。）破巴郡，獲太守嚴顏，飛呵顏曰：「何以不降？」顏曰：「卿等無狀，侵奪我州。我州但有斷頭將軍，無降將軍也！」飛壯而釋之，引爲賓客。分遣雲從外水定江陽、犍爲，（外水即外江，謂沱江及湔江也。江陽縣屬犍爲郡，即今四川瀘州市。犍爲即犍爲郡，治僰道縣，即今四川宜賓市。）飛定巴西、德陽。（劉璋分巴郡置巴西郡，治閬中縣，在今四川閬中縣西。德陽，在今四川梓潼縣北。）龐統中流矢，卒。（劉備圍雒城時，龐統中矢死。）雒城潰，備進圍成都。亮、飛、雲引兵來會。

馬超知張魯不足與計事，（馬超去年歸張魯。）亦來請降，備令引軍屯城北。時劉璋城中尚有精兵三萬人，穀帛支一年，吏民咸欲死戰。璋言：「父子在州二十餘年，（璋父劉焉。）無恩德以加百姓。何心能安！」遂開城出降，備遷璋于公安，盡歸其財物。備入成都，自領益州牧，以諸葛亮爲軍師將軍。

初，璋迎備，劉巴諫曰：「備，雄人也，入必爲害。」既入，巴復諫曰：「若使備討張魯，是放虎於山林也。」璋不聽，巴閉門稱疾。備攻成都，令軍中曰：「有害巴者，誅及三族。」及得巴，甚喜，以爲西曹掾。

鑄直百錢

時，益州郡縣皆望風景附，（景音影。）獨黃權閉城堅守，須璋稽服，乃降。（稽服，謂稽首降服。言劉璋降劉備後乃降耳。）備以爲將軍。李嚴，本璋所授用；吳懿、費觀等，璋之婚親；彭羕，（羕音恙。）璋所擯棄；備皆處之顯任，盡其器能，有志之士，無不競勸，益州之民，是以大和。軍用不足，備以爲憂，劉巴請鑄直百錢，平諸物價，令吏爲官市。備從之。數月之閒，府庫充實。

諸葛亮以嚴治蜀

法正一飧之德，（飧音孫。）睚眦之怨，（睚眦音崖恣，忤目相視貌。）無不報復。或謂諸葛亮曰：「法正太橫，宜稍抑之。」亮曰：「主公之在公安也，北畏曹操，東憚孫權，近則懼孫夫人生變於肘腋。法孝直爲之輔翼，（法正字孝直。）令翻然翱翔，不可復制。今奈何禁止孝直，使不得少行其意邪！」

亮治頗尚嚴峻，人多怨者。法正謂曰：「昔高祖入關，約法三章，（事見卷九漢王元年「沛公入咸陽」目。）秦民知德。願君緩刑弛禁，以慰此州之望。」亮曰：「君知其一，未知其二。秦以無道，政苛民怨，匹夫大呼，天下土崩；高祖因之，可以弘濟。劉璋暗弱，德政不舉，威刑不肅，君臣之道，漸以陵替。寵之以位，位極則賤；順之以恩，恩竭則慢。所以致敝，實由於此。吾今威之以法，法行則知恩；限之以爵，爵加則知榮。榮恩並濟，上下有節，爲治之要，於斯著矣。」

蔣琬

備以蔣琬爲廣都長，（廣都，在今四川華陽縣西。）不治，大怒。亮請曰：「蔣琬社稷之器，非百里之才也。其爲政以安民爲本，不以脩飾爲先，願主公重加察之。」備雅敬亮，乃不加罪。

曹操擊孫權

綱　秋七月，魏公操擊孫權。

目　操留少子植守鄴。以邢顒爲植家丞；（太子少傅屬官有太子庶子、太子家丞。曹植封臨菑侯，此家丞爲侯國屬官，非太子家丞。）顒防閑以禮，無所屈撓，由是不合。庶子劉禎美文辭，植親愛之。禎曰：「君侯採庶子之春華，忘家丞之秋實，爲上招謗，其罪不小，愚實懼焉。」

綱　魏荀攸卒。

目　攸深密有智防，謀謨帷幄，時人及子弟莫知其所言。操嘗稱：「荀文若之進善，（荀彧字文若。）不進不休；荀公達之去惡，（荀攸字公達。）不去不止。」又稱：「二荀論人，久而益信，吾沒世不忘。」

綱 冬十一月，魏公操弑皇后伏氏及皇子二人。

目 初，董承女爲貴人，操誅承，求貴人殺之。帝以貴人有姙爲請，不得。伏后懼，與父完書，令密圖之。至是，事泄，操使郄慮持節策收皇后璽綬，以尚書令華歆爲之副，勒兵入宮，收后。后閉戶，藏壁中。歆壞戶發壁，就牽后出。時帝在外殿，后被髮、徒跣、行泣，徒跣，赤足也。過訣曰：「不能復相活邪？」帝曰：「我亦不知命在何時！」顧謂慮曰：「郄公，天下寧有是邪！」遂將后下暴室，暴室，主宮中婦人疾病者，其皇后貴人有罪亦就此室，故亦云暴室獄。以幽死；所生二皇子，皆酖殺之。

綱鑑易知錄卷二七

東漢紀

孝獻皇帝

綱　乙未，二十年，(二一五)春正月，立貴人曹氏爲皇后。(曹操中女節。)

劉備孫權分荊州

綱　夏五月，劉備、孫權分荊州，備使關羽守江陵；(即今湖北江陵縣。)權使魯肅屯陸口。(在今湖北嘉魚縣西南，陸水入江處。)

魯肅責關羽爭荊州

目　初，劉備在荊州，周瑜、甘寧等數勸孫權取蜀。權遣使謂備，備報曰：「備與劉璋託爲宗室，冀憑英靈以匡漢朝。今得罪於左右，願加寬貸。」權不聽，遣瑜率水軍住夏口。(在今湖北武漢市黃鵠山上，孫權所築。)備遏之不得過，謂曰：「汝欲取蜀，吾當被髮入山，不失信於天下也。」權不得已召瑜還。及備攻蜀，留關羽守江陵，權曰：「猾虜，乃敢挾詐如此！」備已得益州，權令諸葛瑾從備求荊州諸郡。備不許，權遂置長沙、零陵、桂陽三郡長吏。(長沙、零陵、桂陽見卷二十六獻帝建安十三年「劉備引兵南徇武陵、長沙、桂陽、零陵」注。)羽逐之。權遣呂蒙取三郡，備聞之，自至公安，(即今湖北公安縣西北油江口。)遣羽爭三郡。孫權進住陸口，使魯肅將萬人屯益陽以拒羽。(益陽，在今湖南益陽市西。)肅邀羽相見，因責數羽，羽曰：「烏林之役，(謂赤壁破曹操也。)(烏

操取漢中

林，在今湖北嘉魚縣西大江北岸。左將軍身在行閒，（左將軍謂劉備，建安三年操表劉備爲左將軍。）戮力破敵，戮力，并力也。豈得徒勞，無一塊土，而足下來欲收地邪！」肅曰：「不然。始與豫州覲於長阪，（豫州亦稱劉備。長坂，在今湖北當陽縣東北。）豫州之衆，不當一校，計窮慮極，圖欲遠竄，主上矜愍豫州身無處所，不愛土地人民之力，以濟其患，而豫州私獨飾情，愆德墮好。墮，壞也。今已藉手西州，言備已有益州。又欲剪并荊土，斯蓋凡夫所不忍行，而況整領人物之主乎！」羽無以答。會聞曹操將攻漢中，（今陝西漢中市。）備乃求和於權。權令諸葛瑾報命，遂分荊州，以湘水爲界：長沙、江夏、桂陽以東屬權，南郡、零陵、武陵以西屬備。（南郡治江陵縣，即今湖北江陵縣。武陵郡治臨沅縣，在今湖南常德縣西。）瑾每奉使至蜀，與其弟亮但公會相見，退無私面。

綱 秋七月，魏公操取漢中，走張魯，留將軍夏侯淵、張郃守之而還。

綱 八月，孫權攻合肥，（在今安徽合肥市北。）大敗而還。

目 曹操之征張魯也，爲教與合肥護軍薛悌，爲教，猶言作書。署函邊曰：署，簽書也。函，匱也，所以盛書者。「賊至，乃發。」及是，孫權率衆十萬圍合肥。悌發函，教曰：「若孫權至者，張、李將軍出戰，樂將軍守，護軍勿得與戰。」樂進等以衆寡不敵，疑之。張遼將獨出。李典素與遼不睦，慨然曰：「此國家大事，顧君計何如耳，吾豈可以私憾而忘公義乎！請從君而出。」於是夜募敢從之士。明旦，陷陣衝壘，入至麾下。權大驚，走至逍遙津北，（在今安徽合肥市東，肥水渡口。）賀齊率三千人在津南迎。權入船，齊涕泣曰：「至尊人主，常當持重，願以此爲

張魯降曹操
曹操進爵爲王
曹操用天子車服
曹丕爲魏王太子

終身之戒！」權自前收其淚曰：「大慙，謹已刻心，非但書紳也。」

綱　冬十一月，張魯出降，以爲鎭南將軍，封其屬閻圃爲列侯。以圃諫魯勿王也。

綱　丙申，二十一年，（二一六）夏四月，魏公操進爵爲王。操殺尚書崔琰。有與琰不平者譖之，遂賜琰死。

綱　秋八月，魏以鍾繇爲相國。

綱　丁酉，二十二年，（二一七）春正月，魏王操擊孫權軍，三月，權降。

綱　夏四月，魏王操用天子車服，出入警蹕。天子出則稱警，示戒肅也；入則言蹕，止行人也。

綱　六月，魏以華歆爲御史大夫。

綱　冬十月，魏以世子丕爲王太子。

目　初，操娶丁夫人，無子；妾劉氏，生子昂；卞氏生四子，丕、彰、植、熊。於是出丁夫人而立卞氏爲繼室。植性機警、多藝能，才藻敏贍，操愛之。欲以爲嗣，以函密訪於外，尚書崔琰露版答曰：露，不封也。版，木板爲書也。「春秋之義，立子以長。公羊傳隱公元年：「立嫡以長不以賢。」五官將仁孝聰明，丕嘗爲五官中郎將。宜承正統，琰以死守之。」丕使人問大中大夫賈詡以自固之術。詡曰：「願將軍恢崇德度，躬素士之業，朝夕孜孜，不違子道，如此而已。」他日，操屛人問詡，詡默然不對。操問其故，詡曰：「屬有所思，故不即對耳。」操曰：「何思？」詡曰：「思袁本初、劉景升父子也。」袁紹字本初，有三子，譚、熙、尚。紹愛幼子尚，以爲後，出長子譚爲青州刺史，後兄弟相攻，爲曹操所滅。劉表字景升，有二子，琦、琮。表愛幼子琮，及卒，琮嗣；未幾曹操軍至，琮降。操大笑。

丕立爲太子，抱議郎辛毗頸而言曰：「辛君知我喜不？」毗以告其女憲英，憲英曰：「太子，代君主宗廟、社稷者也。代君，不可以不戚；主國，不可以不懼。宜戚宜懼，而反以爲喜，何以能久！魏其不昌乎！」

劉備進兵漢中

綱 劉備進兵漢中，魏王操遣將軍曹洪拒之。

目 法正說劉備曰：「曹操一舉而降張魯，定漢中，不因此時以圖巴、蜀，而留夏侯淵、張郃屯守，身遽北還，此非其智不逮，而力不足也，必將內有憂逼故耳。今策淵、郃才略，策，料也。不勝國之將帥，舉衆往討，必可克之。此蓋天以與我，時不可失也。」備乃進兵，遣張飛、馬超、吳蘭等屯下辨。（在今甘肅徽成縣西。）操遣曹洪拒之。

綱 孫權陸口守將魯肅卒，權以呂蒙代之。

耿紀韋晃起兵討曹操

綱 戊戌，二十三年，（二一八）春正月，少府耿紀、司直韋晃起兵討魏王操，不克，死之。

目 時有金禕者，禕音衣。自以世爲漢臣，乃發憤與紀、晃起兵，欲挾天子以伐魏。南援劉備，不克而死。

綱 夏四月，劉備擊張郃，不克。

綱 秋七月，魏王操擊劉備；九月，至長安。

綱 己亥，二十四年，（二一九）春正月，劉備擊夏侯淵，破斬之。

劉備取漢中

【綱】三月，魏王操出斜谷，（即今陝西盩厔縣西南斜谷關。）劉備將趙雲擊其軍，敗之。夏五月，操引還，備遂取漢中。

【目】操自長安出斜谷，軍遮要以臨漢中。劉備曰：「曹公雖來，無能爲也，我必有漢川矣。」即漢中。乃斂衆拒險，終不交鋒。操運米北山下，（北山即九嵕山，在今陝西乾縣。）黄忠引兵欲取之，過期不還。趙雲將數十騎出營視之，值操揚兵大出，雲遂前突其陣，且鬭且却。魏兵散而復合，追至營下。雲入營，開門偃旗息鼓。魏兵疑雲有伏，引去；雲以勁弩射魏兵。魏兵驚駭，自相蹂踐，墮水死者甚多。相守積月，魏軍士多亡。五月，操引兵還長安，備遂有漢中。

劉備自立爲漢中王

【綱】秋七月，劉備自立爲漢中王。還治成都。

【綱】八月，漢中將關羽取襄陽。（即今湖北襄樊市舊襄陽縣。）

【目】關羽使麋芳守江陵，傅士仁守公安，羽自率衆攻曹仁於樊。（即樊城，在今湖北襄樊市。）仁使于禁、龐德等屯樊北。八月，大霖雨，漢水溢，平地數丈，禁與諸將登高避水，羽乘大船，遂攻之，禁等窮迫，遂降。龐德力戰，矢盡，乘小船欲還仁營，船覆，爲羽所得，立而不跪。羽謂曰：「何不早降！」德駡羽，羽殺之。急攻樊城，羽又遣別將圍襄陽，刺史胡脩、太守傅方皆降。操聞龐德死，流涕曰：「吾知于禁三十年，何意臨危反不及龐德邪！」

【綱】冬十月，孫權使呂蒙襲取江陵。魏王操帥師救樊關。羽走還，權邀斬之。十二月，蒙卒。

關羽威振華夏

【目】自許以南，（許，在今河南許昌市西南。）往往遙應關羽，羽威震華夏。曹操議徙許都以避其銳，司馬懿、蔣濟曰：「劉備、孫權，外親內疏，關羽得志，權必不願也。可遣人勸權躡其後，許割江南以封權，則樊圍自解。」操從之。

魯肅勸孫權撫輯關羽

呂蒙勸孫權取關羽

初，魯肅嘗勸孫權以曹操尚存，宜且撫輯關羽，與之同仇，不可失也。及呂蒙代肅，以爲羽素驍雄，有兼幷之心，且居國上流，其勢難久，密言於權曰：「關羽君臣，矜其詐力，所在反覆，不可以腹心待也。不如取羽，全據長江，形勢益張，易爲守也。」權善之。

呂蒙計襲關羽

權嘗爲其子求婚於羽，羽罵其使，不許。至是，蒙上疏曰：「羽討樊而多留備兵，必恐蒙圖其後故也。蒙常有病，乞分士衆還建業，（孫權所都，在今江蘇南京市南。）以治疾爲名，羽聞之必撤備兵，盡赴襄陽。大軍浮江，晝夜馳上，襲其空虛，則南郡可下而羽可禽也。」（南郡指江陵。）遂稱病篤。權乃露檄召蒙還。蒙至都，權問：「誰可代卿者？」蒙對曰：「陸遜意思深長，才堪負重，而未有遠名，非羽所忌，無復是過也。若用之，當令外自韜隱，內察形便，然後可克。」權乃召遜代蒙。遜至陸口，爲書與羽，稱其功美，深自謙抑。羽意大安，稍撤兵以赴樊。遜具啓形狀，權遂發兵襲羽。以蒙爲大督。

曹操使徐晃屯宛，（即今河南南陽市。）以助曹仁。孫權爲牋與操，請以討羽自效，及乞不漏，令羽有備。羣臣咸言宜密之，董昭曰：「軍事尚權，宜內露之。使羽聞權上，而還自護，則圍速解。」羽聞之，猶豫不能去。徐晃攻羽，破之。羽撤圍退，然舟船猶據沔水。（即漢水。時關羽屯偃城，在襄樊市北，此當指襄樊之漢水。）

呂蒙至潯陽，（即今江西九江市。）盡伏其精兵𦪇䑢中，𦪇䑢，船名。使白衣搖櫓，作商賈服，晝夜兼行，羽所置江邊屯候，盡收縛之。麋芳、傅士仁，素皆嫌羽輕己，於是即降。蒙入江陵，釋于禁，得關羽及將士家屬，皆撫慰之，令軍中：「不得干歷人家，有所求取。」蒙麾下同郡人，取民家一笠以覆官鎧，鎧，甲也。蒙猶以爲犯軍令，垂涕斬之。於是軍人震慄，道不拾遺。關羽走還。

權至江陵，荆州將吏悉歸附；獨治中從事潘濬稱疾不見，權遣人輿致，濬伏而不起，涕泣交橫。權慰諭懇惻。濬起拜謝，即以爲治中，荆州軍事，一以諮之。從事樊伷誘導諸夷，伷音宙。伷時爲武陵郡從事。西附漢中。外白遣萬人討之，外白，外人稟白。濬曰：「以五千兵往，足矣。」權曰：「卿何以輕之？」濬曰：「伷能弄脣吻，而實無才略。嘗爲州人設饌，比至日中，食不可得，而十餘自起，此亦侏儒觀一節之驗也。」侏儒，短人。節，股節。桓譚新論：「侏儒見一節而長短可知。」言不必見全身，但觀一節之短，可知其爲侏儒矣。權大笑，即遣濬將五千人往，果斬平之。權使遜屯夷陵，（即今湖北宜昌市。）守峽口。巫峽、明月峽、西陵峽三峽之口也。（巫峽，在今四川巫山縣東。明月峽，在今湖北宜昌市西。西陵峽，在今宜昌市西北。陸遜所守即西陵峽口。）關羽遁走，兵皆解散，纔十餘騎。權先使潘璋斷其徑路。十二月，獲羽，斬之，遂定荆州。呂蒙未及受封，疾發卒。

孫權論周瑜等

權後謂陸遜曰：「公瑾雄烈，周瑜字公瑾。膽略兼人，遂破孟德，曹操字孟德。開拓荆州，邈焉寡儔。邈，遠也。子敬因公瑾致達於孤，魯肅字子敬。一見便及帝王大略，此一快也。後孟德東下，諸人皆欲迎之，子敬駁言不可，勸孤急呼公瑾，付任以衆，逆而擊之，此二快也。後雖勸吾借玄德地，劉備字玄德。是其一短，不足以損其二長，故孤常以方鄧禹也。子明少時，呂蒙字子明。孤謂不辭劇易，劇易，艱與易也。果敢有膽而已；及身長大，學問開益，籌略奇至，可次公瑾，但言議英發不及之耳。圖取關羽，勝於子敬。子敬云：『羽不足忌。』此內不能辦，外爲大言耳，孤亦恕之，不苟責也。然其作軍屯營，不失令行禁止，路不拾遺，法亦美矣。」

孫權稱臣於曹操

綱 以孫權爲票騎將軍，領荆州牧。

目 曹操表孫權爲票騎將軍，假節，領荆州牧，封南昌侯。（今江西南昌市。）權上書稱臣於操，稱說天命。操以示外曰：「是兒欲踞吾著爐火上邪！」陳羣等皆曰：「漢祚已終，非適今日。殿下功德巍巍，羣生注望，故孫權在遠稱臣。此天人之應，異氣齊聲，殿下宜正大位，復何疑哉！」操曰：「若天命在吾，吾爲周文王矣。」自比文王，明使其子篡漢。

曹操卒子丕嗣王

綱 庚子，二十五年，（二二〇）魏文帝曹丕黃初元年，是歲魏僭國。春正月，丞相冀州牧魏王曹操還至洛陽，卒。太子丕立，自爲丞相、冀州牧。（冀州牧治鄴，在今河北磁縣西。）

目 操知人善察，難眩以僞。識拔奇才，不拘微賤，隨能任使，皆獲其用。與敵對陣，意思安閑，如不欲戰；及決機乘勝，氣勢盈溢。勳勞宜賞，不吝千金；無功妄施，分毫不

魏立九品法　賈逵爲豫州刺史　曹丕稱皇帝

與。用法峻急，有犯必戮，或對之涕泣，然終無所赦。雅性節儉，不好華麗。故能芟刈羣雄，幾平海內。至是，薨。太子丕以王后令，卽王位，帝遣御史大夫華歆奉策詔，授丞相印、綬，魏王璽、綬，領冀州牧。尊王后曰王太后。葬武王於高陵。

【綱】二月，魏以賈詡爲太尉，華歆爲相國，王朗爲御史大夫。

【綱】魏王丕遣其弟鄢陵侯彰等皆就國。（鄢陵，在今河南偃陵縣北。）

【目】丕遣其弟皆就國。臨淄監國謁者希指奏：「臨淄侯植醉酒悖慢，劫脅使者。」（臨淄，在今山東益都縣西北。）丕貶植爲安鄉侯。（安鄉，在今河北藁城縣東北。）

【綱】魏立九品法；置州、郡中正。（九品，上上、上中、上下、中上、中中、中下、下上、下中、下下。九品中正自此始。）

【目】尚書陳羣，以天朝選用不盡人才，乃立九品官人之法；州郡皆置中正，擇有識鑒者爲之，區別人物，第其高下。

【綱】夏六月，以賈逵爲豫州刺史。（豫州刺史治譙縣，卽今安徽亳縣。）

【目】時天下初定，刺史多不能攝郡。逵察二千石以下，阿縱不如法者，皆奏免之。外脩軍旅，內治民事，興陂田，畜水曰陂。通運渠，吏民稱之。曹丕曰：「眞刺史矣。」

【綱】冬十月，魏王曹丕稱皇帝，廢帝爲山陽公。（山陽，在今河南修武縣西北。）

【目】帝遣使持節奉璽綬詔策，禪位於魏。魏王丕卽皇帝位，改元黄初。奉漢帝爲山陽公。追尊武王曰武皇帝，廟號太祖；尊王太后曰皇太后。

右東漢十二帝，共一百九十六年。

後漢紀附魏吳二僭國

昭烈皇帝

名備，景帝子中山靖王之後。曹丕簒漢，正位於蜀，號曰後漢。在位三年，壽六十二歲而崩。諡法：「明德有勞曰昭，有功安民曰烈。」

劉備稱皇帝

綱　辛丑，昭烈皇帝章武元年。（二二一）魏黃初二年。

綱　夏四月，漢中王卽皇帝位。（去年劉備自立爲漢中王。）

目　蜀中傳言帝已遇害，於是漢中王發喪制服，諡曰孝愍皇帝。羣下競勸王稱尊號。司馬費詩上疏曰：「殿下以曹操父子簒位，故羈旅萬里，羈，寄也。旅，客也。合衆討賊。今大敵未克而先自立，恐人心疑也。」王不悅，左遷之。遂卽位於武擔之南，（武擔，山名，在今四川成都市北門內。）大赦，改元。以諸葛亮爲丞相，許靖爲司徒。

孫權徙都武昌

綱　孫權徙治武昌。（卽今湖北武漢市武昌城。）

目　權自公安徙都於鄂，更名鄂曰武昌。

綱　立宗廟，袷祭高皇帝以下。袷，合也。

綱　五月，立夫人吳氏爲皇后；子禪爲皇太子。吳氏，將軍懿之妹，故劉璋兄瑁之妻也。

劉備自將伐孫權

綱　秋七月，帝自將伐孫權。

趙雲諫伐孫權

目 帝恥關羽之沒，將擊孫權。將軍趙雲曰：「國賊，曹操，非孫權也。若先滅魏，則權自服。今操雖斃，子丕篡位，當因衆心，早圖關中，居河、渭上流以討凶逆，關東義士必裹糧策馬以迎王師。不應置魏，先與吳戰。兵勢一交，不得卒解，非良策也。」羣臣諫者甚衆，帝皆不聽。乃留諸葛亮輔太子，守成都，而自率諸軍東下。

張飛死

綱 車騎將軍張飛爲其下所殺。

目 飛雄猛亞於關羽；羽善待卒伍而驕於士大夫，飛愛禮君子而不恤軍人。帝常戒之，飛不悛。悛音詮，改也。至是，當率萬人會江州。（即今四川重慶市江北岸舊江北縣。）臨發，爲帳下所殺，以其首奔孫權。帝聞飛營都督有表，曰：「噫，飛死矣！」表當自飛上，而都督越次上之，故知其必死也。

孫權遣陸遜督諸軍拒守

綱 孫權請和，不許；遂遣陸遜督諸軍拒守。

目 孫權遣使求和。諸葛瑾因致牋曰：「關羽之親，何如先帝？荊州大小，孰與海內？俱應仇疾，誰當先後？若審此數，易於反掌矣。」帝不聽。時吳人或言瑾別遣親人與漢相聞者，權曰：「孤與子瑜，諸葛瑾字子瑜。有死生不易之誓，子瑜之不負孤，猶孤之不負子瑜也。」陸遜亦表明瑾必無此，權報曰：「玄德昔遣孔明至吳，孤嘗語子瑜曰：『卿與孔明同產，何不留之？』子瑜言『亮已委質於人，義無二心。弟之不留，猶瑾之不往也。』其言足貫神明，今豈當有此乎！孤與子瑜，可謂神交，非外言可閒。知卿意至，輒封來表示之矣。」帝遣吳班、

孫權遣使降魏

張昭屈邢貞

馮習攻破權將李異等於巫，（在今四川巫山縣東。）進軍秭歸。秭音子。（秭歸，即今湖北秭歸縣。）權以陸遜爲大都督，督朱然等五萬人拒守。

綱　八月，孫權遣使降魏，魏封權爲吳王。

目　權遣使稱臣，送于禁等還魏。朝臣皆賀，劉曄獨曰：「權無故求降，必內有急。恐中國往乘其釁，故委地求降，一以却中國之兵，二假中國之援，以強其衆而疑敵人耳。夫吳、蜀各保一州，有急相救，此小國之利也；今自相攻，天亡之也，宜大興師，徑渡江襲之。蜀攻其外，我攻其內，吳之亡不出旬月。吳亡，則蜀亦不能久存矣。」魏主不聽，遂受吳降。遣太常邢貞奉策拜權爲吳王，加九錫。（九錫，見卷十八平帝元始五年「加安漢公莽九錫」注。）劉曄諫曰：「夫王位去天子一階耳，今信其僞降，崇其位號，以封殖之，是爲虎傅翼也。」韓詩外傳曰：「無爲虎傅翼，將飛入邑，擇人而食。」魏主不聽。貞至吳，權出都亭候貞，貞入門，不下車。張昭曰：「君敢自尊大，豈以江南寡弱，無方寸之刃乎！」貞即下車。中郎將徐盛憤怒，謂同列曰：「盛等不能奮身出命，爲國家并許、洛，許、洛，指魏。吞巴、蜀，巴、蜀，指漢。而令吾君與貞盟，不亦辱乎！」因涕泣橫流。貞聞之，謂其徒曰：「江東將、相如此，非久下人者也。」

魏主令于禁謁高陵。高陵，曹操墓。（鄴即冀州治，在今河北磁縣西。）豫於陵屋畫關羽戰克、龐德憤怒、禁降服之狀；禁見，慚恚，病死。

綱　冬十月，孫權遣使如魏。

趙咨對魏主

目　吳遣中大夫趙咨入謝于魏。魏主丕問曰：「吳王何等主也？」咨對曰：「聰明、仁智、雄略之主也。」魏主問其狀，對曰：「納魯肅於凡品，聰也；拔呂蒙於行陣，明也；獲于禁而不害，仁也；取荆州而兵不血刃，智也；據有三州虎視西方，雄也；屈身於陛下，略也。」丕曰：「頗知學乎？」對曰：「吳王任賢使能，志存經略，雖有餘閑，博覽經史；然不效書生尋章摘句而已。」曰：「吳可征不？」對曰：「大國有征伐之兵，小國有備禦之固。」曰：「吳難魏乎？」對曰：「帶甲百萬，江、漢爲池，何難之有！」曰：「吳如大夫者幾人？」對曰：「聰明特達者，八九十人；如臣之比，車載斗量，不可勝數。」

孫登

綱　孫權立子登爲太子。

目　吳王權爲登妙選師友，以諸葛瑾子恪、張昭子休、顧雍子譚、陳武子表爲中庶子，太子少傅屬官。入講詩、書，出從騎射，待以布衣之禮，謂之「四友」。

綱　壬寅，二年，（二二二）魏黄初三年，吳大帝孫權黄武元年。舊國一，新國一，凡二僭國。春正月朔，日食。

綱　二月，帝進軍猇亭。猇音囂。（猇亭，在今湖北宜都縣北大江北岸。）

綱　夏六月，吳陸遜進攻猇亭，諸軍敗績，帝還永安。（劉備改魚復縣爲永安縣，即白帝城，在今四川奉節縣東。）

目　帝自巫峽建平連營至夷陵界，（巫峽，在今四川巫山縣東。建平郡治巫縣，在今四川巫山縣東。）

陸遜以火攻拔漢軍

立數十屯，自正月與吳相拒，至六月不決。遣吳班將數千人於平地立營，吳將帥欲擊之，陸遜曰：「此必有譎，且觀之。」帝知計不得行，乃引伏兵八千從谷中出，遜曰：「所以不聽諸君擊之者，以此故也。」遜將進攻漢軍，諸將曰：「攻當在初，今諸要害皆已固守，擊之必無利。」遜曰：「彼更事多，其軍始集，思慮精專，未可干也。今住既久，不得我便，兵疲意沮，計不復生。掎角此寇左傳襄公十四年：「譬如捕鹿，晉人角之，諸戎掎之。」言晉執其角以禦上，戎戾其足以亢下也。正在今日。」乃先攻一營，不利，遜曰：「吾已曉破之之術。」乃敕各持一把茅，以火攻，拔之；遂率諸軍同時俱攻，破四十餘營。帝升馬鞍山，（在今湖北宜昌市西北。）陳兵自繞，遜促兵四面蹙之，蹙，迫也。土崩瓦解，死者萬數。帝夜遁，僅得入白帝城，（在今四川奉節縣東。）舟械軍資略盡。帝大慙恚曰：「吾乃爲陸遜所折辱，豈非天邪！」

初，諸葛亮與法正好尚不同，而以公義相取，亮每奇正智術。及是，正已卒，亮歎曰：「孝直若在，法正字孝直。必能制主上東行；就行，必不危矣。」

初，魏主丕聞漢兵樹柵連營七百餘里，謂羣臣曰：「彼不曉兵，豈有七百里營可拒敵乎！『苞原隰險阻而爲軍者，爲敵所禽』，此兵忌也。孫權上事今至矣。」上事，上破漢之事。七日，吳破漢書到。

黃權降魏

綱 秋八月，將軍黃權叛降魏。

目 帝既敗退，黃權在江北，道絕，不得還，率其衆降魏。有司請收權妻子，帝曰：「孤負權，權不負孤也。」待之如初。魏主丕謂權曰：「君欲追蹤陳、韓邪？」謂陳平、韓信。對曰：「臣受劉主厚遇，降吳不可，還蜀無路，是以歸命。且敗軍之將，免死爲幸，何古人之可慕也！」丕善之，拜爲鎭南將軍。

綱　九月，魏遣將軍曹休等擊孫權。魏主丕遣使責吳任子，不至，故伐之。

吳改元

綱　冬十月，吳王權改元，拒魏；十一月，魏主丕自將擊之。

綱　吳人來聘，遣大中大夫宗瑋報之。

綱　癸卯，後主建興元年，（二二三）魏黃初四年，吳黃武二年。

綱　春，魏師攻濡須，（濡須塢，在今安徽巢縣南。）別將圍江陵，皆不克，引還。

諸葛亮受遺詔輔政

綱　夏四月，帝崩于永安，丞相亮受遺詔輔政。五月，太子禪卽位，尊皇后曰皇太后。封亮爲武鄕侯，領益州牧。

諸葛亮發教羣下

目　諸葛亮至永安。帝病篤，命亮輔太子禪，以尙書令李嚴爲副。帝謂亮曰：「君才十倍曹丕，必能安國，終定大事。嗣子可輔，輔之；如其不可，君可自取。」亮涕泣曰：「臣敢不竭股肱之力，效忠貞之節，繼之以死！」帝又詔敕禪曰：「勿以惡小而爲之，勿以善小而不爲！惟賢惟德，可以服人。汝父德薄，不足效也。汝與丞相從事，事之如父。」帝崩。亮奉喪還成都，以嚴爲中都護，留鎭永安。禪卽位，時年十七。大赦，改元。封亮爲武鄕侯，領益州牧，政事咸取決焉。亮乃約官職，脩法制，發教與羣下曰：「夫參署者，（謂所行之事，稽其異

孔明自校簿書

同，而署行之也。）集衆思，廣忠益也。若遠小嫌，難相違覆，曠闕損矣。違覆而得中，猶棄敝蹻而獲珠玉。蹻音脚，草履。然人心苦不能盡，惟徐元直處兹不惑。徐庶字元直。又董幼宰參署七年，董和字幼宰。事有不至，至於十反，來相啓告。苟能慕元直之十一，幼宰之勤渠，有忠於國，則亮可少過矣。」又曰：「昔初交州平，崔州平。屢聞得失；後交元直，勤見啓誨；幼宰每言則盡；偉度數有諫正。胡濟字偉度。雖資性鄙暗，不能悉納，然與此四子終始好合，亦足以明其不疑於直言也。」

亮嘗自校簿書，主簿楊顒諫曰：「爲治有體，上下不可相侵。是故古人稱『坐而論道，謂之三公；作而行之，謂之士大夫。』（周官考工記文。）丙吉不問死人，（見卷十六宣帝神爵三年「以丙吉爲丞相」目。）陳平不知錢穀，（見卷十一文帝元年「右丞相勃免」目。）彼誠達於位分之體也。今公躬校簿書，流汗終日，不亦勞乎！」亮謝之。

綱 六月，益州郡耆帥雍闓等以四郡叛。四郡，益州、永昌、牂柯、越巂。（益州郡治滇池縣，在今雲南晉寧縣東。永昌郡治不韋縣，在今雲南寶山縣北。牂柯郡治故且蘭縣，在今貴州遵義市北。越巂郡治邛都縣，在今四川西昌縣東南。）

目 初，益州郡耆帥雍闓殺太守，求附於吳。又使郡人孟獲誘扇諸夷，牂柯、越巂皆叛應闓。牂音臧。巂音雖，上聲。丞相亮以新遭大喪，撫而不討，務農殖穀，閉門息民，民安食足而後用之。

鄧芝說吳王

綱　秋八月，遣尚書鄧芝使吳。

目　帝遣芝脩好於吳。時吳王猶未與魏絕，不時見芝。芝請見曰：「臣今來，亦欲爲吳，非但爲蜀也。」吳王權見之，曰：「孤誠願與蜀和親，然恐蜀主幼國小，爲魏所乘，不自全耳。」芝曰：「大王命世之英，諸葛亮一時之傑。蜀有重險，吳有三江，共爲脣齒，進可兼幷天下，退可鼎足而立。今若委質於魏，魏必望大王入朝，求太子內侍，若不從命，則奉辭伐叛，蜀亦順流見可而進，如此，則江南之地非復大王有也。」權默然良久曰：「君言是也。」遂絕魏，專與漢連和。

綱　立皇后張氏。飛之女也。

後皇帝　名禪，昭烈太子，在位四十年。晉武帝遣將入寇，帝出降，晉封爲安樂公，以泰始七年薨，壽六十五歲。

綱　甲辰，二年，(二二四)魏黃初五年，吳黃武三年。夏四月，吳人來聘，復遣鄧芝報之。

目　吳使張溫來聘，復遣鄧芝報之。芝至吳，權謂曰：「若天下太平，二主分治，不亦樂乎？」芝對曰：「天無二日，土無二王。如幷魏之後，大王未識天命，君各茂其德，臣各茂其忠，則戰爭方始耳。」權大笑曰：「君之誠款，乃當爾邪！」

曹丕擊吳

綱　秋八月，魏主丕以舟師擊吳，臨江而還。

目　魏主丕大興軍伐吳，留尚書僕射司馬懿鎭許昌。(卽今河南許昌市。)親御龍舟，至廣陵。(在今江蘇揚州市東北。)吳將軍徐盛，列舟艦於江，艦，戰船。而植木衣葦，爲疑城假樓。時江水盛長，不臨望，歎曰：「魏雖有武騎千羣，無所用之，未可圖也。」會暴風至，龍舟幾覆，於是旋師。

諸葛亮南征

綱 乙巳，三年，（二二五）魏黃初六年，吳黃武四年。春三月，丞相亮南征。

目 亮率衆討雍闓等，問計於參軍馬謖。謖音速。謖曰：「南中恃其險遠，不服久矣；今日破之，明日復反。夫用兵之道，攻心爲上，攻城爲下，心戰爲上，兵戰爲下，願公服其心而已。」亮納之。

曹丕伐吳

綱 夏五月，魏主丕以舟師伐吳。

綱 六月，吳以顧雍爲丞相。

目 雍爲人寡言，舉動時當，權嘗歎曰：「顧公不言，言必有中。」至宴樂之際，左右恐有酒失，而雍必見之，是以不敢肆情。權亦曰：「顧公在坐，使人不樂。」其見憚如此。初領尚書令，封侯還而家人不知。及爲相，所用文武吏，各隨其能，心無適莫。適，音的。時訪逮民閒及政職所宜，輒密以聞，用則歸之於上；不用終不宣洩；權以此重之。

亮平四郡

綱 秋七月，丞相亮討雍闓，斬之，遂平四郡。

目 亮至南中，（謂牂柯、益州、朱提、建寧、晉寧等郡，在四川西部，雲南東北部，貴州西北部。）所在戰捷。由越巂入，斬雍闓等。孟獲素爲夷、漢所服，收餘衆拒亮。亮募生致之，既得，使觀於營陳閒。獲曰：「向者不知虛實，故敗。今祇如此，卽易勝耳。」乃縱使更戰。七縱七禽而亮猶遣獲，獲止不去，曰：「公，天威也，南人不復反矣！」遂入滇池，益州、永昌、牂柯、越嶲四郡皆平。

魏師臨江

綱　冬十月，魏師臨江而還。

目　八月，魏主丕以舟師自譙循渦入淮。渦，水名。（渦水卽渦河，古爲蒗蕩渠支津，上流已涸，今河南扶溝縣東尙有遺跡。其水經安徽懷遠縣入淮，入淮處名渦口。）十月，於廣陵故城，臨江觀兵，戎卒十餘萬，旌旗數百里，有渡江之志。吳人嚴兵固守。時大寒，冰，舟不得入江。丕見波濤洶湧，歎曰：「嗟乎，固天所以限南北也！」遂歸。

曹丕卒太子叡嗣司馬懿等輔政

綱　丙午，四年，（二二六）魏黃初七年，吳黃武五年。夏五月，魏主丕卒。

目　初，郭后無子，魏主丕使母養平原王叡；叡母被誅，初丕從操入鄴，悅袁熙妻甄氏，操爲聘焉，生子叡。及卽位，郭貴嬪有寵，甄氏留鄴，失意出怨言，郭貴嬪譖殺之。故未建爲嗣。叡事后甚謹，后亦愛之。丕與叡獵，見子母鹿，既射其母，命叡射其子；叡泣曰：「陛下已殺其母，臣不忍復殺其子。」丕釋弓矢，爲之惻然。及是，疾篤，立爲太子。召中軍大將軍曹眞、鎭軍陳羣、撫軍司馬懿，並受遺詔輔政而卒。太子叡卽位。

初，太子在東宮，不交朝臣，不問政事，惟潛思書籍；卽位後，羣下想聞風采。居數日，獨見侍中劉曄，語盡日。曄出，或問：「何如？」曰：「秦皇、漢武之儔，才具微不及耳。」洎政之始，陳羣首上疏曰：「臣下雷同，是非相蔽，固國之大患；然若不和睦，則有讎黨，而毀譽

魏徵處士管寧不至

諸葛亮屯漢中以圖中原

諸葛亮出師表

失實，二者，不可不深察也。」

【綱】冬，魏徵處士管寧，不至。

【目】寧在遼東三十七年，（遼東郡治襄平縣，在今遼寧遼陽市北。）魏主丕徵之，乃浮海西歸，以爲大中大夫，不受。至是，華歆爲太尉，讓位於寧，不許。徵爲光祿大夫，敕青州給安車吏從，以禮發遣，寧復不至。

【綱】丁未，五年，（二二七）魏明帝曹叡太和元年，吳黃武六年。春三月，丞相亮率諸軍出屯漢中，（今陝西漢中市。）以圖中原。

【目】亮率諸軍北駐漢中，使長史張裔、參軍蔣琬統留府事。臨發，上疏曰：「先帝創業未半而中道崩殂，今天下三分，益州疲敝，（益州有漢中、巴郡、廣漢、蜀郡、犍爲、牂柯、越巂、益州、永昌，及劉備新置之巴東、巴西、梓潼、江陽、文山、漢嘉、朱提、雲南、涪陵等郡。）此誠危急存亡之秋也。然侍衞之臣不懈於內，忠志之士忘身於外者，蓋追先帝之殊遇，欲報之於陛下也。誠宜開張聖聽，以光先帝遺德，恢弘志士之氣，不宜妄自菲薄，引喻失義，（引喻淺近，以失大義。）以塞忠諫之路也。

宮中、府中，（宮中，謂禁中。府中，將軍幕府。）俱爲一體，陟罰臧否，不宜異同。若有作姦犯科及爲忠善者，宜付有司論其刑賞，以昭陛下平明之理，（平明，謂無異同。）不宜偏私，使內、外異法也。（內、外，宮、府也。）

侍中、侍郎郭攸之、費禕、董允等，（攸之、禕俱爲侍中，允爲黃門侍郎。）此皆良實，志慮忠純，是以先帝簡拔以遺陛下。愚以爲宮中之事，事無大小，悉以咨之，然後施行，必能裨補闕漏，有所廣益。將軍向寵，性行淑均，曉暢軍事，試用於昔日，先帝稱之曰能，是以衆議舉寵爲督。愚以爲營中之事，悉以咨之，必能使行陳和睦，優劣得所。

親賢臣，遠小人，此先漢所以興隆也；親小人，遠賢臣，此後漢所以傾頹也。先帝在時，每與臣論此事，興隆傾頹之事。未嘗不歎息痛恨於桓、靈也。侍中、尚書、長史、參軍，此悉端良、死節之臣，尚書陳震，長史張裔，參軍蔣琬。願陛下親之，信之，則漢室之隆，可計日而待也。

臣本布衣，躬耕南陽，苟全性命於亂世，不求聞達於諸侯。先帝不以臣卑鄙，猥自枉屈，三顧臣於草廬之中，諮臣以當世之事；由是感激，遂許先帝以驅馳。後值傾覆，建安十三年當陽長阪之敗。受任於敗軍之際，奉命於危難之閒，亮使吳求救於孫權。爾來二十有一年矣。先帝知臣謹愼，故臨崩寄臣以大事也。

受命以來，夙夜憂懼，恐託付不效，以傷先帝之明。故五月渡瀘，深入不毛。建興元年南中雍闓等以四郡叛；三年春亮率衆南征，其秋悉平。瀘，水名。不毛，謂不生草木也。（瀘水即金沙江，在今四川、雲南邊界。）今南方已定，兵甲已足，當獎率三軍，北定中原，庶竭駑鈍，攘除姦凶，謂曹丕也。興復漢室，還於舊都，（舊都指洛陽。）此臣所以報先帝，而忠陛下之職分也。至於斟酌損益，進盡忠言，則攸之、禕、允之任也。願陛下託臣以討賊興復之效；不效，則治臣之罪，以告先帝之靈；若無興德之言，則責攸之、禕、允等之慢以彰其咎。陛下亦宜自謀，以諮諏善道，察納雅言，深追先帝遺詔，臣不勝受恩感激。今當遠離，臨表涕零，不知所言。」

諸葛亮伐魏

綱 戊申，六年，（二二八）魏太和二年，吳黃武七年。春正月，丞相亮伐魏，戰于街亭，（在今甘肅秦安縣東北。）敗績；詔貶亮右將軍，行丞相事。

魏延謀伐魏

目 初，魏以夏侯淵子楙都督關中。至是，丞相亮將伐魏，與羣下謀之。司馬魏延曰「楙，怯而無謀。今假延精兵五千，直從褒中出，（褒中，在今陝西沔縣東。）循秦嶺而東，（秦嶺自甘肅蘭州市而東，綿亙陝西南部，止於河南陝縣。）當子午而北，（子午，谷名。（子午谷，王莽時所開，北口曰子，在今陝西西安市南子午鎮；南口曰午，在今陝西洋縣東子午河東。）不過十日，可到長安。楙聞延奄至，（奄，忽也。）必棄城走。比東方合聚，尚二十許日，而公從斜谷來，亦足以達。如此，則一舉而咸陽以西可定矣。」

孔明不用魏延計

亮以此爲危計，不如安從坦道，可以平取隴右，（指隴山以西，卽天水、隴西、武威、敦煌、酒泉、張掖諸郡。）十全必克而無虞，故不用延計。乃率大軍攻祁山，（在今甘肅西禮縣東北。）戎陳整齊，號令明肅。始魏以昭烈既崩，數歲寂然無聞，是以略無備豫；而卒聞亮出，朝野恐懼，魏主叡如長安，右將軍張郃率步騎五萬拒之。

馬謖街亭之敗

亮使參軍馬謖督諸軍與郃戰于街亭。謖違亮節度，舉措煩擾，舍水上山，不下據城。郃絕其汲道，擊，大破之。亮乃拔西縣千餘家還漢中。初，亮以謖才術過人，深加器異；昭烈臨終謂曰：「謖言過其實，不可大用，君其察之！」亮未以爲然，引謖參軍事，每與談論，自晝達夜。至是，乃收殺之而自臨祭，爲之流涕，撫其遺孤，恩若平生。亮上疏請自貶三等；詔以右將軍，行丞相事。亮於是引咎責躬，布所失於天下，厲兵講武，以爲後圖。亮之出祁山也，天水參軍姜維詣亮降。（天水郡治冀縣，在今甘肅武山縣東。）亮美其膽智，使典軍事。

吳敗曹休

綱　夏五月，吳人誘魏揚州牧曹休，戰于石亭，（在今安徽潛山縣東北。）大敗之。

目　吳使鄱陽太守周魴詐以郡降於魏。（鄱陽，在今江西鄱陽縣東。）魏揚州牧曹休率步騎十萬向皖以應之。（皖縣，即今安徽潛山縣。）八月，吳主權至皖，以陸遜爲大都督，朱桓、全琮爲左右督，各督三萬人以擊休。戰于石亭，遜令桓、琮爲左右翼，三道俱進，衝休伏兵，因驅走之，追至夾石，（在今安徽桐城縣北。）斬獲萬餘，資仗略盡。

諸葛亮伐魏

綱　冬十二月，右將軍亮伐魏，圍陳倉，（在今陝西寶雞市東。）不克而還。斬其追將王雙。

諸葛亮後出師表

目　右將軍亮聞曹休敗，魏兵東下，關中虛弱，欲出兵擊魏，羣臣多以爲疑。亮言於帝曰：「先帝以漢、賊不兩立，王業不偏安，故託臣以討賊。以先帝之明，量臣之才，固知臣才弱敵彊；然不伐賊，王業亦亡，惟坐而待亡，孰與伐之！是故託臣而弗疑也。臣受命之日，寢不安席，食不甘味，思惟北征，宜先入南，故五月渡瀘，深入不毛。臣非不自惜也，顧王業不可偏安於蜀都，故冒危難以奉先帝之遺意也，而議者謂爲非計。今賊適疲於西，（正月亮攻祁山。）又務於東，（八月吳敗曹休。）兵法乘勞，此進趨之時也。且高帝明並日月，謀臣淵深，然涉險被創，（創，傷也。）危然後安。今陛下未及高帝，謀臣不如良、平，（張良、陳平。）而欲以長計取勝，坐定天下，此臣之未解一也。劉繇、王朗各據州郡，（劉繇爲揚州刺史，王朗爲會稽太守。）論安言計，論安危，言計策。動引聖人，羣疑滿腹，衆難塞胸，今歲不戰，明年不征，使孫策坐大，坐以致大。遂并江東。繇、朗皆守一隅以致敗者，故引以證蜀。此臣之未解二也。臣到漢中，中閒期年，已喪趙雲等及曲長、屯將七十餘人，曲，部曲。突將、武騎一千餘人，皆數十年所糾合四方之精鋭，非一州之所有，若復數年，則損三分之二，當何以圖敵！此臣之未解三也。今民窮兵疲而事不可息，事不可息則住與行勞費正等，（住行謂守戰。）而不及虛圖之，欲以一州之地與賊支久，此臣之未解四也。夫難平者事也，昔先帝兵敗於楚，操追備及於當陽之長阪，備棄妻子走。曹操拊手，謂天下已定矣。然先帝東連吴、越，赤壁破曹。西取巴、蜀，進兵圍成都，取劉璋。舉兵北征，夏侯授首，斬夏侯淵。此操之失計而漢事將成也。其後吴更違盟，關羽毁敗，孫權遣呂蒙襲羽，定荆州。秭歸蹉跌，備恥羽之沒，自將伐權，進軍秭歸，後爲陸遜所敗。曹丕稱帝。凡事如是，難可逆見。臣鞠躬盡力，死而後已，至於成敗利鈍，非臣之明所能逆覩也。」十二月，引兵數萬出散關，（即大散關，在今陝西寶雞市西南。出大散關即至陳倉縣。）圍陳倉，不克。亮糧盡，引還。魏將軍王雙追亮，亮擊斬之。

綱鑑易知錄卷二八

後漢紀

後皇帝

諸葛亮伐魏拔二郡

【綱】己酉，七年，（二二九）魏太和三年，吳黃龍元年。春，右將軍亮伐魏，拔武都、陰平，（武都郡治下辨，在今甘肅徽成縣西。陰平郡治陰平縣，在今甘肅文縣西。）復拜丞相。

孫權稱皇帝

【綱】夏四月，吳王孫權稱皇帝。

【目】吳王權卽皇帝位，大赦改元。追尊父堅爲武烈皇帝，兄策爲長沙桓王，立子登爲太子。以諸葛恪爲太子左輔，張休爲右弼，顧譚爲輔正，陳表爲翼正，謝景、范愼、羊衜等爲賓客，（衜，古文道字。）於是東宮號多士。太子使侍中胡綜作賓友目曰：「英才卓越則諸葛恪，精識時機則顧譚，凝辯宏達則謝景，究學甄微則范愼。」羊衜私駁之曰：「元遜才而疏，（諸葛恪字元遜。）子嘿精而很，叔發辯而浮，（謝景字叔發。）孝敬深而陿。」（范愼字孝敬。）恪等惡之。其後皆敗，如衜所言。

吳都建業

【綱】秋九月，吳遷都建業，（在今江蘇南京市南。）使上大將軍陸遜輔太子登守武昌。（卽今湖北武漢市武昌城。）

劉廙先刑後禮論

魏立郎吏課試法

四聰

八達

三豫

目　南陽劉廙嘗著先刑後禮論，（劉廙，南陽安衆人，在今河南鎮平縣東南。）同郡謝景稱之於遜，遜呵景曰：「禮之長於刑久矣；廙以細辯而詭先聖之敎，君侍東宮，宜遵仁義以彰德音，若彼之談，不須講也！」

綱　庚戌，八年，（二三〇）魏太和四年，吳黃龍二年。春二月，魏立郎吏課試法。尙書諸葛誕等有罪，免。

目　魏尙書諸葛誕、中書郎鄧颺等結爲黨友，更相題表，以夏侯玄等爲「四聰」，誕輩爲「八達」。中書監劉放子熙，中書令孫資子密，吏部尙書衞臻子烈，以父居勢位，容之爲「三豫」。行司徒事董昭上疏曰：「凡有天下者，莫不貴樸忠之士，疾虛僞之人，以其毀敎亂治，敗俗傷化也。竊見當今年少不復以學問爲本，專以交游爲業；國士不以孝悌淸脩爲首，乃以趨勢游利爲先。合黨連羣，互相褒歎，此皆法之所不取，刑之所不赦也。」魏主叡善其言，詔：「郎吏學通一經，才任牧民，博士課試，擢其高第者，亟用；其浮華不務道本者，罷退之！」仍免誕、颺等官。

綱　秋七月，魏寇漢中，（今陝西漢中市。）丞相亮出次成固。（在今陝西城固縣西北。）九月，魏師還。

綱　冬十二月，丞相亮以蔣琬爲長史。

目　亮數外出，琬常足食足兵，以相供給。亮每言：「公琰託志忠雅，（蔣琬字公琰。）當與吾共贊王業者也。」

諸葛亮敗司馬懿

綱　辛亥，九年，（二三一）魏太和五年，吳黃龍三年。春二月，丞相亮伐魏，圍祁山。

綱　自十月不雨至于三月。

綱　夏五月，亮敗魏司馬懿于鹵城，（在今甘肅天水市西北。）殺其將張郃。

目　魏遣司馬懿屯長安，督將軍張郃、郭淮等以禦漢。懿留精兵四千守上邽，（在今甘肅天水市西南。）餘衆悉救祁山。亮分兵攻祁山，自逆懿於上邽，與懿遇於上邽之東；懿斂軍依險，兵不得交，亮引還。懿躡其後，至於鹵城，又登山掘營，不肯戰。賈詡、魏平數請戰，曰：「公畏蜀如虎，奈天下笑何！」懿病之。乃使張郃攻南圍，自按中道向亮。亮使魏延等逆戰，魏兵大敗，懿還保營。亮以糧盡退軍，懿遣郃追之，至木門，（木門山，在今甘肅天水市西南。）與亮戰，中伏弩而卒。

李平廢徙梓潼

綱　秋八月，中都護李平有罪，廢徙梓潼。（梓潼郡，蜀置，治梓潼，即今四川梓潼縣。）

目　丞相亮之攻祁山也，命李嚴以中都護署府事，更名平。（李嚴更名平。）會天霖雨，平主督運，恐糧不繼，遣參軍諭指，呼亮來還；亮既退軍，平乃更言「軍糧饒足，何爲而退！」欲殺督運以解不辦之責。又表言：「軍僞退，以誘賊。」亮出其前後手書，本末違錯。平辭窮謝罪，於是亮表其前後過惡，免官，削爵土，徙梓潼郡。復以平子豐爲中郎將、參軍事，出教敕之曰：「吾與君父子戮力以獎王室，（戮力，并力也。）謂至心感動，終始可保，何圖中乖乎！若

諸葛亮與蔣琬董允書

都護思負一意，君與公琰推心從事，否可復通，（否音痞。）逝可復還也。」又與蔣琬、董允書曰：「孝起前爲吾說正方腹中有鱗甲，（陳震字孝起，李平字正方。）鄉黨以爲不可近。吾謂鱗甲者但不當犯之耳，不圖復有蘇、張之事也。」（蘇，張，蘇秦、張儀。）

青龍見魏摩陂井中

綱 癸丑，十一年，（二三三）魏青龍元年，吳嘉禾二年。春正月，青龍見魏摩陂井中。（摩陂亦名龍陂，在今河南郟縣東南。）二月，魏主叡往觀之。

綱 甲寅，十二年，（二三四）魏青龍二年，吳嘉禾三年。春二月，丞相亮伐魏。

木牛流馬

目 初，丞相亮勸農講武，作木牛、流馬，（其法詳杜佑通典注。）運米集斜谷口，（卽今陝西盩厔縣西南斜峪關。）治邸閣；（邸閣，倉敖也。）息民休士，三年而後用之。至是，悉衆十萬由斜谷伐魏，遣使約吳同時大舉。

綱 三月，魏山陽公卒。（謚曰漢孝獻皇帝。）

綱 夏四月，丞相亮進軍渭南。魏大將軍司馬懿引兵拒守，亮始分兵屯田。

目 丞相亮至郿，（在今陝西盩厔縣西北。）軍於渭水之南。（舊郿縣在渭水南岸，此卽郿縣城北之渭水。）司馬懿引軍渡渭，背水爲壘以拒之，謂諸將曰：「亮若出武功，（在今陝西興平縣西南，有武功山。）依山而東，誠爲可憂；若西止五丈原，（在今陝西盩厔縣西南。）諸將無事矣。」亮果屯五丈原。亮以前者數出，皆以運糧不繼，使己志不伸，乃分兵屯田爲久駐之基，耕者雜於渭濱居民之閒，而百姓安堵，軍無私焉。

諸葛亮卒

綱 秋八月，丞相、武鄉侯諸葛亮卒于軍。長史楊儀引軍還。前軍師魏延作亂，儀擊斬之。

孔明食少事煩

目 亮數挑戰，懿不出。乃遺以巾幗婦人之服；幗，婦人喪冠，鄙其無丈夫之志也。懿怒，上表請戰。亮謂姜維曰：「彼本無戰情，所以固請者，以示武於衆耳。」亮遣使者至懿軍，懿問其寢食及事之煩簡，而不及戎事。使者曰：「諸葛公夙興夜寐，罰二十已上，皆親覽焉；所噉食不至數升。」懿告人曰：「孔明食少事煩，其能久乎！」

亮病篤，帝使僕射李福省侍，因諮大計。亮曰：「公所問者，公琰其宜也。」蔣琬字公琰。又請其次，亮曰：「文偉可。」費禕字文偉。又問，亮不答。八月，薨。長史楊儀整軍而出，百姓奔告懿，懿追之。姜維令儀反旗鳴鼓，若將向懿者，懿不敢逼。於是儀結陳而去，入谷然後發喪。百姓爲之語曰：「死諸葛走生仲達。」司馬懿字仲達。懿聞之，笑曰：「吾能料生，不能料死故也。」

八陣圖

亮嘗推演兵法，作八陣圖。其法詳綱目集覽。至是，懿案行其營壘，歎曰：「天下奇才也！」追至赤岸，（在今陝西漢中市境。）不及而還。

初，前軍師魏延，勇猛過人，善養士卒。每欲請兵萬人，與亮異道會於潼關，（在今陝西渭南縣東南。）如韓信故事，亮不許。延常謂亮怯，不能盡用己才。儀爲人幹敏，亮每出軍，儀規畫分部，籌度糧穀，咸取辦焉。延性矜高，當時皆下之，惟儀不假借，延以爲至忿。亮病篤，作退軍節度，令延斷後，姜維次之。亮薨，延曰：「魏延何人，當爲楊儀作斷後將乎！」儀等案亮成規引還，延率所領先歸，逆擊儀等；儀遣將斬之，夷三族。

初，亮表於帝曰：「臣成都有桑八百株，薄田十五頃，子弟衣食，自有餘饒，不別治生以長尺寸。臣死之日，不使內有餘帛，外有贏財，以負陛下。」至是，卒如其言。長史張裔嘗稱亮曰：「公賞不遺遠，罰不阿近，爵不可以無功取，刑不可以貴勢免，此賢愚所以僉忘其身者也。」陳壽曰：「亮爲相國，撫百姓，示儀軌，約官職，從權制，開誠心，布公道。盡忠益時者，雖讎必賞；犯法怠慢者，雖親必罰；服罪輸情者，雖重必釋；游辭巧飾者，雖輕必戮。善無微而不賞，惡無纖而不貶，庶事精練，物理其本，循名責實，虛僞不齒，終於邦域之內，畏而愛之，刑政雖峻而無怨者，以其用心平而勸戒明也。可謂識治之良才，管、蕭之亞匹矣！」

初，長水校尉廖立，長水校尉，官名。自謂才名宜爲亮副，怏怏怨謗，亮廢立爲民，徙之汶山。（在今四川茂汶羌族自治縣東。）及亮薨，立垂泣曰：「吾終爲左衽矣！」李平聞之，亦發病死。平常冀亮復收己，得自補復，策後人不能故也。

綱 以吳懿爲車騎將軍，督漢中；蔣琬爲尚書令，總統國事。

目 時新喪元帥，遠近危悚，琬拔處羣僚之右，既無戚容，又無喜色，神守舉止，有如平日，由是衆望漸服。

綱 冬十一月，魏洛陽地震。

魏作洛陽宮

綱　乙卯，十三年，（二三五）魏青龍三年，吳嘉禾四年。夏四月，以蔣琬爲大將軍，錄尚書事；費禕爲尚書令。

綱　魏作洛陽宮。

目　魏主叡好土功，既作許昌宮，又治洛陽宮，起昭陽太極殿，築總章觀，高十餘丈，力役不已，農桑失業。陳羣諫曰：「昔禹承唐、虞之盛，猶卑宮室而惡衣服。況今喪亂之後，人民至少，邊境有事乎！漢明帝欲起德陽前殿，鍾離意諫而止，後復作之，謂羣臣曰：『鍾離尚書在，不得成此殿也。』夫王者豈憚一臣，蓋爲百姓也。」叡爲之少省。

綱　秋七月，魏崇華殿災。

綱　八月，魏立子芳爲齊王，詢爲秦王。

目　魏主叡無子，養二王爲己子，宮省事祕，莫知其所由來者。或云：芳，任城王楷之子也。

綱　魏復立崇華殿。

目　魏主叡復立崇華殿，更名九龍。作者三四萬人。陵霄闕始構，有鵲巢其上。魏主以問高堂隆，高堂，複姓。對曰：「詩曰：『惟鵲有巢，惟鳩居之。』今始構闕，而鵲巢之，天意若曰：宮室未成，身不得居，將有他姓制御之耳。『天道無親，惟與善人。』今宜休罷百役，增崇德政，則可以轉禍爲福矣。」

魏王肅諫輕殺

叡性嚴急，督脩宮室有稽限者，親召問之，言猶在口，身首已分。散騎常侍王肅諫曰：「人命至重，難生易殺，是以聖賢重之。昔漢文帝欲殺犯蹕者，張釋之曰：『方其時，上使誅之則已；今下廷尉，廷尉，天下之平，不可傾也。』（見卷十一漢文帝三年「以張釋之爲廷尉」目。）臣以爲大失其義。廷尉，天子之吏也，猶不可以失平，而天子之身反可以惑謬乎！斯重於爲己而輕於爲君，不忠之甚也，不可不察。」

綱 冬十月，魏張掖涌石負圖。（張掖，在今甘肅張掖市西北。）

目 張掖柳谷口水溢涌，寶石負圖，有文曰：「大討曹。」詔書班天下，以爲嘉瑞。任令于綽以問鉅鹿張臶，臶音荐。（任，在今河北鉅鹿縣西南。鉅鹿，即今河北鉅鹿縣。）臶曰：「夫神以知來，不追已往，祥兆先見而後廢興從之。今漢久亡，魏已得之，何所追興祥兆乎！此石，當今之變異，而將來之符瑞也。」

吳鑄大錢

綱 丙辰，十四年，（二三六）魏青龍四年，吳嘉禾五年。春，吳鑄大錢。

目 一當五百。

綱 二月，吳婁侯張昭卒。（婁縣，即今江蘇昆山縣附近。）

目 昭容貌矜嚴，有威風，吳主權以下皆憚之。卒年八十一。

綱 冬十月，有星孛于大辰，大辰，房、心尾也。又孛于東方。

目 魏高堂隆上疏曰：「夫采椽、卑宮，采椽，取木爲椽，不刮削也。唐、虞、大禹之所以重皇風也；玉臺、瓊室，夏癸、商辛之所以犯昊天也。今宮室過盛，天彗章灼，斯乃慈父懇切之訓。當崇孝子祇聳之禮，不宜有忽，以重天怒。」魏主叡不悅。侍中盧毓進曰：毓，盧植之子。「臣聞君明則臣直，古之聖王惟恐不聞其過，此臣等所以不及隆也。」叡意乃解。

魏司空陳羣卒

綱　魏司空陳羣卒。

目　羣前後數上封事，輒削其草，雖子弟莫知也。或譏其居位拱默；及正始中，正始，魏主曹芳年號。詔撰名臣奏議，朝士乃見羣諫事，皆歎息焉。

王昶戒子

綱　魏令公卿舉才德兼備之士。

目　時司馬懿以兗州刺史王昶應選。昶音唱。（魏兗州刺史治鄄縣，在今山東壽張縣西南。）昶爲人謹厚，名其兄子曰默，曰沈，子曰渾，曰深，爲書戒之曰：「吾以四者爲名，欲爾曹顧名思義，曹，輩也。不敢違也。夫物速成則疾亡，晚就則善終，朝華之草，夕而零落，松柏之茂，隆寒不衰，是以君子戒於闕黨也。夫能屈以爲伸，讓以爲得，弱以爲彊，鮮不遂矣。毀譽者，愛惡之原而禍福之機，不可輕也。人或毀己，當退而求之於身。若己有可毀則彼言當矣；無可毀則彼言妄矣。當則無怨於彼，妄則無害於身，又何報焉！諺曰『救寒莫如重裘，止謗莫如自脩』，斯言善矣。」

魏改正朔

綱　丁巳，十五年，（二三七）魏景初元年，吳嘉禾六年。春正月，魏黃龍見。以三月爲夏四月。

目　高堂隆以「魏得土德，故其瑞黃龍見，宜改正朔，易服色，以變民耳目。」魏主叡從

魏以陳矯爲司徒

魏鑄銅人起土山

高堂隆口占上疏

之，遂以建丑之月爲正，服色尙黃，牲用白。

綱　夏六月，魏地震。

綱　魏以陳矯爲司徒。

目　魏主叡嘗卒至尙書門，卒同猝。矯跪問曰：「陛下欲何之？」曰：「欲案行文書耳。」矯曰：「此自臣職分，非陛下所宜臨也；若臣不稱職，請就黜退。」叡慙而反。叡嘗問矯：「司馬公忠貞，謂司馬懿。可謂社稷之臣乎？」矯曰：「朝廷之望也，社稷未之知也。」

綱　秋七月，皇后張氏崩。

綱　冬十月，魏鑄銅人，起土山於芳林園。（在今河南洛陽市東北。）

目　魏主叡徙長安鐘虡、槖佗、銅人、承露盤於洛陽。虡同鐻。鐘虡，秦始皇所鑄。槖佗，秦始皇所鑄銅槖駝也。銅人，卽始皇所鑄金人。承露盤，漢武帝所作。盤折，聲聞數十里。銅人重，不可致，大發銅鑄銅人二，號曰「翁仲」，列坐於司馬門外。天子門有司馬主武事，故名。又鑄黃龍、鳳皇，置內殿前。起土山於芳林園，使公卿皆負土，樹雜木善草，捕禽獸致其中。

綱　魏光祿勳高堂隆卒。

目　隆疾篤，口占上疏曰：隱度其辭，口以授人，曰口占。「黃初之際，黃初，曹丕年號。天兆其戒，異類之鳥，育長燕巢，此大異也。宜防鷹揚之臣於蕭牆之內；鷹揚，如鷹之飛揚而將擊，言其猛也。詩大雅大明篇：「維師尙父，時維鷹揚。」鷹揚之臣，指司馬懿。可選諸王，使典兵，棊跱，跱音池，立也。兵宜如棊

魏作考課法

魏立皇太子

之布立。鎭撫皇畿，翼亮帝室。」亮，相也。魏主叡手詔慰勞之。未幾而卒。

綱　魏作考課法，不果行。

目　魏主叡深疾浮華之士，詔吏部尚書盧毓曰：「選舉勿取有名，名如畫地作餅，不可啖也。」毓對曰：「名不足以致異人而可以得常士；常士畏教慕善，然後有名，非所當疾也。今考績之法廢，而以毀譽爲進退，故眞僞渾雜，虛實相蒙。」叡納其言。詔散騎常侍劉邵作都官考課法七十二條，下百官議。議久不決，事竟不行。

綱　戊午，延熙元年，（二三八）魏景初二年，吳赤烏元年。春正月，魏遣太尉司馬懿擊遼東。討公孫淵也。淵，康子，建興六年魏主叡以淵爲遼東太守，十一年吳主權遣使拜淵爲燕王。

綱　二月，立皇后張氏。前后之妹。

綱　立子璿爲皇太子。璿音旋。

目　大司農孟光問太子讀書及情性好尚於祕書郎郤正，郤音隙。正曰：「奉親虔恭，舉動仁恕，有古世子之風。」光曰：「此皆家戶所有耳，吾欲知其權略智調何如也。」正曰：「世子之道，在於承志竭歡，既不得妄有施爲；智調藏於胸懷，權略應時而發，此之有無，焉可豫知也！」光曰：「今天下未定，智意爲先，儲君讀書，寧當效吾等竭力博識以待訪問，如博士探策講試以求爵位邪！探，試取也。不知主文所問何策，試取而答之，即所謂射策也。當務其急者。」正深然之。

吳鑄當千大錢
魏克遼東
魏主叡卒
魏主芳立
司馬懿爲魏太傅
以蔣琬爲大司馬

綱　吳鑄當千大錢。

綱　秋八月，魏司馬懿克遼東，斬公孫淵。

綱　冬十二月，蔣琬出屯漢中。

綱　魏主叡有疾，立郭夫人爲后，召司馬懿入朝，以曹爽爲大將軍。

綱　己未，二年，（二三九）魏景初三年，吳赤烏二年。春正月，魏司馬懿至洛陽，與爽受遺輔政。魏主叡卒，太子芳立。

綱　司馬懿至洛陽，入見，魏主叡執其手曰：「吾以後事屬君，君與曹爽輔少子。死乃可忍，吾忍死待君，得相見無恨矣！」乃召二王示懿，別指齊王芳曰：「此是也，君諦視之，諦，審也。勿誤也！」又教芳前抱懿項。懿頓首流涕。於是芳年八歲，即日立爲太子。叡尋卒。芳嗣位，尊皇后曰皇太后，爽、懿並加侍中，都督中外諸軍、錄尚書事。

綱　二月，魏以司馬懿爲太傅，何晏爲尚書。

綱　夏，以蔣琬爲大司馬。

目　東曹掾楊戲素簡略，琬與言論，戲時不應。或謂琬曰：「戲慢公矣！」琬曰：「人心不同，各如其面，面從後言，古人所誡。戲欲贊吾是邪，則非其本心；欲反吾言，則顯吾之非，是以默然耳。」督農楊敏嘗毀琬曰：「作事憒憒，憒音膾。憒憒，心亂貌。誠不及前人。」主者請推治之，琬曰：「吾實不及前人，無可推。」主者請問憒憒之狀，琬曰：「苟其不如，則事不理，事不理，則憒憒矣。」後敏坐事繫獄，衆猶懼其必死，琬心無適莫，敏得免重罪。

綱 冬十二月，魏復以建寅之月爲正。

綱 辛酉，四年，(二四一)魏主曹芳正始二年，吳赤烏四年。夏四月，吳太子登卒。

綱 蔣琬徙屯涪。(即今四川綿陽縣。)

綱 魏置淮南北屯田，廣漕渠。

綱 管寧卒於魏。

目 寧名行高潔，人望之者邈然若不可及，即之熙熙和易。能因事導人於善，人皆化服。年八十四卒，天下知與不知，聞之無不嗟歎。

綱 壬戌，五年，(二四二)魏正始三年，吳赤烏五年。春正月，監軍姜維自漢中徙屯涪。

綱 吳立子和爲太子，霸爲魯王。

綱 癸亥，六年，(二四三)魏正始四年，吳赤烏六年。夏五月朔，日食既。

綱 冬十月，遣前監軍王平督漢中。

綱 十一月，以費禕爲大將軍，錄尚書事。

綱 甲子，七年，(二四四)魏正始五年，吳赤烏六年。春正月，吳以陸遜爲丞相。

綱 三月，魏曹爽寇漢中；閏月，費禕督諸軍救之。

魏屯田淮南北

管寧卒於魏

費禕爲大將軍

陸遜爲吳丞相

魏伐蜀

吳陸遜卒
蔣琬卒
以黃皓爲中常侍

目 魏征西將軍夏侯玄，爽姑子也。辟李勝爲長史，勝及鄧颺欲爽立威名於天下，勸使伐蜀；司馬懿止之，不得。三月，爽至長安，發卒十餘萬，與玄自駱谷入漢中。（駱谷，在今陝西盩厔縣西南，舊名駱谷道。）漢中守兵不滿三萬，諸將皆恐，欲守城不出以待涪兵。王平曰：「此去涪垂千里，賊若得關，便爲深禍。」遂遣護軍劉敏據興勢，（在今陝西洋縣北。）多張旗幟，彌亙百餘里。閏月，帝遣費禕救漢中，將行，光祿大夫來敏詣禕別，求共圍棊；時羽檄交至，人馬擐甲，（擐，貫也。）嚴駕已訖，（嚴，莊也，莊治行李也。具車馬曰駕。）禕與對戲，了無倦色。敏曰：「向聊觀試君耳；君信可人，必能辦賊也。」

綱 夏五月，魏軍退走。

綱 冬，以費禕兼益州刺史，董允守尚書令。

目 蔣琬以病固讓州職於禕。時國務煩猥，禕識悟過人，爲尚書令，省讀文書，舉目究意，終亦不忘。常以朝晡聽事，（晡，申時。）其閒接納賓客，飲食博戲，盡人之歡，而事無廢闕。及允代禕，始欲斆之，（斆音效，法也。）旬日之中，已多愆滯。乃歎曰：「人才相遠如此，非吾所及也！」乃聽事終日，而猶有不暇焉。

綱 乙丑，八年，（二四五）魏正始六年，吳赤烏八年。春，吳丞相陸遜卒。

綱 秋八月，皇太后吳氏崩。冬十一月，大司馬蔣琬卒。

綱 十二月，尚書令董允卒，以宦者黃皓爲中常侍。

目 董允秉心公亮，獻替盡忠，帝甚憚之。宦者黃皓，便辟佞慧，有寵；允數責之。皓畏允，不敢爲非，終允之世，位不過黃門丞。費禕以選曹郎陳祇代允爲侍中，祇矜厲有威容，多技藝，挾智數，禕以爲賢，越次用之。祇與皓相表裏，皓始預政，遷中常侍，操弄威柄，終以覆國。

陳祇與黃皓相表裏

綱 丙寅，九年，（二四六）魏正始七年，吳赤烏九年。秋九月，赦。

孟光責費禕

目 大司農孟光於衆中責費禕曰：「赦者，偏枯之物，非明世所宜有也。必不得已，乃可權而行之。今有何急而數施非常之恩，以惠姦宄乎！」禕顧謝，踧踖而已。初，丞相亮時，有言公惜赦者，亮答曰：「治世以大德，不以小惠，故匡衡、吳漢不願爲赦。先帝亦言：『吾周旋陳元方、鄭康成閒，陳紀字元方，鄭玄字康成。每見啓告，治亂之道悉矣，曾不語赦也。若劉景升父子，劉表字景升。歲歲赦宥，何益於治乎！』」

綱 以姜維爲衞將軍，與費禕並錄尚書事。

綱 丁卯，十年，（二四七）魏正始八年，吳赤烏十年。春二月，魏遷其太后於永寧宮。

曹爽擅魏朝政

目 曹爽用何晏等謀，遷太后，擅朝政，多樹親黨。司馬懿不能禁，遂稱疾，不與政事。

綱 戊辰，十一年，（二四八）魏正始九年，吳赤烏十一年。夏四月，魏以徐邈爲司空，不受。

徐邈不受司空

目 魏以光祿大夫徐邈爲司空。邈歎曰：「三公論道之官，無其人則闕，豈可以老病忝

司馬懿殺曹爽

之哉！」遂固辭不受。

綱　五月，費禕出屯漢中。

綱　己巳，十二年，（二四九）魏嘉平元年，吳赤烏十二年。春正月，魏司馬懿殺曹爽及何晏等，夷其族。

目　曹爽驕奢無度，飲食衣服擬於乘輿。又私取先帝才人以爲伎樂，作窟室，窟室，掘地爲室也。與何晏等縱酒其中。弟羲泣諫，不聽。又兄弟數俱出遊，司農桓範謂曰：「總萬機，典禁兵，不宜並出。若有閉城門，誰復內入者？」爽曰：「誰敢爾邪！」

是月，魏主芳謁高平陵，魏明帝曹叡之墓。（明帝陵，在今河南洛陽市東南大石山，近孟津縣。）爽與弟羲、訓、彥皆從。司馬懿與子師、昭謀誅之，以太后令召桓範。範欲應命，其子曰：「車駕在外，不如南出。」範乃出。懿謂蔣濟曰：「智囊往矣！」濟曰：「駑馬戀棧豆，棧，馬皁。必不能用也。」

範勸爽以天子詣許昌，發四方兵自輔。爽兄弟不從，自甲夜至五鼓，甲夜，初更也。爽乃投刀於地曰：「我亦不失作富家翁！」範哭曰：「曹子丹佳人，曹眞字子丹，爽之父。佳人，猶言佳士。生汝兄弟，㹠犢耳！㹠同豚。何圖今日坐汝族滅也！」

爽兄弟歸家，懿發吏卒圍守之。有司奏：「黃門張當私以所擇才人與爽，疑有奸。」收付廷尉考實，辭云：「爽與何晏、鄧颺、丁謐、畢軌、李勝等謀逆。」於是收爽、羲等幷桓範、張當俱夷三族。

先是宗室曹冏上書曰：「古者必建同姓，以明親親；必樹異姓，以明賢賢：親疏並用，故能保其社稷。今州、郡牧、守，皆跨有千里，秉軍武之任，或比國數人，或兄弟並據；而宗室子弟，王空虛之地，君不使之民，曾無一人閒厠其閒，厠，雜也。與相維制，非所以彊幹弱枝，備萬一之虞也。語曰：『百足之蟲，至死不僵。』以其扶之者衆也。此言雖小，可以譬大。」冏欲以感寤曹爽，爽不能用。

及懿閉門，爽司馬魯芝聞變，欲出赴難。呼參軍辛敞欲與俱，敞謀於其姊憲英曰：「天子在外，太傅閉城門，人云將不利國家，於事可得爾乎？」憲英曰：「以吾度之，太傅誅曹爽耳。」「然則事就乎？」曰：「得無殆就！爽才非太傅偶也。」「然則可以無出乎？」曰：「職守，人之大義也。凡人在難，猶或卹之；執鞭而棄其事，不祥莫大焉。且爲人任，爲人死，親昵之職也，昵音銀，入聲。從衆而已。」敞遂出。事定之後，歎曰：「吾不謀於姊，幾不獲於義！」先是，爽辟王沉、羊祜，辟，舉也。沉勸祜應命。祜曰：「委質事人，復何容易！」沉遂行。及爽敗，沉以故吏免，謂祜曰：「吾不忘卿前語。」祜曰：「此非始慮所及也！」

爽從弟文叔妻夏侯令女，夏侯文寧之女，名令女。早寡無子，其父欲嫁之；令女截耳自誓，居常依爽。爽誅，其家上書絕婚，強迎以歸，復將嫁之；令女又斷其鼻。其家驚惋，謂之曰：「人生世閒，如輕塵棲弱草，何至自苦乃爾！且夫家夷滅已盡，守此欲誰爲哉！」令女曰：

何晏

管輅

善易者不言易

「吾聞仁者不以盛衰改節，義者不以存亡易心。曹氏前盛時，尚欲保終，況今衰亡，何忍棄之！此禽獸之行，吾豈爲乎！」懿聞而賢之，聽使乞子字養，爲曹氏後。

何晏等方用事，自以爲一時才傑，人莫能及。嘗爲名士品目曰：「『唯深也故能通天下之志』，易繫辭上傳之辭。夏侯泰初是也；夏侯玄字泰初。『唯幾也故能成天下之務』，司馬子元是也；司馬師字子元。『唯神也故不疾而速，不行而至』，易繫辭上傳之辭。吾聞其語，未見其人。」蓋以自況也。

晏聞平原管輅明術數，（平原，在今山東平原縣南。）請與論易。鄧颺在座，謂輅曰：「君自謂善易，而語不及易中詞義，何也？」輅曰：「夫善易者不言易也。」晏笑而贊之曰：「可謂要言不煩！」因謂輅曰：「試爲作一卦，當至三公不？」又問：「連夢青蠅數十來集鼻上，何也？」輅曰：「元、愷輔舜，元、愷，八元、八愷。周公佐周，皆以和惠謙恭，享有多福。今君侯位尊勢重，而懷德者鮮，畏威者衆，殆非小心求福之道。願君侯裒多益寡，非禮不履，然後三公可至，青蠅可驅也。」颺曰：「此老生之常談。」輅曰：「老生者見不生，常談者見不談。」輅舅聞之，責其言太切。輅曰：「與死人語，何所畏邪！」舅怒以爲狂。至是，輅之舅謂輅曰：「爾前何以知何、鄧之敗？」輅曰：「鄧之行步，筋不束骨，脈不制肉，起立傾倚，若無手足，此爲鬼躁；何之視候，魂不守宅，血不華色，精爽煙浮，容若槁木，此爲鬼幽：二者皆非遐福之象也。」

晏何等競爲清談

晏性自喜，以貌自喜。粉白不去手，行步顧影。尤好老、莊書，與夏侯玄、荀粲、王弼之徒競爲清談，祖尚虛無，謂六經爲聖人之糟粕。由是天下士大夫慕效之，遂成風俗，不可復制。

司馬懿爲魏丞相

綱　魏以司馬懿爲丞相，加九錫，（九錫，見卷十八漢平帝元始五年「加安漢公莽九錫」注。）不受。

綱　秋，姜維伐魏雍州，（治長安，在今陝西西安市西北。）不克。

徐邈卒

綱　冬十二月，魏光祿大夫徐邈卒。

目　盧欽曰：「徐公志高行潔，才博氣猛，其施之也，高而不狷，潔而不介，博而守約，猛而能寬。」或問欽：「徐公當武帝之時，人以爲通；自爲涼州刺史還，（魏涼州治武威，即今甘肅武威縣。）人以爲介，何也？」欽曰：「往者毛孝先、崔季珪用事，毛玠字孝先，崔琰字季珪。貴清素之士，時皆變易車服以求名，而徐公不改其常，故人以爲通。比來天下奢靡相效，而徐公雅尙自若。故前日之通，乃今日之介也，是世人無常而徐公有常耳。」

綱　庚午，十三年，（二五〇）魏嘉平二年，吳赤烏十三年。秋，吳廢其太子和，殺魯王霸及將軍朱據。冬十一月，立子亮爲太子。

吳立孫亮爲太子

目　初，潘夫人有寵於吳主權，生少子亮，權愛之。全公主與太子和有隙，全公主，孫權長女，適全琮。欲豫自結，數稱亮美。權以魯王霸結朋黨以害其兄，心亦惡之，謂侍中孫峻曰：「子弟不睦，將有袁氏之敗，袁紹子袁譚、袁尙兄弟相攻，爲曹操所滅。爲天下笑。若使一人立者，安

令狐愚

得不亂乎！」遂有廢和立亮之意，至是，乃幽太子和。將軍朱據諫曰：「太子，國之本根；加以雅性仁孝，天下歸心。昔晉獻用驪姬而申生不存，（見卷四周惠王二十二年「晉侯殺其世子申生」紀。）漢武信江充而戾太子寃死，（見卷十四漢武帝征和二年「太子據殺使者江充」目。）臣竊懼太子不堪其憂，雖立思子之宮，（漢武帝憐太子無辜，乃作思子宮。）無及矣！」不聽。遂廢和爲庶人，賜霸死。據尋亦賜死。明年，立潘氏爲后。

綱 辛未，十四年，（二五一）魏嘉平三年，吳大元元年。夏四月，魏司馬懿殺王淩及楚王曹彪，遂置諸王公於鄴。（魏置鄴都，在今河北磁縣東。）

目 初，魏揚州都督王淩，去年冬十二月卽拜淩爲太尉。（魏揚州都督治歷陽，卽今安徽和縣。）與其甥兗州刺史令狐愚，令狐，複姓。並典重兵，陰謀以魏主制於彊臣，楚王彪有智勇，欲共立之，迎都許昌；愚遣其將與楚王相聞。淩子廣諫，淩不從，會愚病卒。至是，淩遣將軍楊弘以廢立事告兗州刺史黃華，華、弘連名以白司馬懿。懿將中軍乘水道討淩，淩勢窮，面縛水次，懿解其縛，送詣京師，道飲藥死。懿至洛陽，窮治其事，諸相連者悉夷三族。發淩、愚冢，剖棺暴尸；賜楚王彪死。盡錄諸王公置鄴，使有司察之，不得與人交關。

初，愚爲白衣時，常有高志，衆謂必興令狐氏。族父邵獨以爲：「愚性倜儻，倜音惕。不脩德而願大，必滅我宗。」愚甚不平。及愚仕進有名稱，從容謂邵曰：「先時聞大人謂愚爲不繼，今竟云何邪？」邵熟視而不答，私謂妻子曰：「公治性度，令狐愚字公治。猶如故也。不知我

司馬懿卒
吳諸葛恪總統國事
司馬師爲魏大將軍
孫權卒

當坐之不邪？必逮汝曹矣。」邵沒十餘年而愚滅族。

綱 秋八月，魏太傅司馬懿卒，以其子師爲撫軍大將軍，錄尙書事。

綱 冬十一月，吳以諸葛恪爲太子太傅，總統國事。

目 時權頗寤太子和之無罪，十一月，祀南郊還，得風疾，欲召和還；全公主及侍中孫峻、中書令孫弘固爭之，乃止。權以太子亮幼，議所付託，峻薦恪可付大事。權嫌其剛很自用，峻曰：「朝臣才無及恪者。」乃召之。恪將行，呂岱戒之曰：「世方多難，子每事必十思。」恪曰：「昔季文子三思而後行，夫子曰：『再斯可矣。』（論語公冶長篇孔子語。）今君令恪十思，明恪之劣也！」岱無以答，時咸謂之失言。恪至建業，見吳主於臥內，受詔牀下，以大將軍領太子太傅，孫弘領少傅；有司諸務，一統於恪。

綱 費禕北屯漢壽，（卽漢葭萌縣，蜀更名漢壽，在今四川廣元縣西南。）以陳祗守尙書令。

綱 壬申，十五年，（二五二）魏嘉平四年，吳主孫亮建興元年。春正月，魏以司馬師爲大將軍。

綱 吳立故太子和爲南陽王。

目 吳主權復封和爲南陽王，居長沙；（卽今湖南長沙市。）奮爲齊王，居武昌；休爲琅邪王，居虎林。（在今安徽貴池縣。）

綱 夏四月，吳主權卒，太子亮立，以諸葛恪爲太傅。

綱　吳徙其齊王奮於豫章。（今江西南昌市。）

目　諸葛恪不欲諸王處濱江兵馬之地，乃徙齊王奮於豫章，琅邪王休於丹陽。奮不肯徙，恪遺之牋曰：「帝王之尊，與天同位，是以仇讎有善，不得不舉，親戚有惡，不得不誅，所以承天理物，先國後身，蓋聖人立制，百代不易之道也。聞大王頃至武昌以來，多違詔敕，不循制度，擅發諸將，私殺左右，小大驚怪，莫不寒心。俚語曰：『明鑑所以照形，古事所以知今。』大王宜深以魯王爲戒，改易其行，若棄忘先帝法教，懷輕慢之心，臣下寧負大王，不敢負先帝遺詔。」奮懼，遂行。

綱　冬十月，吳諸葛恪脩東興隄。（在今安徽巢縣東南，濡須水所經，今地名東關。）十二月，魏人擊之，恪與戰于徐塘，魏人敗走。

費禕死

綱　癸酉，十六年，（二五三）魏嘉平五年，吳建興二年。春正月，盜殺大將軍費禕。

目　初，姜維攻魏西平，（在今河南西平縣西。）獲中郎郭循，以爲左將軍。循欲刺帝，不得近，每因上壽，且拜且前，爲左右所遏，事輒不果。至是，費禕與諸將大會於漢壽，歡飲沉醉，循刺殺之。禕汎愛不疑，待新附太過，張嶷嘗與書，引岑彭、來歙爲戒。（來歙、岑彭事，見卷二十八漢光武帝建武十一年。）禕不從，故及。

綱　二月，吳諸葛恪擊魏。

姜維伐魏

綱　夏四月，姜維伐魏，圍狄道。（在今甘肅臨洮縣西南。）

吳殺諸葛恪以孫峻爲丞相

目　維負其才武，每欲大舉，費禕常裁制不從，與兵不過萬人，曰：「丞相猶不能定中夏，況吾等乎！不如保國治民，謹守社稷，如其功業，以俟能者；無爲徼倖，決成敗於一舉。若不如志，悔之無及！」及禕死，維遂將數萬人伐魏，圍狄道。

綱　吳師圍魏新城，（在今安徽合肥市東。）不克。

綱　冬十月，吳殺其太傅諸葛恪，以孫峻爲丞相。

目　恪還建業，陳兵入府，愈治威嚴，多所罪責。孫峻因民怨衆嫌，構恪於吳主亮，云欲爲變。遂與亮謀置酒請恪，伏兵殺之，以葦席裹尸，投之石子岡，（在今江蘇江寧縣南，或謂即今南京市內雨花臺。）并夷三族。初，恪少有盛名，大帝深器重之，（大帝，孫權。）而恪父瑾常以爲戚，曰：「非保家之子也。」陸遜常謂恪曰：「在我前者，吾必奉之同升，在我下者，則扶接之；今君氣陵其上，意蔑其下，非安德之基也。」至是果敗。吳羣臣共推峻爲太尉，滕胤爲司徒。有媚峻者言：「萬機宜在公族。」乃表峻爲丞相、大將軍，都督中外諸軍事。峻驕矜淫暴，國人側目。

綱　吳殺其南陽王和。

目　和妃張氏，恪甥也，峻因此賜和死，張妃亦自殺。其妾何氏曰：「若皆從死，誰當字孤！」遂撫育其子皓，及諸姬子德、謙、俊，皆賴以全。齊王奮亦坐廢爲庶人。

綱　甲戌，十七年，（二五四）魏主曹髦正元元年，吳五鳳元年。春二月，魏司馬師殺中書令李豐及太常夏侯玄、光祿大夫張緝，遂廢其后張氏。

目 初，李豐年十七、八，已有清名，其父恢不悅，敕使閉門斷客。後司馬師秉政，以豐爲中書令。時太常夏侯玄有天下重名，以曹爽親，故不得在勢任，居常怏怏；張緝以后父家居，亦不得意：豐皆與親善。雖爲師所擢用，而心在玄。魏主芳又數獨召豐語，師知其議己，詰之，不以實告；師怒，以刀鐶築殺之，築，擣也。遂收玄、緝下廷尉，皆夷三族，并廢張后。

綱 夏，姜維伐魏。

魏司馬師廢曹芳立曹髦

綱 秋九月，魏司馬師廢其主芳爲齊王，遷之河內。冬十月，迎高貴鄉公髦立之。髦，明帝弟，東海定王霖之子。（高貴鄉屬郯縣，郯縣在今山東郯城縣西南。）

綱 乙亥，十八年，（二五五）魏正元二年，吳五鳳二年。春正月，魏揚州都督毌丘儉、刺史文欽起兵討司馬師，毌丘，複姓。師擊敗之，欽奔吳，儉走死。

魏司馬昭自爲大將軍錄尚書事

綱 魏大將軍司馬師卒，二月，師弟昭自爲大將軍，錄尚書事。

目 師疾篤，還許昌，昭自洛陽往省之，師令總統諸軍而卒。詔以昭爲大將軍，錄尚書事。

綱 秋八月，姜維伐魏，敗其兵於洮西，洮，水名。（洮水，自甘肅岷縣東流經臨洮縣。）遂圍狄道；不克而還。

綱　丙子，十九年，（二五六）魏甘露元年，吳太平元年。春正月，以姜維爲大將軍。

綱　夏四月，魏司馬昭始服袞冕、赤舄。舄，履也。赤舄，冕服之舄也。

姜維段谷之敗

綱　秋七月，姜維伐魏，與其將鄧艾戰，敗績。

目　秋，維復出祁山，聞鄧艾有備，乃回，趣南安；（南安郡，後漢靈帝時置，治獂道縣，在今甘肅隴西縣東北。）艾與戰於段谷，（鄧艾敗姜維之段谷，在上邽，在今甘肅天水市東南。）大破之。死者甚衆，蜀人由是怨維。

綱　八月，魏司馬昭自爲大都督，奏事不名，假黃鉞。以黃金爲飾，故曰黃鉞。

吳孫綝輔政

綱　吳孫峻卒，以其從弟綝爲侍中，輔政。

呂岱哭徐原

綱　吳大司馬呂岱卒。

目　始岱親近徐原，賜以巾褠，褠音鉤。巾，首服。褠，單衣。與共言論，後遂薦拔，官至侍御史。原好直言，岱有得失，輒諫諍，又公論之；或以告岱，岱歎曰：「是我所以貴德淵者也！」徐原字德淵。及原死，哭之甚哀，曰：「德淵，岱之益友，今不幸，岱復於何所聞過乎！」

盧毓爲魏司空

綱　冬十月，魏以盧毓爲司空。

王祥至孝

目　魏以盧毓爲司空。毓固讓司隸校尉王祥，詔不許。

祥至孝，繼母朱氏遇之無道，祥愈恭謹。朱氏子覽，年數歲，每見祥被箠，輒涕泣抱其

魏諸葛誕討司馬昭

蜀伐魏

母；母以非理使祥，覽輒與俱。及長，娶妻，母虐使祥妻，覽妻亦趨之，母爲少止。祥漸有時譽，母深疾之，密使酖祥。覽徑起取酒，祥不與，母奪而反之。後母賜祥饌，覽輒先嘗，母懼，遂止。漢末遭亂，隱居三十餘年，不應州郡之命。母終，毀瘁，杖而後起。徐州刺史呂虔檄爲別駕，（徐州刺史時徙治彭城，即今江蘇徐州市。）檄，徵書。委以州事，政化大行，時人歌之曰：「海、沂之康，沂水出東海，故曰海、沂。康，寧也。實賴王祥；邦國不空，別駕之功。」

綱 丁丑，二十年，（二五七）魏甘露二年，吳太平二年。夏四月，吳主亮始親政。

目 吳主亮親政事。大將軍孫綝表奏，多見難問，數出中書視大帝時舊事，問左右侍臣曰：「先帝數有特制，特有詔制。今大將軍問事，但令我書可邪？」嘗食生梅，使黃門至中藏取蜜，蜜中有鼠矢；矢同屎，音始。召問藏吏，藏吏叩頭。亮曰：「黃門從爾求蜜邪？」吏曰：「向求，實不敢與。」黃門不服。亮令破鼠矢，矢中燥，因大笑謂左右曰：「若矢先在蜜中，中外俱溼；今外溼裏燥，必黃門所爲也。」詰之，果服；左右驚悚。

綱 魏揚州都督諸葛誕起兵討司馬昭。六月，昭奉其主髦攻之，吳人救之，不克而還。

綱 姜維伐魏。

目 姜維聞魏分關中兵赴淮南，率數萬人出駱谷。時長城積穀多而守兵少，（時姜維壁於芒水，芒水、長城皆在今陝西盩厔縣界。）魏都督司馬望及鄧艾進據之，以拒維。維數挑戰，不應。

譙周仇國論

是時，維數出兵，蜀人愁苦，譙周作仇國論諷之，曰：「或問：『往古能以弱勝彊者，其術何如？』曰：『吾聞之，處大無患者常多慢，處小有憂者常思善；多慢則生亂，思善則生治，理之常也。故周文養民，以少取多，句踐恤衆，以弱斃彊，此其術也。』或曰：『曩者項彊漢弱，約分鴻溝，（見卷九漢王四年「楚與漢約中分天下」目及注。）各歸息民，張良以爲民志既定，則難動也，率兵追羽，終斃項氏。豈必由文王之事乎？』曰：『商、周之際，王侯世尊，君臣久固，深根者難拔，據固者難遷。當此之時，雖漢祖安能杖劍鞭馬取天下乎！及秦罷侯置守之後，民疲秦役，天下土崩，於是豪強並爭，虎裂狼分，疾搏者獲多，遲後者見吞。今我與彼皆傳國易世矣，既非秦末鼎沸之時，實有六國並據之勢，故可爲文王，難爲漢祖。』」

司馬昭殺諸葛誕

綱 戊寅，景耀元年，（二五八）魏甘露三年，吳景帝孫休永安元年。春二月，魏司馬昭拔壽春，（即今安徽壽縣。）殺諸葛誕。

綱 姜維引兵還。

目 維聞諸葛誕死而還。

綱 夏五月，魏司馬昭自爲相國，封晉公。加九錫，復辭不受。

綱 秋九月，吳孫綝廢其主亮爲會稽王。冬十月，迎立琅邪王休。休以綝爲丞相，封兄子皓爲烏程侯。（烏程，在今浙江吳興縣南。）

綱 十二月，吳孫綝伏誅。休恐綝有變，因臘會縛而斬之。

綱 詔漢中兵屯漢壽，守漢、樂二城。俱諸葛亮所築。（漢城，即今陝西沔縣。樂城，即今陝西城固縣。）於是詔督漢中胡濟却屯漢壽，王含守樂城，蔣斌守漢城，從姜維之議也。

魏主曹髦作潛龍詩以自諷

魏司馬昭弒魏主髦

綱鑑易知錄卷二九

後漢紀

後皇帝

綱 己卯，二年，(二五九)魏甘露四年，吳永安二年。春正月，黃龍二見魏寧陵井中。(寧陵，在今河南寧陵縣東。)

目 先是魏地井中，屢有龍見，羣臣以爲吉祥，魏主髦曰：「龍者，君德也。上不在天，下不在田，易(乾卦文言)：「飛龍在天，見龍在田。」而數屈於井，非嘉兆也。」作潛龍詩以自諷，易(乾卦文言)：「潛龍勿用。」司馬昭見而惡之。

綱 庚辰，三年，(二六〇)魏元帝曹奐景元元年，吳永安三年。春正月朔，日食。

綱 夏五月，魏司馬昭弒其主髦於南闕下，尙書王經死之。

目 魏主髦見威權日去，不勝其忿，召侍中王沈、尙書王經、散騎常侍王業謂曰：「司馬昭之心，路人所知也。吾不能坐受廢辱，今日當與卿自出討之。」於是入白太后。沈、業奔走告昭，呼經欲與俱，經不從。髦遂拔劍升輦，率殿中宿衞蒼頭官僮鼓譟而出。中護軍賈充入，與戰南闕下。太子舍人成濟問充曰：「事急矣，當云何？」充曰：「司馬公畜養汝等，正爲今日。今日之事，無所問也！」濟卽抽戈前刺髦，殞于車下。昭聞之，大驚，自投於地。太傅孚奔往，（司馬孚。）枕其股而哭甚哀，曰：「殺陛下者，臣之罪也！」

昭入殿中，召羣臣會議。尚書僕射陳泰不至，昭使其舅尚書荀顗召之。（顗，荀彧子。）泰曰：「論者以泰方舅，今舅不如泰也。」子弟逼之，乃入，見昭，悲慟，昭亦對之泣曰：「玄伯，（陳泰字玄伯。）卿何以處我？」泰曰：「獨有斬賈充，少可以謝天下耳！」昭久之曰：「更思其次。」泰曰：「泰言惟有進於此者，不知其次。」昭乃不復言。以太后令，罪狀髦，廢爲庶人，葬以民禮。收王經及其家屬付廷尉。經謝其母，母笑曰：「人誰不死，正恐不得其所；以此幷命，（言以此而與其主並死。）何恨之有！」及就誅，故吏向雄哭之，哀慟一市。王沉以功封安平侯。（安平，在今河北深縣北。）太傅孚等請以王禮葬髦，許之。昭言成濟大逆不道，夷三族。

綱 六月，魏主奐立。

目 奐，燕王宇之子也。（燕王宇，操子。）本名璜，封常道鄉公，（常道城在今河北武清縣西南。）司馬昭迎立之，更名奐，年十五矣。

綱 辛巳，四年，（二六一）魏景元二年，吳永安四年。冬，以董厥、諸葛瞻爲將軍，（瞻，諸葛亮之子。）共平尚書事，樊建爲尚書令。

目 時中常侍黃皓用事，厥、瞻皆不能矯正，士大夫多附之，唯建不與皓往來。祕書令郤正久在內職，與皓比屋，周旋三十餘年，澹然自守，以書自娛，既不爲皓所愛，亦不爲所偕，故官不過六百石，而亦不罹其禍。

綱　壬午，五年，（二六二）魏景元三年，吳永安五年。冬十月，姜維伐魏洮陽，（在今甘肅臨潭縣西南。）不克。

竹林七賢

綱　魏司馬昭殺中散大夫嵇康。

目　康文辭壯麗，好言老、莊而尚奇任俠，相與信爲任，同是非爲俠。與阮籍、籍兄子咸、山濤、向秀、王戎、劉伶相友善，號「竹林七賢」。皆崇尚虛無，輕蔑禮法，縱酒昏酣，遺落世事。籍爲步兵校尉，其母卒，方與人圍棊，對者求止，籍留與決賭。既而飲酒二斗，舉聲一號，吐血數升，毀瘠骨立。居喪，飲酒無異平日。司隸何曾面質籍於司馬昭座曰：「卿縱情背禮，敗俗之人，不可長也！」因謂昭曰：「公方以孝治天下，而聽籍以重哀飲酒食肉於公座，何以訓人！宜擯之四裔，（四裔，見卷一帝堯七十一年「舜皆投之四裔」注。）無令汙染華夏。」昭愛籍才，常擁護之。

咸素幸姑婢；姑將婢去，咸方對客，遽借客馬追之，累騎而還。

伶尤嗜酒，常乘鹿車，鹿車，鹿頭小車也。攜一壺酒，使人荷鍤隨之，荷，負也。鍤音插，鍫也。曰：「死便埋我。」當時士大夫皆以爲賢，爭慕效之，謂之放達。

鍾會聞康名，造之，康箕踞而鍛，箕踞，傲坐伸兩足，以手按膝，其形如箕也。鍛，小冶，椎鍊也。晉書註「嵇康善鍊鐵。」不爲之禮。會將去，康曰：「何所聞而來，何所見而去？」會曰：「聞所聞而來，見

司馬昭諭衆

所見而去！」遂深銜之。銜，恨也。

濤爲吏部郎，舉康自代；康與濤書，自說不堪流俗，而非薄湯、武。寓意刺昭。昭聞而怒之。康與東平呂安親善，（東平國都無鹽縣，在今山東東平縣東。）安兄巽誣安不孝，康爲證其不然。會因譖「康嘗欲助毋丘儉，與安皆有盛名於世，而言論放蕩，害時亂教，宜因此除之。」昭遂殺安及康。康嘗詣隱者孫登，登曰：「子才多識寡，難乎免於今之世矣！」

綱 魏以鍾會都督關中軍事。

目 魏司馬昭患姜維數北伐，欲大舉伐漢，朝臣多以爲不可，獨鍾會勸之。昭諭衆曰：「自定壽春以來，（壽春，即今安徽壽縣。）息役六年，治兵繕甲以擬二虜。二虜，指蜀、吳。今吳地廣大而下溼，攻之用力差難，差音雌。不如先定巴、蜀；三年之後，因順流之勢，水陸並進，此滅虢取虞之勢也。（春秋晉獻公假道於虞以伐虢，見卷四周惠王十九年。）今絆姜維於沓中，絆，縶也。沓音踏。沓中，地名。姜維伐魏洮陽，不克而返，以不合黃皓故，因求種麥沓中，不敢歸成都。（沓中，在今甘肅臨潭縣以西，至青海黃河東北岸等地。）使不得東顧，直指駱谷，（駱谷道，在今陝西盩厔縣西南。）出其空虛之地以襲漢中，以劉禪之闇，而邊城外破，士女內震，其亡可知也。」乃以會爲鎮西將軍，督關中。鄧艾以蜀未有釁，屢陳異議；昭使人諭之，艾乃奉命。

姜維表遣左、右車騎張翼、廖化，督諸軍分護陽安關口及陰平之橋頭，（陽安關即陽平關，在今陝西寧強縣西北。陰平橋頭，在今甘肅文縣城南門外。）以防未然。黃皓信巫鬼，謂敵終不自致，啓帝寢其事，羣臣莫知。

魏伐蜀姜維戰敗

綱　癸未，炎興元年，（二六三）魏景元四年，吳永安六年，是歲漢亡。秋，魏遣鄧艾、鍾會將兵入寇，關口守將傅僉死之，姜維戰敗，還守劍閣。（卽劍門山，在今四川劍閣縣東北，有關，名劍門關。）

目　魏遣鄧艾督三萬餘人自狄道、甘松、沓中以綴姜維。（狄道，在今甘肅臨洮縣西南。甘松嶺，在今四川松潘縣西南。）綴，止也。雍州刺史諸葛緒督三萬餘人自祁山趣武街橋頭，（魏雍州治長安，在今陝西西安市西北。祁山，在今甘肅西禮縣東北。武街卽下辨，在今甘肅徽成縣西。）絕維歸路。鍾會統十萬餘衆，分從斜谷、駱谷、子午谷趣漢中。（斜谷，在今陝西盩厔縣西南。子午谷，在今陝西洋縣東，此謂子午南口。）以衞瓘持節監軍事，瓘音貫。行鎭西軍司。

會過幽州刺史王戎，（幽州刺史治薊，在今北京市德勝門外。）問計。戎曰：「道家有言，『爲而不恃。』非成功難，保之難也。」或以問參相國軍事劉寔曰：寔音殖。「鍾、鄧其平蜀乎？」寔曰：「破蜀必矣，而皆不還。」客問其故，寔笑而不答。

鍾會進至漢中

八月，軍發洛陽，漢人遣廖化爲姜維繼援，張翼、董厥詣陽安關口爲諸圍外助。圍，守也。敕諸圍不得戰，退保漢、樂二城。會平行至漢中，平行，安然而行也。使兵圍二城，徑趣陽安口。使護軍胡烈爲先鋒，攻關口；守將傅僉拒守，其下蔣舒率衆迎降，烈乘虛襲城，僉格鬭而死。會遂長驅而前。維聞會已入漢中，引兵還，艾遣兵追躡於彊川口，大戰，維敗走。還至陰平，遇化、翼、

魏司馬昭稱相國
魏敗諸葛瞻
漢亡於魏

厥等，合兵守劍閣以拒會。

綱　冬十月，魏司馬昭始稱相國、晉公，受九錫。

綱　衛將軍諸葛瞻及鄧艾戰於綿竹，（此時綿竹在今四川德陽縣北。）敗績，及其子尚皆死之。

目　鄧艾進至陰平，欲與諸葛緒自江油趨成都；（江油，在今四川江彰縣北。）緒以西行非本詔，遂引兵與鍾會合。會欲專軍勢，密白緒畏懦不進，檻車徵還，（檻車，載囚車也。）軍悉屬會。姜維列營守險，會攻之不能克，糧道險遠，軍食乏，欲引還。艾上言：「賊已摧折，宜遂乘之。」遂自陰平行無人之地七百餘里，鑿山通道，造作橋閣。山高谷深，又糧運將匱，瀕於危殆，艾以氈自裹，推轉而下。將士皆攀木緣崖，魚貫而進。先登至江油，守將馬邈降。諸葛瞻督諸軍拒艾，至涪不進。（涪，即今四川綿陽縣。）尚書郎黃崇屢勸瞻速行據險，無令敵得入平地，瞻不從。艾遂長驅而前，瞻退往綿竹。艾以書誘瞻曰：「若降者，表爲琅邪王。」瞻斬其使，列陳以待。艾大破之，斬瞻及崇。瞻子尚曰：「父子荷國重恩，不早斬黃皓，使敗國殄民，用生何爲！」策馬冒陳而死。

綱　鄧艾至成都，帝出降，皇子北地王諶死之，（諶音忱。）漢亡。

目　漢人不意魏兵卒至，（卒同猝。）不爲城守調度；聞艾已入平地，帝使羣臣會議，或勸奔吳，或勸入南中。（謂益州、牂柯、越嶲等郡。）譙周以爲：「自古無寄他國爲天子者，魏能幷吳，吳

鍾會鄧艾死

不能并魏。等爲稱臣，爲小孰與爲大，再辱何與一辱！若欲奔南，當早爲計；今大敵已近，羣心無可保者，恐發道之日，其變不測。」乃遣使奉璽綬，詣艾降。北地王諶怒曰：（北地王諶，漢後帝子。）「若理窮力屈，禍敗將及，便當父子君臣背城一戰，同死社稷，以見先帝可也，奈何降乎！」帝不聽。諶哭於昭烈之廟，（在今四川成都市南門外武侯祠内。）先殺妻子，而後自殺。帝別敕姜維使降。艾至成都城北，帝率羣臣面縛輿櫬，（面縛，縛手於背，而面向前也。輿，共舉也。櫬音襯，空棺也。輿棺從之者，示其君將受死也。）詣軍門降。艾收黃皓，將殺之，皓賂左右以免。維等得敕，詣會降。

右後漢二帝共四十三年。合兩漢二十六帝，共四百六十九年。

綱　甲申，（二六四）魏咸熙元年，吳主孫皓元興元年，凡二國。春正月，魏以檻車徵鄧艾。鍾會謀反，伏誅。監軍衞瓘襲艾，殺之。

目　鄧艾在成都，頗自矜伐，以書言於晉公昭曰：「兵有先聲而後實者，今因平蜀之勢以乘吳，吳必震恐，席卷之時也。然大舉之後，將士疲勞，不可便用，宜留隴右及蜀兵煮鹽興冶，（冶，鑄錢也。）並作舟船，豫爲順流之事。且王劉禪以顯歸命之寵，如此則吳人畏威懷德，望風而從矣！」昭使衞瓘喻艾：「事當須報，不宜輒行。」艾曰：「春秋之義，『大夫出疆，有可以安社稷、利國家者，專之可也』。今吳人未賓，勢與蜀連，不可拘常，以失事機。艾雖無古人之節，終不自嫌以損國家計也！」

鍾會有異志，姜維知之，欲構成擾亂，乃說會曰：「君自淮南已來，（延熙十八年，揚州都督毌丘儉起兵淮南討司馬師，時鍾會爲中書侍郎，勸師自行擊敗之。）算無遺策，今復定蜀，威德振世，欲以此安歸乎！何不法陶朱公泛舟絕迹，（見卷四周元王三年「范蠡去越」紀。）全功保身邪！」會曰：「君言遠矣，我不能行。」維曰：「其他則君智力之所能，無煩於老夫矣。」由是情好懽甚。因艾承制專事，乃與瓘密白艾有反狀。詔以檻車徵艾。昭恐艾不從命，敕會進軍成都。會遣瓘先至成都收艾。瓘夜至成都，平旦，開門，瓘乘使者車徑入；艾臥未起，遂執艾父子，置之於檻車。會至成都，送艾赴京師。

會所憚惟艾，艾既就擒，遂決意謀反。會郭太后卒，會乃悉召諸將，爲太后發哀，稱遺詔，使起兵廢司馬昭。

維欲使會盡殺北來諸將，已因殺會，復立故漢帝。會護軍胡烈紿言會欲盡阬外兵，（紿，誑也。）一夜，轉相告，皆徧。諸軍鼓譟，爭先赴城，斬會及維，死喪狼藉。瓘分部諸將，數日乃定。

艾本營將士，追出艾於檻車，迎還。瓘自以與會共陷艾，恐其爲變，乃遣護軍田續襲艾父子於綿竹西，斬之。艾之入江油也，續不進，艾欲斬續，既而捨之。及是，瓘謂曰：「可以報江油之辱矣。」鎭西長史杜預言於衆曰：「伯玉其不免乎！（衞瓘字伯玉。）身爲名士，位望已高，既無德音，又不御下以正，將何以堪其責乎！」瓘聞之，不候駕而謝預。艾餘子在洛陽者悉被誅。

會功曹向雄收葬會屍，昭召而責之曰：「往者王經之死，卿哭於東市而我不問。今會爲叛逆，又輒收葬；若復相容，其如王法何！」雄曰：「昔先王掩骼埋胔，骼音格。胔音恣。骨枯曰骼，肉腐曰胔。仁流朽骨，當時豈卜其功罪而後收葬哉！今王誅既加，於法已備，雄感義收葬，教亦無闕。法立於上，教弘於下，以此訓物，不亦可乎！」昭悅，與宴談而遣之。

會之伐漢也，辛憲英謂其夫之從子羊祜曰：辛憲英，辛毗之女，羊耽之妻。「會在事縱恣，非持久處下之道，吾畏其有他志也。」會請其子琇爲參軍，憲英憂曰：「他日吾爲國憂，今日難至吾家矣。」琇固辭，不聽。憲英謂曰：「行矣，戒之，軍旅之間，可以濟者，其惟仁恕乎！」琇竟以全歸。詔以琇嘗諫會反，賜爵關內侯。

司馬昭爲晉王

綱　三月，魏晉公昭進爵爲王。

目　太尉王祥、司徒何曾、司空荀顗共詣晉王，顗音以。顗謂祥曰：「相王尊重，何侯與朝臣皆已盡敬，何侯，何曾。今日便當相率而拜，無疑也。」祥曰：「王、公相去一階而已，安有天子三公可輒拜人者！君子愛人以禮，我不爲也。」及入，顗拜而祥獨長揖。昭謂祥曰：「今日然後知君見顧之重也！」

封劉禪爲安樂公

綱　魏封故漢帝禪爲安樂公。（安樂，縣名，屬燕國，在今北京市順義區西北。）

目　禪舉家遷洛陽，大臣無從行者，惟祕書令郤正及殿中督張通捨妻子單身從行。正相導宜適，舉動無闕，禪乃慨然歎息，恨知正之晚。

魏封禪爲安樂公，他日與宴，爲之作蜀技，旁人皆感愴，而禪喜笑自若。昭謂賈充曰：「人之無情，乃至於是；雖使諸葛亮在，不能輔之久全，況姜維邪！」他日，問禪曰：「頗思蜀否？」禪曰：「此間樂，不思蜀也。」正聞之，謂曰：「若王復問，宜泣而答曰：『先人墳墓，遠在岷、蜀，乃心西悲，無日不思。』因閉其目。」會昭復問，禪對如前，昭曰：「何乃似郤正語邪！」禪驚視曰：「誠如尊命。」左右皆笑之。

吳孫皓立

綱 秋七月，吳主休殂，烏程侯皓立。

綱 八月，魏晉王昭以其子中撫軍炎爲副相國，冬十月，立爲晉世子。

目 初，晉王昭娶王肅之女，生炎及攸，以攸繼景王後。景王，司馬昭兄師也。攸性孝友，多材藝，清和平允，名過於炎，昭愛之，常曰：「天下者，景王之天下也，吾百年後，大業宜歸攸。」炎立髮委地，手垂過膝；羊琇又教以宜察時政所宜損益，豫記以備訪問。昭欲以攸爲世子，山濤曰：「廢長立少，違禮不祥。」賈充、何曾、裴秀曰：「中撫軍聰明神武，有超世之才，人望既茂，天表如此，固非人臣之相也。」乃立炎爲世子。

晉紀

世祖武皇帝

姓司馬，名炎，河南人，懿之孫，昭之子也。仕魏，襲封晉王。未幾篡魏稱帝，都洛陽，在位二十五年，壽五十五歲而崩。諡法：「剛強直理曰武。」

司馬炎嗣爲晉王
吳都武昌
司馬炎稱皇帝

綱 乙酉，（二六五）魏咸熙二年，晉世祖武皇帝司馬炎泰始元年，吳甘露元年，是歲魏亡，晉代，凡二國。夏五月，魏晉王昭號其妃曰后，世子曰太子。

綱 秋八月，魏晉王昭卒，太子炎嗣。

綱 冬，吳遷都武昌。

綱 十二月，晉王炎稱皇帝，廢魏主爲陳留王。（陳留，今河南開封市東陳留鎮。）

目 魏主禪位於晉；出舍金墉城。魏明帝曹叡所築。（在今河南洛陽市內。）太傅司馬孚拜辭，流涕歔欷不自勝，歔欷，悲泣氣咽而抽息也。曰：「臣死之日，固大魏之純臣也。」晉王即皇帝位，奉魏主爲陳留王。即宮于鄴，（在今河北磁縣東。）追尊宣王、景王、文王爲皇帝；宣王，司馬懿。景王，司馬師。文王，司馬昭。尊王太后曰皇太后。時晉主承魏氏刻薄奢侈之後，欲矯以仁儉。將有事於太廟，有司言御牛青絲紖斷，紖，音陳，上聲，著牛鼻繩。所以牽牛者，以青絲爲之，禮記祭統：「迎牲，君執紖。」詔以青麻代之。

綱 晉以傅玄、皇甫陶爲諫官。

右魏五主，共四十六年。

綱 丙戌，（二六六）晉泰始二年，吳寶鼎元年。秋八月，晉主謁崇陽陵。司馬昭墓。

目 文帝之喪，臣民皆從權制，三日除服。既葬，晉主亦除之；然猶素冠疏食，哀毀如居喪者。至是謁陵，詔以「衰絰從行，羣臣自依舊制。」尚書令裴秀奏曰：「既除復服，義無所

吳民苦泝流供給

吳還都建業

晉立太子衷

依。」遂止。中軍將軍羊祜謂傅玄曰：「三年之喪，雖貴遂服，禮也，而漢文除之，（漢文帝崩，遺詔令天下吏民皆三日除服。）毀禮傷義。今主上至孝，雖奪其服，實行喪禮。若因此復先王之法，不亦善乎！」玄曰：「以日易月，已數百年，一旦復古，殆難行也。」祜曰：「不能使天下如禮，且使主上遂服，不猶愈乎！」玄曰：「主上不除而天下除之，此爲有父子而無君臣也。」乃止。羣臣請易服復膳，詔曰：「每念不得終苴絰之禮，（苴，麻之有子者也。喪服小記注：「苴者，黯也，心如斬斫，貌若蒼苴，所以縗裳絰杖俱備苴色。」麻在首在腰皆曰絰。）以爲沉痛。況食稻、衣錦乎！朕本諸生家，傳禮來久，何至一旦易此情於所天！（臣所天者君，子所天者父。）可試省孔子答宰我之言，（孔子答宰我論三年之喪，見論語陽貨篇。）無事紛紜也！」遂以疏素終三年。

綱　吳以陸凱、萬彧爲左、右丞相。（彧音郁。）

目　吳主居武昌，揚州之民泝流供給，（泝音素。）甚苦之。凱上疏曰：「武昌土地險瘠，非王者之都；且童謠云：『寧飲建業水，（建業即今江蘇南京市。）不食武昌魚；寧還建業死，不止武昌居。』此足明民心與天意矣。」

綱　冬十二月，吳還都建業。

綱　丁亥，（二六七）晉泰始三年，吳寶鼎二年。春正月，晉立子衷爲太子。

目　有司奏：「東宮施敬二傅，（太傅、少傅。）其儀不同。」晉主曰：「崇敬師傅，所以尊道、重教也，何言臣不臣乎！其令太子申拜禮。」

綱　晉殺其故立進令劉友。立進，縣名，未詳處所。

目　司隸校尉李憙劾奏故立進令劉友及前尚書山濤、中山王睦、尚書僕射武陔各占官稻田。陔音該。詔曰：「友侵剝百姓，其考竟以懲邪佞。考竟，考問究竟。濤等不貳其過，皆勿問。憙亢志在公，當官而行，可謂邦之司直矣。其申敕羣僚，各慎所司，寬宥之恩，不可數遇也！」

綱　晉徵犍爲李密，（李密犍爲武陽人，其地在今四川彭山縣東。）不至。

目　晉主徵犍爲李密爲太子洗馬，洗，音先，上聲。洗馬，太子太傅、少傅屬官。密以祖母老，固辭，許之。密與人交，每公議其得失而切責之，常言：「吾獨立於世，顧影無儔；然而不懼者，以無彼此於人故也。」

綱　戊子，（二六八）晉泰始四年，吳寶鼎三年。春三月，晉太后王氏殂。

目　晉主居喪，一遵古禮。既葬，有司請除衰服。詔曰：「受終身之愛而無數年之報，情所不忍也。」有司固請，詔曰：「患在不能篤孝，勿以毁傷爲憂。前代禮典，質文不同，何必限以近制，使達喪闕然乎！」羣臣請不已，乃許之；然猶素服以終三年。

綱　夏四月，晉太保王祥卒。

目　祥卒，門無雜弔之賓。其族孫戎歎曰：「太保當正始之世，正始，魏曹芳年號。不在能言之流；及閒與之言，理致清遠，豈非以德掩其言乎！」

綱　秋七月，衆星西流如雨而隕。

綱　己丑，（二六九）晉泰始五年，吳建衡元年。春二月，晉以羊祜都督荆州軍事。

目　晉主有滅吳之志，使祜都督荆州，鎭襄陽；（晉初荆州治襄陽，即今湖北襄樊市襄陽縣。）東莞王伷都督徐州，（漢城陽郡，晉改爲東莞國，都莒，即今山東莒縣。）伷音胄。伷，武帝叔父。鎭下邳。（在今江蘇邳縣東。）祜綏懷遠近，甚得江、漢之心，與吳人開布大信，降者欲去，皆聽之，減戍邏之卒，戍，守也。邏，巡也。以墾田八百餘頃。百畝爲頃。其始至也，軍無百日之糧；及其季年，乃有十年之積。祜在軍，常輕裘緩帶，身不被甲，鈴閣之下，鈴閣，都督閣內置鈴架，以警防不虞。侍衞不過十數人。

綱　晉錄用故漢名臣子孫。

目　濟陰太守文立言：「故蜀名臣子孫，宜量才敍用，以慰巴、蜀之心，傾吳人之望。」晉主從之。詔曰：「諸葛亮在蜀，盡其心力，子瞻臨難死義，其孫京宜隨才署吏。蜀將傅僉父子死於其主，息著、募沒入奚官，息，子也。著、募，二息名。沒入奚官，沒入官爲奚奴。宜免爲庶人。」又以立爲散騎常侍。漢故尚書程瓊雅有德業，與立深交，晉主聞其名，以問立。對曰：「臣至知其人，但年垂八十，稟性謙退，無復當時之望，故不以上聞耳。」瓊聞之，曰：「廣休可謂不黨矣，文立字廣休。此吾所以善夫人也。」

綱　庚寅，（二七〇）晉泰始六年，吳建衡二年。夏四月，吳以陸抗都督諸軍，治樂鄉。（在今湖北松

吳主遊華里

劉禪卒

晉立賈充女爲太子妃

滋縣北。）

綱　辛卯，（二七一）晉泰始七年，吳建衡三年。春正月，吳主大舉兵，遊華里，（在今南京市西南。）不至而還。

目　吳人刁玄詐增讖文云：「黃旗紫蓋，見於東南，終有天下者，荆、揚之君。」吳主信之，大舉兵出華里，載太后及後宮數千人，西上。行遇大雪，兵士寒凍殆死，皆曰：「若遇敵，便當倒戈。」吳主乃還。

綱　冬十一月，晉安樂公劉禪卒。

綱　壬辰，（二七二）晉泰始八年，吳鳳凰元年。春二月，晉太子衷納妃賈氏。

目　晉主初欲爲太子娶衞瓘女，賈充妻郭槐賂楊后左右，使后説納其女。晉主曰：「衞公女有五可，賈公女有五不可：衞氏種賢而多子，美而長、白；賈氏種妒而少子，醜而短、黑。」后固以爲請，至是，荀勗又與荀顗、馮紞皆稱充女絕美，顗音以。紞音耽，上聲。且有才德，晉主遂從之。賈妃年十五，長太子二歲，妒忌多權詐，太子嬖而畏之。

綱　夏，晉益州殺其刺史，（晉益州轄犍爲、蜀郡、汶山、漢嘉、江陽、朱提、越嶲、牂柯八郡，治成都，即今四川成都市。）廣漢太守王濬討平之，（晉廣漢郡治廣漢縣，在今四川遂寧縣東北。）以濬爲益州刺史。

目　時汶山白馬胡掠諸種，（晉汶山郡治汶山縣，在今四川理縣北。）白馬胡，西南夷種名。益州刺史皇甫晏欲討之。牙門張弘作亂，殺晏。廣漢太守王濬發兵討弘，斬之。詔以濬爲益州刺史。

羊祜德信懷吳

初，濬爲羊祜參軍，祜深知之。濬至益州，明立威信，蠻夷歸附；俄遷大司農。時晉主與羊祜謀伐吳，祜以爲宜藉上流之勢，密表留濬，加龍驤將軍，監梁、益軍。（梁，梁州，治漢中，即今陝西漢中市。益，益州。）詔使罷屯田兵，大作舟艦。艦，戰船。時作船木柹，柹音費，削下木片也。蔽江而下，吳建平太守吾彥（吳建平郡，故治在今四川巫山縣。）取以白吳主曰：「晉必有攻吳之計，宜增建平兵以塞其衝。」吳主不從，彥乃爲鐵鎖橫斷江路。

綱 秋七月，晉以賈充爲司空。

綱 九月，吳步闡據西陵，（在今湖北宜昌市東。）叛降晉。

綱 冬十一月，吳陸抗拔西陵，誅步闡；晉羊祜等救之，不及。

目 吳主既克西陵，志益張大，侈大也。使術士尚廣筮取天下，對曰：「吉，庚子歲，青蓋當入洛陽。」後八年果降晉。吳主喜，不脩德政，專爲兼并之計。

羊祜歸自江陵，初晉遣羊祜出江陵救步闡。（江陵，即今湖北江陵縣。）務脩德信以懷吳人。每交兵，刻日方戰，不爲掩襲之計。將帥有欲進譎計者，輒飲以醇酒，使不得言。軍行吳境，刈穀爲糧，皆計所侵，送絹償之。每遊獵，常止晉地，所得禽獸或先爲吳人所傷者，皆送還之。於是，吳邊人皆悅服。祜與陸抗對境，使命常通；抗遺祜酒，祜飲之不疑；抗疾，祜與之成藥，成藥，已合成熟藥。抗卽服之。人多諫抗，抗曰：「豈有酖人羊叔子哉！」酖，毒藥。羊祜字叔子。抗告其邊戍曰：「彼專爲德，我專爲暴，是不戰而自服。各保分界而已，無求細利。」

羊祜不附結中朝權貴，荀勖、馮紞之徒皆惡之。從甥王衍嘗詣陳事，辭甚清辯；祜不然之，衍拂衣去。祜顧謂客曰：「王夷甫方當以盛名處大位，王衍字夷甫。然敗俗傷化，必此人也。」及攻江陵，祜以軍法將斬王戎。衍，戎之從弟也，故皆憾之。時人爲之語曰：「二王當國，羊公無德。」

綱　晉免其國子祭酒庾純官，尋復用之。

目　賈充與朝士宴，河南尹庾純醉，與充爭言。充曰：「父老，不歸養，卿爲無天地！」純曰：「高貴鄉公何在？」高貴鄉公，魏主髦也，魏景元元年賈充令成濟弒之。充慙怒，上表解職；純亦自劾。詔免純官，仍下五府正其臧否。石苞以純榮宦忘親，當除名；齊王攸以爲純於禮律未有違者；詔復以純爲祭酒。

綱　癸巳，(二七三)晉泰始九年，吳鳳凰二年。夏四月，晉以鄧艾孫朗爲郎中。

目　初，鄧艾之死，人皆冤之，而無爲之辨者。及晉主即位，議郎段灼上疏謂：「宜聽艾歸葬，還其田宅，繼封定謚，則艾死無所恨，而天下徇名之士，思立功之臣，必投湯火，樂爲陛下死矣！」晉主善其言而不能從也。至是，問給事中樊建以諸葛亮之治蜀，曰：「吾獨不得如亮者而臣之乎？」建稽首曰：「陛下知鄧艾之冤而不能直，雖得亮，得無如馮唐之言乎！」言雖得之而不能用也。晉主笑曰：「卿言起我意。」乃以朗爲郎中。

綱　甲午，(二七四)晉泰始十年，吳鳳凰三年。秋七月，晉以山濤爲吏部尚書。

目　濤典選十餘年，甄拔人物，各爲題目而奏之，時稱「山公啓事」。

綱　晉后楊氏殂。

綱　晉以嵇紹爲祕書丞。

目　紹以父康得罪，屏居私門。至是，山濤薦徵之，紹辭不就。濤謂曰：「爲君思之久矣，天地四時，猶有消息，況於人乎！」紹乃應命。

初，東關之敗，漢後主延熙十五年，吳諸葛恪敗魏司馬昭於東關。（東關即濡須塢，又名東興隄，在今安徽巢縣南。）文帝問寮屬曰：文帝，司馬昭。「近日之事，誰任其咎？」安東司馬王儀對曰：「責在元帥。」文帝怒曰：「司馬欲委罪於孤邪！」斬之。儀子裒痛父非命，隱居教授，三徵七辟，皆不就。朝廷召曰徵，郡國舉曰辟。未嘗西向而坐，廬於墓側，旦夕攀柏悲號，涕淚著樹，樹爲之枯。讀詩至「哀哀父母，生我劬勞」，此小雅蓼莪篇辭。未嘗不三復流涕，門人爲之廢蓼莪。不讀蓼莪之詩。

綱　吳大司馬、荆州牧陸抗卒。

目　抗疾病，上疏曰：「西陵、建平，國之蕃表，既處上流，受敵二境。若敵汎舟順流，星奔雷邁，非可恃援他郡以救倒懸，此乃社稷安危之機也。臣父遜昔上言：『西陵，國之西門，雖云易守，亦復易失。若有不守，非但失一郡，荆州非吳有也。』臣死之後，乞以西方爲屬。」及卒，吳主使其子晏、景、玄、機、雲分將其兵。機、雲皆善屬文，名重於世。

初，周魴之子處，（周處，義興陽羡人，陽羡在今江蘇宜興縣南。）膂力絕人，不脩細行，鄉里患之。

周處除三害

處嘗問父老曰：「今時和歲豐而人不樂，何邪？」父老歎曰：「三害不除，何樂之有！」處曰：「何謂也？」曰：「南山白額虎，長橋蛟，并子爲三矣。」處曰：「若所患止此，吾能除之。」乃射虎，殺蛟；遂從機、雲受學。篤志讀書，砥節礪行，比及朞年，州府交辟。

綱　晉邵陵公曹芳卒。（邵陵，即今湖南邵陽市。）

目　初，芳之廢也，太宰中郎陳留范粲素服拜送，哀動左右；遂稱疾，陽狂不言，寢所乘車，足不履地。子喬等侍疾家庭，足不出邑里。及晉代魏，詔以二千石祿養病，加賜帛百匹，喬以父疾篤，辭不敢受。粲不言凡三十六年，年八十四，終於所寢之車。

吳臨平湖開

綱　丙申，（二七六）晉咸寧二年，吳天璽元年。秋八月，吳臨平湖開，（臨平湖，在今浙江杭州市東北臨平山下。）石印封發。

目　吳人或言於吳主曰：「臨平湖自漢末薉塞，薉音穢。長老言：『湖塞，天下亂；湖開，天下平。』近者無故忽開，此天下當太平，靑蓋入洛之祥也。」初，吳人掘地得銀尺，上有刻文，吳主因改元天册。至是，或獻小石刻「皇帝」字，又改元天璽。八月，歷陽長又上言：（歷陽，即今安徽和縣，縣西北有歷陽山。）「歷陽山石印封發，俗謂當太平。」又改明年元曰天紀。

羊祜請伐吳

綱　冬十月，晉加羊祜征南大將軍。

目　祜上疏請伐吳曰：「期運雖天所授，而功業必因人而成，不一大舉掃滅，則兵役無時得息也。夫蜀之爲國，皆云一夫荷戟，千人莫當。及進兵之日，曾無藩籬之限，乘勝席卷，徑至成都。今江、淮之險，不如劍閣；孫皓之暴，過於劉禪；吳人之困，甚於巴、蜀；而大晉兵力盛於往時，而不於此際平一四海，而更阻兵相守，使天下困於征戍，經歷盛衰，不可長久也。今若引梁、益之兵，水陸俱下，雖有智者不能爲吳謀矣。」晉主深納之。議者多有不同，賈充、荀勖、馮紞尤以爲不可。祜歎曰：「天下不如意事，十常居八、九。天與不取，豈非更事者限於後時哉！」唯杜預及中書令張華與晉主意合，贊成其計。

【綱】晉立后楊氏，以后父駿爲車騎將軍。

【目】晉主初聘后，前后從女弟。后叔父珧上表曰：「自古一門二后，未有能全其宗者，乞藏此表於宗廟，異日得以免禍。」晉主許之。竟立后，而以駿爲將軍，封侯。駿驕傲自得，鎭軍胡奮謂曰：「卿恃女更益豪邪！歷觀前世，與天家婚，天子以天下爲家，故稱。未有不滅門者，但早晚事耳！」

【綱】丁酉，（二七七）晉咸寧三年，吳天紀元年。春正月朔，日食。

【綱】秋七月，晉詔遣諸王就國，封功臣爲公侯。

【目】羊祜封南城郡侯，固辭不受。祜每拜官爵，多避讓，誠心素著，故特見申於分列之外。歷事二世，職典樞要，凡謀議皆焚其草，世莫得聞；所進達之人，皆不知所由。常曰：「拜官公朝，謝恩私門，吾所不取也。」

【綱】戊戌，（二七八）晉咸寧四年，吳天紀二年。春正月朔，日食。

綱　夏六月，晉羊祜入朝。

目　祜以病求入朝，既至，面陳伐吳之計，晉主善之。以祜病，不宜數入，更遣張華就問籌策。祜曰：「孫皓暴虐已甚，於今可不戰而克。若皓沒更立令主，雖有百萬之衆，長江未可窺也。」華深然之。祜曰：「成吾志者，子也。」晉主欲使祜臥護諸軍，祜曰：「取吳不必臣行，但既平之後，當勞聖慮耳。功名之際，臣不敢居；若事了，當有所付授，願審擇其人也。」

綱　秋，晉大水，螟。螟，食苗心蟲。

杜預上疏

目　詔以水災問主者：「何以佐百姓？」杜預上疏，以爲「今者水災，東南尤劇，宜敕兗、豫等州，（晉兗州治廩丘，在今山東范縣東南。豫州治項縣，在今河南項城縣東南。）留漢氏舊陂，畜水曰陂。以畜水，餘皆決瀝，水下曰瀝。令飢者得魚菜螺蚌之饒，螺同蠃。蚌音棒，蛤屬。此目下日給之益也。水去之後，塡淤之田，畝取數鍾，此又明年之益也。典牧種牛有四萬五千餘頭，可給民，使耕種，責其租稅，此又數年以後之益也。」晉主從之，民賴其利。預在尚書七年，損益庶政，不可勝數，時人謂之「杜武庫」，言其無所不有也。

杜武庫

綱　冬，晉以衞瓘爲尚書令。

目　是時，朝野咸知太子昏愚，不堪爲嗣，瓘欲啓而不敢；會侍宴淩雲臺，魏文帝所築。瓘陽醉，跪晉主前，欲言而止者三，因以手撫牀，晉主所坐牀也。曰：「此座可惜！」晉主意悟，

羊祜卒

傅玄卒

劉淵爲左部帥

因謬曰：「公眞大醉邪？」賈充密遣人語賈妃云：「衞瓘老奴，幾破汝家！」

綱 十一月，晉詔毋得獻奇技異服。

目 晉太醫司馬程據獻雉頭裘，以雉頭毛織爲裘。晉主焚之於殿前，因有是詔。

綱 晉以杜預爲鎭南大將軍，督荊州諸軍事。鉅平侯羊祜卒。（鉅平，在今山東泰安縣西南。）

目 祜疾篤，舉預自代而卒。晉主哭之甚哀。南州民聞祜卒，罷市巷哭，吳守邊將士亦爲之泣。祜好遊峴山，峴音賢，上聲。（峴山，在今湖北襄陽縣南。）襄陽人建碑立廟於其地，歲時祭祀，望其碑者無不流涕，因謂之「墮淚碑」。

綱 晉淸泉侯傅玄卒。

目 玄性峻急，爲司隸，每有奏劾，或値日暮，捧白簡，整簪帶，竦踊不寐，坐而待旦；由是貴游震懾，臺閣生風。卒謚曰剛。

綱 己亥，（二七九）晉咸寧五年，吳天紀三年。春正月，樹機能陷晉涼州，樹機能，名也，姓禿髮，鮮卑壽闐之孫。（涼州治武威，即今甘肅武威縣。）晉遣將軍馬隆討之。

綱 晉以匈奴劉淵爲左部帥。

目 淵，豹之子也，幼而儁異，師事上黨崔游，（晉上黨郡治潞縣，在今山西長治市東北潞城鎭南。）博習經史。嘗謂同門生曰：「吾常恥隨、陸無武，隨、陸，隨何、陸賈，皆事漢高帝。絳、灌無文；絳、灌，絳侯周勃、灌嬰，共立漢文帝。隨、陸遇高帝而不能建封侯之業，絳、灌遇文帝而不能興庠序之

王渾薦劉淵

教，豈不惜哉！」於是兼學武事。及長，猿臂善射，膂力過人，姿貌魁偉。爲任子在洛陽，（任子猶言質子也。）王渾及其子濟皆重之，屢薦於晉主，晉主召與語，悅之。濟曰：「淵有文武長才，陛下任以東南之事，吳不足平也。」孔恂、楊珧曰：「非我族類，其心必異。淵才器誠少比，然不可重任也。」及涼州覆沒，晉主問將於李憙，對曰：「陛下誠能發匈奴五部之衆，（初曹操分南匈奴爲五部，處之內地。）假淵一將軍之號，使將之而西，樹機能之首可指日而梟也。」恂曰：「淵果梟樹機能，則涼州之患方更深耳。」晉主乃止。

王渾諫殺劉淵

齊王攸言於晉主曰：「陛下不除劉淵，臣恐并州不得久安。」（并州治晉陽縣，即今山西太原市。）王渾曰：「大晉方以信懷殊俗，奈何以無形之疑殺人侍子乎？何德度之不弘也！」晉主然之。會豹卒，以淵代爲左部帥。

晉大舉伐吳

綱　冬十一月，晉大舉兵分道伐吳。

目　吳主每宴羣臣，咸令沉醉。又置黃門郎十人爲司過，宴罷之後，各奏闕失，或剝人面，或鑿人眼。由是上下離心，莫爲盡力。王濬上疏曰：「孫皓荒淫凶逆，宜速征伐。若皓死，更立賢王，則强敵也。臣作船七年，且有朽敗，臣年七十，死亡無日。三者一乖，則難圖矣。願陛下無失事機。」晉主於是決意伐吳。會王渾言孫皓欲北上，邊戍皆戒嚴，乃更議明年出師。

杜預諫明年出師

杜預上表曰：「羊祜不博謀而與陛下計，故令朝臣多異同之議。凡事當以利害相校，今此舉之利十有八九，而其害止於無功耳。自秋已來，討賊之形頗露，今若又中止，孫皓怖而生計，徙都武昌，完脩江南諸城，遠其居民，城不可攻，野無所掠，則明年之計亦無

省員吏

吳亡

及矣！」晉主方與張華圍棊，預表適至，華推枰斂手曰：枰音平，棊局。「陛下聖武，國富兵強，吳主淫虐，誅殺賢能，今討之可不勞而定，願勿以爲疑！」晉主乃許之。山濤退而告人曰：「『自非聖人，外寧必有內憂。』（左傳成公十六年范文子語。）今釋吳爲外懼，豈非算乎！」十一月，遣琅邪王伷、王渾、王戎、胡奮、杜預、王濬、唐彬分道伐吳，東西二十餘萬。

綱 十二月，晉馬隆破樹機能，斬之；涼州平。

綱 晉詔議省員吏。

目 詔問朝臣以政之損益，司徒長史傅咸上書，以爲：「公私不足，由設官太多。當今之急，在幷官省役，務農而已。」遂議省州、郡、縣半吏以赴農功。中書監荀勖以爲「省吏不如省官，省官不如省事，省事不如清心。昔蕭、曹相漢，載其清靜，民以寧一，所謂清心也。抑浮說，簡文案，略細苛，宥小失，變常以徼利者必誅，所謂省事也。以九寺倂尚書，九寺，九卿所居曰寺。蘭臺付三府，蘭臺，御史臺。三府，司徒、司馬、司空。所謂省官也。若直作大例，天下之吏悉省其半，恐郡國職業，劇易不同，劇易，艱與易也。不可以一概施之」。

綱 庚子，晉世祖武皇帝太康元年，（二八〇）春，諸軍並進，吳丞相張悌迎戰，死之。三月，龍驤將軍王濬以舟師入石頭，（石頭城，在今江蘇南京市西南。）吳主皓出降。

目 正月，王渾出橫江，（在今安徽和縣東南，對江南采石。）所向皆克。二月，王濬、唐彬擊破丹陽監盛紀。（丹陽城，在今湖北秭歸縣東。）吳人於江磧要害處，水渚有石曰磧。並以鐵鎖橫截之；

兵威譬如破竹

又作鐵錐長丈餘，暗置江中，逆拒舟艦。濬作大筏數十，筏音罰，編竹爲之。方百餘步，縛草爲人，披甲持杖，令善水者以筏先行，遇鐵錐，錐輒著筏而去。又作大炬，炬，束蘆爲之。長十餘丈，大數十圍，灌以麻油，在船前，遇鎖，燃炬燒之，須臾，融液斷絶，於是船無所礙，遂克西陵、荆門、夷道。（西陵，在今湖北宜昌市東。荆門山，在今湖北宜都縣西北。夷道縣，在今宜都縣西北。）杜預遣牙門周旨等帥奇兵八百夜渡江，襲樂鄉，多張旗幟，起火巴山。（一名麻山，在今湖北松滋縣西南。）吳都督孫歆懼，與江陵督伍延書曰：「北來諸軍，乃飛渡江也。」預進克江陵，斬吳將伍延。於是沅、湘以南，沅、湘，二水名。（沅水自今湖南洪江市東北流至湖南常德市入洞庭湖。湘水自今廣西桂林市東北流經湖南長沙市西北入洞庭湖。）接於交、廣，（交、廣，謂交州、廣州，今廣東、廣西及越南等地。）州郡皆望風送印綬。王戎遣羅尚與濬合攻武昌，降之。預與衆軍會議，或曰：「百年之寇，未可盡克，方春水生，難於久駐，宜俟來冬，更爲大舉。」預曰：「今兵威已振，譬如破竹，數節之後，皆迎刃而解，無復著手處也。」遂指授羣帥方略，徑造建業。

吳丞相張悌督沈瑩、諸葛靚帥衆至牛渚。（牛渚山，在今安徽馬鞍山市西江中，山北名采石磯。）三月，渡江與晉揚州刺史周浚戰，大敗於板橋。靚欲遁去，使迎悌，悌不肯，靚自往牵之。悌垂涕曰：「仲思，靚字。今日是我死日也！且我爲兒童時，便爲卿家丞相所識拔，丞相，指諸葛恪。常恐不得其死，負名賢知顧。今以身徇社稷，復何道邪！」靚流涕而去，悌遂爲晉兵所殺，並斬瑩等，吳人大震。

濬自武昌順流而下；吳主遣將軍張象帥舟師萬人禦之，望旗而降。吳人大懼。時琅邪王伷亦臨近境，吳主分遣使者奉書渾、濬請降，而送璽綬於伷。濬舟師過三山，（一名護國山，在今江蘇南京市西南江邊。）渾遣信要與論事，信，使也。濬舉帆直指建業，報曰：「風利，不得泊也。」是日，濬戎卒八萬，方舟百里，方舟，并兩舟而行也。鼓譟入於石頭，吳主皓面縛輿櫬，詣軍門降。

朝廷聞吳已平，羣臣皆賀上壽，上酒也。帝執爵流涕曰：「此羊太傅之功也。」羊太傅，羊祜。

孫秀南向流涕

驃騎將軍孫秀不賀，南向流涕曰：「昔討逆弱冠以一校尉創業，（討逆謂孫策，漢獻帝興平元年，袁術表策爲懷義校尉以討逆。）今後主舉江南而棄之，悠悠蒼天，此何人哉！」

右吳四主，共五十九年。

除吳苛政

綱 夏四月，賜孫皓爵歸命侯。遣使行荊、揚，除吳苛政。

目 賜孫皓爵歸命侯。遣使分詣荊、揚撫慰牧、守已下，荊、揚，荊州、揚州。除其苛政，吳人大悅。

五月，皓至。帝臨軒大會，引見皓。謂曰：「朕設此座以待卿久矣。」皓曰：「臣於南方，亦設此座以待陛下。」賈充謂皓曰：「聞君在南方鑿人目，剝人面，此何等刑也？」皓曰：「人臣有弒其君及姦回不忠者，則加此刑耳。」賈充弒魏主髦。充默然甚愧。

綱 封拜平吳功臣。

目　王濬之入建業也，其明日，王渾乃濟江，以濬不待己，意甚愧忿，將攻濬。濬參軍何攀勸濬送皓與渾，由是事得解。

渾、濬爭功，帝命廷尉劉頌校其事，進渾爵爲公，以濬爲輔國大將軍，與杜預、王戎皆封縣侯。濬自以功大，而爲渾父子黨與所抑，每進見陳說，或不勝忿憤，徑出不辭。益州護軍范通謂曰：「卿功則美矣，然恨所以居美者未盡善也。卿旋旆之日，角巾私第，口不言平吳之事；若有問者，輒曰：『聖主之德，羣帥之功，老夫何力之有！』此藺生所以屈廉頗也。」濬曰：「吾始懲鄧艾之禍，不得無言；其終不能遣諸胸中，是吾褊也。」時人咸以濬功重報輕，爲之憤邑，邑同悒。博士秦秀等上表訟之，帝乃遷濬鎮軍大將軍。

杜預還襄陽，以爲天下雖安，忘戰必危，乃勤於講武，申嚴戍守。預身不跨馬，射不穿札，札，甲也。而用兵制勝，諸將莫及。在鎭數餉遺洛中貴要，或問其故，預曰：「吾但恐爲患，不求益也。」

綱　冬十月，詔罷州郡兵。